U0113945

文化中心与政治变革

豫东北与明朝的衰亡

〔美〕戴福士（Roger V. Des Forges） 著

解 扬 译

商务印书馆
The Commercial Press

CULTURAL CENTRALITY AND POLITICAL CHANGE IN CHINESE HISTORY: NORTHEAST HENAN IN THE FALL OF THE MING by Roger V. Des Forges published in English by Stanford University Press.

Copyright © 2003 by the Board of Trustees of the Leland Stanford Jr. University. All rights reserved. This translation is published by arrangement with Stanford University Press, www.sup.org.

中译本根据斯坦福大学出版社 2003 年版译出

目　录

导　论　历史上的中州

河南所在之地，亦名中州；这一名称的由来，兼有人文地理与自然地理的双重因素。河南取意"大河之南"，指黄河以南的大部分地区。黄河将中国北部平原一分为二，是其地理上的重要组成部分，也是中国政治体制下农业的核心区。在河南境内，许多小的河流从东北流向东南，在西北、西南和东南地区有山地，地貌与中国整体的地貌极为类似。[1]

河南温度适宜，日照充足，接受的日照时数也比其他省份多。降水量年均 700 毫米，为小米、小麦、高粱和玉米的种植提供了良好的条件。此地又恰好处于自北部吹来的干燥冷风与从南部而来的温暖、湿润季风的中间地带，在夏秋之交这样一段相对短的时间内，降水量能达到年降水量的 50%。然而降水量的季节分配极度不均，会导致洪涝或干旱。

河南东北部因为人口众多和作物高产，属于施坚雅（G. William Skinner）所说的中国北部这一宏观区域（macro-region）的核心地带。然而与其他位于河谷地带的核心区不同，黄河贯穿此地，在每年淤积下150 万吨黄土之后，注入黄海（黄河夺淮入海时期）。由是之故，黄河流经之处，河床不断抬升，在河南东北部和下游地区，必须经由人工疏浚并修筑堤坝来保证河道畅通。黄河的水面也随之不断抬高，超过周围的乡村数米，因此也被称为"悬河"。由于对水土保持的重视不够，黄河屡屡泛滥成灾，于是它又有了"中国之殇"的雅号。[2]

　　河南四周均有河流相连，东北部有卫河，东南有淮河，北部有淇水和小丹河，南部有涡河和颍河。此外，还有许多规模较小的河流向东注入黄河，但它们在历史上时存时逝，部分取决于当地政府对黄河的治理情况。河南曾经一度广为森林所覆盖，但由于农业占地的缘故，森林面积逐渐缩小。尽管省内的铜、锡、煤、铁和石油的蕴藏量十分丰富，但是受到政治的影响以及商业、工业和技术风尚的改变等因素干扰，难免滥砍滥伐。[3]

　　要理解河南在明朝的角色与地位，我们必须剥离那些不受时间影响的因素，如地理、气候、地形以及自然资源等，进入历史视域，从当地民众的文化、政治、社会和经济等角度着眼。正是那些居于此地以及相邻地域的民众，在历史上创造并保持了河南的文化中心地位，同时，他们还必须应对来自其他地域，以及时代变迁所带来的种种不利因素的挑战。

　　尽管"河水"——也就是后来名为黄河的水系屡屡冲刷，导致许多历史遗迹荡然无存，但那块日后在明代成为河南的土地，仍可见是旧石器时代及新石器时代早期先民的发源地，它孕育了中华文明。在新石器时代晚期，这一地域出现了部分类似于被何炳棣和张光直称为中华文化"摇篮"或若干相邻文化所形成的"互动圈"的文化形态，包括西部的仰韶文化、东部的龙山文化，以及其他一些更远的文化。在夏文化（传统的说法是公元前2200—前1766年）时期，此地以"豫"为名。豫是象形字，包含大象的意符。在那段时期内，豫的气候较后世温暖，地下水位也较高，动植物也丰富。据《尚书·禹贡》记载——即使《尚书》要迟至公元前七世纪才编写完成，豫在最早的、传说中的九州之中，便有了中州（central province）的含义，这明显已然超出了中心的意思。

正因为河南还有"豫"这一别名，河南东北部也被称为"豫东"。在夏晚期，当地民众开始发展农业和畜牧业，有了镇，还可能建了邦。其中有两个镇的名称一直为后世沿用，至少六个邦后来可能被当作了都城，其中的两个可以被认定就坐落在河南东北部。[4]

在整个商代（公元前 1600—前 1045），河南在政治上和文化上都是首要之区。上文提及的那六个都城均名为大邑商（Great City Shang），有四个在河南，其中隞恰好在河南东北部，临近现在的河南省会郑州，占地 3.2 平方公里。到了商中叶，隞逐渐繁荣起来。它的城墙高 9.1 米、宽 36 米，当时需要 1 万人费时 18 年才能修建完成。在商代的 70 多个镇中，有 30 座在河南，其中的 9 座地处东北部。包括杞和商城在内的另外 7 个镇后来成了县都，其名称也沿用至今。商的都城可能当时就叫中国（central state[s]），这一指代中国时间最长且最为普遍的名称，直至如今都仍然使用。由于地处这块富饶的冲积平原的中部，当然也容易被周边的觊觎势力虎视眈眈，商代的都城逐渐形成了中心的概念，并且经受了历史的考验。在商代还出现了"中华"（central florescence）和"中原"（central plain）这两个词，它们如今也成为指代中国的通用名词。[5]

周朝（公元前 1045—前 256）崛起于西边，它的第一个都城就建在渭河流域，不久后他们发动了中原地区中国历史上的第一次革命。在今天河南洛阳附近，建立了周朝的第二个都城成周。周对商采取安抚政策，在商丘（指商王朝的坟墓）授予商王子孙以封地，名为宋。周人有目的性地利用殷商推翻夏朝的故事，作为周取代商的合法性依据；周人也延续了殷商的做法，保留了曾因接受商王封爵而得以在杞国繁衍的夏王室的一支。于是，运用"杞宋之礼"，或者对前朝诸王室表示适宜的尊崇，保证了中国历史上王朝更迭所延续下来的正统性。同时，坐落在河南西部伊河和洛河之间的成周，逐渐被称作"天下"的中心。这显示了中州地区文化力量的延续，即使当时的政治中心是在地处西部的周原地区。到了公元前 8 世纪，周王室 140 个封国中的 50 个都在河南，其中有 5 个在东北部。[6]

由于西部邻邦的压力，周王室在公元前 770 年东迁成周，将政治中心搬回到中州平原，为今后洛阳城的发展奠定了基础。在春秋时期（公元前 722—前 481），在大河以南地区有四股力量逐渐兴起：郑、卫、宋和楚。它们拥有的镇的数量大增，从一百余个发展到了两百多个。在战国时代（公元前 403—前 221），以洛阳为都城的韩和以大梁（也叫开封）为都城的魏这两个新的镇逐渐兴起，随即也加入到争夺财富和权力的斗争之中。河南境内的镇，数量减少到 150 个，然而其中一部分镇的规模却在逐渐扩大。举例言之，睢水附近的睢阳城有长达 5 公里的城墙，城内居民多达 10 万。鸿沟附近的大梁逐渐成为当地仅次于洛阳的工业、商业中心，拥有 20 万人口。[7]

随后，秦国（公元前 770—前 207）日渐崛起。它最初在西部，将守卫周坟的地方作为建基之地。之后，以保卫在洛阳的周朝遗存为旗号，将势力东扩。接着，它声称控制了南部的蜀和巴。最后，在中州平原取得了关键性的胜利；从此之后，这块平原成了四方兵家的必争之地。秦定都地处渭河河谷的咸阳，地理位置略为偏西，但中央官制体系却覆盖全国，包括河南东北部的大梁和睢阳。秦国因此赋予了"中国"（central state）以新意，直到很久以后，这一名称为西方词汇"China""Sinicize"和"Sinicization"所借用。然而秦国的历史很短，并未能改变中州平原的概念以及地理位置。[8]

继起的汉朝显示了中州地区和其他地区间日益复杂的相互影响问题。针对秦的反叛在中州平原及其南部、东部的边境上逐渐扩散开来，最终以占领地处渭河河谷的都城咸阳为标志，推翻了秦朝。随后，各方势力为争夺权力而发起的内战，也主要是在这一平原地带展开。胜利者承继周、秦之后，也将都城建在了渭河河谷，命名为长安（即长久平安之意）。

尽管汉也是在周原建立政治中心，其包括国、郡、县在内的各级行政体系覆盖中州平原，但同时也拓展到了秦国领土以外的一些新的区域。汉朝在长安以东的交通要道上设立了诸侯国梁，下辖河内、河南两郡以及约 150 个县。因此，汉朝可以说比之前的任何政权都更切实地控制了中州平原地区；与 1500 年之后的明朝相比，也是如此（虽然明时的人口多些，但仅有 100 多个县）。

由于气候温暖和长时间的和平稳定，汉代的农业技术得以推广，食物充足，足够供养全国 6000 万的人口。在全国居民总数中，有 25% 居住在日后称为河南省的区域内。据司马迁（公元前 145—前 86）说，当时中国最大的城市中，有 7 座坐落于此地。我们缺乏东北部地区的确切人口数字，但河内、河南和颍川郡都自称各有 20 万户人口。伴随着王莽新朝（公元前 8—公元 23）的兴亡，战事四起，地区人口也锐减，接着在河南南部的南阳还发生了旨在恢复汉室统治的起事。在一定程度上由于起事者们攻占了经济首要之区河内郡，从而取得了最终的胜利，定都洛阳。东汉时气候寒冷，政府管理的效率也低些，但据公元 140 年的人口统计数字来看，当时人口恢复到了 5000 万，其中大约有 21% 的人口居住在河南。[9]

东汉之后，中国进入一个相对长时段的内部动荡、民族互伐的时期，但河南在国内政治舞台上，仍可以在四方竞争之中保持中心地位。在三国时期（220—265），魏国定都洛阳，同时面临着蜀汉和吴的竞争。在晋（265—419）和南北朝（420—589）时期，地处北部边境的一些国家，由于控制了前朝曾建都于此的中州平原，声称拥有对国家统治的合法性；南部的一些国家，也号称大汉子孙。在这一时期内，河南南部通常以"豫"为名，北部则沿袭战国时期梁国的名字，西部用汉朝河南郡的称呼。相比河南东北部一些主要城镇在连年战乱中日渐衰落，洛阳在北魏（386—534）这个边地少数民族的统治下，得以重新繁荣。随着佛教传入中国，由于地近白马寺和少林寺，洛阳成为这一源自印度并已东传至东亚和东南亚的宗教信仰的重要中心。[10]

西北部的鲜卑族终于在周和秦汉之后再次统一了中国，建立了隋朝（581—618），定都渭河河谷的大兴城。但鲜卑势力的崛起，得益于来自中州平原的汉族知识分子的帮助，他们还在洛阳建立了第二个都城。洛阳很快发展为重要的通都大邑，周围的城墙有 27.5 公里长，人口 22 万户。这一规模可称空前，也在相当长的一段时期内远迈来者。温暖的气候和更新的社会秩序令中国的人口恢复到接近汉代的水平——4500 万。其中有 18% 的人口居于河南。河南东北部的城镇日渐繁荣。以荥阳为例，其恢复了汉朝时的重要谷仓地位，也是区域内人口密度最大的郡。隋朝修筑了两条著名的运河，一条从开封发端，经过杞、商丘，抵达淮河；另一条从新乡抵达渤海湾。通过这两条大运河，隋朝将粮食从东南运往东北。无论这是否是出于有意，河南东北部都广受其益。[11]

当隋朝试图毫无休止地强化其中央政府的行政统治时，西北部的其他贵族起而反叛，最终在中州平原击败了各地的叛军，建立了唐朝（618—907）。唐定都西部，即长安，但也重建了洛阳，仍然维系着连接东南和东北的运河系统，使之继续施惠于河南的经济。在唐代，"河南"既指包括洛阳在内的州，也指包括部分东北地区的道，这样一来，便将从汉代开始的河南这一地名，与实际所辖地域的名实关系确定了下来，但还并不能说就是精确划定了河南的确切属地。在唐代，汴河成为东西内河航运的主要枢纽；沿岸的一些城镇，如汴州和宋州，成了当时中国人口密度最大的两个州。到了晚唐，汴州成了堪与长江流域的扬州和杭州媲美的主要商业中心。[12]

唐朝灭亡后，在五代十国时期（907—960），汴州保持了它的商业地位，并成为后梁的都城。并且，还是后梁之后的几个朝代——后晋、后汉和后周的都城。五代十国崛起于中原，以国号复古溯远的方式，号称得天下之权。尽管其中没有一个朝代能实现统一，更不要说恢复汉唐时的疆域，但基于汴州的繁华，他们的政治野心不衰这个史实，可能与中国人口、商业和手工业中心从中原移至江南那段历史同样重要。长三角地区也叫江南，正如北部的河南一样，是取长江以南之意。江南在五代十国时期，正如它所蕴含的潜力所示，也成了文化和政治的中心。江南多山，依山势分成了彼此对立的 9 个政权，但它们并没有对地处中原的那些短暂的王朝或哪怕势力很小的政权构成政治威胁。内藤湖南的“现代中国”说、伊懋可（Mark Elvin）的“中古经济革命”说和“帝制中国晚期”的模式，着意于解释中国历史上经济重心从黄河流域南移至长江流域这一问题，但此问题却不足以清晰地解释中国北部在历史上仍然保持的政治、文化中心地位，而这是持续时间更长，也更为重要的。[13]

无论如何，定都汴州（960—1127）的宋朝（960—1279）几乎统一了自唐以后的疆域。接续西周的宋国和春秋时宋国的传统而下，宋代在商代以后，第一次恢复了河南东北部作为中国政治中心的地位。在此地，宋朝建立了东京汴州（开封）和南京应天，正如西京洛阳和北京大名。在这些城市中，汴州无疑显得出众，它不仅是开封府的中心，还是京畿路的中心，并且其周围一些县所用的名字，直至明代都还存在。尽管气候有些寒冷，宋代农业的丰产仍足以支持当时前所未有的人口数量——到1083年，宋代人口已经达到了 1 亿左右。可以确定的是，河南在宋代人口份额中所占的比例仅有 12%，这是延续自后汉以来人口下降的趋势，并且这趋势还在一定程度上影响了国家的扩张。但河南东北部地区在河南省内及宋代整个国家范围里的人口份额均呈上升趋势，仅开封一府，人口便已达百万。[14]

在宋代的第一阶段，也即北宋（960—1127），开封仍是中国的商业和工业中心，在规模上接近唐代，论财富则度越其上。开封仍是交通枢纽，与之交接的，有连接西北和东南的汴河、沟通西系的金水、联系西南的惠民河、南部的蔡河和东北部的广济河。有一些县逐渐成了主要的转运中心，另一些则成了手工业的中心，例如瓷器。由于受交通便利之宜和数量众多的商业市镇之助，开封建立了当时除印度以外，世界领先的铁业和煤炭业；其领先地位，一直保持到 18 世纪英国工业革命兴起。同时，伴随着开封在文化、政治和社会等领域的发展，以及印刷术、火药和指南针这三大发明，开封府令一些历史学家将宋代的中国描绘成当时世界上最为现代的国家[15]，尽管这类分析包含了一些微妙的欧洲中心主义和目的论元素，也即现代性是根据欧洲的标准确定并被认为是整个世界发展的目标，但这种说法确实突出了当河南东北部再次成为社会、经济以及文化、政治的中心之后，当时中国的繁荣程度。

然而，受不能或不愿将财富变为实力的想法所限，宋代试图恢复大唐疆域的抱负，受到东北部契丹人建立的辽朝（907—1125）和西北党项人建立的西夏王朝（1032—1227）的阻挠，最终金朝（1115—1234）入主中原。对比而言，金朝统治自唐以来这一庞大的政治实体的手段，并不比前朝高明多少，对河南东北部地区的管理，手段也过于强硬。当金人在靖康元年（1126）攻占开封之后，他们放火屠城并掘开了黄河大堤，汴河北岸满目疮痍。金国将首都定在燕京，以此开始中国政治中心北移的进程，如今中国的政治中心仍然在北方。金人将开封定为南京，它从前的社会、经济职责在很大程度上由江南城市杭州承担。杭州是南宋（1127—1279）都城，仅能掌控中国的南部。当南宋绍熙五年（1194）黄河决口之际，河水自东北改道东南，摧毁了汴河以及 8 个市镇，河南东北部便失去它政治、经济中心的地位了。金朝留给当地的唯一正面影响，就是为此地命了名，区分了开封和归德两府，这一地名和大致的地理区划，在明代又再次出现。[16]

当蒙古军队凭借其出色的机动性在宋端平元年（1234）征服金国时，他们将黄河北岸绝大部分的县都夷为平地。之后，蒙古人对当地竭泽而渔，以攫取制约南宋的资源。在蒙元时期（1271—1368）河南的人口在至顺元年（1330）估计暴跌至 80 万，仅占 6000 万汉人中的 1.34%。许多人因黄河屡发洪灾而丧生，幸存者也流离失所，无家可归，被迫充当修筑大堤的劳工。开封收缩至仅有宋代时内城的规模，人口降至 10 万至 30 万之间。作为交通枢纽的城市功能，也丧失殆尽。附近的商业市镇或者消失，或者改为军用，成为驻军之所。当元朝据黄河在中原地区自北而南的走势修筑大运河，以沟通都城大都（即今天的北京）和南方的大都市杭州时，这一地区愈见萧条。尽管如此，元朝通过在大都附近设立中书省来加强对中部地区的统治，便包括了黄河北岸的河南部分地区，也即卫辉路。元朝的"河南"地域也广，包括中书省外河南东北部的地区，下设若干府，包括归德在内。河南东北部尽管并不繁荣，却成了国家核心区域的一部分，以此为中心，元朝建立起了中国历史上幅员最为辽阔的政治实体。[17]

为反抗蒙元的过度剥削，朱元璋起兵中原，并在 1368 年建立了明朝。明朝在全国设立了 13 个行省（后增至 15 个）和许多军事区。包括河南在内的许多行省的名称和边界，直到如今都少有变化。借用"河南"这一之前地处黄河以南的行政单位的名称，明朝第一次令它包括了黄河以北的地区。这取决于黄河河道的南移，也有在政治区划的建制上力求突破河流、山川等自然屏障的因素。仅有 147090 平方公里的河南在明朝各省中规模较小，但却能与邻省湖广争夺地理中心的位置，也能与其他相邻的省份争胜。由于地处黄、淮之间，并连接山地和平原，河南成为明代驿传系统中连接南北、东西主干道的重要枢纽之地。[18]

明朝最初将河南分为七府一州。朱元璋最初还考虑过定都开封，使之成为一个大府，包含 39 个县和 4 个州。但他最终还是决定定都南京，之后，他的儿子朱棣迁都北京。开封便仅仅是省会城市了。1545 年，开封府境内东部的 8 个县和 1 个州划归了新成立的归德府。同时，在黄河北岸已经有了卫辉府。开封、归德、卫辉这三个府构成了我们称为河南东北部的地区（见地图 I.1）。开封的面积最大，有 30725 平方公里，下辖 30 个县，4 个州；归德次之，有 10629 平方公里，管辖 8 个县，1 个州；卫辉有 3572 平方公里，有 6 个县（见地图 I.2）。[19]

尽管在 14 世纪至 16 世纪中叶，中国的气候一直较为寒冷，但大明王朝最终实现了海内晏清，农业以及商业均得以恢复，人口也得以在建文二年（1400）恢复到 6000 万—8500 万，后来在万历二十八年（1600）增长了一倍，或者两倍，达到了 12000 万—26000 万的水平。河南所占的人口份额也在增长之中，人口从洪武十四年（1381）的 190 万增长为万历六年（1578）的 520 万，增长了近三倍。据严瑞源的研究，从救灾的统计看，河南的人口总数可能事实上在万历二十八年达到了 1500 万—2000 万。因此，河南人口数占到了全国总人口的 10%。河南东北部地区的人口在明代也有所增长，在万历元年（1573）可能有 220 万之多，也即占省内人口的 40%。[20]

在河南东北部，到了晚明，人口逐渐聚居于某些府、州和县。仅据在籍人口的统计显示，开封和卫辉的每个县和州平均有近 5 万人，归

地图 I.1　1545 年后河南府治

德则略多于其半数。在每个府内，在册人口也向某些州、县集中。以
开封为例，祥符和杞县以及豫州均有 10 万的在籍人口。在开封、卫辉
和归德三府中，有 10 个县、4 个州的人口超过 5 万，32 个州县少于这
个数字。我们用人口密度，也即以在籍人口的总数除以国土面积，来
考虑这一问题，发现包括开封境内的祥符和杞县以及卫辉的新乡在内

地图 I.2　1545 年后河南州县

的 8 个县，达到了每平方公里 100 人的密度，卫辉境内的其他州县以及归德的睢州达到了每平方公里 50 人的人口密度。包括归德的商丘在内的 22 个县平均人口密度是每平方公里少于 50 人。据此而言，开封的祥符、杞县以及邻近一些县，加上卫辉的新乡，在晚明成为当地的人口中心。[21]

　　明朝鼓励军民两途并行来开垦荒地，以恢复农业经济。早在洪武二十五年（1392）的一项地籍统计中显示，如果将军屯的土地计算在内，当时国家的可耕地为 88000 万亩，军屯的数量则是国家高度机密。据称河南在当年有 14490 万亩土地，仅次于湖广，是山东的两倍、山西的三倍。从相对贫困的西北和人口过多的东南，均有人口迁入河南，这或许导致了人口重复统计的问题。尽管有些屯田土地从未进行过统计，有时被略而不计，但大多数田土还是计算在册的，况且河南的在册土地数量一直呈上升趋势。包括官属和民有在内的中国全部可耕地从建文二年（1400）的 40000 万亩增长到万历八年（1580）的 60000 万亩，增长了 50%；同时河南的可耕地从弘治十五年（1502）的 4200 万亩增长到万历九年（1581）的 9500 万—10500 万亩，涨幅达 100%，甚至更多。在河南东北部，开封府的在册土地从成化十八年（1482）的不足 1000 万亩增至嘉靖三十五年（1556）的超过 3000 万亩，几乎增长了三倍；卫辉在同时期内也实现了几乎翻倍的增长，从不足 170 万亩达到了 300 万亩。于是，河南东北部地区的在册土地，在明代增长了大约 350%，至少与人口的增幅相埒；实际面积则大约是省内可耕地的 42%。此外，河南东北部的在册土地数量与在籍人口数量呈正相关关系。举例而言，祥符和杞县是两者都有增长，商丘是两者都有所下降。即便如此，杞县和卫辉的五个县，相对来说还是土地资源匮乏。因为明代在册的土地数与实际可耕地之间存在着数量差异这类普遍性的问题，所以我们不能就此断定当地人口压力的严重性和波及范围。（参见地图 I.3）[22]

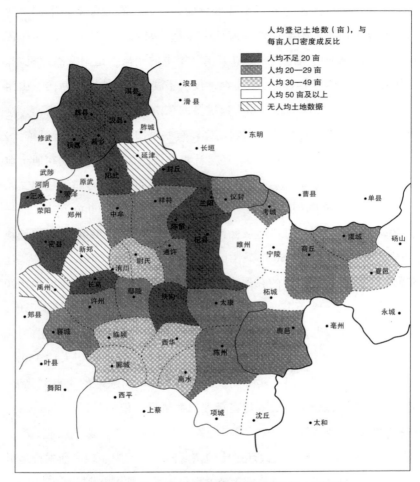

地图 I.3　人均登记土地数所见晚明河南地区人口密度

　　明朝利用在籍人口和土地数量的增长来适度提升征税的额度，河南及其东北部地区的赋税都相应地有所增加。例如，当全国的税收从万历六年（1578）的 26638642 石（1 石相当于 72.6 公斤），增长到万历二十八年前后的 28170343 石。河南的赋税贡献，从占全国 9% 的

2380759 石，增长到占全国 10% 的 2751970 石。河南东北部的三个府在万历二十八年总共缴纳了赋税 1131100 石，占全省总额的 41%。税收负担在地区内的分配尚属合理，例如一些在籍人口和土地均较多的县丁税就多，例如祥符和杞县，到了晚明时折银的数量也多。由于既定的征收税额和实际的征税数在明代存在着为众所知的差距，如同对其他地方的研究一样，我们不太可能把此地在晚明具体的征税数量弄得很清楚。然而，在万历二十八年以前的正式税收似乎相对而言还比较轻。以万历六年为例，河南要为 74157951 亩的土地付税，每亩平均 0.032 石，这就比当年中国平均每亩 0.038 的税额要低，比明初定下的 0.035 的标准也低，与山西持平，仅比每亩征收 0.009 石的湖广高些。因此，万历二十八年明代的税收可能既不像王朝衰亡论者所说的那样太高，也不像近来学者研究说的那样低，但恰好在不盘剥百姓的情况下，足够支撑国家的法律与社会秩序的正常运作。这一结论与近来有关明代是"当时世界上最为成功的中央政府"及它管理下的"大华北地域"繁荣的说法吻合。[23]

从上文的分析来看，明代河南省所在的地域早在颇具传奇性的夏王朝，就已经成了中国的文化首要之区，在整个商代，都以重要的政治中心面貌卓然而立，并且在商亡周兴的转折过程中也居于重要的地位。从一开始，河南作为文化中心的地理位置就暗示了此地不仅可以吸纳、综合来自四方的影响，更可以将之熔于一炉，衍生成自己能够辐射世界的特质。它作为文化交汇之地的角色，因为在南北朝时成为吸收、转化并传播佛教的重要区域，而再次得以印证。但它很快便与其他一些区域分享其突出的政治影响力，例如渭水的长安、江南的杭州和北部的北京，只是同时也令其他一些中心区域确立起合法性地位，或是建立陪都，如洛阳；或是以追古溯远的名义建立新朝，如后唐、后汉、后周和北宋。

该省很早便以四方征战之地而闻名，并且许多文人学士也屡居于此地，为地方起义者出谋划策。

在明代，中国的文化和政治中心应属北方的北京，社会和经济的中心则毫无疑问地在江南，然而河南省则在很多领域居于中心地位，在地理上，它离明朝疆域的中心不远，延续了之前行政机构所用过的名称，并一直被视为中州。当地的人口、土地和税收的状况，在明代颇具代表性。在省内，东北部地区并非地理上的中心区域，但却是文化、政治、社会和经济的中心。此地的百姓，有足够的理由对明朝保持政治上的忠诚，但他们同时拥有坚实的文化根基，据以评价随着历史的发展而更迭的政权。他们的思想和行动在一定程度上符合布迪厄（Pierre Bourdieu）说的"习性"。他说：

> 习性是历史的产物，按照历史产生的图式，产生个人的和集体的、因而是历史的实践活动；它确保既往经验的有效存在，这些既往经验以感知、思维和行为图式的形式储存于每个人身上，与各种形式规则和明确的规范相比，能更加可靠地保证实践活动的一致性和它们历时而不变的特性。[24]

考虑到河南作为中国中心的情况不断出现，其东北部地区又是省内的中心，当地百姓便可能会有类似"既往经验的有效存在"的强烈感觉，并且会比其他地方的人更能感受到这种"实践活动的一致性和它们历时而不变的特性"。在此意义上，中国的政治实体展现了一种"分形"（fractal）的特质——形式类似却又彼此有别的不规则形态，在其中心和构成机体的各个组成部分都有存在，它们基于过往的历史而形成的对强力发展的愿景，在明代的中国颇具代表性。[25]至少，这一看法能够得到其他地方以及中国这个政治实体之经验的印证。

第一章　国家

明朝政府对豫东的管理，部分是通过推行分封制，也即在京师之外将皇室子孙封为藩王来实现的。它也用官僚来实现国家的统治，从当时的世界范围看，明代的官僚机构庞大而有序，但若对比人口数量，实际的规模却有限，差别也不大。明朝的勋贵凭着政治和军事实力起家，成为一个能代表特权的象征符号，进而在文化上施加影响，但却成为社会和经济的负担。明朝的官僚机构也类似，最初确定好了机构和官员的设置，之后则在此基础上屡有增设；官员管辖的范围涉及河工、征税、救灾以及公立教育等多个方面。在超过两个世纪的时间内，明朝对日渐增长的人口尚能实施有效的管理，但在王朝末期，当财政危机来临时，就束手无策了。

藩王

早在至正十三年（1353）朱元璋起兵时，他就接受了建议，取法以用人之术见长的汉高祖刘邦。作为开国之君，洪武皇帝相信元朝与秦朝一样，问题都出在过分的中央集权上。于是他效法西汉，让长子留在首都任太子，将其他的皇子（孙）分封各地，目的是将拥有血亲关系的诸位皇子（孙）排除在都城政治之外，同时让他们担负起保卫地方的军事职责。为了这一目的，他授予儿子们以高官、每年 5 万石的禄米和大量的岁禄、王府庄田以及 3000—19000 人不等的"护卫军"。为了确保对儿子们的有效控制，朱元璋要求在藩诸王每年到南京觐见一次。此外，他们在军事上的任何举措，都要获得国家的许可，保证他们的军队服从朝廷，接受中央政府的监督。[1]

明太祖的第五子朱橚（1361—1425）即是能说明这些安排的例子。洪武十一年（1378）朱橚被封为周王，十四年就藩开封。他曾经与大将军徐达（1332—1385）一道，将这个北宋时的都城建成了一个坚固的军事堡垒。洪武三十一年，朱橚和他的兄弟们因为既定的皇位继承人、长兄朱标（1355—1392）早逝，侄子朱允炆（1377—？ ）继承皇位而受到猜疑。新君取法西汉文景之治，力图削弱叔叔们的权力，开始着手清除朱橚的势力。在建文元年（1399），朱橚的兄长燕王朱棣为免被废黜，宣布起兵靖难。在残酷的四年内战之后，朱棣夺取了帝位，改元永乐。永乐登基后，朱橚的封地仍然在开封，在那里他享受着每年 5000 石的岁禄（明仁宗时期岁禄至两万石）——这已经是该制度初设时规定的两倍——以及来自四方的大量馈赠。当永乐皇帝也学着汉武帝削减藩王权力时，朱橚再次受到朝廷的监视。在永乐十八年（1420），朱橚受他的一个侍卫牵连，被处以叛国罪，后虽被饶恕，但大部分兵权被剥夺，他仅仅成了朝廷在开封的一个象征和符号而已。[2]

在政治上受挫之后，周王朱橚转而将兴趣移往他处。他撰写了一部题为《救荒本草》的书，论列了在开封可见的 414 种草本植物，其中有 276 种是此前从未被介绍过的。该书旨在为当地应付周期性出现的灾荒提供帮助，它比欧洲出现的同类植物学著作，要早了 60 年。朱橚与其他藩王一样，生育了不少子孙——他有 14 个儿子和 10 个女儿。长子朱有燉受所谓的朱橚谋反事件牵连，但并未深陷其中。事件平息后，有燉的兴趣转向了绘画、书法和戏剧。朱橚还废除妃子殉葬的制度。朱橚的另一个后代朱睦㮮（1517—1586）收藏了超过 4000 部图书，他还为藏书编了目，他还从万历五年（1577）开始担任宗学的实际负责人，直至 9 年后他去世。睦㮮在文化事业上的其他贡献还包括为《诗》《书》《易》《礼》《春秋》作注，编纂河南省志和开封府志，撰写表彰 138 位河南名人的《皇明中州人物志》。[3]

尽管明朝历代诸皇子（孙）中获封藩王的人数不断下降，但与其他地方相比，到河南支国的比例却在不断上升。洪武皇帝的另两个儿子分别获封南阳府和河南府，永乐皇帝的一个儿子被封到彰德府，他们的护卫人数被限制在 360 人以内；藩王本人也只有在朝廷允许的情况下才能离开藩国。他们被禁止参加科举考试，也不得做官，不许经商。洪熙元年（1425），有一个王被封到了怀庆。正统皇帝（1427—1464）曾将他的一个儿子封到汝宁府，但因为无子继承封国的王位，被正统皇帝另一个儿子取代了。此外，在开封的钧州（后改称"禹州"），正统帝也封了自己的一个儿子。成化皇帝（1447—1487）分封了他的九个儿子为王，其中的一个在弘治十四年（1501）被封到卫辉。在整个明代，河南占了国家所分封诸王总数的 22%，在全国各路藩王世系中，延续最长的前 27% 也在河南。（参看地图 1.1）[4]

明朝政府承认每位藩王子孙的头衔并给他们封爵，虽然这爵位只能逐级降低，但却使得在河南的王室成员日渐增多。他们生活富足，生活闲适，加上妻妾成群，后代的繁衍便不可避免地愈发繁盛。单凭控制婚姻、限制娶妾和削减岁禄等手段，已然不足以控制藩王后代的人数。在明代，宗室成员的数量呈稳步增长的趋势，其中尤以河南为甚。据不完全统计，洪武年间在河南的宗室成员有 58 位，到了嘉靖年间（1522—1566）增长至 28840 位。在河南，明初分封的一个藩王到了嘉靖八年

地图 1.1   河南地区藩王分布与在位时间

（1529），就可能至少有了 1440 位拥有各种不同头衔的子孙；到了万历年间，就可能达到六万人；到了明末，大概达到十万人。尽管我们缺乏河南全省的相关具体数字，但开封无疑拥有全国十分之一以上的勋贵，数量超过了五千。除了周王以外，在开封的第二代藩王有七十多支。其中有四十八支在明末仍然有迹可循，第三代到第五代的藩王子孙有 1349

名，第六代到第八代有 2559 名，还有其他拥有四种不同头衔的女性后裔 1265 名。若将这些藩王的妻妾和子孙再行统计，那么开封在 16、17 世纪之交的时候，有大约两万名王室宗亲在这块土地上生活。[5]

大多数的王室成员依靠国家坐食禄米，于是，他们的人数逐增而岁禄日渐减少，且前者过快时，这一群体便成了国家财政的负担。在明初，开封的藩王岁禄有 2 万石，到嘉靖八年（1529），他的 1440 位子孙岁禄的总和也不过 69.025 万石。在嘉靖朝，河南省及地方政府的税收尚不够负担省内各路藩王岁禄所需的一半。尽管河南征收并留存的税收每年仅有 84.3 万石，却养活了每年消费 191.2 万石的藩国贵戚，支出是收入的两倍多。在这种情形下，周王朱睦㮮计划设立宗学来教导皇室宗亲，令他们参加科举考试，通过者可获得官职，也就有了官俸，这比无事可做、仅仅靠领岁禄过日子要好得多。先不论考取功名的机会如何，实际上参加科举考试的藩王子弟数量很少。因为每年的岁禄仍然相当殷实，地位低些的藩王子弟每年能得到大约 200 石的禄米，连王府的厨房每年也能收获 120 石左右，相比那些县令每年 90 石的收入，已经算不少了。虽然我们缺乏各个等级的藩王子孙岁禄的详细数据，但即便统计并非全面，也足以说明在 16 世纪末，开封需要 200 万石的禄米来满足藩王宗室人口的各种需索。国家实在无力负担如此巨大的数额，只能减半供给。尽管如此，在万历四十一年（1613）国家仍要另觅 104.62 万石禄米来养活开封府五千多名藩国贵戚。据明末著名学者顾炎武（1613—1682）称，开封府要拿出 30 万石，也就是每年该府财税收入的 37.5% 来养活开封的藩王，河南省内的其他 5 个府也对此做出了贡献。[6]

由于实在无力支付贵戚群体的庞大开支，明朝政府允许他们可以通过其他方式增加收入。自洪武皇帝开了拨给各藩王王府 1 万亩庄田的口子之后，他的儿子们又扩而大之，非法聚集了更多的土地。以成化十年（1474）就藩汝宁府的崇王为例，他掌握着汝宁府内 7 个县的各类土地共 40.7264 万亩，以及包括开封府的陈州、柘城和其他州县的土地 26.809 万亩。嘉靖朝支国的景王以湖广土地贫瘠，无法耕种为由，又向朝廷索要了 400 万亩土地。尽管直到他死之前都没能拿到那块土地，但他已强令地方官提前征收了几乎足额的地租作为特税，这使得至少有一个县的百姓被迫外逃，躲避横征暴敛。[7]

晚明各路藩王的需索越来越大，其中以隆庆皇帝的第四子朱翊镠最具代表性。朱翊镠在隆庆四年（1570）三岁时在山西潞安府受封潞王，但他首次支国却是在万历十七年（1589），地点是湖广的衡州。他以衡州离北京太远为由，于是他的兄长，也就是当朝的万历皇帝，同意将他改封河南卫辉。年轻的潞王极具野心，他抓住在湖广的景王去世的机会，向朝廷提出将景王的土地划归自己名下的要求。尽管遭到湖广地方官员及当地乡绅的强烈反对，万历皇帝还是再次纵容了他的弟弟，允其所请。五年之后，据清查田亩的数据显示，潞王成了明代众多藩王中拥有土地数量最多的一位，掌握着两省、九府所辖 24 个州县及当地卫所屯田的各类土地共计 400 万亩。其中大部分在人口分布不太集中的湖广，但其中有 9 万亩是在人口大省河南。据不完全统计，这些在河南的土地包括卫辉府 4 个县的 2.26 万亩，以及开封、怀庆两府的 6 个县所辖的 5.98 万亩。[8]

潞王的不法行为还远不止于大量聚敛土地，他也从事商业活动。早在万历十一年（1583），他还很年轻的时候，就已经通过控制三家皇店，开始从事各种经营活动，出售纺织品、纸张、扇子和茶等商品。之后，他还控制了其他的商业项目，包括仪和盐庄。这一盐庄有两个分支机构，一个在渭水北岸，垄断着卫辉府的食盐贸易，它每年控制着 1.5 万引（即盐引）的食盐（1 引 =200 斤，1 斤 =603 克），并将其中的 1/3

输到包括汲县在内的 6 个县；另一个分支机构在渭水南岸。仪和盐庄公然破坏了本该由户部设在天津的食盐管理系统。潞王掌控的食盐贸易很快就扩大到足够供给开封府内 23 个经销机构，数量增至 10 万引，大约 2000 万斤。虽然缺乏准确的史料，但潞王很可能还从四川收取盐税，并通过向其他藩王借贷，令官员经营投资以及从事金、银、铜、铁、瓷器等买卖中获利。[9]

在潞王积累新的财富的同时，周王奢侈地享受着已有的财富。由于是在北宋皇室的旧址上新建王府，周王对雅致的追求，有着极高的标准。他的王府地处开封的中心，中轴线严格地依循南北走向，城墙有 2.5 里宽、2 里长，周长大约 6 公里，占地是全城面积的 12% 左右。尽管许多宋代的老建筑由于历时久远不复存在，明初朱橚时代的建筑有的也被拆毁了，但仍有相当数量的宋代建筑得以保存，有的甚至尚在使用之中。在周王府邸以外，城南分布着大约 40 个藩王子孙。事实上，尽管文献缺略，但周王在开封的城墙内外都有大量的土地，有 360 户由国家支付报酬的农户以及其他难以数计的农户供养着他，周王平日里则乐于光顾城内的百余处庙宇，在节庆日里欣赏他名下的 70 多支歌舞队表演。[10]

潞王在卫辉府的府邸是在之前宽敞的藩王府的基础上兴建，但万历皇帝仍希望他将之再行扩充，于是潞王得到了几乎城内 1/3 的土地来扩建府邸。不久后，他继续在城内大肆随意扩建，规模已经超过了藩王府邸应该合乎的规定。王府的日常开销也很大，年开销总数超过了 40 万两白银，其中 30 万两由中央政府承担，其余的由地方政府、士绅和无地的农户承担。[11]

潞王的儿子朱常涝在万历四十六年（1618）承袭藩王之位，他的注意力更多地放在了文化方面。他修复了一家寺院，在其中专门辟出一个亭子用来收藏佛经。他还收集古代的书法作品，进而著书阐释这些作品与现实的关系。他喜好书法，书风不仅承袭 4 世纪的王羲之（321—379），还努力展现自己的风格。他喜好治印，一些作品留存至今；雅好画兰花、竹、石，与河南著名的士大夫王铎（1592—1652）有诗文唱和。这位被称作小潞王的藩王在音律方面也非常在行，对从汉代以来就流行的琵琶尤为擅长。要论爱好兴趣，小潞王当然不如唐宋时人广泛——这和他之前的明代藩王一样——但他总能在这些事情上体现出自己的个性，这与他以"中和"为号恰相吻合。琵琶的使用范围颇广，适于四季演奏，在各种节日庆典上都能见其身影，无论是清雅之士还是普通民众，都对之喜闻乐见。一些专家认为小潞王的琵琶造诣远逊唐宋时人，但也有人持不同看法，因为小潞王在演奏中被认为吸收了一些来自耶稣会士的新元素。但无论是哪种情况，这位以"中和"为号的藩王据说是追随着西汉刘向（约前 77—前 6）和晋的嵇康走"儒表道里"的清静无为之路。[12]

　　此外，朱常㴶还在新乡为他的父亲及其妃子修建了华美的陵墓。两个大墓共占地 15.7 万平方米。其布局规划、建筑工艺和艺术装饰，均足堪与洪武、永乐皇帝的陵墓相媲美。此外，他还为自己的一个嫔妃修建了一个独立的坟冢，这无疑都违反了朝廷有关藩王妃嫔陵墓的规制。陵墓的整体风格承袭前制，但墓碑前的 14 个异兽中，有 8 个与传统的形象迥然相异，这或许是受了 15 世纪传入中国的非洲野兽形象的影响。这个例子显示了当时的中原文化在保持中心地位的同时，也向周边开放的情形，虽然这一趋势在当时尚不显著。[13]

　　这些分封到中州的藩王虽然不断创造着文化成就，但却是以消耗大量的社会资源为代价。由于财富日渐集中，其他藩王宗亲变得越来越贫穷，甚至出现了藩王后裔比普通民众还要贫困的情况。在崇祯十三年（1640）就有过对当时开封的这样一种描述：

> 目击周宗动作有禁，无产可鬻，无人可依，数日之中，曾不一
> 食。有年逾三十不能婚者，有暴露十余年不能葬者，有行乞市井，
> 佣作民间，流移他乡，饿死道路者。诸府宗室诚贫，于周为甚。[14]

在卫辉，即使是饥荒之年，潞王修建府邸的工作也从未停止。他只向工匠付给部分酬劳，更多的劳动其实是受强迫而无偿的。王府的经营活动全由宦官掌管，他们对地方官员残酷无情，在饥荒流行时仍然强征赋税，对租种王府土地的农民法外施刑。

朱常洵是由万历皇帝宠幸的郑贵妃所生，他有很多年都揣度着自己能否被父亲立为皇位继承人。事实上，直到万历二十九年（1601），万历皇帝才最终同意让长子常洛继承皇位，将常洵封藩福王。直到福王 28 岁时，才在受封 13 年之后，就藩洛阳。他的大婚花费了白银 30 万两，修建王府花了 28 万两，然而他竟然还蛮不讲理地以景王和潞王为榜样，向朝廷索要 400 万亩土地。此事引发了很大的抗议，朝廷只得拨给福王索要土地的半数，但其实际的数量仍然巨大，河南的腴土不足，唯有从邻近的山东和湖广划拨。福王也获得了对食盐贸易的部分管理权，进而打破了之前河东和安徽两地对盐引的专卖，他直接将食盐运往北部边境，从洛阳当地百姓对食盐的消费中获利。如果福王能在文化事业上有所贡献的话，他的上述要求或许尚称合理，但事实上，他沉迷于酒色及歌舞享乐，终于没能逃脱朝代更迭的命运。[15]

官僚体系

明代的官僚体系实际上不乏变革。自从洪武十三年（1380）太祖朱元璋废除宰相后，由三套中央官僚系统来支撑着国家的运作。这三套系

统在各省都有机构对应。第一个是御史，这是一个自周代以来就存在的特别机构，其主要职责是监督官员；这一职责在明代得到了充分的体现。它由在首都及各省的两套班子构成，在地方上由监察御史监察各地。第二套行政系统是六部，即吏、户、礼、兵、刑、工，这一机构设置始于唐代；六部在各省的对应机构是按地域划分的布政使司。第三套系统是五军都督府，即中军都督府、右军都督府、左军都督府、前军都督府和后军都督府；在地方上也有与之对应的军事机构以行守卫地方之责。在这些官员之下，知府管理着府县正官，其源头可以追溯到秦朝。[16]

在 15 世纪，明朝新设了三个官衔：大学士、巡抚和总督。一般而言，这些头衔是与其他的实职同时授予的，例如一些翰林学士会担任大学士。有了这三个头衔，即使实授的官阶或官位较低，官员的地位也会因此提升。朝廷委派巡抚到各个府去监管都察院、布政使司和都督府在地方的办事机构，他们通常会同时授监察御史或总督衔，以利其便宜行事。总督主要负责军事，有时也负责民事，可以管辖两个省或更多地方的事务。由于巡抚在中明以后实际掌控着省级地方行政大权，下文的讨论便由巡抚开始。[17]

巡抚

明代第一个巡抚是于谦（1398—1457），他以兵部侍郎的身份在宣德五年（1430）到正统十一年（1446）间先后被任命为河南和山西的巡抚。于谦祖籍河南，但出生在浙江钱塘（杭州），在那里他通过了乡试。他在担任巡抚之前，曾经出任过都御史，有实战经验。据《明史·于谦传》记载，于谦在巡抚任上能听取老人们的意见，将需要革新的事务及时反馈给朝廷。他在监管黄河河工事情上卓有建树，修筑了堤坝，种树凿井，榆柳夹路，方便路人。他还"尽夺镇将私垦田为官屯，以资边用"。于谦在负责提督各营军马时，还因为反对将山东和北直隶的养马责任转移到河南受到拥戴。当山东、陕西等附近省份受灾之际，于谦还请发河南、怀庆两府积储的粟米，救济河南饥民近 20 万人。[18]

正统十三年（1448）于谦应召回京，任兵部左侍郎。当朱祁镇（1427—1464）在正统十四年（1449）被蒙古瓦剌部也先俘虏之后，朝廷上有官员想效仿 12 世纪南宋皇帝在金人进攻之下将都城南迁的故事，于谦却一心效法南宋抗元名将文天祥（1236—1283）在 13 世纪拒不降元的事迹。他说如果效仿南宋迁都，必将大祸临头。他力主坚守北京，抵抗也先，立郕王为帝，是为景泰皇帝。于谦随即出任兵部侍郎，总督天下军马。他调集南、北两京与河南的备操军入京守卫。于谦此举，无论是从国家安危大计，还是从个人的政治生涯角度评判，都是以爱国为根本动机。但事实上，在朝中却不乏反对势力。在 1457 年，也即代宗景泰八年、英宗天顺元年，正统皇帝重新登基，于谦被下狱论罪，很快被斩决。直到成化皇帝继位后，于谦才被平反，赐祭葬如故；到了弘治二年（1489），才在杭州和北京建祠祀祭他。于谦的三个儿子也得以重返河南于氏祖祠，子孙被妥善安置。在河南地方，于谦的事迹受到了极力表彰，其功绩入地方志，在开封还有民众建祠来纪念他。[19]

于谦毫无疑问是出色的官员，其政治生涯展现了明代政治在河南的如下几个特点。首先，他在明代中叶经济繁荣、人口众多的东南沿海省份浙江通过了乡试，名列榜首。浙江还孕育了很多督抚级的高官，在全国范围内所占的比例要远远大于其他地域；在 15 世纪后半期，到河南任巡抚的浙江人非常多，单从数量上说即位列前茅。其次，从明朝政府推行的回避制度上看，于谦是个外人，但他祖籍于此，且有一子返回原籍成家。这些关系或许使谦更关注河南的事务，因此他在当地获得的名声也高。于谦的例子说明，河南和浙江、山东等省份之间人口互相流动。类似的省际人口流动，一方面使河南的人口分布比较分散，另一方面也消融了河南人的身份认同——至少，从山东和北直隶来任河南巡抚的人，对彼此的方言不会感到陌生。此外，于谦的例子不仅显示了协调藩王与普通百姓之间关系的微妙，还说明了中原与边境互相晏安的重要性。[20]

治河

明宪宗成化七年（1471），明代新设河道总督。虽然没有固定的僚属，也缺乏经费，只能通过调动现有的省、府、县各级官员配合其行事，但当任者却可以提出方案，一旦获准，便可施行。河道总督的职衔在《河南通志》的职官表中位居头等，这充分说明了黄河问题在河南的重要性。[21]但很明显，在明代有关黄河的事情绝非新增一个官位就能解决那么简单，它关系到很多在明朝建立之前就已经设立的官职和所推行的政策。

在中国历代朝廷的规划引导之下，河水自西部草甸发源，向东流经多条河道和中州平原，其间屡有变迁，最后入海。自秦以来，各朝政府经常修筑堤坝，引导河水流向，令其最终在山东北部注入大海。这逐渐形成了后来黄河的面貌。朝廷还开凿运河，将位于西部的都城与地处东南的农业中心以及东北的征战之地连接起来。在金元两朝战事频繁的年代，黄河向东位移，分成了两支，一支由山东北部入海，另一支取道东南入海。在元朝后期，黄河又朝东分出东北向的第三支河道，这造成了淮河上游的干旱和山东境内的洪涝灾害。包括朱元璋在内的起义者利用了这些条件，争取到元末战乱幸存者的支持，推翻了蒙元，建立了明朝。[22]

明太祖很快放弃了定都开封的计划，但仍对治理黄河、确保开封的安全投入了相当多的精力。在太祖一朝，河水泛滥，摧毁豫东达 11 次之多，给 16 个州县的庄田、农舍以及民户带来了巨大的灾难。为了减轻灾民的负担，国家减免当地的赋税，还划拨了大量的粮食救灾。朝廷疏浚水道，修筑堤坝，借以控制水势。百姓也被要求在农闲季节提供劳动力支持。他们各展所长，各司其职。根据灾情，政府的官署有时也不得不迁转，例如宜丰县的官署就迁往了高地，开封的谷仓也转移到了河道上游。但总的来说，明朝政府治理黄河的种种方略和措施保护了开封，从事实上否决了迁城的议论，故而谓之"国之屏障"。[23]

燕王在永乐元年（1403）登基之后，也采取了一系列治理黄河的重大举措。他首先改变了最初为了给远在辽东的军队补给而设计的海运，以支援新都北京的供应。他还关注从江南直抵北京的水陆两种运输通道的建设，以避免海运遭到的不可预料的季风和海盗带来的货物损失。满载粮食的大船沿淮河、沙河抵达开封南部的陈州，在那里换上小船，沿着水路，运抵黄河。到达黄河之后，换上大的快船，之后用车在陆路上接续，运抵卫河，最后运达北京。此外，永乐皇帝还复建了元代开凿的大运河。工部尚书河南人宋礼动用了 16.5 万名劳工，在山东疏浚河道，并加设了 38 道船闸。于是从江南往北京运输的主要通道，便从海路经水、陆中转，抵达运河。考虑到这一路线的经济收益会超过那些不能从中获得报酬的劳工的需索，豫东地区在疏浚这条水陆兼有的路线所得，可能要比开销大得多。当然出钱出力是必须的，因为水源充足了，豫东才能大受其益。宋礼于是与其他官员紧密合作，疏浚了靠近开封的黄河河道，洪水得到了有效控制。[24]

在永乐之后，黄河与长江的大部，频遭灾变。洪水与干旱在豫东屡次交替发生，令许多州县的人民生命财产遭受重大损失，上游的洪涝灾害和下游缺水都是大问题。继任的工部尚书与河南的巡抚，必须疏浚黄河从开封到商丘之间的一段河道，并且必须沿着东北方向的一段河道建堤修闸，以分水势，同时这些官员还要对幸存者施以救济，分派谷物，以扶助灾伤。他们还设法建造庙宇，每年祭祀河神来预防可能发生的灾难，在明英宗正统十四年（1449），北京在"土木之变"后被瓦剌军包围，这正体现了大运河对于明朝国家安全的重要性，于是朝廷专门设官来管理河道和漕粮的运输。[25]

在景泰三年（1452），一场大雨引发了山东的洪灾，给农业和大运河都造成了威胁。一位副都御史提交了一份将黄河改道东北的建议，他没有效法汉武帝在当地建堤，因为那并不持久，而是援引东汉明帝泄洪的方法想要沟通黄河与运河。他还建议在汉朝那条固若金汤的河道遗迹之上，修建一条令黄河改向东北的新河道。在动用了5.8万名劳工，工作了500多天之后，工程得以完工，山东上万顷良田得以恢复，水道也畅行了三十余年。[26]

国家面对河南地方频繁发生的洪灾所采取的措施，虽然不总是有效，却十分有力。那些具体措施包括广施救济、减免赋税并辅以建堤修坝、疏浚水道等防洪措施。附近未受灾的州县也被要求来助一臂之力，甚至不惜做适度的迁移。当天顺五年（1461）开封府水灾再起之时，百姓受灾致死者甚多，有人为了救助无家可归的民众，再次提议迁都。一位布政使司照磨反对，声称城市是百姓所建，即使开封成为泽国渔乡，政府也应该保障民众在中州平原休养生息。弘治二年（1489），一位巡按御史督促修建黄河支流上的堤堰，禁止任何有关迁徙开封百姓的讨论，他认为这会"扰乱民心"，他的意见得到了朝廷支持。实际上，大家都意识到了黄河应该经常性地得到妥善治理，要像保护城市居民一样保护河道两岸乡村中的民众。为妥善进行此事，朝廷新设河道总督一职，负责协调有关治河事务的所有官员。[27]

在弘治年间，有关如何控制黄河在河南境内三条主要支流的讨论仍在继续。弘治二年（1489），黄河南北两岸纷纷决堤，当时的刑部尚书疏请动用 25 万名劳工在黄河南岸开新堤，导河水入淮；他同时提出在黄河北岸也兴建新堤来保护这条新开的河道。弘治六年（1493），一位河南监察御史称明朝定都北京，不像汉和宋那样定都关中和大梁，不能冒河水北犯之险，那样会影响到运河；河水也不能南犯，那样会威胁河南的百姓。一位监管河道的副都御史获准在黄河干流上的开封以西至徐州以东河段，开凿一条东向的支流，在北岸上修建一条 500 里的长堤。[28]这些堤防构成了太行堤的第一段。这是一个大工程，最终横跨了河南的武陟县到南直隶的沛县，绵延 1000 多里。这一长堤在形式上封锁了黄河东北的所有水道。

弘治以后，季节性的洪水仍然威胁黄河北岸的运河和南岸百姓的生计。一些官员主张疏浚如今视为正道的东向河道，用来加强北岸的太行堤，他们的提议获得批准并付诸了实施；也有官员提议疏浚沙河和涡河，导水南向以泄流，但同时也担忧，要是洪水过猛，地处凤阳的明祖陵会被淹。这一工程虽然获得批准，但进展缓慢。在嘉靖六年（1527），有的官员提议将大运河在山东的昭阳湖的西部移往东部地区，新建一条河道，使之与主干道在南部的下游汇合。这一提案在审议的过程中，河道总督即加强了对河南境内黄河干道沿线支流的疏浚，以保证南北两岸少受洪灾。当这些举措在嘉靖四十四年（1565）到隆庆四年（1570）间彻底失败之后，将大运河河道移往昭阳湖东的工程最终开始启动，此外朝廷否决了一些备选方案，例如恢复海运，将黄河北向的故道改为从天津入海，新建一条环绕山东半岛的新的运河，以及在黄河嘴加闸以增强水势等。[29]

在万历朝前期，来自浙江的潘季驯（1521—1595）被任命监修河工，他反对新建河道，或将运河迁往昭阳湖东的议案，相反，他希望运用东汉王景（约 30—85）的方法，充分利用现有的河道，但高筑堤坝，收缩水道，令水流更快，以便利用水流自身的力量来冲刷淤泥。在隆庆五年（1571），潘季驯动用了 5 万河工来束水攻沙，但不巧的是，运河上的运粮船却发生了事故，于是潘季驯被认为只重黄河却忽视了运河，最终被迫致仕了。

在万历六年（1578），潘季驯在强势的首辅张居正（1525—1582）的支持下官复河道总督之职，他注意到"河之羡溢中国"（此处并未用中州一词），政府务司其责以"修筑培高堰，以束淮水"，且尤当留意"经理河南"。[30] 在万历十二年（1584），当张居正去世并遭身后之辱时，潘季驯对张居正在任上的作为多有辩护，这令他再次致仕。但他管理黄河在河南内流域的方法却被他人沿用，包括大学士申时行（1535—1614）。在万历十六年（1588）朝廷令河南巡抚参与监修河工并监督黄河干流上新设的三个地方官的工作。当潘季驯再次官复河道总督之职以后，他仍旧十分强调河南在治理黄河事务上的重要性，他说："上源既决，运道未有不阻者。"[31] 他建议重修并拓展太行堤，在沁河和黄河的交界处修建一座石堤，将黄河沿岸的政府所有土地划拨给民众，以反哺其生计。潘季驯的提议得到了广泛的支持，并最终得以实施。

当黄河在开封的西北再次决口，给百姓生命财产造成巨大损失的时候，潘季驯在奏疏中陈言，黄河的流沙历经千年积淀，河道淤积，水势或迟滞不行，或湍急不止。他说道："是以黄河防御为难，而中州为尤难。自汉迄今，东冲西决，未有不始自河南。"[32] 他建议即刻恢复重建 10 个县并密切关注另外 5 县的情况。他要求严惩玩忽职守的地方官，付给劳工足够的报酬，他指出"河防在堤，而守堤在人"，在其政治生涯的最后阶段，潘季驯逐渐受经费短缺所限，因此请求早些致仕，这一疏请在万历二十年（1592）获得批准。除去他政治生涯的挫折不计，潘季驯在治理河南境内的黄河事业上取得了卓越的成就。在他于万历二十三年（1595）去世之后，他的著作令其彪炳中国杰出的水利工程专家之史册。[33]

在明朝末期，朝廷仍旧对河南境内黄河的治理给予了足够的关注，但却缺乏足够的资源来采取行动。万历二十九年（1601），黄河在商丘决口，河南巡抚要求朝廷派河工官员前去调查灾情。这份奏疏被留中，当首辅向万历皇帝禀陈此事时，并未得到皇帝的任何反馈。工部尚书提议重修睢水和汴河上的堤坝，以防止黄河南部支流沿线再次发生洪灾，但他也承认对救济灾民的问题束手无策。当时的巡抚兼河道总督奏称，他需要几百万两白银重建河堤，但所能运用的却仅有 3 万两白银，对他的陈奏，朝廷不予理会。当他在一年之后再次上奏，声称他已想方设法获得了 70 万两白银，只是仍需 30 万两白银时，朝廷对此仍未予以回应。万历三十年（1602），位于商丘的河堤再次决口，这次河水泛滥直至北部的山东。据说，那位曾经上言的巡抚因这次事件而死于心脏病。黄河接下来在阳武、开封和睢州的决堤引发了重修堤坝之议，但却没有关于救荒的讨论，也没有任何朝廷反馈的记录。在崇祯元年（1628），一位御史想尽力征召地方商人运输材料来修建铜瓦厢的堤坝，但发现自己无力给出高价，以致商人对此事毫无兴趣，他只能筹措到 1 万两白银，另外的5000 两，只能取自百姓。毫无疑问，基于这种未能理顺的经济关系来处理"公共"事务，他声称："中州腹心之地，（何以）困苦至此！"[34]

当明代黄河水利设施正常起作用的好日子结束之后，朝廷不得不在一些长期项目上投入大量的经费，以避免再次引发曾导致元朝灭亡的大灾难。当时，有关黄河的记录描述了北岸的长堤以及与主干道平行的南向支流在河水于崇祯四年（1631）再次在封丘决口时，通往地处章丘的一段运河的所有通道都被冲决。重新填堵河道用了两年时间，地点选在虞城和沛县。虽然官府一直不敢忽视治河事务，但短期的军事征战却令黄河在崇祯十五年（1642）再次决口，开封府被淹。

税收

在设置新的机构来管理省级政务和治理黄河的同时，明朝政府也依靠最初设立的行政体系，在省、府和县征收赋税。与其他朝代一样，明朝政府有两种税为其财政之大端：第一是人头税，包括劳役；第二是土地税，征收实物和银。明朝跟汉朝一样，将其财政基础主要建立在健康的农业经济上，商业位居其次。宋代曾经在商业和工业上收税，加上农业税，在11世纪中叶，政府可以获得每年12600万贯的现钞，如同明代政府以实物收税。明朝政府在弘治十三年（1500）前后只征收2700万石的农业税，仅相当于宋代的1/4。由于收入有限，明朝政府的10万名官员所得的俸禄比宋代要少，从九品的俸禄只有60石，正一品是1044石。[35]明朝的开国皇帝已经确定了一府的税入标准，终明一代，仅有微小的提升而已。以开封为例，它在15世纪末期只有71.93万石的税入，到16世纪末，增长到80.79万石，增幅仅有12%。为了满足朝廷日益扩大的需要，各省实际征收的税额可以超过其规定的数量；其中的新增数量，可以根据下属及所辖各县的承受能力分摊下去。[36]

在税收方面，开封府杞县保存了相当详细的记录，据此我们可以了解明代中州地区的税收体系。杞县是河南境内人口最为稠密，也最繁华的县之一，在元末的战乱中，并未受到太多干扰。在洪武年间，该县的可耕地有929955亩，其中的705587亩需要每年交税58747石，此外的224368亩土地则永远免除征税。受此免税政策的刺激，使杞县百姓很乐意在县内外扩大耕种面积。与此同时，杞县百姓也在杞县开垦了140840亩土地，所有这些新垦土地都被称为"免税的白田"。在宣德年间（1426—1435），杞县的藩王提出要将这些土地变为承租地，遭到了百姓的反对，他们甚至还杀死了一个被派来强抢土地的王府官员。这是一个很稀见的民众直接抵抗贵戚来强抢土地的例子，而且抢地的是藩王府。在调节这场冲突的过程中，朝廷颇有先见之明地采取了中间立场：它拒绝了藩王索取土地的要求，但也命令地方官根据通行的规定对此地征税。在天顺六年（1462），朝廷开始向免税的白田收税了，但税额并不高。[37] 从此以后，杞县所有的土地便开始征收田税了，包括之前免税以及那些被杞县百姓开垦的土地。

从成化年间（1465—1487）开始，在杞县有地方官员报告说，记录土地归属的黄册，有不少破损了或是在水害中遗失了。无论这些报告是否属实，杞县的地主们发现，在其他县内购买土地是一件不容易暴露的事情。他们仍将名下的部分杞县土产登记为"白田"，借此逃避征税。据方志显示，由于有各种各样的方法逃税，离开征税册单，纳税的田就越来越少，田土上的税却越来越重。[38] 在嘉靖七年（1528），开封的知府提出了一项名为"均税"的政策，要求所有的地主都得纳税，以消除应收税款与实收税额之间的巨大差距。这一计划遭到当地强势豪族的反对，引起了地方的动荡，最终还是没能施行。据一段碑文记载，当时的杞县县令段续有如下的做法：

　　鉴弊极之当变，深忧力举，乃条其必可均之说数千言，上之抚察之台，上之藩桌之司，躬亲往复，议始协侯。乃立表识，定弓量，分区畛，第碗腴，晰户里，稽图籍，画法布吏，期月而毕。台省下其法于七郡为式，歌之曰："原田截截，君侯之烈；版章明明，君侯之功。谁其嗣之，惠我于终。"[39]

朝廷很赞成段续的措施，很快提拔他为知府，他推行的政策也有了变为现实的可能。但地主们的利益盘根错节，段续的政策无法在异地推行，仅仅在杞县还算有成绩。事实上，段续这一本诸公平精神进行的改革设想，还包括军事组织、养马、邮政系统、户籍以及公共教育等诸多方面。[40]

为了在地主们中间追求公平的原则，在明中叶，杞县的县令们采取了一些新举措来增加赋税。在元代和明初，黄河经常在杞县决口，在 16 世纪前期，河水时而北突，时而南徙，河水退去后，尤其是在南部，留下了大量未开垦的土地。与此同时，明代的军事体系日渐衰落，有些世袭军户脱离了国家的控制，甚至还出售土地，但买地者却不用再承担任何军事责任。段续想方设法从在籍农户手中获取土地，加上河道冲刷出来的肥沃土地以及军户出卖的土地，总数高达 1174046 亩。这一数字比该县在册的征税土地数量的两倍还多。此外，本地人在邻县买下的 102818 亩土地也被纳入到税收体系中。他们的例子也被其他县令仿效推行，到嘉靖三十五年（1556），河南省全境新增可征税土地达到 14080975 亩。[41]

段续的改革虽然遭到了本可以不交税的豪强地主们的反对，但是占人口绝大多数的百姓却能从他的这项主张中获益，因为他们得到了该由地主支付的那份应得收入。段续仍然没能将杞县以外那些所有该征税的土地成功入册，收税的只是其中一部分。他之所以能够做到这点，是由于长期的环境变化以及制度变更。一些学者批评明代的县令们借完成高额税收博取升迁，另一些学者批评他们仅仅是将百姓的负担划一，以获取民众的支持。[42]但如果将眼光放长，应该说在 16 世纪动荡的环境中，明代的经济确实得到了发展，赋税也比较低，并且近乎平均，我们应该肯定那些刻意寻求并且在某种程度上已经达到满足初衷的有效税收方法。

在隆庆、万历年间，杞县仍在寻找均平赋税的方法。那些在邻县拥有土地的人，不断状告那些根据杞县的规定要向其土地征税的县令们，他们声称，按照邻县现行的规定，土地在哪里，就该在哪里交税。当时杞县仍然使用每240平方步一亩的标准，这比其他县采用的标准要小——其他县是从360平方步到480平方步。由于是按亩收税，杞县的税比其他县重，即使税率相同，杞县每亩征收的税率至少也是其他相邻很多县的两倍——杞县大概每亩收0.0281石，而其他县是0.012石。因此在相同面积土地上，杞县收的税是其他县的2—4倍。不过在杞县，这种小亩计量标准还是被坚持使用，因为它是一种标准——县令们坚称，高税率是满足国家对本地所征收税额的必需。他们同时还坚信：本县应该对辖内居民的所有土地征税，包括那些在其他县境内的土地，尽管他们从未对这项规定做出过任何解释。但看起来似乎有些矛盾的是，外县人在杞县的土地也被征了税，这或许是因为杞县人在其他县拥有的土地总数，大大超过了外县人在杞县拥有的土地数量。无论政策如何奏效，这些地方政府的政令都遭到了土地所有者的反对，他们拒绝为自己在其他县的土地纳税，因此他们在地方志中被描绘成恶人。但正因为这些恶人抵制了政府的权威，当地官员只能对那些在县内拥有土地者征收高额税了。[43]

在万历朝前期，内阁首辅张居正受西汉和明初经验的启发，推行"一条鞭法"。这一改革借用了15世纪中叶"均徭"的理念，即随着人口增长，要将更多的人口纳入到行政管理体系中，同时将国家的赋役在应役者身上实现均平。这一改革增强了国家对乡村的控制，并有利于将赋役折银。在16世纪，改革施用的范围扩大，以致劳役税被取消了，所有的土地税全部折银征收。

在杞县，这一改革最早是在万历六年（1578）由县令、浙江人秦懋德以"均平"为名提出的。据方志记载，这项改革得到了百姓支持。以前土地税用小麦、谷物、枣和丝来收取，也有劳役、实物和酬金，现在都可以折银。当之前的多种缴纳赋税的形式合而为一，用银收取后，杞县一年上缴的白银达到了 74461 两，比明初增长了 40%。但实际上，"一条鞭法"的改革并未能如张居正期望的那样广泛并彻底实行。在杞县，改革还受到了一些并未公开的反对，在万历十二年（1584），县令不得不紧缩财政。在省一级，对改革不热情者也大有人在。据黄仁宇说，在改革于万历八年（1580）成为国策后，河南省费时一年半才将结果上报朝廷，结果发现是旧的数据。官员因此遭到批评，受命重来，这次五个月之内就弄好了一份新的报告。或许，改革从上至下推展的色彩过于浓厚，相对于作为准备金的白银在政策的推行上储备不足，地主获取铜钱和白银的机会也不同。但抛开掣肘的因素，河南可征税土地从万历六年（1578）的 74157951 亩，增长到了万历九年的 94949374 亩；增幅位居全国第四。[44] 通过这些调整的手段，明朝政府在 16 世纪后期，确保了经济的增长，在财政上保持了充足的活力，进入到了 17 世纪。

尽管首辅张居正成功地制订了预算，但他的继任者们却不得不面对因为万历皇帝挥霍无度以及通货膨胀而增长的政府开支所带来的连年财政赤字。此外，他们还要面对来自东北部女真人日益强大带来的危险以及西北部的流民，这就需要在军事上给予充分的关注（参看下文有关总督的部分）。因此，年度经费开支也从 16 世纪的 100 万两增长到了万历四十八年（1620）的 400 万两，崇祯三年（1630）增长至 1000 万两，到了崇祯十三年（1640）增长至 2000 万两。为了尽力满足快速增长的军费开支，明朝政府放弃了事实上已经无法执行的稳定低税政策。从万历四十六年（1618）到崇祯十二年（1639），朝廷增加了 3 种附加税：

为了抵抗来自辽东的军事压力而征收的"辽饷",为平定盗贼的"剿饷"和训练军队的"练饷"。这些附加税主要加在土地上,部分地依托财产和商业。明朝政府从未将这些附加税广泛地公之于众,也没有对这些税征收范围进行详细记录,因为这会在行政上遇到困难并且在政治上适得其反,于是仅有一些零星的证据在河南以及豫东地区被保留下来。(见附录 A)[45]

虽然数据不完全,但还是可以提出一些假设性的推论。即使供给中国东北部军队所用的辽饷保持在每亩土地 0.0035 两的数额上,光征税一项,就给全国增加了 8% 的财政税收。如果我们将每年 2010 万两白银的三饷与最初每年 2663.8642 万两白银的年度税收相比,便可知在崇祯十二年(1639)以后,国家税收提高了 78%。黄仁宇认为这种税收的增加是由于通货膨胀造成的,并不切实。1984 年,我在河南历史博物馆中看到了一组能显现另一幅全然不同图像的数据。据这些数据显示,在崇祯十二年,三饷的总和达到了 2429 万两白银,较黄仁宇的估算要多。[46] 此外,这一年的年度财政收入预计有 2717 万两,比从万历后期以来多数学者认为的 2663.8642 万两也要多些。然而该博物馆的数据显示,在明朝的最后几十年,用白银征收的全国税收总额的价值逐年下降,万历年间大约是 8893 万两,天启年间是 5564 万两,崇祯年间为 1776 万两。于是,三饷的实值相对于万历年间的年度正常财政而言,只增长了 6%(比黄仁宇估算的 8% 要少),是天启年间的 14%、崇祯年间的 137%。据这一方法计算,三饷在明朝末年带给全国的财税收入,就不是 78%,而几乎是增长了一倍。郭松义的研究也得出了相同的结论:三饷表面上看起来令明朝政府在崇祯十二年以后的财政收入增长了一倍。[47]

尽管三饷是征收过的税种,但实际征收的数额却是个问题。据记载，在天启元年（1621），本应收 500 万两的辽饷有 100 万两没有收到，在崇祯元年（1628），有 4 个省份仅支付了它们所应承担辽饷份额的 25% 到 50% 不等。那些针对财产的附加税，更不可能全数征缴了。由于"剿饷"和"练饷"是后来增入的，当时政府的行政效力更加低下，它们基本上从来没有被实际收缴过。但朝廷却不断地严格要求上缴的财税要符合规定的额度，还将每年征缴的次数提高到四次，对不能按数缴纳税款的官员施以惩罚，并派税使监督收缴之事。许多县被迫缴纳了比它们所应承担的税款更多的银子；更甚者，尽管国家收到的税银并不足数，老百姓还是要连年纳税。官员与胥吏则在收取三饷和常规税种的过程中经常性地大肆贪污。负面因素远不止于此，有关动产和商业的附加税也令市场价格攀升并扼杀了生产力，给经济的正常运行带来困难。[48]

　　河南省的数据与高税收的判断相吻合，这与黄仁宇估计的低税收和河南省博物馆提供的数据显示的高税收都有些不同。如果基于一个大家都能认可的河南省土地数是 94949374 亩，以及梁方仲指出的该省附加税为 667422 两，那么当地每亩征银便是 0.007 两，居于上文讨论的0.0035 和 0.009 两之间。由于附加税是一种单一税（flat tax），河南作为农业大省，境内的可耕地上每亩所收的附加税是非常高的，位居需缴税 742476 两白银的湖广和缴税 696252 两白银的南直隶之后的第三位。像中国北部的其他地方一样，河南主要在旱地上耕种，因此亩产量比灌溉系统发达的江南要低。于是河南成了能够表现北方附加税之重的代表性地域。与南直隶、山东一样，河南受"召买"的影响也很大，即政府要求百姓以低于市场的价格出售多达 100 万石的粮食，并且将它们运往天津，保证军队的供给。在很多情形下，这一额外的负担，甚至被认为比附加税还可怕。[49]

就豫东地区的情形而言，我们必须信服开封府的一些零散数据。根据河南省每亩耕地收税银 0.007 两，以及在万历九年（1581）开封府的耕地在河南全省范围内增长了 28%，我们估算出开封府一年的辽饷是 270033 两。不幸的是，我们缺乏任何有关开封剿饷和练饷这两种附加税的数据。我们只知道当地的历史学家杜宝田估计的开封府杞县在晚明的时候需纳税 74461 两，在明朝末年要缴附加税 18861 两。[50] 如果该数据正确，那说明了该县在收税上的负担增长了 25%。虽然这与上文 100% 和 137% 的估计明显不同，但也足够证明杞县所承担的重税的情形。豫东地区的其他县由于起始税率较低，税赋尚有增长的空间，于是，在地区间彼此平均之后，税赋增长的幅度也达到了 100%。

救荒

为了支持财政，明朝政府平时向百姓征税，当百姓受灾时，则要施以救济。自洪武皇帝以来，朝廷便推行了预备仓政策，每个县设四个粮仓，当地方官员正直无私时，例如于谦，该政策便能收到很好的济民效果。在 15 世纪，国家规定了地方上储粮的数量。到了 16 世纪，常平仓和义仓普遍建立起来，为稳定米价和提供救济做出了贡献。（常平仓的主要作用是稳定米价。）国家一般只提供荒政的政策性指导，制定针对各类灾荒的免税额度。但到了 16 世纪后半叶，政府在这些规则上的实施力度逐渐减弱，变得越来越依赖市场来保证粮食在供需地域间输送管道的畅通，赈济便变得时有时无。[51]

豫东地区的情形恰好反映了这一全国性的趋势。在明朝开国的前两个世纪，省级官员与地方官凡在减赋以赈灾事业上做出业绩者，通常都会被地方志修传以颂扬。到了建国后的第三个世纪，政府所能提供的经济支持持续走低，类似的行为无论是数量还是规模，都日渐减少。从万历后期开始，豫东以及江南东部被持续的干旱、洪水、饥荒以及疾疫困扰。在杞县，成千上万的人在数月之间死去；在中牟，据说有一半以上的人死亡。在万历二十年（1592），大雨在豫东地区的黄河南岸引发了大面积的洪涝灾害和饥荒。根据最近的研究显示，在当年以及次年，河南96个县中大约有44个县的方志都记载了当地受灾的事情；有22个县甚至有食人肉的记载，其中包括开封府的5个县以及归德府的2个县。在沈丘，洪水令当地大量民众流离失所。在永城，百姓则深受疾疫的侵害。[52]

受限于万历年间朝廷政治的情形，国家对灾荒几乎无法提前做出预警性的反应。万历皇帝长年陷入与大臣间的国本之争，还经常拒绝履行他作为皇帝的最基本职责，包括上朝和任命官员。但正如史实所示，在中州平原上的连年灾荒所导致的危机，令国家最后一次有效地推行了荒政。在万历二十年（1592），河南巡抚减免了35个受灾地区的赋税，并令地方官开仓放粮以扶助灾伤。第二年，工部命令河南御史提交详细的受灾报告，户部批准开封、归德两府改付白银而非实物作为税收。接着，在万历二十二年，神宗皇帝和他的大学士们——同时也是他在国本之争中的坚决反对者，同意免除受灾地区的所有赋税，并命令吏部提交应付粮荒的议案。同年3月，万历皇帝同意令皇长子进学。这一步非常关键，它预示着皇长子能顺利继承皇位了。由此，皇帝与文官之间的关系也得到了改善。[53]

在此情形下，万历二十二年（1594）4月，46岁的归德府虞城县人杨东明以刑科给事中的身份，进呈了一份奏疏，这样描述他家乡情形：

> 中土民穷已甚，时事万分可虞。恳乞大溥皇仁，以奠民生，以培邦本。[54]

据杨东明说，进呈的内容是他近日回乡所见，他连同奏疏，附图十三幅一道呈进。这份奏疏及附图日后被命名为《饥民图说》刊行。此书目前见存于郑州的河南省博物馆。[55]

杨东明奏道，在去年五月（即阳历 1593 年 6 月），大雨侵袭，淹没了麦田，无法播种，本来夏天可以收割的麦子和秋天的小米都泡了汤。第一幅配图描绘的正是农民努力从积水的麦田里挽救春小麦的情形。此外，黄河暴涨，河决堤溃，冲毁民房、牲畜，淹没了田地。在有的图上，可见农民依靠竹筏以自救，另一些则是百姓逃亡的图景。许多家庭只能扶老携幼，身无长物，外出逃命。

在逃难的过程中，妻离子散是常见的现象。一个例子是，一对夫妻带着一双儿女逃难，但丈夫已无力照看家庭，只得先往前多赶一段路，希望找到食物，妻子这时因为过度虚弱，无法带着两个孩子同行，只能舍弃女儿。另一个场景是，一名男子带着他年迈的母亲逃难，直至筋疲力尽，无法继续前行。于是这位母亲说服她的儿子先往前走，看看能否找到一些食物带回给她。但在儿子走后，母亲却投河自尽。当儿子返回后，看见了他母亲漂浮在河面上的尸体，号啕大哭，也欲投江而去，但被行人救下。桥上行人目睹了这一惨剧，纷纷垂泪。

更多的例子是父母在走投无路时被迫卖掉他们的孩子，这样至少可以保证一部分家庭成员能够活命。在杨东明的绘图中，确实就有这样的一个例子，一位母亲被迫卖掉她的一双儿女来换钱买米以活命。有时父母则会将孩子们抛在逃荒的路上。如果有小孩拒绝被抛弃，正如这幅图中所示，父母就会将他们绑起来。杨东明突出了这位母亲的不舍并描绘了她离去时哭泣的情形。

幸存者只能吃草根、树皮和一种特别的泥土的混合物作为食物。这办法只能暂时缓解饥饿感，但很快就会发病致死。有时候，全家都只能自寻短见了。这幅图描绘的是在一个官员居所的树林里，一家七口吊死在了树上，只剩下一个两岁的孩子无人照管。

绝望的人们有时甚至将饿死之人的尸体作为食物。他们将尸体上的肉割下来，有时甚至直接生吃。那些吃了人肉的人，通常眼红心热，过不了几日，也就丧了命。因饥寒而死的人的尸体通常无人掩埋，只能被弃于路边或丢在沟里，成了飞禽走兽的果腹之物。对此，杨东明感叹道，这都是国家的赤子，赖之以为根本。遭受如此灾害，国家怎可不救！

在汝州的宝丰，一个小伙子带着一个两岁大的幼女在沿街叫卖，问谁肯收养这女孩儿。一个男子走上前去，表示愿意收留，便带那女孩儿回了家。当小伙子得知那男子实际是骗取孩子来吃时，马上飞奔到那男子的住所。但他还是迟了一步，小女孩儿已经被大卸八块了。有时，受饥寒所迫，强壮的男人们不愿乞讨，通常会直接闯入有钱有势人的家中抢夺粮食和衣物。这些人聚少成多，渐渐地成了有组织的强盗，除了抢夺财物，有时他们还杀人放火，危害一方。

杨东明总结道：

> ［盗贼］昼则揭竿城市，横抢货财；夜则举火郊原，强掠子女，据此汹汹靡宁之势，已有岌岌起变之形，此臣近日所闻甚于昔日所见，过此又不知何如也。[56]

于是，杨东明循例恳请朝廷准允所请，大赈饥民：

> 臣闻君为民之父母，民为君之赤子，今赤子既无聊矣，而君父何忍坐视哉？且民者君所恃以富贵者也，欲保富贵，不可使民饥而

死；使民饥而死，欲保富贵，得乎？故保民所以保社稷，弃民所以
弃国家。[57]

在这番大胆陈言中，杨东明劝诫万历皇帝要勤政爱民，毋失民本。

杨东明注意到国家军费的开支在不断上涨，但他坚持国家仍然要花
大力气减免赋税并赈济灾荒，他说：

> 今蠲租之令不下，则有司之催科犹严；内帑之金不施，则下民
> 之仰望顿失。催科严则有刑罚以驱之叛，仰望失则无恩德以结其心。
> 以无所可怀之德，迫于有所可畏之刑，即慈母不能保其子，而国家
> 能以有其民乎！[58]

杨东明警告说，国家必须立刻拿出国家财政的十分之一来赈济灾民，否
则，将来就可能要用那十分之九来开支军费了。他所说的危险境况在河
南和山东境内绝非危言耸听，这两地百姓受教育的程度低，一旦"异
端"稍稍鼓动，便可能上当作乱。

杨东明的减税施赈之说，既是感性的，也是客观的。他提到那些
试图通过税收来增加财政收入者，总是将税收所得用于行政；他却主张
在赈灾上保证应有的支出，这样可以令民众在支持国家中获得反哺。过
去，国家曾拨给陕西赈灾款30万两白银，划拨江南40万两，那么现在，
户部和工部就应该各自拨给河南至少10万两白银用于赈灾。朝廷还应
该指派像钟化民那样既有能力又有经验的风力大臣来监督河南的赈灾之
事。杨东明还敦请朝廷将他的《饥民图说》刊行并分发有司，作为考察
官员的评判。他还建议甚至可以调拨漕粮10万石，以半价出售给灾民，
还应该在受灾地建厂施粥。[59]

杨东明的《饥民图说》很快得以传播，且取得了明显的实际效果：太仓拨银 37.948 万两，中央财政拨银 30 万两，省里给了 2.5 万两，连皇后、皇妃和廷臣以及潞王、福王在内，共捐款大约 4.3 万两。积少成多，这笔款项共计 77.898 万两。此外，国家还下拨漕粮 10 万石，各路藩王以及高官们也捐了几万石。河南的地方官各据收入所得，也按比例有所捐献：每人拿出 1000 石的有 4 人，500 石的有 5 人，400 石的 174 人，共计 180600 石。[60]

为了使这些赈灾粮款得到有效利用，朝廷启用了曾经因在山东赈灾成绩出色，声望和才能也俱佳的浙江人钟化民。他读过杨东明的《饥民图说》，在被任命为河南道御史督理荒政之后，即赴任河南。他的职责是监管由中央财政拨给的 30 万两白银和 10 万石漕粮的使用，并监督河南地方官在处理荒政事务上的表现。[61]

就在钟化民离开北京的前夕，他还下令鼓励将私人手中的粮食运进河南。他先暂停国家为制止灾区粮价飞涨而采用的抑价政策，相反，他允许抬升米价，以吸引外地商人输入粮食。此外，钟化民命令河南布政使撤掉平盗的官兵，将之置于黄河口，以保护运粮船队。于是，运粮船"米舟并集"，延袤 50 里，米价因此降到了每石 8 钱。在短时期内，这一政策明显地令河南的富裕百姓受益，省外的商人也得了实惠；从长远看，恰如钟化民所说，当地的粮食供应得有保障，米价也得以平抑，人人能有更好的机会得其食。[62]

钟化民和在开封的官员见面，随后单骑就道，迅速开展救荒事宜。他带着六名精干的胥吏，首先巡访受灾各县。据钟化民后来提交的报告称，他们行动迅速，通常并不事先通知地方官就随地展开调查。这样既是为了避免地方官员花在宴请上的浪费，也不给当地官员预留弄虚作假的时间。他拒绝地方官府的盛情款待，只在官府建的粥厂吃饭，以便检验施粥的质量，同时可以体验民众的疾苦。钟化民让当地百姓对省、府两级官府的作为做出评价，将之视为升迁或降黜的判定标准。他也令省、府两级官员走进乡村，监督粥厂的建造，还要求他们制定出应对紧急情况的预案，选择有效的应对办法，再呈报朝廷请准。[63]

在朝廷上，杨东明的陈奏最终起了作用，皇后拨出内帑30500两寄给开封。对此，钟化民感激涕零，他这样感激朝廷的恩情：

> 中州士民叩头血流，感激泣下，皆谓自古发金分赈者有矣，未闻出自官闱之内，下逮蔀屋之微者！故一时大臣捐俸，义士输金，争为鼓动，书之简册，可不谓千载盛事哉！[64]

考虑到这笔赠予出自内廷，钟化民对身在"中府"（开封）的皇室贫宗的扶助也不遗余力。他借官员无力葬亲和孩童无人抚养之说，向14600余位宗室成员拨款227066两白银的同时，还申请提高宗室在科举考试中占有的份额。钟化民也特别提到那些廪生们的困境，他们在生活好时懂得节俭，遇到灾荒时又往往能扶助他人。他举了河南南阳府内乡县一位廪生的事迹为例，赞赏那人只去领取那些确实是针对贫苦学生们下发的米。[65]

为了给人民，特别是贫苦百姓施粥，钟化民广建粥厂。当他注意到中州平原上的半数百姓已经无家可归时，便授命地方上的里长、老人推选出正直公正者，可就便选择居所，以安顿流民。对那些有案在身的人，如果能捐粮救灾，也可以减轻判罚；若捐粮者再因此有了良好的声誉，则可享有受教育的机会，还可据其劳绩获得政府的奖励，甚至能享受国家发给的俸禄。在城镇，政府施以救济一般是在公馆或寺庙；在乡村，一般使用临时房屋，并用旗子或其他容易辨识的标记表明这是赈济的场所。厂分五大间，一间贮米，其余的用来供米。施粥的对象不分土著、流移，也无贫富的差异，所有的饥饿者都被"平等"对待。一个粥厂一般能照顾 200 人左右，多者有时可达 5000 人。在河南受灾的 88 个县中，各地粥厂的数量并不划一，只能各据所需来定；开封府东南的沈丘县，人口虽不多，却有 20 个粥厂。当然，政府也采取措施，避免食过者二次再食。赴粥厂食粥者也必须是饥民，而非为了囤积自己的粮食来牟取暴利之人。饥民每次给粥两盂，每人每日用米八合。粥厂施粥每日两次，早上在 7 点至 9 点间，下午在 1 点至 3 点间。

照钟化民后来的报告称，在小麦成熟前的两三个月的时间里，在河南大约有 22960912 饥民因为政府施救得以存活，其中包括成人和孩子。钟化民引述一位老者在叶县光武庙中对政府所做的感激之辞，强调说那些有钱人往往需索无度，贫穷者却极容易满足。他引用《大学》中的话："是故财聚则民散，财散则民聚。"[66] 并补充说，为了世道平安，散财是首要的要务。

钟化民所行的荒政覆盖面极广，那些住处极远、极为贫苦或因顾及体面不愿来粥厂的人均受其益。他特别指派各州县正官要亲赴乡间去落实赈济之事。各县被划为北、南、东、西四块，由各里长、甲长和老人认定哪些人需要救济。各家也被分成贫户（可以获银 3 钱）、赤贫（可以获银 5 钱）以及寡妇、孤儿和孩童（他们可以获得特别的额外资助）三类。犯法者如果能知悔改并能帮助赈灾，便可以获得赦免。钟化民还特别提到了一名登封县男子的例子，他把所有能吃的野草都吃了，为了活命，还卖了老婆孩子，但当他得到政府的救济之后，就把妻儿接了回来，一家得以重新团聚。钟氏在强调"中州之民，其全活者类如此"的同时，他引用《尚书》中的话："大赉于四海，而万姓悦服。"他进而说："我皇上散财发粟，万姓悦服。岂胜道哉！"他估计省内大约 2400

多万百姓受此政策的福惠。[67]

考虑到通常大灾之后都有大的疫情，钟化民拨出专款来掩埋尸体，他还为所属各县提供药品，指派医生；大县通常会有 20 名，小县 10 名。钟化民还留意到灾民在身体需要疗救之外，精神上也需要抚慰，病人应该像树木移栽之后那样得到很好的照顾。正如《尚书》中所说，为官者需对百姓的健康负责，这与宋代的思想家程颐（1033—1107）的看法一致：百姓身体的疾病不能被忽视。他在乡村施行普遍减免税收或推迟交税时间的政策，以防止官吏贪污，他努力令所行政策与当地的实际情况吻合，来保证其效果。除了与救灾有关，钟化民不鼓励任何名目的诉讼，他认为这太过消耗精力。他对官员的不法行为惩处严厉，却释放了除了罪大恶极之人以外的所有在押犯。他还下令由官府出钱赎还出卖人口，但绝对不鼓励那些曾经的买主借机索回全部赎金。

据钟化民所说，大约 4363 名妇女和儿童在这一政策下得以重返家庭，另有成千上万人得赎。在鲁山县，有两个男孩儿因为官法得赎，而将其姓名更为皇（皇长生、皇长存），以表示对官府助其还家的感激之情。对此，钟化民特别指出是"盖谓中州赤子，皆皇上生存也"。[68]

钟化民对受灾的流民，给银三分，作为返家的路费，鼓励其返乡。在他们返乡之后，本地州县还会再补发赈济银两，促其复业。据祥符等县申报，这次赈灾大约有 23025 名流民得以返乡。钟化民很清醒地意识到"民以食为天"，他给州县正官足够的银子，让他们购买种子和牛，免费发放给农户。在归德府虞城县，也就是杨东明的家乡，钟化民注意到当地百姓有桑葚食用。出于对市场的了解，他斥责虞城那些好吃懒做的人，并指令当地县令鼓励农户种桑养蚕。他正式发布命令，要求平均每亩种一百棵桑树。

钟化民还大力推动当地的棉织业。他指出在这块中州沃土，"半植木棉"，但"棉花尽归商贩，民间衣服，率从贸易"。因此他引用古语"一妇不织，或受之寒"，来鼓励妇女勤事织造。用他的话说：

> 臣与邻村妇老计之，一妇每日纺棉三两，月可得布二匹，数月之织，可供数口之用，其余或换钱易粟，或纳税完官。但布之成也，纺而为缕，络而成线，分而为纬，合而为经，织而成布，一寸一丝皆从辛苦中来。顾百姓日用而不知，惟牧民者为之督率耳。[69]

钟化民令地方官亲赴乡村去监督政策的执行，对从事棉织业的家庭在经济上给予奖励；对拒绝从事这项工作的家庭则给予惩罚。

为了保证他的政策能广为民众所知，钟化民还作诗歌九首，令地方官传布，其文如下：

> 一曰民可富，俗可风，我先劳，亲劝农，大家小户齐来瞻，恰如父母劝儿童。
>
> 二曰时雨润，水盈盈，及时耕，董作莫辞辛苦力，西郊到底好收成。
>
> 三曰不好斗，免刑灾，不争讼，省钱财，门外有田须早种，县中无事莫频来。
>
> 四曰肯务农，有饭吃，不贫穷，免做贼，请看窃盗问徒流，悔不田间早用力。
>
> 五曰莫纵酒，莫贪花，不好赌，不倾家，世间败子飘零尽，只为当初一念差。
>
> 六曰勤力作，谷麦成，早办税，免催征，不见公差来闾巷，何须足迹到官廷。

七曰五谷熟，菜羹香，率子妇，养爹娘，哥哥弟弟同安乐，孝顺从来是上方。

八曰朝督耕，晚课读，教儿孙，成美俗，莫笑乡村田舍郎，自古公卿出白屋。

九曰家家乐，人人足，登春台，调玉烛，喜逢尧舜际唐虞，黎民齐贺太平曲。[70]

钟化民提议要设立两套仓法以行赈济。第一级是义仓，在各府州县内广泛设立，以存贮丰年收获的余粮，以备荒歉时发放给需要的百姓。各州县掌印正官也应鼓励各地寺观、庵堂就便设立义仓，并挑选"好义、诚实、有身家者"一人为义正，二人为义副。在丰年，各州县正官要劝谕同堡人户各从其愿，将谷粟米石屯于义仓，并设立簿籍，登记名数，以确保荒歉时能从义仓中支取与入存数目相符的粮食。在未遇灾荒的正常年景，义仓囤积的粮食可以在次年出借给当地百姓，加二还仓。因这出借的米粮是收缴自民间的粮食，因此不入查盘，不许借用。出粮多者自有奖赏，义正、义副给予冠带，免其本身杂差，承认为乡绅。[71]

第二级是官府设立的常平仓，目的在令国家和百姓均受其益。用钟化民的话说：

夫常平云者，官为立仓，以平谷价。民间谷贱，官为增价以籴之；民间谷贵，官为减价以粜之。本常在官，而上不亏官；利常在民，而下不病民。

钟化民指出，此法在中州久已施行，但效果却不甚佳；甚至有在急需时不能倚之解燃眉之急的情况。钟化民令各府州县统计入库贮籴的本银和堪动的官银数，以确保常平仓能够正常有效地运行。他强调：
"有石城十仞，汤池百步，带甲百万，无粟不可守也。仓廪既实，奚忧
盗贼哉！"[72]

钟化民还提出改革中州地方的百姓风俗。正如他说：

> 臣闻理财之道，不惟生之，而且能节之也。中州之俗，率多侈
> 靡，迎神赛会，揭债不辞；设席筵宾，倒囊奚恤；高堂广厦，罔思身
> 后之图；美食鲜衣，唯愿目前之计。酒馆多于商肆，赌博胜于农工，
> 及遭灾厄，糟糠不厌，此惟奢而犯礼故也。

因此钟化民相信"民之好奢，如水之走下"。[73]

维持风教以限制社会上私欲横行，是有司的重要责任。故钟化民曾
编辑《四礼辑要》，令布政司分发，好让百姓知晓。照钟氏来看，冠婚
之礼取濯冠、浣衣、荆钗、裙布即可。丧祭之礼取庐居、墓宿、菜羹、
瓜祭即可。能遵照这些最低限度的礼仪操作者，即应当受到奖赏；凡度
越之人，有司应予以劝诫。钟化民还引述孟子的话，说："食之以时，
用之以礼，财不可胜用也。"他还利用上疏的机会，向对形成社会上奢
侈之风负有重要责任的万历皇帝进谏，提出要树立"崇俭以为天下法"
的风尚。[74]他认为，唯有如此，社会上的奢侈之风才可能革除，社会
风气才可能好转。

为了将崇俭去奢的价值与意义宣示中州，钟化民命令各府州县恢复
保甲、乡约之法。借引述孔子之言，他强调"保甲严，人惮于为恶；乡
约明，人乐于为善"。[75]

在完成了河南的任务之后，钟化民回到了北京。他向朝廷详尽报告
此行在河南救灾的事情。[76]万历二十四年（1596），钟化民履新右佥都

御史巡抚河南，继续他救荒的事业。

此前，钟化民并没有过多地倚重地方军事力量稳定社会秩序。但在得悉汝宁和南阳府山林聚盗的情况后，钟化民毫不手软，作文宣谕，令这些聚啸山林者明白其自身的处境：

> 圣天子万分哀恻汝等，寝食不宁，大发帑金，特敕本院到此，多方拯救。凡尔百姓，各有良心，乃是迫于饥寒，情出无奈。尔等宜相传说，圣天子九重悯念，遣官赈济，我等小民，何福顶戴，必有咨嗟流涕，焚香顶祝圣天子者。且粥厂散银之法，尔等具闻，必俟麦熟方止。尔等即时解散，便做良民，若据迷不悟，自有法度，虽悔何及。今日正尔转祸为福之时，悟处便是天堂，迷处便是地狱，始迷终悟，便化地狱为天堂。尔须前思祖父，后念子孙，中保身命，莫待后来追悔。[77]。

据钟化民日后所说，那些强盗意识到朝廷力行救荒，是为了保障百姓的生活，故无不放下武器，各归本土为民。钟化民认为此事恰好反映了《尚书》中的道理：人治的政府会给百姓带来和乐！

在回到河南为官一年之后，钟化民便留意到了朝廷派宦官到各省开矿引发的问题。据他所说，各地的矿盗啸聚千人，抵抗政府。由于事先政府已经采取了救荒措施来改善民生和实施灾后重建等举措，对聚盗之徒也有宣谕其放弃武力的劝诫，因此这次钟化民便转而采取强硬措施，亲自带兵，抓捕盗首，将其处斩。但为了表示审理的公正，钟化民同时审理了七位矿监，判其违法，也将之处斩。他还上疏分析四处开矿的利弊，严词指责朝廷试图垄断国家矿产的企图。或许是预料到了朝廷并不欢迎这类直言进谏，钟化民随后请求致仕。因为未获允许，钟化民只得托病求去。托病在晚明是请求提早致仕的常用借口，但对当时的钟化民而言，这似乎是个真实的理由。在到任之初，钟化民在河南境内就已经孜孜不倦地奔波了两个月，访问那些受灾的地区。在粥厂，他与受灾的民众一道吃饭。他可能因此染疾。由于他致仕的请求始终未能获准，钟化民最终因病卒于任上。去世后，诏赠右副都御史，赐祠"忠惠"，生平宦迹得以列入地方志的"名宦"。[78]

从上文可知，作为两位恪尽职守的风力大臣，隶籍河南的杨东明和到此地为官的钟化民，通过对万历二十一年（1593）饥荒和灾伤的关注，实现了从皇帝到地方政府的行政动员，他们的功业毫无疑问会提升国家在豫东地区百姓中的威望。同时，他们向朝廷提交的奏疏也反映了明代行政管理上的缺陷，以及其他政府部门存在的问题。在当时的情形下，勤勉的官员尚且可以恪守存在于行政文化传统中的本职本分，站在老百姓的角度上去为官行事，但毫无疑问，之后政府的行政效力愈来愈弱，大明王朝日益陷入危机是不可避免的。

教育

按照儒家的观点，教育子女是家庭的首要责任，同时国家也扮演着重要角色，明朝对教育的重视也不例外。在当时，教育水平成了判定一个人日后能否参与到治国事业中去的唯一前提条件，教育也就成了塑造一个优质社会的最有效的手段。洪武皇帝效法北宋的改革家，建立了一套公共教育系统，明朝也就成了在中国历史上第一次由国家出面为地方选定教师并付给薪水的王朝；教师们受国家指派，分赴各府各县，教书育人。在正统元年（1436）明朝政府规范了对学正的任命，而学正是政府监管省、府级别的学校教育和科举考试的可依靠力量。在整个15、16世纪，地方官纷纷与地方上的大家族联手建立书院。在16世纪晚期，一些有教育功能的其他机构，例如江南的东林书院，却成为反传统思想的中心，这导致严厉的首辅张居正下令禁毁书院，但其效果却不可能真正奏效。[79]

在明代，包括曾在豫东任职的许多地方官，都会因为支持过地方教育而享有清誉。郑三俊便是17世纪前期的代表，他出身南直隶，万历二十六年（1598）进士。他在万历三十八年（1610）出任归德府知府以前，曾经担任过北直隶的一个县令和南京礼部郎中。在当时，此地的公共教育系统运转还正常。在归德府治的所在地商丘县，万历年间兴建的府、县两级学校都得以恢复；豫东的书院如今也可见，例如卫辉府辉县的百泉书院，甚至在张居正当权的时候还能得以保存。在商丘，始建于宋代的应天书院在嘉靖年间获得重建。郑三俊在归德为官虽然只有短暂的两年，却兴修了一个以北宋著名的改革家范文正（范仲淹的谥号，989—1052）来命名的书院。到此教书的老师，都是郑三俊从府内九个县中精挑细选的出色学者。许多学生日后以优异的成绩通过了科举考试，获任高官。此外，郑三俊在轻刑减政上获得佳评，在归德百姓中享有颇高的清誉。随后，郑氏调任福建提学副使。[80]

在福建任职期满，郑三俊回到朝廷，仕途一路顺畅。在光禄寺少卿和太常寺卿的职位上，郑三俊反对阉党魏忠贤。他坚信宦官阉党权力膨胀，会导致整个官员群体道德水准下降。当天启四年（1624）户部右侍郎杨涟（1572—1625）疏劾魏忠贤时，郑三俊也上疏极论。当年晚些时候，杨涟被逐出朝廷，郑三俊托病去朝。天启五年（1625）郑三俊以"合污同流"之名被劾，随后被夺职闲住。三年后，魏忠贤阉党倒台，郑三俊出任南京户部尚书。他驱逐腐败和不称职的官员，与兵部争虚冒，以保护军需和军用开支。他还提出，解学龙增关税二万之议不妥，只能取半，以减轻百姓的负担；另一半，则推派到芜湖的坐贾。在南京户部尚书任上，当京察之年，郑氏斥退了78名考察不合格的官员。据《明史·郑三俊传》记载，郑三俊所做的官员考核评语，全凭宦迹优劣，绝无徇私的情形。随即，郑氏被擢升刑部尚书，加太子少保。在刑部，郑三俊以出外候谳之请，因论告讦株蔓之弊，认为内外诸臣应行恻隐实政，廷臣非重辟，不必送法司究治；外官则由抚按提追，非真犯不必尽解京师；刑曹决断，以十日为期。他的所有奏议，均为即位不久并意欲消除党争之祸的崇祯皇帝所接受。[81]

尽管郑三俊正直、诚实，行政能力也很高，但面对党争时，也不能不感到压力重重。事实上，他逐渐陷入那些在河南结识的以及在朝廷为官者的纠缠之中。例如有个叫侯恂（1590—1659，万历四十四年［1616］进士）的，在中进士以前，随郑三俊在商丘读书。他曾任御史巡抚贵州，后被认为是东林党人。在跟江南的东林书院保持着松散关系的同时，这群士大夫试图复兴宋儒的思想以应付来自王阳明及其弟子的学术挑战。他们也坚决抵制朝廷上势力日益膨胀的宦官的力量。侯恂最终在魏忠贤掌权时，被罢了官。魏忠贤倒台后，侯恂才被重新启用，先后出任太仆寺少卿和兵部右侍郎。不久，侯恂升任户部尚书。跟郑三俊一样，侯恂努力在不给百姓增加负担的情况下保证军队的供给。掌权的大学士温体仁不同意侯恂的政策，鼓动御史弹劾他，进而将其下狱，以致崇祯皇帝也判死侯恂。侯恂在下狱期间，刑部尚书郑三俊屡屡请求轻判，而招致曲法祖护东林党的弹劾。结果在郑三俊主张从轻判处一个并不相关的案子时，惹得崇祯皇帝大怒，郑三俊随即被解职，发送刑部候审。当时，许多高官，包括在天启、崇祯年间曾在河南担任军事要职的宣大总督卢象升，都上言为郑三俊辩护。因为没有证据表示郑三俊是因为收受了任何非法所得才对犯案官员从宽发落，他被轻罚了事。[82]

郑三俊的仕宦经历颇具代表性地说明了地方官员是如何与学生们构

建起紧密的关系，也显示了在日后的政治冲突中保护其学生的情形。类似的关系网有助于提升那些或许不如此便会被忽视的才俊之士的教育水平和职业前景，但另一方面同时也可能形成党派，导致党争，以致削弱明代中央政府的权力。郑三俊在历史上的风评甚佳，因为他被认为是从属于代表正义一方的东林一派，但他的宦海生涯也类似于东林敌人们的批评那样：充满了职业野心和舞弊行为。郑氏随后被卷入到朝廷政争的巨大旋涡中，并且后果严重。（参看本书第五章）

总督

郑三俊的保护者卢象升在中进士后成长为一名高阶的军事官员，他对晚明的豫东政局，施加了一种完全不同的影响。在明初，河南的军事由总督负责，他们掌管着当地的卫所，在体现朝廷的行政权威上扮演着重要角色。然而，据当地的方志记载，河南为天下中心，其军事防卫并不对边疆负责。因此，即便河南卫所的数量要超过其他地方，但其权力却日见削弱。到了崇祯年间，当地的三个都指挥使司名存实亡，仅仅是存在于组织的名称中而已，实际的卫所数量，要远比该地区记录上的少。总督管理卫所制以外的军事力量，而在实际上已经取代了前者。总督一职是正德年间当安抚使司无力镇压发生在北直隶—山东—河南边境上的叛乱，又无法从边境调兵的情况下设立的。[83]但据方志来看，总督的职衔在之后的一个世纪中，一直是虚衔，直到崇祯年间才得以实授。

总督一职的设立是为了在拓展地方军事力量的同时，加强朝廷对地方的控制。与监管河道一职的设立一样，担任总督的官员一般位阶较高，同时还有其他实职在身。尽管通常的任命都由朝廷颁授，总督通常与巡抚及其他一些地方官共同管理地方。他们有办公的治所，但无相助的胥吏。他们必须依靠私人秘书向同僚和下属传达命令。[84] 跟其他中央任命的官员一样，总督可以动用他们的个人关系网去推动政令的贯彻实施。也就是说，他们的职位来自中央，但其实际的影响力，却在很大程度上取决于他们个人及与其他人合作的情形。

在崇祯朝，中州地方的三位著名的总督在他们到任之前都已经在豫东有了卓著的功勋。首先是卢象升，他虽然出身江南，但在天启年间已经在中州担任巡按御史和御史了。作为一名极富声望的士大夫，卢象升在军事艺术以及战略上的知识同样著名。他擅长骑射，这在当时明朝的将领中并不多见。每当临阵，卢象升往往冲锋在前。他还因为在一次战斗中失去战马，徒步作战而名声大噪。

卢象升第一次遇上成规模的流寇是在崇祯元年（1628）的陕西省。他仅仅用了四年的时间，便成功地阻止了这股流寇在河南北部再行扩张。崇祯八年（1635），作为湖广巡抚，卢象升受命总理河南、江北、山东、四川以及湖广等地的军务。在之后的几年间，卢象升将来自南京、河南的各路起义力量逼至陕西和湖广，不久，卢象升又受命总督山西、陕西军务，得便宜行事之权。他的基本策略是建立一支掌驭得力的军队，以纵队击溃敌人的侧翼和殿后部队。崇祯十年（1637），随着满洲力量在中国东北部崛起，卢象升被擢升为宣大总督，司负抵御满洲诸事之责。他坚决抵抗，但苦于军需和补给不足，在崇祯十一年（1638）战死沙场。因为他坚决抗击满洲的政策在当时并不受支持，因此在他去世后并未很快得到朝廷的恩恤。但最终朝廷还是给予了封赠，赐祭葬。在 1644 年，南明福王朝廷追谥卢象升并建祠奉祀；其生平后来入《明史》列传。[85]

第二位著名的总督是杨嗣昌。其父为湖广名臣杨鹤。杨鹤以在陕西推行招抚政策而著名。杨嗣昌于万历三十八年（1610）中进士，历任杭州府教授、南京国子监博士、户部郎中。天启二年（1622）他指出当时额外征收的辽饷已经远远不能支持军队的庞大开销，建议在卫所的屯田上、商户上以及从事贩卖和典当生意的百姓中扩大征募范围，以充实军事力量。

崇祯元年（1628）杨嗣昌起河南副使，由于在任时间短，杨嗣昌并未有实际的治绩。崇祯五年（1632），嗣昌升任右佥都御史，抗击后金——这是一支操女真语，崛起于明朝东北部的力量。当杨嗣昌的父亲在崇祯八年（1635）去世之际，嗣昌返乡，丁忧三年（实际上是 27 个月）。但在一年之内，他旋即应朝廷征召，回朝负责抗击满洲了。因为未能丁忧期满，嗣昌遭到东林党人及其政见继承者复社的批评——他们是反对征派和道德妥协的。

崇祯十年（1637）杨嗣昌被任命为兵部尚书，他随即调兵遣将镇压起义军。他以陕西、河南、湖广和江北为四正，分任剿而专防；以延绥、山西、山东、江西、四川和江南为六隅，时分防而时分剿。杨嗣昌还建议在湖广北部的郧阳增兵十二万，并向朝廷提出加饷 280 万两。他声称如果该计划得以实施，他可以在三个月内肃清流寇。为了保证该计划顺利开展，杨嗣昌提倡与女真——此时自称满洲——在北部边境媾和。这也令他在日后遭到东林党的更多批评——他们主张坚决抵抗。但他的措施得到了朝廷的赞同，嗣昌被升任大学士兼兵部尚书。[86]

杨嗣昌的人生轨迹在崇祯十一年（1638）达至顶峰，随即开始转入下坡路。那年，满洲铁骑纵横北直隶和山东的 70 多个县，长达 5 个月之久。杨嗣昌提出加征练饷 730 万两以保证军需，抵抗满洲人。至此，杨嗣昌的绥靖政策以及他没能阻止满洲铁骑大规模进攻的事实，却屡屡提出加大征派的要求，招致朝野的大肆批评，其中，东林诸君的声调最高。加之次年本被认为该投降的张献忠却在崇祯十二年再次起事，令时局雪上加霜。杨嗣昌为了应付局势，将其副手解职，任命左良玉（1599—1645）为新的助手，直接掌管军权。在杨、左二人的合力下，张献忠被逼入四川，但他们仍然没能围剿他。与此同时，杨嗣昌必须面对另一股正日益强大的起义军的威胁——陕西的李自成。（参见本书第四章）

　　第三位相关的总督是孙传庭（1593—1643）。他来自山西的一个军事世家。万历四十七年（1619）中进士后，孙传庭出任归德府永城县的知县。他在永城获得了"作养人才"和"惠爱百姓，击豪滑"的清誉。用郑廉在《豫变纪略》中的话说，孙传庭"性简傲，不畏上官，而能廉查非常事"。郑廉是清初出生于商丘的史学家，他的著作是本研究的主要史料来源。在对一个案件的处理中，孙传庭显示了他出色的断案能力和不畏豪强势力逮捕魏忠贤党羽家中犯案者的公正性。[87]

　　天启元年（1621）孙传庭被任命为归德府署所在地商丘县的县令。他在当地县志中的形象是能力出众、精力过人，对军民事务的处理，均极为出色而无人能比。这一评价与其说反映了孙传庭在商丘的为官宦迹，倒不如说更恰当地描述了他之后的职业生涯。不知是出于何种原因，孙传庭的大名是天启、崇祯年间唯一在方志《商丘县志》中得以列入"显宦"的官员。天启五年（1625）孙传庭为吏部侍郎，很快就掌管部务。[88]随后，当魏忠贤的党羽掌控了朝廷之后，孙传庭便致仕回乡，居乡近十年。

　　崇祯八年（1635），孙传庭因为在公共事业上的建树，超迁顺天府丞。历经大小战役之后，他被擢升为陕西巡抚，镇压当地的悍匪叛乱。正如我们将在第四章看到有关此事的更为详尽的分析所示，孙传庭抓捕了农民起义军首领高迎祥，并将他斩首——他还与河南地方的官员一道镇压了当地的起义军。但他反对杨嗣昌的计划，认为那样会给民众带来更重的负担，不利于保证和谐。他的责任是平靖陕西东南地方。当他意识到根本无法平定起义军时，他被降了职。他还发现自己很难与杨嗣昌在河南的部下共事。崇祯十一年（1638）他取代了卢象升，被任命为兵部侍郎，负责京城防御。在随后的几年里，他负责保卫保定、山东以及河南。但他与杨嗣昌的矛盾，令他很快去职，入狱两年。[89]随后，就像当时很多官员那样，孙传庭在狱中的时间并不长便被任命为高官了。

知县

在明朝，州县官员一直是国家行政体系中的一线力量。一些历史学家意识到在王朝兴建初期，担任类似职位者往往是一些出色的优秀人物，但到了国家行将就木之际，这些职位上的精英人物就显得相对少多了。据《明史》记载，在120位史上留名的知县中有100名是在洪武元年（1368）到宣德十年（1435）间做官，在正统元年（1436）到嘉靖四十五年（1566）间只有18位，隆庆元年（1567）到万历四十七年（1619）间只有2位。到了16世纪中后叶，在两千名府县官员中，只有不超过两百名拥有进士头衔，至少，河南就是如此。据一名来自山东的消息灵通的官员所说，在明末108名州县官员中，只有4名是进士，其他的62名是举人，28名是监生或是府学生，还有14个职位空缺。[90]在明朝，大约每三年会产生300名进士，这些小众的精英自然意在谋求为官京城，并且他们事实上也有办法实现自己的目标。在怠政的万历朝，更是有许多县令的职位空缺，到了明朝晚期，一些穷困或危险的县，缺官的现象十分普遍。

上述的观察与一些史学家刻意营造的王朝循环理论恰相吻合：在国家建立之初，受关注的往往是一些出色的精英人物，因为他们能解释成功的理由；但到了王朝末期，当失败不可避免时，精英群体便往往被刻意地忽略。尽管明初有关豫东的数据并不完整，令我们无法系统考察当地县令们的资质，但晚明相对完整的数据却能显示，其实在当地为官者中，进士的数量并不少，至少比上文列举的数字要多。根据笔者对方志的分析，从万历早期至明末，在豫东地区为官的县令中，有25%的人拥有进士头衔。在此期间，引人注目的不同之处，不在于时间，而在于空间。在某些例子中，正如我们可以预见的，那些影响较大、人口较多也比较繁盛的县，培养的进士就多些。在祥符、杞县和商丘，县令中的进士分别占了100%、90%和83%，而另外一些比较分散和贫弱的县，例如延津、荥泽和考城等县却没有进士县令。但据另外的一些例子显示，进士们的分布情况却相当公允。开封府的陈留、归德府的夏邑和卫辉府的辉县等县都不是特别地出众，但是有进士头衔的知县比例却很高。这可能是因为这些县邻近府城，或者是靠近一些著名的书院，如辉县就邻近百泉书院。但另一些邻近大邑的县，例如睢州走出的有进士头衔的知县就不特别出众，反倒是另一些地处偏远也不显得十分重要的县，如临颍，有进士头衔的知县却不少。很明显，进士们获得到地方任职的机会，在一定程度上是取决于相对公平的抽签。[91]

　　科举考试中的成功并不能绝对保证其为官后的忠诚和在行政上的效率。尽管有相当多的进士在晚明任职豫东，但在方志中可见的模范官员的数量却不多。这可能是一些类似孙传庭的正直官员，其功绩与孙传庭的不一样，没能被史家记录下来。（当然，也有虽然诚实但缺乏能力者和虽然贪腐却能力卓著者。）因为在明末为好的地方官撰的传记不多，我们可以看豫东北以外的例子。如果我们把视野放开阔一些，在崇祯十二年（1639）到崇祯十三年间任怀庆府河内县令的王汉，便是一个很好的例子。尽管怀庆不属于豫东北地区，但却在环境和历史上有相似之处。在此地缺乏足够翔实的县令史料来开展研究时，记录完好的王汉的例子就成了该地区在晚明的代表性个案。

　　王汉的代表性非常鲜明，首先他来自山东。如若掣签制度得以严格地执行，那么山东作为明帝国 14 个省份中的一个，只可能为河南培养 7% 的县令。但山东是人口大省，山东人在官员中的比例远远超过了它所该占有的份额，加上它还与河南接壤，两地方言类似。于是我们从数据上可以看到这样一幅图景：在豫东的 49 个府县以及怀庆府的 6 个县中，有 14% 来自山东。事实上，尽管山东出身的官员比人口大省浙江、南直隶、江西和福建要少，但它输送给豫东和怀庆地方的官员数量，无疑名列前茅。[92] 王汉任职过的河内县，在晚明就有至少 20% 的县令来自山东。类似的祥符、陈留、杞县、兰阳、许州和新乡更是人口众多、地方繁荣、势力强大的县，无一不显示出"山东帮"的力量。[93]

　　王汉在明末当地县令中的代表性，也来自于他必须面对各种附加税的争议。在崇祯十三年（1640）的 5 月，王汉任职还不到一年便进呈了《灾伤图》。他指出明初太祖削平祸乱，怀庆因为铁木儿抗击明军，在明朝建国后，比照此前的怀庆府税额，增长了三倍之多。因此每亩的税额极高：在 42800 余顷的土地上，要按每亩 0.077 石的比例征收总数 330600 余石的税。这实在是一个绝高的税额，因为河南省作为一个整体而言，迟至万历六年（1578）每亩只交 0.032 石的税。我们应该承认，怀庆的税额在明帝国统治下几乎没有做过更动，而因此在明末该地有抽税不足的情形。但是怀庆的土地多贫瘠，可耕地的增长数目应该相当有限，并且易受洪涝灾害的影响。尽管王汉并没留下足够的数据显示当地因为加派三饷而受影响，但日益艰难的情形却是不难想象的。其情形恰如王汉在《灾伤图》中所说："河南北地窄而赋重，未有如怀庆之甚者也。"

　　就河内县而言，可耕地是 113 万亩，税谷是 99000 石，税额每亩

0.087 石。一部分由于受沁水的侵袭，河内县有上千亩的肥沃良田被洪水淹没；此外也因为此地多山，地表土层稀薄，抗旱能力差，王汉因此认为在"怀庆六邑，地窄而粮重未有如河内之甚者也"。但河内县的劳役却繁重，包括运布料去北京，运盐去陕西，将稻谷送到北直隶，每年还有一些特殊的劳役，例如为黄河破冰，以减少水患。晚明的三饷加派给该县增加了大约 24200 两白银的负担。根据万历朝一两银子相当于一石谷物的兑换率来计算，这表示该县的税收增加了 27%。王汉总结道："河内之赋之重，未有如今日之甚者也。"[94]

晚明的这些附加税无疑破坏巨大，其带给社会的损害，在晚明史籍中比比皆是。正如王汉在崇祯十三年（1640）说的那样：

> 自去年六月至今，十一阅月不雨。水、蝗、旱，一岁之灾民者三。旱既太甚，不得种麦，而蝗虫乃已种子，亡虑万顷。冬，无雪，蝻子计日而出。去年无秋，今年又无麦，穷民食树皮尽，至食草根，甚至夫子夫妻相食，皆黄腮肿颊，眼如猪胆，饿尸累累。嗟乎，嗟乎！[95]

作为一名有良心的官员，王汉不仅报告了这些情况，他还试图解决这些问题。他坚信，若官员存、百姓亡，是极不公平的。从杨东明和钟化民的书中获取灵感，他令画工绘制了十六幅图，手记其略以进呈。他在进言中说，图纸所能及者，仅为得而见之者。画工能画其形，却不能画出"啼饥号寒之声"。他说历代帝王及当今皇上真心爱民者为不可多见，希望皇上能效仿尧舜，乐闻民之灾苦。但由于他熟知朝廷虚于应付而无解决问题之实力，因此在奏疏中并未提出什么具体的救灾举措，甚至连减赋的事都没提。该疏最终不报。[96]

尽管王汉跟上文提到的"山东帮"的关系值得进一步细致考察，但他对朝廷、对百姓的忠诚却是毋庸置疑的。不久，他出任了重要职位，他的名字也出现在乡邦史家郑廉罗列的众多正直风力大臣的名单中。[97]他的命运与明帝国的命运紧密相连，更为详尽的分析，请参看本书第六章。

而其他一些在晚明任职于豫东的山东人，对建设一个好政府的主观热情就要弱很多。有来自山东省登州府莱阳县的十名士大夫，曾在崇祯年间就职于开封和归德府。这个数字本身并不特别，因为从莱阳县走出的官员数量在明代是名列前茅的——明代所有县中的 13% 为国家培养了 49% 的官员，莱阳即是其一。但在这十名官员中，有两名姓董、两名姓宋的位列高阶（例如侍郎），并且同时任职于上县（例如杞县）；十人中有四人连任两届。这些数据似乎能够支持 Otto Van der Sprenkel 的假说：地域、家庭和政治关系有时并不如基于在学术上的天分、行政上的成就和受提拔的幸运更直接有力。[98]

这些莱阳籍官员的背景和事业恰好印证了这一假设。在天启七年（1627）进士董嗣谌获任归德府知府，在随后的几年里，升任河南按察使。由于缺乏来自传记和族谱的资料，我们不能确定他与董嗣朴的确切关系。嗣朴是进士，在崇祯年间任开封府许州县令。考虑到他们有相同的姓，名中的第一个字也相同，他们很可能是堂兄弟。嗣谌也许为帮助亲戚在河南谋职出了力。无论董氏在获取官职时是否利用了家族关系，他们同时同地为官，无疑是对朝廷回避制度的公然违反。这个例子无疑让河南人明白了，朝廷对地方的管理，无所谓公平可言。

莱阳县也是如此，宋玫和他的哥哥宋琮出生于一个祖先能追溯到明初的大家族。到了晚明，出身江南的著名历史学家谈迁评价说："宋氏世阀，素横于里。"[99]宋玫和他的族叔在天启五年（1625）同举进士，两年后，宋玫也中了进士。天启六年，宋玫任归德府虞城县令，他的族叔任与北直隶接壤的大名府清丰县令。[100] 天启七年，宋玫由于才干出众，调任更为繁华的开封府杞县县令，他的哥哥宋琮同时被任命为祥符县令——该县在本府内居于首位。由于他们族叔在北直隶南部为官的地方，仅与他们隔了四个县，宋玫的传记便有其治地"壤地相接"之说。可能是意识到了亲戚之间同时同地为官的任命违反了当朝的回避制度，传记紧接着强调他们在这三个县"并有治声"[101]。

杞县县志中宋玫传记尽管提到他缺乏地方管理的经验，但对其治绩，仍然给予了充分的赞扬：

> 玫少年科第，或疑吏事非其所习，及莅任日，精明乃过宿吏，政化大行，民不敢欺。出其家学，以课杞士，由其指授获隽者甚众。时会寇氛将扇，乃筑城凿池，日事战守之备。[102]

宋玫很快因为得到省级官员的保举，在崇祯四年（1631）擢升吏科给事中。同时，宋玫的族叔也迁礼部主事。这些任命很明显违反了朝廷的回避制度，该制度旨在避免某个家族对中央朝廷产生影响。

宋氏似乎不仅在官僚体系内部升迁制度上互相支援，在消除那些"挡道官员"上也合力为之。当开封的一名推官张瑶揭发他们曾通过贿赂的手段，获取那些令人垂涎的高官职位时，控词立刻便被驳斥了。张瑶也随即被连降四级，并发配其到甘肃任主簿，最终丧命于当地强盗之手。[103] 当宋玫的母亲去世时，他虽然丁忧返家，但却极为敷衍，随即便返回北京，出任刑科都给事中了。他据说在断案时仁心十足，赢得了皇上的认可，随即为太常寺少卿、大理寺卿和工部右侍郎。

到了崇祯十三年（1640），宋玫在京师的官员体系中已经位居高位，但他仍不满足。到崇祯十五年（1642）他的一个重要支持者，属于大学士周延儒（1593—1643）一党的盛顺，利用周延儒重掌权柄的机会，举荐宋玫入阁。最初，崇祯皇帝将之留中，盛顺再申前请，称宋玫堪当此任。崇祯皇帝最终失去了耐心，责骂盛顺是因为私人关系而"出位"，将其下狱。[104]崇祯十六年（1643）宋玫在掏了不少银子打点之后，终于出了狱。他回乡之后，没想到很快被卷入到了地方防御的事务当中。（见本书第五章）

很明显，宋玫与孙传庭有很大不同，孙是宋在永城任县令的前任；宋玫与王汉也不同，当宋玫还在京城的官道上慢慢攀升之际，王汉正在河内尽心尽力地为官理政。但对大明王朝而言不幸的是，相比孙传庭和王汉，董嗣谌和宋玫在晚明的豫东地区甚至整个帝国，更具普遍性。

总的来说，明朝在万历中叶日趋衰落之前，成功地在豫东建立了等级分明的贵族和体系复杂的官僚行政，并且该体系已经成功地运作了两个世纪。藩王们早年在政治和军事上拥有特权，随后又拥有了文化上非同一般的身份象征，直到王朝晚期，才堕落成了社会和国家财政的沉重负担。这一官僚体系包括了自周朝以来一直沿用的监察机构，自唐代以来的六部，以及自秦朝就有的县级行政，拥有在功能上类似宰相的大学士，董理一省行政的巡抚，控制地方上各级军事力量的总督，还包括职在司理河道事务、协调黄河与运河关系的河道总督。在立国之初，国家赋税尚轻，但随着人口的增长以及可耕土地的增加，赋税日益加重，以致发展成要靠增收附加税来抵御内外忧患，保证国家的权威。朝廷在水、旱、荒灾及大疫时，对受灾的地区与人施以救济，以保证朝廷不会在经济上受损更重。国家变得越来越依靠私人捐赠和市场调节来保证供给，并且这两种手段逐渐地取代了公共性的国家投入和政府管控的行为。明朝政府也兴办学校，并通常要指派来自相邻省份的能干县令来加以管理，之后才会逐渐接受并认可这些在建立之初多少都带着筹建者特殊利益的机构。

明朝注重豫东地区一个原因就是承认其是中州的一部分，中州是中原的中心，中原是中国的中心，统治这个地区与国家的合法性有关系。在此地，国家分封了藩王，有的还在"中府"开封著书表彰中州的名人。明朝在河南设立的巡抚，巧的是此人的先祖也曾到过此地，他的后代也选择了此地为叶落归根之处。对与黄河相关的任何事务，国家都十分关注，试图改善当地百姓的福祉而保持关乎国家命脉的大运河的畅通。国家赞成杞县的均平税，希望可堪其他地方借鉴，也许国家还有将之施行全国之意。朝廷在"中州大地"上广施救济，以保障当地百姓的生活。明朝政府接收了辉县的老书院与商丘的新书院，一并福泽着地方。来为官的总督也多有早年生活于此的经验。至少到明代晚期，被从相邻省份选派到此地为官的人，即使不能保证其品性纯良或干练有才，也至少饱读诗书，绝非白丁。

明朝人们常用历史上的模范来了解和解释他们曾经的地位和机会，特别是西汉和东汉成了明朝在行政治国上的取法对象。明太祖即以汉高祖为榜样来分封藩王，而后继诸帝则学习东汉限制藩王的权力。在经济上也是如此，明朝课税其实不重，却在很大程度上依靠控制食盐专卖来保证财政收入，这也是学习汉代的结果，而放弃了北宋那种靠征收商业和工业重税来保证国家收入的手段。两汉的历史经验教训对治河官员也有用，他们建坝开堤，疏浚运河，利用水闸在河道上调节水势以保证黄河和运河之间的畅通。汉代的例子还被运用在救灾上。经典中和历史上的例子取用不凅，本诸"均平"理念的常平仓便是一例。但值得提出疑问的是，明代生活在中原上的百姓，该如何面对、适应国家因应着不同的形势，取用两汉的历史资源，实现古为今用呢？

第二章　精英

　　明朝政府对豫东地区的管理也需要与精英协作，那些通过科举考试获得贡生、举人身份的人，会有很大机会在政府任职。由于贡生的名额是固定的，各地举人数目的增长幅度也有限，于是在有明一代，堪称精英者的人数，始终相对稳定。伴随着国家人口的增长，社会中精英人数所占的比例逐年下降 —— 从 14 世纪的大约千分之一缩小为 17 世纪的大约万分之三。(请参看导论部分的人口数字和附录 B 中关于社会精英的数据)

　　与之相应，在所处地理位置上和所从事之职业上的变化也因以产生。在立国之初的一百年间，在开封府，尤其是府治所在地祥符县，培养了数量众多的举人，位居府内各县之首。在之后的一百年间，府内其他各县如仪封，以及如归德府的各县，也都有数量可观的举人诞生。在此期间，从精英家族走出的这些学业有成者，凭借他们的文学成就、哲学创获以及在官场上的成绩，取得了令人瞩目的荣誉和声名。在明朝最后 70 年间，一些早年并未在人才培养上显得出色的县，例如开封府的杞县和归德府的商丘，都有了长足的进展。有明一代，一些家族在取得功名以及与国家保持紧密关系上，尤其出色。然而到了晚明，这些家族的后裔与国家的离心力却有逐渐增强的趋势。[1]

第一个百年：开封和祥符

河南尽管在元末明初的战乱中遭受了严重的损伤，但得益于建校兴学和划拨的科举考试的比例，以致在明代的科举考试中取得了相当不错的成绩。在建国之初的第一个百年里，也就是从洪武元年（1368）到成化八年（1472），河南共有272名考生在会试中脱颖而出，占当时全国比例的7%，位居明朝开国13省中的第6名。(参看附录C)[2]

在此期间，开封作为一个大府以及政治中心，共产生了140名举人，占全省的41%，占河南东北部地区的82%。府治所在地祥符县尽管只是府内34个县中的一个，却有35人中举，占全省的25%。直至明朝中叶，该县中举人数在科举考试中仍然位居前茅。[3]

在祥符县，李姓、王姓和张姓在会试中尤其出众。据方志记载，从三家培养的举人数量看，李家有17名，王家有15名，张家有12名，占全县进士总数的三分之一。李、王和张无疑是中国最普遍的姓。由于缺乏来自方志和家谱的记载，我们无法确认他们是否属于同一家族，更无法确定他们是否属于同一家庭。但保存下来的4位举人的传记显示，这几个家族确实在国家的科举考试中取得过延续数代的成功。这些李家、王家和张家中的成功人士或许与明初那些彼此关系错综复杂，却拥有极高社会地位的小群体一样，属于"身份精英"（aristogenic elite）。[4]

这一假设能够为在明代23000名任职于朝廷各府以及地方上为官的官员生平研究所印证。据该项研究，河南从在各地、各级为官者数量的角度计，在15省中名列第8；从人口比例看，位列第15；若从人均角度计，则位列第2。河南在中央政府中任职人数的比例相对较高，可能与它在地理位置上位居北京和南京这两京之间，以及它在明初相对其他各省而言，适中的人口数量有关。尽管河南在科举事业成功率上，有这样高的人均比例，但在有明一代，河南在朝廷官员中所占份额还是呈相当大的波动态势。例如从洪武朝的 17% 降到了正统朝的 6%，在弘治朝达到最高的 24%，天启朝则降到了最低点 3%。因此从整个明朝的历程来看，从河南走出的地方精英所拥有的政治力量仅为居中。据此可见，在中央朝廷的政治权力占有上，中州平原各县所占比例要高于西北部地区和南部地区。河南省内的官员，特别是举人多集中来自某些县，例如开封府的祥符、襄城和杞县以及其他府的另三个县，共占了河南籍官员的 25%。此外，在祥符县，三个大姓尤其突出：李家有 11 名官员占了 9 个官位，张家有 10 名官员做了 11 个不同的官职，王家有 8 名官员占了 13 个官位。这些大姓在官场上的扩张态势，无疑得益于他们在明朝建立后的头两个百年间在科举考试中的成功。[5]

第二个百年：仪封、宁陵和虞城

在明朝中叶，来自祥符的士子仍然在中举人数上位列前茅（25%），与此同时，其他县的学生们对此外 75% 的份额的竞争也日益激烈。例如仪封有 9 人考中进士，约占总数的 4%。据地方志显示，祥符的地位仍然没变（有 9 人），但仪封也很出色，有 6 人；新郑稍逊，有 4 人。这些大姓家族的子孙们，也延续着类似的成功。例如方志中可见传记者，都出自新郑高家。在仪封（包括天顺地区），同时期里方志中有四人见传，其中两人出自郭家，两人出自张家。（参看附录 C 和 D）[6]

仪封

在明中叶，一些士大夫除了追求在朝为官，也注重在学识上的声名。仪封县的王廷相便是一位以著名学者的身份而名垂史册的。王廷相出生于黄河北岸一个富庶的地主家庭，弘治十五年（1502）通过会试，之后他便很快与其他的河南籍文学家建立了良好的友谊，其中包括扶沟县的李梦阳（1473—1530）和信阳州的何景明（1483—1521）。与另外四位诗人一道，这些文学家后来成为著名的"前七子"。他们一反当时紧跟宋代文风的潮流，主张返归唐代诗风，追随汉赋的文体。[7]

王廷相和李梦阳十分热衷于参与文学组织，他们对朝廷所持的一贯批评的态度阻碍了他们在仕途上的发展。揆诸其生平，值得重视的事件是他曾因为反对权宦刘瑾而被捕入狱，还因为跟学生一道反对江西地方官而遭到弹劾，后来因为牵涉郭勋案被罢职归里。在开封，他生活过一段时间并成了当时的文坛领袖。他第一次获任高官，在很大程度上得益于他能很好地处理君臣关系，也在朝中培植了力量，对下属能施以仁爱。但结果却事与愿违，当嘉靖皇帝因一场火灾自责并归咎于他的臣子时，王廷相被牵连其中。他声称正是因为官场普遍存在的腐败，导致天灾示警。最终，他被罢官回乡。

与李梦阳通过成为诗坛领袖来应对政治遭遇不同，与本研究更为相关的王廷相，显示了另一条成长为哲学家的道路。与北宋思想家程颢（1032—1085）和程颐（1033—1107）不同，王廷相追随北宋另一位思想家张载，将气视为世界的本源；二程兄弟则将理居于气之上，他们成为明代思想的主流。王廷相对自南宋以来便被普遍接受的孟子性善说深具怀疑，他主张荀子的性恶说；但荀子之说在汉代则广为盛行。王廷相回到周代经典文献，去批评在汉代兴盛并延续至宋明的宇宙论。他认为五行（土、木、金、火、水）最初乃与人事相关，只是在最近才被视作宇宙的构成要素。正如约翰·汉德森（John Henderson）所说，王廷相不主张用阴阳二元的概念来解释时代周而复始的循环，他主张用类似于物质的角度，例如太阳的周年运动来做解释。王廷相不认为《易经》中八卦的概念能用来解释自然，邵雍的宇宙循环论也不足以诠释宇宙的生成理论，而发生在自然界的种种现象，也并非是对人主的警告。[8]

　　尽管王廷相在清代被视为"逍遥派"，其认识在 20 世纪也被看成是不切实际的观点，但却不能否认他在其所生活的时代和地域中是十分杰出的。[9]"前七子"对汉赋和唐诗的兴趣影响到了明代"后七子"的文学取向。王廷相对从西汉以来并被东汉王充和张衡承继了的世界观持批评态度。他甚至还讨论过日月与星辰间的距离在周年复始中的不同。他对土地集中、藩王叛乱、民众造反和边关不安等在明中叶令人非常头疼的问题，都有集中的关注。他由此想到借鉴秦汉时期加强中央集权的法家思想。与唐代的柳宗元一样，王廷相反对那种没有中央集权的行政模式，也不主张平均分配土地。他的这一观点，影响到了后来包括吕坤（1536—1618）和黄宗羲在内的思想家。[10]

　　正因为王廷相在宇宙论上的创获，他的历史观念在明代也渐居主流。他推重上古三代的辉煌，但反对复古主义，认为鼓吹古圣先贤的业绩，只能对当代社会起到鼓舞的作用，然唐虞之盛却不能复见于当世。在对历史发展的认识上，王廷相坚持进化观，但也承认在总的进化趋势中也会有短暂的曲折或回流。至于个人如何返古，如何开新，则要根据时代的特点，做具体的择别。[11]

　　与同时代的人一样，王廷相对汉代的开国之君十分推重，将他与明太祖等同视之。在《慎言·保傅篇》中，王廷相说："汉高帝、我太祖以布衣因乱而取之，无愧焉者。"王廷相非常看重"得人"的重要性，他特别指出汉高祖广任官吏、推行法治的做法与三代之治不同，但却坚持了任人唯贤的原则，因此能国祚绵长；其继任者也能严格任人之选，对藩王的反叛，厉行镇压。这些治法对明朝而言，有着治术上的模范作用。王廷相还特别提到，在汉武帝时代，国家的疆域不断扩大，后来王莽（公元前45—公元23）篡位，但正因为分封诸侯，东汉才能重掌正朔。这段历史，对同样实行分封制的明朝而言，极具诱惑力。照王廷相看来，大汉王朝最终是亡于过度的土地集中、官员腐败、宦官乱政、党争以及军事政变，而他对类似的情形有可能再现于当朝，时刻保持着警惕，其中包括他视为当代"黄巾"之乱的"乱国的曹氏"。[12]

与李梦阳、何景明一样，王廷相也是河南人，他的一位学生，也就是后来成为权倾一时的大学士的高拱（1513—1578），也来自河南。但"前七子"的另外四名成员却来自其他省份。地缘因素并没有影响王廷相在政治上的立场，他也没有被卷入任何由地域划分的政治结盟。相反，王廷相却有一位河南籍的批评者；他的一位政敌，也是河南人；但他追随者中最为忠悃之士，却不是河南出身。对当地有关权力合法性的种种传说，王廷相也并没有积极利用。例如他没有将《河图》《洛书》视作显示神兆的文本，而是将其看成黄河和洛河地区的早期地图。尽管他的家族有大量的土地，王廷相却公开反对自明中叶开始河南地区就已经非常严重的土地集中。[13]

宁陵

到了明代中叶，开封府在河南省内所占的进士人数的比例，从第82位降到了第75位，归德府则从第12位升至第13位。在归德府各州所占的进士人数排行中，睢州仍拔头筹。与此同时，宁陵和商丘的地位有所上升。在宁陵，一些家族稳稳占据着科举考试的功名榜，但同时也有一些新面孔出现，吕姓便是一例。他们的追求，同样不仅仅是功名和宦迹，对在思想上和哲学上的成就，他们也十分上心。到了明中叶的晚期，宁陵的吕坤逐渐成长为著名的士大夫和万历时期有影响的思想家。[14]

　　与王廷相一样，不仅吕坤个人对我们的研究有重要性，更为重要的是他能代表其所处的时代以及生活地域的特点。吕氏先祖为河南新安县军籍，后来迁居宁陵，到第 15 世的时候，已经是拥有 2000 多亩土地的殷实人家，有了能资助子孙应付科举考试的经济能力了。到了吕坤父亲得胜辈，吕家就已经出了入学和为官的人才了。吕得胜有个堂兄做过庠生；他的另一个叫吕官的堂兄，做到了京城的贡生，后来还做了官——虽然只在位三天，就致仕还乡了。吕官的一个儿子曾在乡试中取得第三名的成绩，但后来似乎并未在官场上谋得一官半职，因为从县志中的记载来看，他的生平只是被记录在表彰孝子的部分。[15]

　　还在 15 岁的时候，吕坤就已经因为他对孔子《论语》的出色掌握而令宁陵县令刮目相看了。在嘉靖二十九年（1550），吕坤开始学习历史和传统的儒学知识，在成家之后，因为已经跟着家塾里的老师学过一段时间，有了进学的基础，便入县学读书。在此期间，吕坤不仅熟读了儒家经典，还阅读大量医书。嘉靖三十五年（1556）吕坤亲赴宁陵附近的永城县，去巡视他父亲的部分田土，并与一位当地人交上了朋友，此人的儿子后来成了吕坤的学生。吕坤和他的好友李良知，日后成了自认为堪与东汉廉范、庆鸿相媲美的生死之交。[16]

　　正当吕坤为了在由男性主导的精英群体中占据一席之地时，他对女性的地位问题，却愈来愈关注，这可能源自他的盲母。吕坤的父亲为了帮助其母消遣，延请说书者到家，这引起了其母极大的热情和兴趣，而当时的吕坤年仅 12 岁。吕坤的父亲此后编纂了朗朗上口的童蒙读物《小儿语》和《女小儿语》。吕坤也受刘向（公元前 77—公元前 6）和班昭（约 45—117）这两位各自在西汉和东汉非常著名的史学家的影响，关注起了女性史传的意义；需要留意的是，撰写过《女诫》的东汉史学家班昭也是女性。吕坤还有意减少记述"恶女"劣迹的比例，借此恢复汉代对女德的表彰。吕坤还对明代政府鼓励妇女守节和面对强暴以死相抗的政策（参看本书第三章）提出异议，认为应该鼓励寡妇再嫁，对那些在遇到袭击时能坚决抵抗以保全性命的做法，也应予以表彰，简单的殉节绝非明智之举。他反对过于重视女德而忽视女性的职责。因此，吕坤重视那些能妥善持家的妇女，还鼓励她们接受教育，借以指导她们维护自己的法律权益和继承权。

通过这些例子，吕坤展示了一些士大夫执着于金钱，丧失了为人之基本道德的模样。他批评了那些为了获得财富或者社会地位来安排女儿婚配的父母，更谴责了那些为了省嫁妆而杀死女儿的狠心爹娘。吕坤十分鄙视那些为了钱财而追求富家女儿的贪心汉，觉得那些蓄了三妻四妾的男人更贪心；当然，他觉得那些只看重华丽衣装的女子，心中也无疑充满了贪婪。受发端于明初，后来又由王守仁（1472—1529）及其后学发扬的类似平民主义思潮的影响，吕坤刻意避免使用深奥的典故和难解的文辞，相反，他多用通俗易懂的形式来表达观点。其成果便是《闺范》，此书在万历十八年（1590）刊刻。此外，在为官期间，吕坤还为目盲者撰写了内容浅显但目的明了的劝导书，以鼓励他们日后成为能自食其力的歌者或说书人。[17]

应该说，吕坤的观点在当时的背景下，是属于激进的。但他的看法有的也和当时的流行观点吻合，特别是他对家礼的坚持。在嘉靖四十年（1561）通过乡试之后，吕坤便与伯兄一道，接受父命，仿效北宋范仲淹（989—1052）创设孝睦田，以福惠宗亲。之后，他们遵从此命，设立了孝睦田 500 亩。在嘉靖四十一年（1562）应会试失败后，吕坤开始了《呻吟语》的编纂工作。此书是自己读书和处事心得的记录，用以自励、自省，其内容和体例与当时的学术风气恰相吻合。由于全身心地致力于乡邦方志的撰写，还由于父亲去世的悲痛，吕坤在隆庆五年（1571）

之前都未能参加会试。但在这年，吕坤虽然通过了会试，却未参加廷试，就迅速归家。这次是因为他母亲的去世。之后，在服丧守孝三年后的万历二年（1574），吕坤才通过廷试，获得进士的头衔。[18]

吕坤科举事业的成功，不仅使他本人能踏入仕途，还令其桑梓和宗族也大受其益。宁陵这个在明代开国两百年来只出过四名进士的县，如今却有了一个卓越的代言人；对此前一直处于边缘群体的吕氏家族而言，现在也成了当地有头有脸的大族。吕坤会试的主考官是张居正（1525—1582）。此人后来成为大学士并在一定程度上主导了万历皇帝幼年的朝政，这对初入仕途的吕坤而言，有助于他日后官运的顺达。吕坤确实很快在中举后获得任命，并且用业绩证明了他为官的能力。在山西任县令期间，吕坤治河有方且避免了大兴劳役。他加强北部边防的做法是仿效西汉时武帝（公元前156—公元前87）和东汉时马援（公元前14—公元49）的策略，未雨绸缪，提高警惕，而非诉诸武力或主动挑战瓦剌。在为官期间，他因不受山阴王家屏（1537—1604）的请托，获得"天下第一不受嘱托者"的清誉。此后，入朝为官，履任多职。万历十年（1582）首辅张居正去世，不久，这位曾经的当朝首辅即被攻讦，说他要效仿商代的伊尹而行辅政之实。吕坤欲为其申辩，但被他的好友沈鲤（1531—1615）劝阻了。为了能让自己更多地投身于改善所关心的国家地方行政事务之中，吕坤在复杂的政治环境中，且战且守，度过了万历皇帝在位的头三十年。[19]

从吕坤的家庭生活和他对儿女婚配的安排来看，他却不能严格遵守自己所标榜的夫妻纲常。当他发现自己的原配夫人不能生育男婴，便娶了一房妾，然而这个妾生的也是女孩。吕坤把他的第一个女儿许配给了一位生员，这样就使得自己与一位陕西官员结成了亲家——陕西也曾是吕坤的为官之地。为了最终能生一个男孩儿，吕坤又娶了一房妾，但仍然没能生育儿子。吕坤最终把他的第二个女儿许配给了沈旋。此人是曾经提携过自己的好友沈鲤的亲戚。吕坤的第三个妾终于给他生了儿子，而且是两个。其中一个叫知畏的后来成了生员，娶了杨东明（1548—1624）的女儿，这位亲家也曾是吕坤的学生。吕坤可能认为夫妻关系是一个家庭的核心，但他娶了三房妾来生儿传宗，他所有的儿女婚配，则都遵循了有利于其仕途发展的原则来安排。[20]

　　在万历六年（1578），吕坤升任吏部主事，这是一个掌握了一定的人事权而成为各个派系党争的必争职位。吕坤则始终刻意与他昔日的座主张居正在国家政策上保持距离，他批评张氏均平田土的政策，认为这如同王莽新朝（9—23）所推行的不切实际的土地国有的政策。吕坤指出，这一政策在没能真正实现平均赋税以前，在许多地方都引发了新问题，开封府便是如此。在交游上，吕坤与江南文人领袖保持了良好的个人关系。他和邹元标（1551—1624）、顾宪成（1550—1612）私交甚笃。这些江南士大夫是东林学派的核心人物，他们也深知吕坤与中州的关系，在一定程度上，他们也自视为吕坤一党。然而有趣的是，当万历十五年（1587）邹元标和顾宪成受到弹劾时，时任山东济南道参政的吕坤却并未受牵连。从万历十七年（1589）到二十二年，吕坤相继为山西按察使、陕西右布政使和山西巡抚，这令他有足够的空间来施展他改善地方政治的抱负。万历二十六年（1598），吕坤将能展现自己有关赈济灾荒、用人策略、乡约事宜及一些相关政务的公文，汇编刊刻，名为《实政录》。此书流传广泛，甚至屡有节本再刊，直到如今，此书仍被广泛征引，用来分析当时的政治和社会情状。[21]

　　在为官期间，吕坤逐渐形成了一套不株守前人门户的经世思想。他坚持"我只是我"的观点，并意识到跟乡邦保持联系的重要性。其具体表现是：他曾给归德府的盐政提过建议；在万历二十一年（1593）到二十二年河南大灾之际，与负责赈灾的钟化民通信；给地方名贤撰传，例如商丘的宋纁（嘉靖三十八年［1559］进士）（有关宋纁，详见下文）；允许重刻自己的著作，以广流传。作为一名有些个人主义特色的士大夫，吕坤并不认为自己能解决所有社会难题，相反，他十分仰仗于他人的看法。他推崇被自己称作"中间道路"的处事原则，声称那是一种灵活而不落窠臼的应对法则，按照韩德琳（Joanna Handlin）的说法，就是"需要有一定的首创精神并需要不断调整之勇气的有效原则"。[22]

在万历二十二年（1594），吕坤官至礼部侍郎，达至了他政治生涯的顶峰。但就在次年，他的仕途逐渐呈现出下降趋势，这有他个人的原因，也是宫廷政治和国家政策发生变化等因素使然。万历二十年吕坤的夫人去世，当年他五十六岁，是已经能感受到岁月无情的年纪了。他多次托病请求致仕，但始终未果。在万历二十三年8月，万历皇帝宠爱的郑贵妃将吕坤的《闺范》增删了内容，新增了序言，在其伯父及兄长的帮助下将之重新刊刻。于是，这部郑贵妃修订过的《闺范图说》在京城得以流传。此前，郑贵妃曾为了让她的儿子获得储君的位置，发内帑赈济河南灾荒，如今一些人怀疑，郑贵妃又在利用河南人吕坤的著作来达到同一目的。要知道，吕坤此书中就包含了东汉明帝一位后来做了皇后的嫔妃的传记，她的儿子于是也就名正言顺地接掌了帝位。这种传言很可能削弱了吕坤在那些反对郑贵妃的权臣中的影响。在万历二十五年，吕坤上呈了长达近八千字的《忧危疏》，批评万历皇帝。吕坤在这份奏疏中讨论了许多重要的问题，包括贫富间的差距日益增长等。《忧危疏》后来被收入《明史·吕坤传》，并且被视为能反映吕坤生平和思想的重要文献。万历皇帝依例将此疏留中，但在六个月之后，批准了吕坤求去的疏请。[23]

吕坤生命的最后二十年都是在家乡宁陵度过的，其间他不得不继续应付上文提过的那场"国本"之争给他带来的影响：在一份匿名的传单中，他被指责编纂《闺范图说》旨在扶助郑贵妃。吕坤随即指出了自己所刊《闺范》原本与郑氏之兄所刊刻书，存在版本上的差别。另一份匿名帖子则对吕坤十分有利，其中指明了汉明帝是没有合法继承人的，而万历皇帝则无此问题。据这点来看，东汉明帝的那位后来做了皇后的妃子与郑贵妃之间的相似性，仅为巧合而已；后者并不能从前者的经历中获得影射性的暗示。不久后的一场调查澄清了吕坤在这场"国本"之争中所受到的指控，也弄明白了吕坤之所以被牵涉其中，是有人由于心生怨恨而想令吕坤早些致仕。吕坤对朝廷调查的结果并不太以为意，他感觉到了万历皇帝对"国本"之争已经心生厌倦了。但此事的结果，却令吕坤再也没能返回政坛，即使不断地有朝廷高官疏请起用他，包括他的商丘朋友沈鲤。[24]

在居乡期间，吕坤不时对国家事务和地方上有争议的意见发表看法。他认为潞王可以在汉武帝时代梁王家业的基础上，持有大量的土地，但认为福王却不该提同样的要求，他的贪婪会对整个国家和民众都产生恶劣的影响。他还致书总理河道，努力减轻因治理河道带给归德府百姓的劳役。他还建议归德知府，献策该如何顶住京城里不时传来的要增加加派的要求。他承认富裕者在一条鞭法的改革中，因为有许多可以额外免除的赋税，而颇受其益。但吕坤对此，却不站在认为这会引起普通百姓也追求减免赋税的学生立场上。[25]因此，吕坤可以说起到了在地方精英的立场上，调节国家与社会关系的中间人的作用。

吕坤在致仕居乡的几年间，多次努力通过运用历史资源，争取乡邦的发展。在万历二十六年（1598），他在祝贺邻县商丘的侯执谷会试成功时，便提到了商代的伊尹。（有关侯执谷的分析，详见下文。）两年后，吕坤又在祝贺对他有提携之恩的沈鲤七十寿辰上，提到了曾到过商丘的孟子。他还特别提到了嘉靖三十二年（1553）归德发生的民众暴乱以及万历三十四年南京的一次谋乱阴谋，以此推进他提出的加固宁陵城墙的号召和其他加强城守和防卫的措施。吕坤对东汉衰亡的历史十分熟悉，因此也非常担忧朝廷上宦官专权和频繁的党争。吕坤还追随宋代思想家朱熹（1130—1200）的思路，将当时的许多问题，都归结到秦朝，但他同时发现，朱熹《资治通鉴纲目》中的许多看法也模棱两可，进而对该书的价值也产生了怀疑。但吕坤随后放弃了他对朱熹的批评态度，以避免不必要的麻烦。但他仍不避讳对地位逊于朱熹的前贤的尊重，即使他们有法家的色彩，例如周朝的管仲以及唐代的柳宗元（773—819）。[26]

　　吕坤在万历四十六年（1618）去世以前，曾经写了一篇《自撰墓志铭》，主张将对个人的关注以及对地域群体的关注，两者结合起来，而确保双方的利益不受损害。吕坤虽然在朝时没能对万历皇帝产生多少具体的政治影响，逝后祭葬的规格也平常而不逾矩，但在万历四十八年（1620）明神宗去世之后，吕坤却得到了许多身后的殊荣：他被追赠刑部尚书；他编写的《闺范》屡获重刊，在晚明广为流传；他的《实政录》则成了地方官处理政务的标准参考书，其影响直至清代；吕坤的文集在康熙十三年（1674）被刊刻，当年吕氏族谱也告编纂完成；他的《呻吟语》则被附上清代著名学者陆陇其（1630—1692）的解说，得以重刊，随后，又被收入《四库全书》。此书的影响甚至波及日本，尤其是德川时代。至于说《吕坤全集》的影响，则早在1955年就在日本出版了，在北京则要等到1962年。再回过头来看吕坤个人的历史地位，他在清初即被置于程朱理学的宗统之中，黄宗羲将他归属为学尚自得的"诸儒学案"。到了道光六年（1826），吕坤还因其在个人学行上的成就与影响，与其他明儒一道，被从祀孔庙。[27]当然，对吕坤而言，他的个人所为对其时代而言，究其根本并无特别之处，但他对个人心性的养成，特别是在河南地方对社会公众事业的关注，则毫无疑问是他之所以重要的根本原因。

虞城

在虞城杨东明身上，晚明士大夫关注地方社会建设的潮流，得到了更为清晰地体现。杨氏是《饥民图说》的作者，也曾跟吕坤研讨学问，两人后来还成了姻亲。杨东明嘉靖二十七年（1548）出生于地处归德东北的虞城县的一户富庶人家，万历八年（1580）中进士（从本书的附录中可见，杨东明是晚明 70 年里，该县拥有进士头衔的五人中的一名）。万历二十一年（1593），杨东明任中书舍人，当万历二十二年中州大饥之时，他呈进了著名的《饥民图说疏》；两年后，他负责考选，洁身而不立私党。杨氏为学，尊崇倡导"知行合一"的王阳明，行事则近于在万历中叶掌握政权的清流诸君。万历二十三年（1595）杨东明被贬官陕西布政司照磨，不久后致仕还乡。万历四十八年（1620），杨东明又被复召回朝，直至天启四年（1624）去世。四年后，杨东明与吕坤一样，被追赠为刑部尚书。尽管因为呈进《饥民图说疏》获得了声名，与清流诸人的接触也令他有了学术上的影响，但在清修《明史》中，杨氏却没有一篇独立的传记，而是附在芮城人王纪传记之后。[28]

杨东明在正史中的传记并不太显眼的原因其实可以理解，因为他的主要业绩还是在他的家乡取得的。他开始着手乡里事业，还是早在万历十八年（1590），离他致仕还有五年的时光。那年他在家乡成立了同乐会。由于很快便发现会中有了酗酒和流言四起等恶习酝酿，同乐会便被易名为同善会，以高扬善念、善行。该会通过成员中富户的捐款来筹措资金，用以建桥修路并资助贫穷无依者在婚丧嫁娶等事宜上的开销。同善会定期举行乡饮酒礼，以示对长者的尊敬；会中那些并没有受过正规教育的长者，也毫无例外地得到如此的礼遇，并成为杨东明请教的对象。万历十九年（1591），杨东明组织了广仁会，由三十一位男性成员构成，既有乡间贤达，包括杨东明和他的兄弟们，还有生员、到访虞城者以及普通的民众。该会由包括来自商丘侯执躬在内的三位士大夫担任主持者，其他的四十二位成员每月贡献六两银子，作为月供。在其他的日常活动之外，该会还有一名住在山上的郎中，他时常给村里的病人诊病。[29]

万历二十三年（1595），杨东明动议兴建折柳亭学馆。此后经年，当时的一些著名学者，包括非河南籍的江西人邹元标和河南籍的吕坤都曾在此聚会，讨论经史问题，听众达数百人。次年，杨东明又组织了兴学会，招揽了二十名参加过自己主持的万历二十三年会试的贡生，县学里的两名教谕、四名训导以及当地和邻近州县的生员。遵循儒学自孔子、朱子和本朝王阳明课徒授业的传统，杨东明也十分留意师徒对话的记录，题名"兴学问答"，以广其流传。[30]

杨东明绝不仅仅止于言而不良于行，他曾采取过多种措施来改善乡治。或许是对万历二十二年（1594）的大灾仍记忆犹新，他协助在山东黄河岸边的曹县设立了社仓。当虞城百姓因为万历二十九、三十年间的雨雪灾害而饱受生存危机之时，杨东明等便设立了平籴会，来平抑米价。东明一家拿出了一百两银子，他还将那些普通官员、生员等凡出资七十两来购米平粜给穷困乡民者，都列名表彰。在虞城，杨东明致力于城隍庙及其他地方神庙的修缮和修建。当杨东明在万历四十八年回京复职后，他还修筑恢复了与东林党人关系密切的首善书院。[31]

杨东明在虞城的事业，看似顺理成章，但根本上是源于他能很好地利用环境和各种条件来促进和改善公共事业。他热衷于讲学，例如万历二十四年（1596）在河南府新安县，他的听众就达到了七十多人。有些保守的学者，例如好友吕坤曾经建议他应该行事低调，不事张扬，杨东明则答说自己只是个"中人"，需要不时地与外界接触，以获得动力。与他同时代的人类似，杨东明也崇尚个人主义并且注重从历史上获取灵感和借鉴，例如汉代政府在均平米价上的做法，但他更注重自己的个人发现，例如邻近杞县的种种举措。按照韩德琳的说法，"杨东明以他的家乡作为中心，据此将其个人影响向四周扩散"，当致力于处理桑梓事务时，"他能很清晰感受到自己的重要性和权威性"[32]。当被北京的文化与政治中心排斥在外之后，杨东明很明确地转而求助于河南延续得更为绵长的文化与政治中心。

第三个百年：商丘、永城、杞县和新乡

到了隆庆四年（1570），来自归德府的商丘、永城，开封府的杞县，卫辉府的新乡这几个县的士大夫，在官场上和学术界的影响都逐渐增大。在这四个县，一些势力大、地位突出的家族逐渐脱颖而出，他们对朝廷表示了绝对的支持和忠诚。但在这些家族中，也逐渐出现一些跟国家渐具离心力的分子。他们日益扩大的影响和最终根本转变了的态度，与朝廷的衰落和明帝国日后的衰亡，竟然形成了一种正相关的关系。

商丘

就归德府内而言，商丘在晚明七十年中培养的科举考试成功者数量排行榜上，显示出尤为引人注目的上升势头。它第一次超过了睢州，囊括了府内40%的举人数量。在竞争进士上，商丘也引人注目，它包揽了府内进士的23%或者25%（参见本书附录B和C）。在本县人氏能被记入府志的人数上，商丘也显得非常出色：有十一名商丘人得此殊

荣；相对于只有两人有此荣誉的睢州而言，其地位更为突出。在商丘的
家族排行中，沈氏居首。值得夸耀的是，从他们家还出了一位万历皇帝
的老师。其次是宋氏，其族人三代官居显赫。再次是侯氏，也有位列高
阶者。但纵观这三家，沈氏代表了对大明王朝始终无比忠诚者，而宋氏
和侯氏则代表了对王朝的态度间有变化，并最终失去对国家的信任的那
批人。[33]

沈氏在元末时发源于南直隶的苏州昆山，由于曾参加明初的开国征
战，后来成为世袭军户，日后迁徙到了祥符，最终定居在归德。沈氏的
发达要从族人沈瀚在成化十三年（1477）通过乡试，以及七年后在成化
二十年通过会试并获任为推官开始。他最小的儿子沈杜也成了生员，之
后又在翰林院谋了职位。此后，沈氏培养了两位贡生、一位举人和一位
县主簿，这令其家族的地位得以保持。沈杜的长子便是沈鲤。沈鲤十九
岁成为举人。他屡次强调不会慷慨地接受与一位失足女孩儿为偶的馈赠。
当师尚诏（？—1553）在嘉靖三十二年（1553）起师攻打归德时，他极
尽防守之力。为避免师尚诏部卷土重来，沈鲤敦促有司将与之做内应者，
悉数处死，他还贡献家资，帮助县令加固城防。当师尚诏部返回时，面
对城坚守固的严密防守，沈鲤自觉再也不惧外敌来袭了。[34]

在嘉靖四十四年（1565）沈鲤中进士，主考官是开封新郑人高拱，
他也是上文提到的王廷相的追随者。在沈鲤的传记里，我们很难发现他
曾借助乡谊的关系来推动自己的事业，但他实际上非常幸运地得到了来
自乡邦重要人物的大力支持。尽管沈鲤中进士并无特殊之处，他只是三
甲的第三名而已，随后得入翰林院。不久，沈鲤被召为经筵讲官。他的
主要职责是教导隆庆皇帝进学，此外也教授皇太子朱翊钧，即后来的万
历皇帝。沈鲤为了向万历皇帝示以向先皇、皇后致哀之法，曾赋诗劝
导。在隆庆末年及万历初年，当首辅张居正以铁腕施政时，沈鲤是为数

不多的敢于提出批评意见的官员；当首辅病重，满朝文武官员都在为其祈祷以求他早日康复之际，沈鲤也没有参与其中。在张居正去世之后，沈鲤被擢升吏部左侍郎，掌经筵事。[35]

万历初年，沈鲤位居高位，他以处事诚信和立场独立，赢得了在官场上的声誉。他有意与宦官保持距离，也无意培植私人党羽，对有才能的官员，却不遗余力地在私下里予以提携。万历十二年（1584），沈鲤获任礼部尚书，加太子少保。在礼部四年，沈鲤力行节俭，即使是祭奠先王，也是如此。面对灾荒，沈鲤提出发展经济、禁绝奢侈是改善民生、实现治理的良策。他规范了对妃嫔的祭奠规模，对外戚的封地也力行限制。沈鲤还力主恢复建文帝朱允炆（1377—？）作为明朝第二个皇帝的历史地位，在史传中记录其相关事迹。对代宗朱祁钰的正统地位，沈鲤认为也该予以承认。当万历十四年（1586）万历皇帝的宠妃郑氏诞下皇三子，被晋为皇贵妃，沈氏也极力主张早定"国本"。[36]

沈鲤在万历十六年（1588）突然意识到自己既不愿和宦官结盟，也与大学士行事不协，能够对万历皇帝产生的影响也越来越小，于是他执意求去。他的致仕请求不出意外地被明神宗驳回了，皇帝还是眷顾他昔日的老师并希望他能为朝廷多做些事情。相对于政治权力而言，沈鲤更看重个人的名誉和形象，因而他接着连番上疏求去并最终获准。接着，沈鲤开始了他十四年的乡居生活。到了万历二十九年，朝廷下旨，召沈鲤回朝，虽然官复礼部原职兼大学士，但他很快便意识到他已经不在朝廷权力的中心，无休无止的党争损害了国体。沈鲤以"国本"未定而坚辞不往。即使当年10月朱常洛被定为皇太子，沈鲤还是有意耽搁了一年之久，才赴京上任。[37]

回朝之后，沈鲤被卷入朝廷开矿的争论之中。朝廷从万历中期开始，就派宦官担任矿监税使，赴各地开矿，以满足东征日本援朝的军费开支和重修京城宫殿的开销。这一手段本身颇有收益，因此有人提议扩大开矿的规模，以应付国家不断增大的开销。对此事给各地带来的影响，沈鲤就北上入京途中所见，在奏疏中极陈其弊，但万历皇帝坚持己见，不以之为可议之事。四年之后的万历三十四年（1606），沈鲤因矿监税使为了争利，竟然驱赶河神、山神，却并未将所得利益悉数缴交朝廷而再次疏请终止矿监税使的活动。万历皇帝最终接受了四方大臣的意见，召回了外派的宦官。此外，沈鲤还与首辅沈一贯就"国本"之争有隙。在这件事上，他没能得到万历皇帝的支持。当沈一贯因为联合郑贵妃而受到攻讦之时，沈鲤被认为是幕后主使。沈鲤还曾在内阁立一屏风，上书对联，意在劝谏万历皇帝敬天、恤民，交通中外、选任贤能、释放狱因。但当沈鲤在屏风前焚香祷天以示敬意之际，他却被视为以邪术危害皇上。经过一番调查，沈鲤无法洗脱这种说辞带给他的冤屈。万历皇帝虽然仍旧尊重他昔日的老师，但在万历三十四年沈鲤上疏求去之时，批准了他的请求。借着谢恩的陈奏，沈鲤对朝廷空员不补再次提出批评并吁请朝廷颁下明晰的推举官员的标准。直到万历三十八年沈鲤八十寿辰之际，借着朝廷存问的机会，他还疏陈对国事的意见。万历四十三年沈鲤去世，获赠太师，谥文端。[38]

尽管沈鲤可以说攀登到了晚明帝国官僚权力体系的顶端，但他的这一福气却未能荫及子孙。沈鲤有两位妻子、三位妾，但她们却没能给他生下一个男丁。沈鲤只得过继了一个侄子，期望他传宗接代。这位嗣子最终只得荫了一个贡生的身份，因为早逝，没能再获得其他的功名。沈鲤于是又过继了一个侄子，也只得了个生员的身份。沈鲤的大哥是个监生，后来在朝廷做过高官，他的两个儿子后来成了生员。沈鲤的二哥也是个生员，有个儿子是举人，后来作了同知，之后被擢升县令。沈鲤的三哥是个训导，有六个儿子，在功名上的成就分别是一名贡生、一名监生，其他的三名为生员。也就是说，沈氏一族中沈鲤这一支在科举考试系统中虽然不能说飞黄腾达，但也小有成绩，只不过在获取功名之后的仕途历程上，就不能算太成功了。而沈氏其他支系的子孙在科举考试系统中的成就更低。相关的情形，在沈鲤的一个嗣子的儿子沈誉的传记中，可以得到充分体现。传记出自商丘文人侯方域（关于侯氏，请参看本书第三章）之手。在这份传记中，侯方域盛赞娶了自己妻妹的沈誉是沈家为数不多的有文学天赋的人。[39]

与沈鲤的情形恰为对比的是他的同乡宋纁。他不仅凭借个人努力令他的家人也沾福得惠，获任高官，还让其家族成员都能利益均沾，彼此不致有太大的差距。宋纁的祖上在科举考试中成绩平平，他的父亲只是个生员，但通过跟刘氏联姻，却令家族的发展别有一番如意的景象。宋纁的大哥后来做到太医院太医。他后来因为能反对同侪抗议国家剥夺生员免除劳役而引人注目，但他并没有太过于强调他生员的身份。实际上，他更着意于以举人的身份所建立起的关系网。宋纁在嘉靖三十年（1551）通过乡试，那年他 29 岁。[40]

宋纁无疑是有政治野心的，但他对国家的忠诚度，相比沈鲤的而言，显得要更有原因。举例而言，他对嘉靖三十二年师尚诏起义的态度，就与沈鲤的有很大不同。据宋氏家乘的记载：当是时，盗贼师尚诏攻陷府城，所到之处，烧杀劫掠。然其听闻宋纁之名，命不得与之为害。百姓遂蜂拥宋宅，以此避祸。宋氏因以广闻，得民众信赖。[41] 这里提到的"忠诚度"，在诸如师尚诏麾下的起义将士、平民百姓甚至传记的撰写者这样的旁观者眼中是非常清楚的。当地政府甚至沈鲤，对宋纁都毫无可置喙之处，但从那以后，宋纁表现出的忠诚度，在国家与社会这两个层面上，都不能令人全然放心。突出的例子是宋纁竟然否决了一位官员提出的鼓励乡民养马以充实军备的请求。[42]

在嘉靖三十八年（1559）中进士之后，宋纁开始了他地方行政的为官履历，在此期间，他充分展现了其处事的独立性以及维护司法公正的行政特点。在北直隶任推官期间，据说他还回绝过来自朝廷的请托，坚持公正执法。在陕西按察使任上，宋纁对宦官擅用十二名守卫的坏法行为，力行劾奏。在南直隶监察御史任上，宋纁还曾劾奏过一名恐吓其前任的地方强势人物。待他转任山西后，宋纁成功追捕了一名曾经啸聚山林的强盗头子，对其属下，则只要其能自愿返家，就网开一面，不予追究。对与蒙古骑兵往来之人的处理，宋纁也毫不手软，但也不滥杀无辜。他对能确定有通敌之事的四十四人施以严惩，对另外确实无辜的三十三人则果断释放。另一个更有趣的例子是宋纁曾报告过山西一位叫李良雨的男人变成了女人，借此他疏请朝廷强调通过近君子远小人来挽救气运。对宋纁的疏请，朝廷任命他为顺天府丞。不久，宋纁被升任右佥都御史巡抚保定诸府。在任上，宋纁力行精简行政开支，裁汰军中冗员。[43]

与其他河南籍官员一样，宋纁也拒绝跟张居正合作。因此，他在万历三年（1575）托病致仕。此举无疑是暂时的，当他身体状况好转之后，很快被要求回朝复职。但当万历五年张居正没有按例回乡守制事件发生之后，宋纁对张氏派回老家的特使并没有表示出特别的友好，他也受此影响，在朝廷上很快被孤立起来，只能被迫待在老家，直到万历十年张居正去世。宋纁在居乡期间与沈鲤一道，参与了地方志的编纂工作。[44]

万历十一年（1583）宋纁应诏官复原职。当时恰逢灾荒，宋纁即刻施谷赈灾并及时向朝廷汇报灾情。但这种主动性却惹恼了一些朝中大臣，他们认为宋纁应该首先获得上级的批准才能行事，但宋纁此举却获得了同侪的赞赏，普通百姓更对他心存感激。尽管如此，宋纁在万历十四年还是被擢升为南京户部侍郎。他敏锐地洞察到了国家在收支上的不平衡，对国家借开矿和卖官来敛财的做法极为反对；对从万历六年开始每年增加的二十万两金花银的增赋也力谏废止。结果是意料之内的不顺利，他的这些疏谏和努力并未被接受，宋纁便转而关注政府的开销和民众因赋税征收所受到的压力：他劝止官员强迫百姓缴交赋税，同时号召政府减少开支。他削减了地方军费达半数以上，号召富户人家捐资兴建社仓，政府则赏以冠带作为奖励。宋纁主张恢复边境贸易，对内则压缩潞王所求岁禄的三分之一。这样一来，贡献大米在身份上的所得，与捐纳的花费类似。削减潞王的岁禄当然不成功，但潞王想要通过再盘剥民众来增加财富却未能得逞。事实上，宋纁的系列做法与张居正及其追随者的思路恰恰相反，他反对走秦朝遵循法家加强中央集权的老路来增益财富、拓展权力，相反，他却借用欧洲帝国的高标准，使用美洲新大陆的白银来购买亚洲产品。从这方面考虑，万历年间的政治是采用的一种更合乎儒家之道的治理方式，相比此前诸帝，更显出平民主义的色彩。[45]

在户部的五年，宋纁丝毫没有忽视对桑梓的关注。当家乡受灾之际，他敦请内帑四万两，并请山东等地输粮两万担，以平抑米价，保证供给，以此缓解了持续三年的灾荒。宋纁极力反对将税粮折银，认为"太仓之储，宁红腐不可匮绌，一旦不继，何所措手！"他建议将本存于京师的粮食转运到通州，借此减少税粮的运费。因为运输税粮，归德的军户已有不堪重负而名存实亡的情况发生，宋纁获知消息后，丝毫不掩饰他因为关注家乡的利益而欲将责任转移别处的偏袒。他提议山东临清应该承担更多的税粮运输工作。出于同样的考虑，宋纁还提出应该给开封和归德从山东的长芦和山西的河东购买食盐的权力。正如本书第一章所分析的，由于潞王垄断省内商业的问题尚有待进一步的研究，宋纁此举至少成功地增加了食盐的供给，减少了走私的情况。[46]

　　万历十八年（1590）宋纁升任吏部尚书。在此任上，他对万历皇帝的无尽需索力行限制。当他获知自己在户部的继任者竟然大肆宣传一些地方在农业上的丰产，宋纁便对其施加影响，控制住这类消息，以免朝廷又在增加税收上打主意，以致取用失当。在吏部，宋纁的同僚们会因为明神宗做到了不面斥谏臣，不施之以严惩，而对皇帝感恩戴德，但宋纁认为这还远远不够，皇帝应行之事是要按照进谏的有用之言行事，使所论事情不致恶化。宋纁的实际行动是罢黜了一百名自己的前任任命的不良官吏，代之以一百位名列清流的好官。这一举措得罪了首辅申时行（1535—1614），他曾经是宋纁的支持者，但也是其政策的反对者——他把宋纁提拔的一些官员赶出了北京。在那几年，据说宋纁曾有过百多封陈奏，但均被留中。尽管这一数字无疑是夸大其词，但当时宋纁的境况，毫无疑问是非常不顺利的。对宋纁的七次致仕请求，万历皇帝七次不准，显示了他面对臣子求去的连番请求，具有令人钦佩的耐心。宋纁终于在万历十九年病逝于任上。如往常一样，明神宗再次用对去世的忠耿大臣施以厚葬，表达他对其在职时受到的漠视的一种补偿。宋纁被施两坛祭葬，赐银四百两，赠太子太保。宋纁的生平业绩后来被载入地方史志，与他并列的是唐宋时期的若干阁臣。[47]

　　宋纁在投身公共事业之余，也是一家之主。客观地说，虽然他并不贪婪，也没有用穷凶极恶的手段去追求什么，但他非常富庶并有相当的权威。即使如此，他对物质的要求并不高。出行在外，宋纁身无长物；在家内，一妻三子，已令他心满意足。他其中的一个儿子因为宋纁的缘故，后来做了贡生，但言行却十分得体，以致旁人无法仅从衣着上想到这是一位尚书的公子。此子学识十分出色，他甚至能在他父亲的同僚面前侃侃而谈汉代李固的故事。宋纁的一位孙辈后来也做了贡生，他因为对用人的友善、对佃农的理解、对族人的慷慨和对邻里的关照，而特别受人尊敬。宋纁还有个孙辈后来得荫为户部侍郎，但却不因此自视甚高，他甚至出于对自身才能的切实判断，拒绝了来自宋纁的一位门客的升迁推荐，认为自己并非最合适的人选。此人在致仕居乡后敢于挺身而出，对家人恐吓乡邻等不端行为，施以教正。[48]

宋纁的财富还惠及到了他的一个堂兄。此人虽然是普通的农夫，却积累了足够的财富供养两位妻子和四个儿子，其中的一名后来成功地步入士大夫阶层。此人名叫宋旸，以家族遗产兴办教育、强化养殖并精于商业，借此辅助亲族。对一位生活铺张以致将名下的财产都挥霍一空的亲戚，宋旸也能施以援手；对妻子的家人预备棺椁的行为，也表示支持。宋旸夫妇有两个儿子，大的叫宋沾，立誓延续宋纁的传统。或许真的受其影响，他将自己所用的那份财产也给了弟弟，自己则着意于读书。[49]

宋纁在万历十九年（1591）去世，宋沾在当年通过了乡试，之后出任登州府富山县县令。在任上，宋沾援助灾伤，严惩恶霸，均平地土，合理赋税，此外还恢复了乡校体系，努力保证司法公正，避免滥用刑罚。他甚至返还了一位用尽家产来交税的妇女的税款，还一并减免了当地的税额。正因为他为官的善行和绩效，宋沾颇为当地百姓所爱戴，当他患病时，乡民自发登山为其求神祈福。在宋沾突然去世后，当地百姓为其扶棺送葬，甚至有的乡民一直全程护送他回到商丘老家。对这些见诸史册的记载，我们的理解不能仅仅停留在事情表面，而应该意识到宋沾是位被百姓爱戴且英年早逝的有为地方官。当地百姓如此爱戴好官的类似记载，还见于对西汉时期的地方官朱邑（？—公元前61）生平的记录，但不同的是，朱邑后来得以康复并做了位阶更高的官，逝后下葬在他为官之地，并未归葬故里。尽管二人的生平不尽相同，但宋沾的传记则强调无论是西汉还是当代的官员，在民间都被乡民追祀，受到追崇。[50]

宋沾沿袭家风及其个人风格的决心十分明显且强烈。他的父亲宋旸甚至也受其影响，衣着简朴、得体，即使面对年轻人，都能鞠躬施礼。宋沾不相信占卜之类的事，对教育则满含尊崇，并相信做好人、做好事会有好报。人们常常见他在家外的槐树下高声吟唱。宋沾的正室直到四十岁尚未为其生育子嗣，便力主为其纳妾丁氏；妻妾相亲相爱，亲似姊妹，共同掌家。这位新入门的妾虽然出身农家，却极为能干。万历二十六年（1598）这个妾为宋沾生了个儿子宋权，其地位也因以巩固。她们在宋沾去世后，护送其灵柩数千里，回到商丘故土，而当时幼子年仅六岁。没想到回乡之际恰值灾荒之时，这位妾典当了自己的首饰，买了头牛，雇用两名值得信任的旧仆耕种家田；农耕所得，则全部交给了宋旸夫妇。当宋沾的兄弟去世，她还劝止其无子的遗孀自尽以示忠贞，而是将其接到自己家生活。[51]

宋权就是在这种互相扶助的家庭环境里成长的。作为家里的独子，他肩负着完成父亲在科举事业上未竟事业的重担。他的母亲为其雇了家庭教师，指导他该如何应付考试。每当他趴在树上睡着的时候，母亲、婶母就会告诫他，她们之所以没有求死以尽妻道，就是为了能扶助丈夫的儿子获取功名。宋权便更加努力，对母亲的教导言听计从。当成为生员之后，已经年过九旬的宋旸称赞他堪为下一代的继承人。当临终之时，宋旸还表示他对丁氏抚养宋权的感激之情。宋旸去世后，丁氏一手操办后事，一如她为宋沾、"姐姐"张氏及其母亲，还有寡妻刘氏做的那样。天启年间，丁氏和张氏、刘氏一道被旌表"一门三贞"。[52]

宋权在天启元年（1621）中举，四年后成进士。他的成功无疑增添了母亲的名望，但丁氏在教子及家内的言行，也绝非名实不符。她对儿子的教导，仍以继之。当宋权获任山西太原阳曲县令之际，丁氏告诫他说：你的父亲是受人尊重的父母官，你也一定要牢记而不忘本、不负其名。宋权谨守庭训，行事谨正。当各地纷纷为魏忠贤建立生祠时，宋权拒不跟从。尽管因此与魏氏为敌，但他还是在任上见证了魏忠贤的倒台。遗憾的是，宋权在方志中的传记，仅仅写他是一位著名的官员。其母亲的传记内容更为丰富、细致：记录了她告诫儿子改掉午睡的习惯，以为百姓树立一个勤勉好官的形象；她还告诉宋权，他的父亲在山东为官时，在清除苛捐杂税上所做的努力。宋权受父亲的影响，在减免捐税上，也极为用心。此外，他对孤老孝子也亲自探望，以示尊重和关照。他还写了一封直言不讳的信函给在京的上司，借此警告担心报应的在京官员。[53]

宋权直言的性格，在天启年间的政治环境下，或许对他来说并不有利，但在崇祯朝，却成了他的优势。他很快转任兵部职方司郎中，在任上他曾三次上疏，论吏部冢宰用人舛误。他指出凡举人任官，只能到地处偏远、条件艰苦之处，进士却能获得优待，这对国家选才用人而言，不能说尽善尽美。他还举了若干依靠裙带关系和唯亲是用的例子，说明国家在选任官员上存在的诸多失当之处。他敢于直言批评，并说他只不过是说了其他人心知肚明却不敢公开揭露的话罢了。他曾经坦陈自己是经由寡母抚养成人的，或许就是为了说明他追求公正之决心的根源。[54]而宋权提到的这些问题，如果说在他所处的时代还不甚严重的话，到了明末就显得越来越突出了。

宋权的疏论当然遭到了吏部的反感，他很快就被外放山西按察副使。他的母亲甚至打趣说，宋权正因为在朝廷上的忠心耿耿而获得了这个外派地方为官的机会。事实上，宋权在山西也没能久待。他被获准致仕，回家照料年迈的母亲。[55]宋权当然要在意母亲的看法，正因为儿子的态度，母亲的身体竟然越来越好，尽管回乡照顾母亲只是自己仕途不顺的借口罢了。无论如何，他的致仕请求获批了，宋权终于回到了家乡商丘。他在西郊新建了宅子，此后再也没有回到官场。

与此同时，在本书第一章介绍过的归德郑三俊的学生侯恂，其经历在晚明也表现出了类似的特点。侯氏在明初发源于祥符，迁到归德后入籍军户。传至六世侯进（字子登），渐入腾达之势。他有两任妻子，三个儿子，命名无甚奇之处。[56] 其中长子有一子名侯执蒲；次子为贡生；三子侯瑁，有三子侯执躬、侯执中和侯执羔，另有一为妾所生之子执谷。[57]

侯瑁颇有天分，他常有机会跟随家中长辈视察族田，能提醒被大人们忽略的事情。通过协助处理家族事务，他学到了不少东西，尤其是在分配族内田产方面，显示了出众的能力。侯瑁还是个顾家的人，对子侄尤其照顾。但这毫不掩饰他对财产的关注甚至贪心，他曾打了这样一个比喻：我无力经史，惟重农事，意在福泽后代而不止于我辈。[58]

在侯执躬和侯执蒲通过科举考试并做官之后，侯瑁仍然为人谦逊。他谨慎低调，探望自己的儿子，绝不使用官方驿传，对侄子来行贿的一千两白银也坚决拒绝。在赈灾事情上，侯瑁却毫不吝啬。他不仅赈济族人、邻里，还出资修筑路桥、堤坝、修整河道。他有意回避那种因为乐善好施者聚集而营造起来的自满氛围，因此他拒绝参加县里表彰此类施舍善行的乡饮酒礼。当他在天启元年（1621）以七十九岁的高龄去世之后，他因为其子的功绩而获赠荣誉和参议的头衔。他的生平业绩也因其崇高的成就而载入地方史册。[59]

侯瑁在其家族的发展史上，居于前后转折的重要节点上。对此，著名的江南士大夫董其昌所作的评价，堪称知言：

> 董其昌论其修谨似万石君，德量似陈太丘、王彦方，家训更出颜、柳诸家之右。[60]

万石君（？—公元前124）的本名叫石奋，他是西汉河内郡（明属怀庆府）的地方官，位列九卿，身为二千石，其四子皆官至二千石，因而有万石君之称。或许是因为侯瑱出身河南的缘故，董其昌很容易便将其与万石君联系了起来。陈太丘是开封府许昌人，曾在东汉为官太丘（明属归德府），他在平息地方争端上颇有建树，有个侄子也在平抑盗贼事务上较为出色，或许是出于这两种因素，令董其昌将陈太丘和万石君联系了起来。并且，这两个例子很明显地告诉我们，董其昌有意无意地将明朝和汉代往事做了穿越时空的牵连。颜之推和柳仲郢是六朝、隋唐在家族建设方面非常有建树的士大夫，他们都曾有训诫子孙的家训传世。正因为其言行一致，所见便如董其昌所说，是"人以为信而有征"。[61]

　　侯执中的行事风格与乃父类似，他在方志中的传记都是附在父亲侯瑱本传之后的。还在孩童之时，侯执中便勤奋为学，与兄长执躬一道，精进迅速。但他的理想是成为一名"寒畯"之士，为此他放弃科举，后来捐了一个贡生，只做到了光禄寺丞，职位不高。执躬对地方事务颇为热衷，在协调各方的分歧、资助乡里教育方面都显得得心应手。他的兄弟执羔后来成了县学生，育有五子，算是在乡间有成就的乡绅了。但他的同父异母兄弟执谷就仅仅是个生员，也无子嗣，与整个侯氏家族枝繁叶茂的情形相比就显得大相径庭了。[62]

　　侯执躬和侯执蒲在科举事业上的进展，非常符合侯瑱的期望，他们在万历十六年（1588）同时通过了乡试，成为其家族内最早获此功名者。次年，执躬又通过了会试，得到一个中书舍人的小官。万历二十五年，他主持四川乡试，随后升任吏部验封郎中。他因拒绝请托而得罪权贵，被转任湖广参政、四川按察使、四川布政使。他在筹款兴建公共设施事情上尽心尽力，但对毫无用处的奢侈开销却规范得极严。他的志向在当时的环境下，当然难酬难伸，因此请求致仕。在经过了一段光禄寺卿的任职后，他获准返乡。在商丘，他终日与经史为伴，过着平淡的乡居生活。但综其一生，侯执躬在为官期间，为地方公共事业的兴建做了重要的贡献。[63]

相比之下，侯执躬的私人生活就不那么成功了。他先后有两任妻子，却只有一个儿子。据方志显示，此子在纠恶扬善及货殖营生方面颇有才华，但却没能如他父亲一样，执意于中正，家族最终败落了。可以肯定的是，侯执躬的这个儿子后来成了县学生，结婚生子，却无可继承的孙辈。虽然后来过继了一个孙子，但侯氏这一支在之后的两代里，也就不可避免地衰落了。[64]

但执蒲一支的发展却不错。他万历二十六年（1598）通过会试，随后在北直隶出任县令，政绩应该无奇，因为描述他这段经历的措辞是惯常所用的"名宦"。七年后，他被擢升为御史。在任上，他行事有风力，敢于弹劾高官。当一位朋友建议他站在郑贵妃一边，支持她争夺"国本"时，遭到了执蒲的严厉斥责。他说：

> 若向以鄙夫患得患失，文叨省解，名天下，今乃若自道，又欲以余波沔我耶！[65]

由于坚持原则性高于友谊，执蒲甘愿得罪老朋友。他也因为直言的性格，左迁湖广按察使。万历末年，执蒲致仕还乡。

在天启初年侯执蒲受左都御史、"清流"中人高攀龙（1562—1626）的推荐，后被召回朝廷，出任光禄寺卿。他经常与高攀龙论学，被视为东林学派的领袖人物之一。天启四年（1624）侯执蒲转任太常寺卿。当魏忠贤意欲借祭天之机僭夺君权，执蒲便直言，从未有宦官担此任者，更不要说代替皇帝行此祭天之事。魏氏因此狂怒，亟欲将执蒲驱逐出朝廷。对此，执蒲坦然面对，致仕回到了商丘老家。[66]

在居乡的十八年间，侯执蒲致力于辅助桑梓的事业。他有四任妻子，原配田氏生下两个儿子：侯恂和侯恪。二人的生活轨迹和业绩也都大体类似，他们一同入县学读书，之后在万历三十九年（1611）在郑三俊的安排下，入"文正书院"读书，因为成绩出色，兄弟俩交替着作书院的头筹。两兄弟在万历四十三年首应乡试便获成功，此后，他们即继续了父叔辈在科举事业上的成功轨迹。次年，侯恂中举，三年后，侯恪也成了进士。[67]

此后侯氏兄弟的人生便显出了不同的轨迹。侯恪随后入翰林院，任经筵讲官，预修明神宗、光宗朝《实录》，兼起居注官。当魏忠贤用计陷害刑部尚书时，侯恪直言揭露其事，称"史职惟有直书耳！"他甚至对魏氏"为缙绅胎祸"毫不讳言。尽管事情发展的具体情形要复杂得多，而且东林诸君还曾与宦官结合以求达到目的，但侯恪仍然被视为清流的一员，疏陈时政，毫不忌讳。[68]

侯恪不仅有勇，而且有政治上的谋略。天启五年（1625），侯恪任会试主考，成了新晋进士莱阳人宋玫的座主。宋玫颇有野心，在入京任职之前，他也有过在河南为官的经历。不久，侯、宋二人也被魏忠贤的党羽盯上了，受到魏广微的攻讦。尽管具体的弹劾细节缺乏资料，但侯恪是暗指魏党无疑。他承认追求正义要比谋求任官重要得多。同时，他也抵制了对宋玫有政治野心的批评，认为其才华出众，帮他洗刷罪名。魏忠贤也极力拉拢侯恪，许以高官，侯恪自然极力拒绝并坦陈自己无论如何不可能与宦官为伍。魏忠贤因此大怒。他的一个同乡留意到自己被侯恪评价甚低，便指认他为东林党。事实上，侯氏被认为是曾经参与杨涟（1572—1625）草拟弹劾魏忠贤二十四大罪之奏疏的重要人物之一。魏氏借此机会令侯恪解职。受此挫折，侯氏便致仕回乡了。临行前，他面对含泪送行的二十三名学生，赠言说：就目前的时局而言，做个好官太难，不如力争做个好人。[69]

随着侯执蒲、侯恂和侯恪的先后去职，商丘侯氏作为东林党人的名气越来越大。在之后的两年，乡间的田园生活和赋诗、饮酒成了侯氏的主要生活内容，他们也借此对付那些阻止其重返朝廷的魏忠贤的爪牙。有邻居对侯恪处理与魏忠贤的关系事情上的冒险行为极为担心，但他却对自己的归宿十分了然，他想到了两年前被魏氏迫害致死的杨涟，觉得自己的结局也无非如此。[70]出乎意料的是，天启七年（1627）明熹宗驾崩之后，魏忠贤党分崩瓦解，不到一年的时间，其党羽纷纷遭到严惩，或者自杀，或者被判死。

在崇祯朝，侯恪应召回朝，先任庶子，后为谕德。不久后，他再次被卷入到与朝廷大员的冲突之中，这次是首辅温体仁（1573—1639）。温氏努力超越党派之争，想得到侯氏在起居注里的正面评价。侯氏当然拒绝，此外还将温体仁与中唐的李林甫（683—752）和卢杞（？—约785）暗相比附。崇祯二年（1629），侯恪获迁左春坊右庶子兼翰林院侍读；很快便转任南京国子监祭酒。当时，他的麾下有近万名学生受其教导，就数量而言，这几乎是明朝立国以来数量最庞大的国子监生群体了。据其传记，侯恪曾言："人生贵识大义，岂恋旦夕一官负天下才人哉！"他批评有司在考试安排上的失职，批评学者不能与时俱进，还斥责了那些伺机而动只为追求官位和名誉的奸猾之士。崇祯三年东林后裔复社的主要成员们在南闱大获全胜，侯恪被视为他们的重要支持者。但不幸的是，侯恪很快因病致仕，回到了商丘。居乡期间，他酗酒并在崇祯七年四十三岁时英年早逝。[71]

与此同时，侯恂在地方上的军事纷乱中和朝廷上的政争里也力图仕进。他从礼部行人司行人这个官阶虽低却司职重要的官职开始，到了万历四十八年（1620），被任命为山西道监察御史。他意识到国家北部受到的来自女真铁骑的威胁，便屡屡谏言，建议加强军事实力、充足军需。天启元年（1621），他举荐了一代名将袁崇焕（1584—1630），应对日益增长的女真势力。侯恂在两件与短命的泰昌帝以及继位的天启皇帝有关的重要事情上，站在了东林党人一边，他因此得到了好友、东林党领袖邹元标的敬重。天启二年他被任命为贵州按察使，负责镇压由安邦彦领导的当地苗民起义。随后，侯恂就重建朝廷在西南边疆的统治，提出了十条安边之策。抵达贵阳之后，侯恂整肃军队，加强防守，得“叙平苗功”。在他成功地整顿地方之后返回北京之际，侯恂本来已经得到要获升迁的消息，却因为魏忠贤掌权，只得致仕还乡。[72]

公元 1628 年崇祯皇帝继位，侯恂官复御史。在任上，他参与到号召严惩曾在前朝打压过东林党人的官员及太监们的队伍中，却因此得罪了首辅温体仁。崇祯二年（1629），当明朝军队面对着日益强大的女真力量节节败退之际，侯恂被任命为太仆少卿，崇祯三年任兵部侍郎，负责顺天府昌平州的防务。昌平因有明朝多位皇帝的墓葬，地位尤显重要。在任该职期间，左良玉（1599—1645）逐渐成为侯恂的左膀右臂。此人骁勇善战却也不服约束，这令侯恂以及大明王朝在不久之后饱受忧患。侯恂命左良玉率兵驰援大凌河，抵抗住了皇太极对山海关外松山和福山的进攻。崇祯四年侯恂在朝廷允许的情况下，将葡萄牙人的红衣大炮运用于抗击女真人的战场上。次年，他指挥了位于北京东部大运河上的通州之战。[73]

崇祯六年（1633）随着女真人对北直隶等地压力增大，加之大量流民涌入河南，侯恂被任命为户部侍郎以应对危机。正如在本书第一章中分析过的，他必须面对国家军费开支大幅增长的难题，同时不能再给百姓增添负担。他只能选用能臣，出身河南祥符的史可法（1601—1645）

便是经他看中，事实上也是在明朝末年起到关键作用的士大夫。侯恂主张恢复军户制度，并将受商人资助的部分也包括其中，但前提是不损害赋税体系的根本。正当侯恂努力降低税收的关口，许多增派却不见减少，反见增加；加上大学士温体仁要求增加国家税收以避免国家财政破产。崇祯九年当米价不断上涨之际，侯恂借临时关停市场来平抑米价。同年，正当侯恂忙着压缩军费开支的时候，受温体仁指示来监督侯恂的一位御史，却弹劾他克扣军费"縻饷误国"。侯恂因此被罢官下狱。一些人主张将其判死，甚至崇祯皇帝也主张对其施以重处。但如本书第一章所示，侯氏之前的老师郑三俊此刻正任刑部尚书，他抵制了这些压力。最终，侯恂免于一死，却系狱六年，无法再为国效力了，自然也没能扭转明朝的衰亡。[74]

永城

相比商丘的士大夫在科举考试中的成功，其邻县永城丝毫不逊色。尤其是在晚明，永城人在乡试上的成绩非常出色，相比明初每场考试的成功率仅有 0.29，到了晚明，这一数字提升到了 1.42。在 17 世纪初，永城人在归德府乡试中的中榜人数比率为 16%，位居第三，仅在占 40% 的商丘和占 32% 的睢州之后。在明朝的历次会试中，永城人也进步明显 —— 由明初无人入榜，到晚明时位居第 21 位 —— 占了归德府的 23%，仅次于占 25% 的商丘。(具体的统计数据，请参看本书附录 B 和 C)

在永城，同样是仅有少数家族能成为地方精英并在地方志中占据一席之地。万历二十五年（1597）王三山与其兄同年在乡试中榜，在万历二十九年会试成功。随后，他以一府推官之职协助侯恂镇压安邦彦在贵阳领导的苗民起义。李支扬是在万历三十一年通过乡试的，四年后中进士。随后，支扬在山东曹县为官。在任上他创设乡校，教导农家子侄。李家的老二曾入郑三俊主办的学校读书，老三曾捐助了四百五十亩土地来修整校舍，老四据说在《春秋》《论语》和《诗经》方面都有造诣。当地第三个显赫的家族是练国事建立起来的，此人万历三十一年中乡试，四十四年中会试，与侯恂同年。练国事先后出任县令和御史之职，他曾坚决抵抗女真人的势力，也敢于和魏忠贤的力量抗衡。不过，在陕西巡抚任上，他却因为镇压盗贼不力，以致在崇祯九年（1636）被发往边地广西。照顾家族的重任，也就只能由家内其他人承担了。[75]

永城丁氏是晚明当地势力最大的一家。丁家代有名人，第一代中有支持乡里教育并出资万两招募乡勇防范盗贼的丁懋绩和将家产扩充至六百亩土地，输送三十多名孩童入学读书并在万历三十一年（1603）大灾之际，捐出一百石粮食救济灾民的生员丁懋勋。除了这些辅助乡邻的善举，懋勋与其堂兄懋德还在府学里捐了个位置，令家族也有了被认可的精英地位。此外，懋绩的儿子魁楚在万历四十年通过了乡试，四年后通过了会试，成了侯恂的同年。随后，他有过任职户部的经历以及在北直隶和山东为官的经验。崇祯五年（1632）他获任巡抚北直隶并很快再迁为兵部侍郎。崇祯九年因为没能成功抵抗女真人的进攻而被解职。回乡两年后他试图重返朝廷，但终究未能如愿，只得终老田园。[76]

丁魁楚的侄子启睿也通过自己为官高阶提升了家族的地位。他于万历四十六年（1618）通过乡试，次年中进士，与侯恪同年。随后，他的官运便不那么亨通了：在山东参政任上，他对一个案子的处理让他降了职。不过随后在陕西按察副使任上，他因为镇压暴乱有功，被迁升为参政，负责北直隶的防守。崇祯十一年（1638）他出任右佥都御史、陕西巡抚，负责镇压地方的叛乱。崇祯十三年（1640），受总督杨嗣昌（1588—1641）举荐，启睿兼任兵部右侍郎，负责陕西北部边防。[77]因此，虽然屡经挫折，丁氏在大明王朝行将就木之际，一直在政治和军事上，肩负着重要的职责；但这职责的增长却没有走得太长远。

据此来看，在商丘和永城有不少于六户的大家族有相当的社会地位和政治影响力，他们维护国家利益的立场十分鲜明，也处在十分恰当的位置上。但这些家族中也有不少精英人物，在当时的政治生态中逐渐陷入困境。政治力量的更新换代，一直都潜在地进行着。

杞县

让我们回到开封府，杞县在晚明也培育了不少地方精英。在明初，府内有6%的举人来自杞县，在明代中叶有8%，在晚明这一比例升至12%。这一数字仅次于祥符县。该县一直高居举人榜的榜首，份额占了25%。杞县在会试中的成功率更高。在明初，从该县走出的贡士占全府的3.5%，中明占到8%，到了晚明，升至16%，十分接近占21%的祥符县。（参见附录B和C）在晚明，在县志中可见传记的杞县人，有9位之多，超过了仅有6位的祥符县。[78]

与其他地方一样，科举考试中的成功者往往都出自几个卓有影响的大家庭。例如在万历二年（1574）至崇祯十六年（1643）间，从杞县走出的三十一名进士分别来自十七个家族。一般而言，那些姓氏相同的人拥有着共同的血缘，甚至来自相同的世系或同一家庭。当然也有一些不能一概而定的情形存在。[79]杞县的大族是李氏、侯氏和马氏。他们都有子孙步入精英阶层；孟氏和何氏走出过政治家；刘氏虽然总体上说并没有在科举考试中大获成功，但最终在崇祯七年也终于出了一个状元。

在晚明，另一个李家人也中了进士，其先祖可以追溯到明初。始迁祖是在洪武年间由山西迁来，定居在县东北的青龙岗村。繁衍到第六世的时候，李家出了个生员，他的两个儿子后来都入学读书，一个叫李东鲁，后来成了廪生，也是族内第一个可以称之地方精英的人物。李东鲁有两个儿子，长子际春，嘉靖三十四年（1555）中乡试，次年中会试。后来出任礼部行人，还曾出使琉球。回国后，李际春被擢升为尚宝司丞。此后，他便官运亨通，在朝廷内所任职，包括经筵讲官。跟其他的河南籍官员一样，他拒绝在张居正麾下任职。相反，他返乡归家，回到他宁静的家中庭院，在万历十一年（1583），终老于此。[80]

　　李东鲁次子李茂春成功地在万历七年（1579）中了乡试，万历十一年中进士。随后任官陕西，以"古之良法"施赈济灾。他的业绩屡获赞扬，但也招致了长官嫉妒，不久被贬官直隶，做了一名府学教师。但茂春的这段教书生涯并不太长，即职掌浙江狱政，之后又负责广东经济。在陕西按察佥事和在山西担任兵备道的任上，他重修了两百里边墙。这项工程，据他自称，节省了 5 万两白银。在山西任侍郎时，他收复了被强邻夺走的八万亩草场。此外，他对朝廷政事也十分关心，曾在返京之时，撰诗批评朝政的懈怠。无奈之下，茂春也只得致仕返乡，兴建家庙，终老田园。[81]

　　李家繁衍到九世，在社会地位和政治形象上仍然呈上升态势。李来命先后通过乡试和会试，之后在湖广任了县令。当他拒绝了来自朝廷特使的勒索，便很快丢了官，致仕回家。他的一个堂兄李来宣由恩荫入府学读书，后来成为很有名气的山水画家；他的另一个堂兄李来庞也是举人；第三个堂兄李来庆和开封府周王的一个女儿成亲。同为李家第九世的李来诏有两个女儿，分别嫁给了开封府的安昌王和海阳王。由此之故，李来诏也有了封爵，任兵马司副使。[82]

　　青龙岗李氏在九世之后，虽然也有入学读书之人，但因成就有限，还不能说培养了地方的精英人物。例如在第十世和十一世，李家有二十四名在府、县甚至京城就读的学生，也有一些成了府、州、县学的老师或有名的画匠，但却没有一名是廪生或有举人头衔。其他支系的成就更不及于此了。[83]一如商丘的沈氏，杞县的李氏也是在万历年间创造了家族的辉煌，到了晚明逐渐走向衰弱。

杞县侯氏繁衍的历史要更长，在晚明堪称社会精英的人数也更多。侯氏的一支发源于元朝末年的南直隶，到了第十五世逐渐发迹，其情形从酬答圣王的训子教谕中可见一斑。从那时起，家族中出了一个国子监生、一名教师和一名太医院的院事，以及一名进士。这名高中进士者名叫侯于赵，此人在万历朝有过一番作为：他在治河事情上支持潘季驯、反对张居正，后来却十分拥护张居正在山西推行的均平田土政策。侯家到了第十八世，又出了一个进士，此人还曾推动了在南直隶苏松地区的仓储改革；另一个著名人物是侯应瑜，他在山东泰安的去病、救灾、平盗事情上都卓有建树。侯应瑜蔑视乱政的宦官，视之为与东汉末年的情形类似。此外，这一世似乎是侯家名人辈出的一代：有的以储粮作诗出名，有的拒不为官却以书法名世，例如师习王羲之的侯应璘便是例子。应该说，相比李氏，侯氏的历史要更长些，子孙中读书人也多些；虽然两家在王朝末期走上仕途的后人都不多，但应该承认，他们在晚明的政治大变革时代都是居于强势地位的。[84]

杞县的另一个值得重视的家族是永乐年间从山东迁来的马氏。他们在第二世就出了生员，第三世就有了廪生，从族谱可见的后人发展来看，马氏从第六世直到第八世，都有十分明显的上升趋势。第九世的马之驰在崇祯三年（1630）通过了乡试，马之阜由恩荫成了廪生。与其同一辈分的马之骥尽管只是一名生员，却创造了一种在当时的诗社广为流传的独特风格，十分引人注目。到了马家第十世，马呈德于崇祯四年中进士，之后扬历中外，最终病逝于任上。他的同辈人马顾的艺术造诣就更高了，他对文学、绘画、印章都有兴趣，他在崇祯十五年通过了明朝的最后一次乡试。值得留意的是，在明朝临近灭亡之际，马家还有二十多位生员，前赴后继地投入到科举考试的竞争之中。[85]

与侯氏、马氏对文化事业给予充分重视不同的是，孟氏和何氏对政治给予了格外关心。孟氏自称发端于孟子，待繁衍到第五十一世时，始迁祖在明朝开国之时从山东邹县迁到开封。在洪武年间，因为大水辗转至杞县，于是在城的西南定居下来。直至第五世，开始衍为两支，财产多了，也有了一定的社会地位。孟氏的第八代孟楠后来成了当地的有名之人，他在县学中就十分有名，随后入学做了廪生。他受开封大梁书院影响很大，直至万历四十一年（1613）开始了官宦生涯。在山东堂邑县训导的任上，他不受请托，对受灾的妇女和老人尤其扶助。在夏津县令任上，他在受灾之年设立了49个粥厂，救助了数万灾民。在北直隶河间府兴济县令任上，他开垦荒地、加强军纪并改革了驿传系统。他的一封奏疏，因为言而有效，被认为堪与北宋郑侠的进言媲美。他为人忠厚，家丁也兴旺。他有四个妾，九个儿子。退休后，他的主要时间便被教育儿孙和族内的其他年轻人所占据了。[86]

孟家的第九代孟绍伊、孟绍康兄弟在万历二十八年（1600）同时通过了乡试，成了生员。绍伊在地方和朝廷上都能端方清正，因此得以在县志中留名。绍康于万历四十一年中进士，名列三甲第140名。他以县令步入仕途，随后任扬州训导。据说在任上，他制止了一家大盐商在科举考试中行贿。在万历四十三年绍康负责山西乡试，随后获升训导，之后便迁往南京兵部任职了。他仍然拒绝请托，不徇私情。当绍康因病致仕之际，他身无长物。在绍康去世之后，他的端方清正广为人所称道，他的传记在方志中被列入到了"方正"[87]。就在绍康功成名就之际，他的家族也逐渐发展成富贵兼有的地方豪族。

孟楠的儿子绍虞是绍康的同辈人。他在万历八年（1580）出生，万历三十一年通过了乡试，万历四十一年与绍康同时中进士。绍虞的履历与绍康类似，他为官的第一站也是祥符，似乎暗示了孟氏与开封的密切关系。他随后入翰林院读书，任詹事府詹事。据他在县志中传记的记载，他曾因严格职守得罪了魏忠贤的重要支持者崔呈秀（？—1627）。随后即受到监控，并被强令自请致仕。但他的请求并未获批准，相反他还被提升为礼部侍郎。事实上，他成了魏忠贤手下的高官，虽然这是他在县志中的传记所极力掩盖的。崇祯皇帝继位后，绍虞为经筵讲官、礼部尚书，颇得皇帝的信任与支持。但好景不长，因为朝廷上政争纷扰，他也很快失宠，再次被要求致仕。这次他的请求获得了批准，在魏忠贤失势、对手当政之际，绍虞终于告老还乡。正因为这样的经历，我们可以在东林、复社等人所列的"阉党"名单中，找见孟绍虞的名字，也就不觉奇怪了。[88]

孟绍虞回乡之后的生活，在很多方面都表现出模棱与矛盾的特点。当看到有族人因贫苦异常而无力负担最基本的祭奠活动，绍虞便划出了一千亩土地，用地租给他们支付这笔开销。他自称从万历四十一年（1613）中进士起就有了类似想法，但直到天启、崇祯年间，他才有能力关照那些贫病的亲戚。如今虽然有了实际的措施，但他不能保证这一事业今后能否继续下去，因此他将之命名为"意田"，而非通行的"义田"。按照他的计划，如果二十年内，这"意田"还能用来帮助族人，便可改称"义田"。[89]应该说，绍虞清醒地认识到他的这一计划在当时不可能长久施行，但即使只能短暂持续，他的努力却是实在的。

当孟绍虞在城西购得茅屋数十楹，设立文徵社时，他的态度仍然让人感到不太直接和明确。该社的目的，表面上是为了帮助年轻人参加科举考试，但令人奇怪的是，会众每当"兵戈扰攘"之际，仍聚谈时事，不免让人感到其怀有强烈的政治目的。[90]事实上，孟家对现实问题是很关切的。当强盗在崇祯年间危害乡里之际，孟家积极从事过保护桑梓的事业。孟绍虞还提到，当正德、嘉靖年间强盗横行乡里，官府考虑过加固城防，但又不想因此增添百姓的负担，县令宋玫于是在崇祯元年（1628）决定县里只拿出必需的几万两白银作为工程的启动资金，而将其余的费用根据所有土地的多少，分派给当地的大户人家承担。宋玫在任之际该项工作并未完成，由他的接任者在崇祯五年（1632）至八年（1635）间继续推进。

在崇祯八年初，当城防工程尚未完工时，流寇再次来袭。他们纵马突袭，攻破了护城河，攻陷了城门，很快便占领了县城。来自北直隶的新任县令沈佳印率众在北门迎战，他悬赏白银 500 两，奖励协助克敌之人，孟绍虞此时也捐资招募敢于应敌的勇士。众人齐心协力，终于击退进攻的强敌，但损失也十分惨重。考虑到战事对百姓生活的蹂躏，沈佳印和孟绍虞决定联合当地乡绅一道，加固城防，深挖壕沟，以抵御将来流寇的侵扰。绍虞巧妙地利用了杞县在汉代的名称，号召当地缙绅合力护城，并强调民众齐心便是最有效的御敌力量。他建议在地方政府的领导下，将当地大姓分为上、中、下三等，根据财产收入，分别出资以支付修筑 1300 余丈的城防费用。[91]

县里的这些努力在三年后的一次农民起义中，有了成效。在那次事件中，又是孟绍虞临危做了细致的安排，显出了对局势的主导能力。据他说，当崇祯十一年（1638）百姓正在蝗灾和旱灾中苦苦挣扎之际，一个自称"十八子"（即将"李"字拆开而成）的疯汉宣称凡是追随他的人，便可得生计。于是，百姓们纷纷聚拢在这个年轻人的周围，在城里密谋起事。这批人很快遭到了新任县令苏京的武装镇压，"十八子"的追随者们或死或逃。那些逃亡者由于系着白色腰带、戴白色头巾，很容易被识别，几乎被一网打尽。被处死者多达千人。孟绍虞视起事之人编造荒谬之书，认为他们所为的造乱之事是违反天意的。对县令苏京则给予极高的评价，称其堪与历代卫道的君主媲美。此外，他更强调这次民众之所以起义并造成了如此严重的恶果，根本原因是贫苦百姓的生活得不到保障，整日挣扎在生死线上。孟绍虞特别强调，事情的结局实在与初衷不合。尽管政策的本意是为了遏止百姓起事，但结果却恰恰显示了国家在安抚百姓上的无力和对来自百姓中敌对力量的凶狠。[92]

孟绍虞的家人对政治也十分热衷。他的一位据称十分擅长骑射的兄长在崇祯三年（1630）通过了武举考试。他的两个儿子入了县学读书，其中一个名叫阆骕的足智多谋，对军事尤其擅长，箭术也非常高超。崇祯十二年他通过乡试，但却突然放弃了这一多数人的追求，也即放弃参加会试。他的这一决定在当时的同龄人中并不少见。例如在崇祯九年杞县有两人通过了乡试，崇祯十二年通过的有四人，但他们都没参加崇祯十年和十三年的会试。这在当地百年科举成功史上，是绝无仅有的。这固然可以从势力日益增长的地方精英与国家日渐疏离的角度解释，但也同时反映了他们对政局的观望态度。无论孟阆骕的个人态度如何，但他毫无疑问地将更多精力放在了追随乃父的足迹，致力于家乡事业上。当地的县志将他篇幅不长的传记置于"事功"中，附在了孟绍虞之后。[93]

孟阆骕崇祯十二年（1639）中举，与他一同享此殊荣的是杞县另一个大家族何氏的何胤光。据何氏族谱称，何氏先祖可以追溯到战国时代，但他这一支的始迁祖是元末的一名进士，为了躲避战乱在洪武七年（1374）来到夏邑，而后定居于杞县。随后何氏"耕读传家"，逐渐积累了大量的财富，到了第十五世，即使不是世家大族，也是一个庞大的宗族。[94]

到了第十七世，何登山为家族积累了相当雄厚的物质基础。据其传记显示，何登山在分家时还太小，只得到了很少的一部分，因此在灾年的生活颇为艰难。他的母亲可怜他，给了他一百两白银，他却跟各位兄长分享了这一突然而至的财富。登山对农桑、养殖等事业非常上心，他也因此积累了相当多的财富，购置了不少土地。但毫无疑问，他的上千亩土地和家庭财富，绝非仅凭辛苦劳作就能挣得。尽管他的传记并未明说，但他肯定曾经从事过商业买卖、房贷甚至租赁土地等活动，而且在此基础上，他子孙的财富实现了良性增长。先不管他积累财富的手段如何，其传记坚称登山一直生活简朴，且乐善好施。

何登山对有才华的年轻读书人十分看重，对其学业也乐于资助。从长远来看，这些青年才俊也无疑是理想的投资对象。当孟绍虞还是生员时，何登山就给他提供过备考的落脚之处。直到绍虞做了侍郎，登山才跟他提租金的事。对另一位没能通过会试的举人，登山干脆免除了他的房费，还免费提供给他吃喝，以便其能节省下开销准备下次应考。对那些最终没能通过科举考试的人，登山甚至乐善好施到不再追究回报的程度。他对公共事业也极为上心，他在崇祯八年（1635）应城守之议，捐金五百两，粟八百石。他的善举得到了官府的认可，朝廷因此要任命他为京卫镇抚，但他未任而卒，在八十二岁那年辞世乡里。[95]

何登山与原配马氏有两个儿子：程祥和东升。显而易见，光从名字上，并不能判断其兄弟的身份，或许这正反映了何氏家庭意识的淡漠。关于这两兄弟的趣闻还不少。在何氏族谱中，程祥是个生员，但东升却没有任何功名；但在康熙三十二年（1693）和乾隆五十三年（1788）的《杞县志》中，何东升却是归德府的贡生，不过缺乏具体的时间信息。事实上，东升少年时曾在归德府生活过一段时间，但一份成于其子之手的家谱显示，他最终入籍杞县，并在崇祯十五年（1642）成为贡生。根据这份史料，何东升在次年被任命为阳武的训导。[96]另一份读来令人起疑的史料是康熙三十二年本《杞县志》中一份何东升的传记，但在乾隆五十三年本《杞县志》中，东升这份传记的大部分内容被略去不存。需留意，这两种版本的《杞县志》中，前者由何东升的儿子主持编纂，后者则成于其他人之手。造成这种差异之处的主要原因，可能是后者意欲脱离何东升与杞县的关系并淡化他在明末政局中的角色。

这与何东升及其子孙的行止有很大关系。何东升有三个妾，五个儿子，行"光"字辈，但只有长子何胤光取其表兄弟的"胤"字。这似乎暗示了何氏族内系统力量的强大。如上文所示，胤光在崇祯十二年（1639）通过乡试，他很快就引起了监察御史高名衡（？—1642）的注意，也与河南孟津人王铎（1592—1652）和怀庆府孟县人薛所蕴（？—1667）这两位著名学者建立了友谊。[97] 何胤光没有像他的同窗孟冏骃那样放弃科举，而是继续积极准备应考并谋得了官职，他在明末政坛上扮演了不同寻常的历史角色，这却跟孟冏骃一样。

同时，何胤光祖父府上的一位儒生刘理顺，在明末也逐渐声名鹊起。他的名声一方面来自他的学术，另一方面来自他的政治角色。刘理顺的出身并不显赫，他的家族是明初由山西迁到河南的，之后分为两支：一支定居洧川，另一支迁到杞县，定居在大刘寨庄。洧川的第二世后也迁居杞县，定居西花园铺。之后，刘家到了第六世，出了一位负责开封周王府粮食供应的名人。他育有五子，在给孩子们取名事情上，还周全地照顾到了堂兄弟家里的平衡，充分显现出家族繁衍的凝聚力。他的第三个儿子因为向国家缴粮获得了个啬夫的低级职位，并育有两子。其中一个刘清源，研习《春秋》之学，先后顺利通过了县、府两级考试，但在乡试上败北，成了一名生员。也即，他无法再在科举事业上谋求做官的途径了，只得改行教书育人了。清源育有四子，大顺和行顺出自第一任夫人，向顺和理顺出自第三任夫人。

刘理顺出生那年（万历九年［1581］），他的父亲就去世了。他的家族命途不济，自己也命运多舛。他的长兄几次参加科举都功败垂成，仲兄受家族内部一场诉讼纠纷的干扰，最终只得变卖了他几乎全部财产才脱了干系。与其他家内的女子一样，理顺的母亲单安人勤事女织，只是所得微薄，不足以应付家用，往往是交了税，便所剩无几。生活的窘境令理顺发奋学习，他以战国苏秦（公元前 374—前 284）为榜样，头悬梁、锥刺股，刻苦攻读。他十四岁入学，十七岁成为府学生。当时，他的两个哥哥去了杞县，另一个去了通许，他留在洧川老家，在入府学读书后，他才回到杞县西花园。在万历三十四年（1606）刘理顺三十五岁那年，他以《诗经》考中乡试，返乡给父亲扫墓，这时母亲才感慨是为其人生第一件感到幸福的喜事。[98]

但这远非奋斗的尽头，刘理顺第二年参加会试未果。他放弃了可能获得的教职和其他一些体面的工作，专心准备下次会试。三年后，他再次败北，但其斗志却益发坚定，决定再试。但不幸的是，在随后的二十年中，理顺六次参加会试，均以失败告终。与此同时，他的家族却每况愈下。他的一个侄子尚在读书之年便早逝，其妻子也随后自杀了。另一个侄子因为参加科举连连受挫，转而致力于修身自省，不事外务。第三个侄子虽然读书用功，却也早逝，其妻万念俱灰，也自杀了。这样一来，理顺的侄子中，仅剩一位没有子嗣的存世了，他于是接受安排，过继了一个孩子来延续香火。理顺自家的生活也不顺利，夫人的葬礼几乎耗尽了他所有的积蓄，自己多年卧床，以至于母亲在天启五年（1625）去世，都无力应付。[99]

但在此时，多年前在理顺还是府学生时，偶然在一次葬礼上结识的何登山向他伸出了援助之手。理顺通过乡试后，经常造访何府，两人相知渐笃。虽然有年龄的差距，刘理顺也几经挫折，但却始终能得到何登山的青睐和多方面的援助，包括给他提供考试用的稀见古籍，还出资安葬其过世的妻子，甚至还提供了合适的住所给他用于出嫁长女、静心研读以及同继室生活。在刘理顺染肺病，自认为不久于人世之际，何登山还为他备好了棺木以及丧葬事情所需的一应开销。虽然刘理顺后来幸运地度过了难关，但他毫不讳言如果没有何登山的慷慨襄助，他最终恐怕难以康复。[100]

在刘理顺准备会试之初，他受教于何府上的一个杞县人罗文英甚多，他是个贡生。当罗文英在天启二年（1622）去世后，理顺便开始自学，并保持与其他学者的通信往来。此外，教导长子刘圣箓也令他从中有所收获。圣箓在崇祯三年（1630）通过了乡试，次年，父子二人同赴京城应考会试，但双双落榜。崇祯七年二人再赴此役，虽然圣箓再次落榜，但理顺终于成功了，这是他的第十次努力。[101]

当考试结果公布后，一些官员通常会力荐新科进士出任要职。一位出身山东邹平，在河南做过官的考官提到了刘理顺的名字，理顺同时也获得了其他一些来自中州的力量的支持，理由是他对科举事业的坚持是值得认可和堪为榜样的。一种看法是，崇祯皇帝对当时的文风非常反感，试图寻找那种堪为官场行之表率的理学家，因此刘理顺受到青睐。崇祯帝对左右说："朕今日得一耆硕矣。"刘理顺在五十三岁之际，在经历了近三十年的奋斗之后，终于在杞县两百年的历史上，脱颖而出，成为一代人杰。[102]

在崇祯八年到十二年间，刘理顺在朝廷出任过多种文官。依惯例，他被封为翰林院修撰，负责《起居注》，参与校正《武经七书》、北宋二程的著作等，后任经筵讲官，有机会直接面对龙颜。崇祯十年（1637）皇长子慈烺十八岁，刘理顺又被任命为东宫讲官——其职责与万历朝的沈鲤颇为类似。崇祯十二年，理顺为南监祭酒，辅导青年学子们应对科举考试。在那些年里，刘理顺有机会随侍天听，对朝政也有直接的影响，但他仍然谦逊平和，对家内事务的照料从不放松，到访者也都能感受到他真心的友善和热情。[103]

刘理顺的学术见解因为他出任两京学术要职而有了彰显的机会。他"复礼"的字出自《论语》，他也坚信三代之治是善治的最高标准。[104]"理顺"意味着顺理而行，尊奉程朱也即明代学术传统的意味十分明显。既然理顺在科举考试上获得了成功，他的思想也就必然合乎传统，当然也可以说见解有乏精粹。从其著作中，可见征引汉代的贾谊、董仲舒的文字，也可见引述薛瑄、王阳明的观点。他对缘自邵雍（1011—1077）的经世传统十分推崇，但此人却不受朱熹认可，其皇极经世之学也招致王廷相的批评。对阳明学术的贡献，理顺充分认可，尤其是当东林、复社对激进的王门后学肆意批评时。在道统延续问题上，理顺与唐宋诸家视秦汉为开端的看法相左，而视汉代为后世取法的榜样。如他所说，人们应该追求尧舜之治，以求再造汤武和大汉盛世。[105]

事实上，刘理顺在著作中多次表示对两汉的崇敬并强调那时与当世存在高度的相似性。他曾在山东撰写《通鉴二条》，阐释他对孔子思想在历史上地位的看法。第一条是谈与自己一样的文官。他借史学家司马迁称赞陆贾之言，指出汉高祖马上打天下，治天下却要靠文臣。在秦焚书坑儒之后，汉却推行以"道"治国，因此得以绵延四百多年。在理顺看来，治国与御统之间有着必然的联系。对本朝之治，他称："我朝推尊之礼，又有非汉代可及者。"且认为自洪武皇帝立国以来，列圣嗣统，开科取士，摒弃前代词赋绮靡之风，独尊先圣经义，正是得益于观经读史，如今的皇上广纳有识之士，才得以成就善治。[106]

在下一条关于武将的文字中，理顺提到了西汉任用出色的武臣周亚夫（公元前199—前143）的故事。周氏是历史上功勋卓著的名臣，他曾协助汉文帝抗击匈奴，帮汉景帝平定七王之乱，但却因贪腐被捕，最后死于狱中——但刘理顺并未提及周亚夫的这些功绩。他想强调的是在西汉"敬劳将军成礼也"的氛围。在他看来，明代的开国之主事实上也在践行这一原则，做到敬劳将军，扶植军功士族并使军事日趋规范，同时宣示"礼与法之不容偏废"。然而到了崇祯朝，国家军事日益衰败，文官不信任武将且屡屡掣肘。为了抢夺军需而劫掠百姓，或邀功请赏而斩杀平民，往往孤军深入。最后，刘理顺总结说："今之将与古异，与国初亦异。"既然督臣行事也要照章行事，他故而提出约束诸将的当务之急是给督臣以专决之权，用他的话说，就是"汉文当日隐用之，而今日不妨显用之"。[107]

可以说，刘理顺非常恰当地践行了儒家中和的待人处事之道。据称他曾有意总揽朝政，但他的后人却指出，刘理顺从未担任过尚书或大学士，更不要说首辅了。事实上，他还必须不断与温体仁等辅臣周旋。理顺中进士后步入仕途，位阶虽然比温体仁低，但他却从未在国家大事上与温氏及其党羽苟合。但既然崇祯皇帝想扼住党争愈演愈烈的势头，理顺也就刻意避免如商丘侯氏那样，跟温体仁等发生正面冲突；与温体仁的继任者薛国观（？—1641），刘理顺也并未同其构建起紧密的关系。崇祯十一年（1638），杨嗣昌（1588—1641）任大学士、兵部尚书，次年受命总督北部防务。从个人背景和经历上看，正如刘理顺呈报给朝廷的那样，杨嗣昌无疑是文人出身的武将，但在刘理顺和其他河南人眼中，杨嗣昌麾下庞大的军队和所需的军饷当女真入侵、流寇肆虐的关口，会给地方甚至国家造成极重的经济负担。因此，刘理顺不顾杨嗣昌在朝廷上的阻挠，不断对其施以弹劾。[108]

崇祯十二年（1639）3月，当明朝军队接连在东北部为满洲人所挫败，在西北又对地方叛乱束手无策之际，刘理顺上疏朝廷，提出六项应对的策略。一是"作士气"，他认为如今局势动荡，人心浮动，朝廷急需鼓舞士气，以扶植忠义。二是"矜民穷"，对穷困的小民，国家不仅要减免税收，还需要赈济食品和药品以及其他维持生计的必需品，帮助他们抵御接连不断的灾情。三是"简良吏"，各地应该挑选良吏，赴任之后要安心履职，安抚百姓。四是"会师期"，军纪当严，在熟悉地形、战情的前提下，出奇制胜。五是"信刑赏"，守护全城有功的官员，应该力行奖励；擅离职守者，应严刑惩处。六是"招协从"，对受强迫而为强盗的普通百姓，如果能改过自新，便当从宽处置。应该说，刘理顺这份奏疏所说，并无出奇之处，但却是切实关注了当时的棘手问题，也准确地预料到了即将发生的更严重的灾难。[109]

在另一份题为"敬摅末议疏"的奏疏中，刘理顺提出了不同于杨嗣昌扩充军队的建议。他称虽然皇上之仁爱明晰，考虑周详，怎奈中外臣工诚多未积、才多未尽，毫无奉主为国之心："东西南北之不化，富贵身名之是图"，却总不从国家起见。他还称，正因为那些无能和无用的官员，才会让为首造反的人逃脱，因此他呼吁"愿诸臣之洗濯其心，以共为廓清也"。在历数了当时军队中存在的种种劣迹，包括强征民之膏脂、扰乱军纪、阳奉阴违和擅杀良民等，刘理顺建议"宜专设台员"，以监管军队。有鉴于杨嗣昌绝非上选，于是理顺提出从守令中择其贤者，操练乡勇团练等事。同时，为了在此危难之时筹措军需，皇上更该避殿减膳，以抚慰内外忧劳，共渡难关。[110]

从政治影响力角度看，刘理顺缺乏足够的能力令他的陈奏见诸实行，但对从历史中取鉴来述评对当朝的看法，却有其著述的自由。在《读史须见治乱之几论》中，他便表示了对历史上"治与乱相循环"问题的基本看法。他对历史上其他著名人物与重要事件的分析，也常常可见，且他往往从西汉取例来做论证。在一篇墓志铭中，他就曾将西汉著名的思想家贾谊作为与自己同时代学者的对比对象。在一篇讨论科举考试体系的文章中，他谈到了汉武帝时的儒学领袖董仲舒。他还曾在一首给当时一位将军的贺诗中，提到出使西域的张骞。在一篇倡行节俭的文章中，他还谈到了卜式这位捐财助边并乐善好施的河南人的例子。他还曾在墓志铭中，将曾资助过自己的何登山和范蠡这位曾被司马迁称作大善人的春秋末期的商圣对比。[111]

西汉末年和东汉的历史，也成为刘理顺所关注并取例的范围。在另一篇墓志铭中，他将当时山西五台县的一名县令与西汉末年的著名官员王尊媲美，王尊是高阳人——此地后来成了明朝的杞县。他还将崇祯年间杞县县令、后来官至北直隶巡抚的黎玉田与东汉的开国名臣、曾替光武帝平定河内的寇恂并提。当寇恂在颍川这个邻近河南东部的地方做太守时，他非常受当地百姓爱戴，在他迁调之际，百姓十分不舍，纷纷夹道挽留。在一篇关于杞县另一位县令申佳胤的文字中，理顺也明显以汉代作喻。[112]

两汉之后的历史也给刘理顺提供了论述的素材。在两篇文学作品中，他提到明代已经超越了汉魏之风。在一篇关于税收的文字中，他也提及汉唐故事，并对唐代刘晏的改革给予了充分关注。他还在另一篇谈及周亚夫的文章中，提到了唐将李光弼和明初的徐达，称赞他们在遵纪守则上的特出之处。理顺在称赞一位举人时，甚至也提到了西汉和北宋的文风。在给新乡举人张缙彦的文集撰写的序言中，理顺即称缙彦所言与陆贾和东莱之说接近："诵陆贾之至言，览东莱之奏牍，庶几近之。"[113]至于为何两汉及之后的历史会在晚明产生这样的影响，就需要我们了解当时士大夫的社会角色了。

卫辉：新乡

卫辉府下辖六个县，是豫东地区三个府中最小的一个，从此地走出的地方精英人物数量也最少。纵观整个明朝，卫辉的进士数量在第一个百年里只占了全国的 6%；到了中叶，占 12%；在晚明 70 年里，仅占 9%。卫辉培养的举人数量也不突出，只在明中叶时略有提升，到了晚明又有所下降。新乡县的情形与卫辉府的趋势相吻合：进士数量在明中叶略有提升，举人数量在明末回落（参见本书附录 B 和 C）。但从新乡却走出了在明末政坛上举足轻重的张缙彦（1599—1670），而且他的家谱和著作如今都幸运地被保存了下来。

据家谱记载，张氏始迁祖在永乐年间从山西迁到新乡，落户小送佛村。很快，他就因为年高德劭，成了乡饮酒礼的主持者。之后张氏繁衍至第十三世，都是以小送佛村为根据地，这与杞县的刘氏在迁移性上形成了鲜明的对比。但基于集中务农、从学与经商等形成的发展态势，却成了张氏一族发展的特色。第六世的张金监是在乡间有机会参加乡饮酒礼的，他娶郭姓女子为妻。郭家是当地的大族，张、郭两家联姻，对张家提升社会地位有很强的促进作用。张家绰号"送佛张"的张登是第十世的代表人物，他在调节乡里纠纷上十分擅长。当时人们说"不逞之徒，不畏公庭而畏其清议"。他曾修复当地的明伦堂和斋房，也曾受邀参加乡饮酒礼，还曾因为"学博"而获得了刻匾表彰的礼遇。张登有二子，名字也非常雅致，分别叫问仁和问明。[114]

天启七年（1627）张问仁成了贡生，在当地脱颖而出。他很快引起了兵部尚书李化龙的注意。李化龙是邻近北直隶长垣人，他视张问仁为河洛名士——这无疑是指他的宋学倾向和河南出身。在开封府太康县儒学训导任上，问仁出资修缮学官，恢复礼仪，扶助那些有需要的学生。当流寇攻城之际，问仁组织学生们奋起抵抗，也制止了那些大户携家撤离。问仁身着战袍，手持短剑，和学生们一道登上城墙，以弓箭和火炮御敌。问仁甚至在危急关头僭用了县令的官印抓捕并严惩叛徒。由于种种出色的举动，他被称赞为"明智"。

在被擢升为怀庆府武陟县教谕之后，张问仁带领学生呼吁严惩一位滥用职权的布政使，他最终的成功在全省范围都产生了震动。他还动用家族的资源在沁水山修了座桥，却没有向乡邻分摊费用。当地民众因此心怀感激，还为他建祠以作表彰。但他对功名却没有多少留恋，当被擢升为北直隶推官时，他已年届七旬，到了致仕的年纪，他便很快辞官返乡了。在新乡老家，他致力于家乡建设，不仅分发谷物给饥饿的灾民，还将共同出资赈灾的慷慨之人的名字镌刻在墙砖上，以示表彰。在崇祯十二年（1639），问仁还受命负责加固河南北部沿黄河的城垣。基于他一生的功绩，在其去世后，他受到了封赠并得以在家乡祠祭。[115]

问仁的成就巩固了他的子孙辈与郭家的联姻关系。他最小的儿子和问明的次子、三子都与郭家女子成了亲（也就是说，在张家第十二世中，八个儿子中的三个都娶了郭家女子）。在张家第十三世的十一个儿子中，也有三个跟郭家成了亲，包括问仁唯一的长孙，以及问明的长孙。[116]

张家除了在缔结婚姻上安排得非常理想外，对读书和做官也都有着持续的热情。问仁的长子在崇祯七年（1634）成为贡生，后来做了县学的训导。次子捐了个贡生的身份，后任光禄寺卿。第三子缙彦得益于父亲的教学，在天启元年（1621）考中了举人，崇祯四年中进士。[117] 正因为有了这样的成就，缙彦无形中成了张家在新乡当地精英家族中的保护人。

中进士后，张缙彦出任陕西西部延安县县令，这是他步入仕途后的第一个官职。在任上，他经历了边患和内乱等种种考验，但他表现出色，很快便被提升为陕西南部西安府的一个县令。他的内外政策仍然十分出色，例如用山泉灌溉上千亩土地，组建团练来镇压流寇。在崇祯十年（1637）他被举荐入朝为官。但他不得不候缺一年，这看起来是因为候补官员太多和各派的争斗。崇祯十一年，皇帝亲自推进官员候补的问题，缙彦与其他二十二位新任命的候补官员一道，得到了实授。张缙彦为户部主事，很快被擢升为侍郎。但当他任户部尚书的支持者因受贿被弹劾后，缙彦便被调往了翰林院任编修。可能就在翰林院，缙彦与刘理顺结识。基于在陕西的经验，缙彦对军事问题十分关心。在崇祯十二年1月，张缙彦任兵科给事中。[118]

在崇祯十二年（1639）至十四年间，张缙彦担任给事中，在这一司负纠劾之责的位置上，他共呈进奏疏一百二十封。两年后，他选择了其中重要的四十四封，连同自序及朋友的若干序言，将之付梓，是为《菉居封事》。[119]因为此书的刊刻，张缙彦被视为对明亡负有直接责任的若干重要官员之一。

御史的职责除了监督皇帝，还包括纠劾百官，当然后者操作起来更为安全。于是，张缙彦便将纠劾的重点放在官员不职和依法施惩上。当将军熊文灿主张对农民军领袖张献忠采取宽大的处理政策并直接导致了他崇祯十二年（1639）6月的再次反叛，张缙彦便加入到支持严厉镇压起义军的行列里。特别是省城济南在当年8月被满洲铁骑攻占之后，缙彦更加坚决地主张严惩失职官员。崇祯十四年（1641）3月，李自成攻占了洛阳，张献忠占领了襄阳，张缙彦便弹劾总督杨嗣昌，这直接导致了后者自杀。同年，当北直隶东北的锦州落入清军之手，河南中部的襄城屡有起义发生之际，张缙彦积极主张更换负责这两地军事的主事官员。[120]

朝廷的安全，也是张缙彦揪心的问题。他十分明白科举考生虽然数量众多，但关心的多是名利和地位，凡艰难困苦的职位，便百般推脱。许多官员虽然富有才干，却只能因故提早致仕，赋闲在家。他赞同太祖所说的一世皆有一世之干才的观点，因此敦促地方官每年要推荐一至二名才能出众者入朝为官。他强调，凭借此法，朝廷已经招揽到了许多像郑二阳一样的出色官员；此人恰好是河南人。在另一份奏疏中，张缙彦表达了他对文武官员的挑选和训练的关注，他强调，刻下的困难之处并非在于民无才，而在于缺乏有效的选拔、任用途径。他反对过度的中央集权，因此提出"监军御史宜照豫按高名衡例，按月奏闻"，在第三封有关充实武将的奏疏中，缙彦引用了唐将郭子仪和于志宁的例子，说明只要武将确有所长，便一定能在武举考试中脱颖而出。他于是特别强调在现有的选拔制度内进行革新，例如使考试更加严格以及授予出类拔萃的人才以高阶职位等，以杜绝违法渎职等行为。[121]

此外，张缙彦还建议朝廷组建更有战斗力的骑兵，一方面加强边疆的防卫力量，另一方面还可以应付流寇。他注意到，即使偏安如宋，也意识到了骑兵在国防上的重要性；但个中的价值，却是在唐代得以彰显的。正如张缙彦所指出的，"从古以来，莫善于唐之坊监，莫不善于宋之保马"。也即，真正骑射的实力来源，并非边疆，而在内地。从明初开始的在边市上的茶马贸易一直得以维持，在弘治时期尤其得到发展。但不幸的是，由于牧场需要扩大、以茶易银比例的提升和相关执事者人力的缺乏，茶马贸易逐渐衰落了。缙彦于是提出恢复弘治时期相关的茶马贸易体系，并主张委任能干官员专负其责三至六年，来推进相关事务。他建议学习唐代，以地处草原和平原之间的陕西为首选地点，这样可以避免普通百姓被游牧民吸引。[122]

为了稳定秩序，农业当然是国家需要关注的首要问题。在崇祯十二年（1639）满洲人横扫山东六十二县不久，张缙彦随即进呈了一份题为《饬农功疏》的奏疏，具引黄帝和汤、禹等古圣先王事，强调"人之生道在农"。为了重建山东地方的经济，他提出了五条建议："必本籍厘而后地产不虚"，"必劝贷行而后匮乏可裕"，"必籴贩通而后籽种易办"，

"必丁谣清而后承种无累"，"必耕牛存而后田功可兴"。怀着一种类似平民主义的情怀，张缙彦总结道："殖财赋而实土著，裕国强兵，正在此亿人兆人中矣！"[123]

在另一份题为《重农恤蝗疏》的奏疏中，张缙彦强调"足食足兵"，他说：

> 足食云者，盖指五谷饔飧之事，非指金贝泉刀之事也。惟五谷蕃殖，而后用金贝泉刀以流通之。其实生财之道，不过天下之粟足，以养天下之人而已矣。……天下之粟，不足以养天下之人，即不足以养天下之兵。[124]

张缙彦明白此为一定之理，尤其在危难之时。对此，他曾略带夸张地声称：

> 古之为民者，士农工商四者而已。……今从仕者众，充兵者多，工商接于道路，厮役连于官府，僧道比庐而居，游惰袖手以游。[125]

结果土地要么荒废无人耕种，要么休耕待种，致使谷价每年成倍增长，造成国家税收短缺，更不要说应付庞大的军费开支了。从崇祯十二年（1639）开始，一直影响到第二年的干旱与蝗灾给明朝的大部分地区带来了灾害，在一定程度上，更加重了社会矛盾。

为了缓解紧张的局势，张缙彦提出加强国家在抗灾平乱方面的协调作用，他说：

> 伏望皇上深念邦本，重恤民生，敕大小臣工及各省直抚按，司

道守令等官，洗心省灾，停词讼，禁勾摄，宽征徭，清刑狱，理冤抑，吊死伤，悯疮痍，抚流徙，勤勤恳恳，以动天和。

有地而无人，则为招徕。有人而无地，则为查垦。有人有地而无牛种，则为措给，为劝贷。有水可渠，则为引灌。有蝗当捕，则出仓谷以募，为坑堑以限，务使初生易绝。地无不垦之土，人无不尽之力，实实落落，以勤民事，则救灾恤患，一念深入于民，虽有不可已之征，不得已之役，百姓皆安心竭力而无他念矣！[126]

在另一份奏疏中，张缙彦引述洪武到嘉靖年间"区处荒田"的政策，提出减税五成的建议。[127]

张缙彦关注的首要问题是在尊重传统的基础上获取百姓对朝廷最大程度的支持。他在一份奏疏中征引《尚书》的话："天视自我民视，天听自我民听。"他还特别指出哪些是有损于皇帝在百姓中权威的行政举动，例如征收重税、摊派强役、军无法纪、抢夺民财以及滥杀无辜百姓以充军功等。他还在一份奏疏中用《易经》的话来强调官员应该"刚巽乎中正而志行"，防止社会失序。在朝官员应该马上停止在北直隶、山东以及河南等地征收矿课，地方官则该将已有的矿税收入用来平复盗贼。从山东到天津的海陆应该被利用起来运输粮食，因为河南、山东和北直隶等地"百姓穷饿"已到了椎骨敲髓的地步，早已无力承担津粮和辽粮的运输了。[128]

张缙彦还提出了针对河南、山东、北直隶救济事情的二十四项具体措施。其中包括：宽恤之事四项，例如平抑米价等；权益之事五项，例如权开纳以实庾等；利济之事七项，例如弃子利乳养等；还有禁戒之事八项，例如禁囤积以网利等。此外，张缙彦还指出，在山东、北直隶、河南以及陕西等地，"白莲遗孽，勾合土寇"，"饥民啸聚，犹曰穷极使然"。他进而回顾明初对邪教的严禁，重申违者将受重处。但他同时也说"若不教而杀，真假不辨，与结聚大伙，不可扑灭者，必推原所起地方，追论不宥"。至于京师，尤为风化所基，更当一体申饬。张缙彦对各种额外征收的赋税尤为反对，他称国初岁收不过二百一十二万有奇，如今三饷岁费却有一千七八百万，因此提议减无事之兵，以专抽练之用；节虚浮之费，以供战事之资。[129]

正是张缙彦在奏疏中对历史经验给予了充分关注和运用，当时人关心的议题与汉代故事被同时纳入到人们的视野之中了。在刘理顺为他文集撰写的序言中，特别强调了张缙彦跟汉代的陆贾关注了类似的议题，例如民生和军事。另一份序言的作者潘复也称赞张缙彦的进言与汉代的贾谊、晁错、董仲舒和公孙弘堪相媲美，但可惜的是，它们并没有产生预期的实际效果。[130]在潘复看来，张缙彦与贾谊一样对农事以及百姓的向背有特别的关注，又与晁错主张严惩叛臣的观点一致，且跟董仲舒强调社会等级秩序的看法吻合，并和公孙弘推崇个人生活节俭和务实政治的好恶无二。

在李尔育给张缙彦文集撰写的序言中，他在提及圣王舜、禹之后，直接谈到汉代故事：

> 汉儒则射策上书，以释经笺传，夫犹有友臣之风焉。故西汉强盛，独冠来祀。然政以分疏笺释得无，理支而事怠与儒者。折衷百氏，取裁六艺，亦何至受变于古今，支怠于叔季也！[131]

李尔育留意到张缙彦将这种"儒"的传统融入其对政事的理解之中，而在这一传统的延续脉络中占有一席之地的"百泉书院"，就离缙彦家乡不远，此外还有值得一提的"贾长沙、陆忠宣公意不可一世"。这里提到的两位分别指汉代的贾谊（长沙），他对于此问题的重要性，上文已经明晰了；另一位是唐代受人尊重的宰相陆贽，此人多次成功地为朝廷平定叛乱。从文学成就角度，李尔育甚至还称赞张缙彦"诗逼唐而上"，给予了极高的赞誉。[132]

但李尔育也称张缙彦的个人事业与汉唐前贤相比并不能算成功。用他的话说便是：

> 夫长沙、忠宣，不得志于汉、唐。当时尚能用其言，以获保数叶之安。惟公君臣之遇极难耳。今其言具在，固不敢拟谟、训、命、誓，而役使陆、贾则有余。奈何令保安汉唐之格言硕画，为悲殷愍周之麦秀黍离也。[133]

李尔育虽然在序言中提到了晚唐韩愈论孟子为"空言无施"，但也肯定了唯赖其言，张缙彦的治国主张才得以流传。

张氏自撰的序言则称他对历史故实的关注，其实是早在他担任御史以前就已起意。他借司马光"志其大，舍其细"之说申诉年来金戈之气未灭，国事日坏，但申言治国之法仍为必需。即使所言有所僭越或不当，也都是揆诸史事并归诸史实。此外，他还希望后来者能依循自己以古鉴今的参政思路来改善国家政治。[134]

"四凶"

上文对明朝豫东地区地方精英的分析，主要取材于出自当地精英之手的族谱、方志和一些后来编纂的文集。当然，这些材料首先反映的当然是他们对所处群体之形象的自我描述，但一旦将之与出自其他社会群体之手的野史材料对比来看，一些居于国家与社会之间，能表现出那些故步自封的仲裁者的黑暗面的见解便被揭示了出来。士大夫在致力于经世事业之余，同时也关心自身的社会地位和家庭。除了有善良的地主，还有一些通过压榨亲戚，向本已受灾的佃户强征田租和征收高利贷来充实自己腰包的人。除了那些在公共事业上支持县令、救济灾民的地方精英之外，也还有一些用公产中饱私囊、在危机时囤粮牟利的人。事实上，这一群体中，总有在宣扬家族业绩之名的背后追求一己私利之实的举动。有理由相信，一位在朝的正直士大夫，很有可能在居家后变成一方恶霸。他们会认为其个人的以及家庭的成就，是取之有道，对公共福利而言，也非常关键。因此，社会精英中的一些上层人士，竟然盼着国家衰亡，以期从改朝换代的物质需求中谋求更大的利益。但这些努力被表现得有一定的合法性，一个跟其他地方无异的数量可观的，甚至是日渐增长的豫东精英群体，正在家族事业上投入更大量的精力；他们甚至在王朝末期表现出日渐增长的态势。[135]

在崇祯十三年（1640）9月，河南巡按御史高名衡就此四事曾有过呈报。名衡是崇祯四年（1631）进士，在崇祯十二年（1639）被提拔为河南御史之前，曾在两个县任过县令。[136]他很快成长为一位正直的风力大臣，且乐于扶助青年学子，也因此得到了来自地方的赞誉，其中就包括张缙彦。高名衡的奏疏原文颇长，但如今仅存节录在郑廉私修的史书中。郑廉为清初商丘诸生，他与当地的精英阶层多有接触，因此颇为熟悉，但也有所批评。因此我们需要从方志和其他私修史籍中，更广泛地搜集资料，来分析高名衡所称的明末河南"四凶"中的三"凶"。

第一家是睢州褚家。睢州属归德府，在人均土地占有量上和科举事业的成绩上，都显得非常出众。据当地县志显示，一位名叫褚岑的诸生，有两个儿子：褚泰初和褚泰珍。长子褚泰初在万历四十六年（1618）通过乡试，天启五年（1625）中进士，为翰林院检讨。次子褚泰珍先为贡生，后在甘肃任县令。从县志中，我们没能发现褚家有品行不端的记载。唯一令我们产生疑惑的是，在县志中有做过贡生的褚泰珍的简短传记，却没有拥有进士头衔且做过更高官位的褚泰初的传记。[137]

第二家是虞城的范家。他们自称先祖可以追溯到 11 世纪著名的改革家范仲淹。但从县志中保存的传记来看，他们更可能是自 15 世纪一位有举人头衔，做过官，颇有些声望的范氏先祖的后代。到了晚明，这条线索延续到了一位由其母亲抚养长大的孤儿范良彦身上。良彦万历四十年（1612）考中举人，之后引起了杨东明（关于此人，第一章已有讨论）的注意。他向县令建议征发徭役，并说服了心生疑虑的县令，接受他的建议。范良彦在万历四十四年考中进士，与侯恂同年，之后在礼部任行人。在浙江任御史时，范良彦呈进了一份有关河南河工的奏疏。在这份奏疏中，范良彦承认了当时社会经济的商业化程度，声称国家应该从商人手中购买劳动力，而不该仅仅依靠从农民身上压榨免费的劳役。在担任御史和任职南直隶淮阳提刑按察司按察使期间，他以能干著称；他还因为消灭了当地的狼患，而受到赞誉。根据他的传记来看，正当他即将被提拔之际，受到"忌者中伤"，最终被迫致仕了。回乡后，他在虞城西郊修建了一座花园，种满鲜花绿竹，还点缀了奇石、鱼塘，以香茗温酒自娱，以与后辈诗文唱和为乐。其传记的撰写者饱含崇敬地声称，正是范良彦使得一种早在西汉时就已在此地酝酿的梁孝王风采得以重现。这似乎也是范良彦自己的抱负，正如在他一首诗的末句中所吟："谁能继孝王？"[138]

无论是在县志编纂者眼中还是范良彦自己看来，他都是位正直的士大夫，致仕后归乡养老，在明末多舛的年代里，享受着富足的田园生活。但也有证据显示，范良彦其实属于晚明极度贪婪的地主阶层，他极尽奢华的生活方式已经超越了士大夫的举止之礼，也违犯了国家禁奢的法令，并且在事实上给社会的其他成员带来了极重的负担。当流寇在崇祯八年（1635）冲击虞城时，范良彦鼓动县令积极抵抗，他自己也派出乡勇镇压民变。当流民离开后，他又出资兴修城墙，深挖壕沟，并修建了关帝庙，期望得到这位"战神"的庇佑。这些行为并不能显示范良彦对国家的忠诚，却在相当大的程度上显示了他对自身财富的关切，此外他还希望用这些财富来保护他的家族利益。当地县志有关范良彦的传记，就小心翼翼地透露了他跟当地百姓间的矛盾，文字是这样的：

> 公先期白邑令，整饬战守具，及贼压境，公出奇兵以御寇，且倾金帛以酬死士，邑卒赖以无虞。贼退修城，浚壕不避恩怨，奕世人愈歌思之。后天子廉其才数，欲赐环，以公倜傥豪华，骨鲠言直，常面折人过，不少回护，终为忌者中伤。[139]

尽管如上的文字承认范良彦"需索过度"，还暗示了他曾威胁那些批评者，但事实上他并未因此获罪，而是最终在家乡病逝。这份传记在末尾还痛悼，由于明末动乱，他颇有价值的著作都遗失了。奇怪的是，以范良彦如此地位，竟然后继乏人。

　　无论范良彦如何"过度"需索，方志的编纂者都毫无疑问地认为家族内的其他后代在重要性上，都不及那些取得过卓越成就者。在范家另一支的七个兄弟中，有两位是贡生，一位武举人，一位任光禄寺丞，另一位与范良彦同年中举，后来相继做了教谕、县令、郡丞，后被荐为翰林编修。此人泛览战国、两汉以及宋代思想家的著作，收藏古籍上万卷，包括小说和私修史书。他还作诗撰文，设定居家礼仪。还有排行第六的一位，在崇祯四年（1631）中进士，担任过几个省级官职，写了些书，后来官居兵部侍郎，入乡贤祠。弟兄中最小的一位仅是位诸生，但他自称凡事皆取法古人，并以此在崇祯八年流寇袭击县城之际，令自己脱离险境。此人还在灾荒之年向灾民施赈，活民无数。此人的个性异乎寻常，平常人所追求的功名被他视为无物；在北直隶做县令时，也主张无为而治。[140]

第三家是宁陵的苗家。虽然苗家在县志中的记载较少，但是凡见记录，皆为正面。苗家最近的族长是苗文英，此人也入了乡贤祠，他的生平与著名的乡宦吕坤有若干重叠之处。文英在嘉靖四十年（1561）与吕坤同年中举，又与他一样，回乡照看目盲的老母，家居读书，不忍少离，这也是吕坤曾经学习过的地方。从县志的记载看，苗文英的子孙中也不乏名人。他的一个儿子在万历十年（1582）中举，另一个成了贡生，先后在河南和北直隶教书。苗文英的孙子思顺在万历四十六年考中了举人，次年中进士。可以确定的是，尽管苗思顺曾在山西、陕西做过县令，也做过中书舍人和兵部职方郎中，但他在县志中的传记记载非常简略。[141]不过在晚明，这种记载简略的人物传记并不少见，我们没有理由因此怀疑苗家在地方士绅中的正直形象，以及他们在明末所采取的地方主义的处世态度。

苗氏族谱就带有预见性地强调了这一点，至少这是其努力表现的内容。据家谱记载，在苗文英父亲那一辈，也是很晚近的时期，苗家先人从南直隶的亳县迁来；文英的后代诗书传家，经营祠堂，教导子孙，编纂家谱。其中有一位贡生，本可以做官，却执意留在家里，以养竹为生，并款待四方学者，招徕歌伶。文英的孙子思顺的经历也类似。他中进士后便开始了为官生涯，从县令做到了兵部职方郎中，甚至在崇祯朝的政坛上都有过举足轻重的作用。但在崇祯二年（1629）他也回到了家乡，致力于桑梓建设事业。他不仅对子孙极尽教导，还专辟出土地祭祀祖先，甚至还设立了槐树堂——据他的传记称，此举是为了恢复盛唐遗风。[142] 毫无疑问，苗家并不是明代国家事业的积极参与者，但从对史料的初步掌握看，他们也并没有对地方社会造成坏的影响。

值得留意的是，苗氏族谱接着表现出了苗思顺与宁陵县令的一些分歧。与勇于替被义务征役的百姓说话的虞城人范良彦一样，思顺成了普通民众反抗县令孟养活的代言人。据苗思顺说，这位崇祯十年（1637）到任的县令应该对当地民不得治的状况负责，其中包括借祠堂或官署之地中饱私囊，强迫百姓为国家提供马匹，以及在灾荒之年兴建戏院。与推动县令雇用商人修建堤坝的范良彦不同的是，苗思顺反对在百姓生活困苦之际，提高钱粮的征收标准。他因此公开反对县令，作诗撰文，直指抗争。尽管他号召大家节俭，但对一位已故亲属丧事的处理，据说却大大超越了法律所允许的程度。这令思顺与县令产生了直接冲突，他从当地百姓中挑选人马，给予武装，也随之引发了系列问题。对其中的详情，族谱的记述非常简略，仅说一些人被杀；从一个案子拖延了十个月直到县令病逝的说法，可见（从《宁陵县志》的记载县令"因病逝世"来看，这说法其实并不寻常）在这点上，县令的亲随们担心自身性命，四下散去。但苗思顺却没有理由心生恐惧，他好端端地待在家里。也许我们可以推断，鼓动暴徒并导致百姓死亡的，恰恰是县令，而且，就是他随后的病逝与苗氏的亲随有千丝万缕的联系。但考虑到族谱中相关记载的缺失，我们能对这类冲突所做的评价甚少。[143]

对其他家族却有些更为详细的记载，其中包括了他们那些遭人诟病的行为。例如《国権》的作者谈迁就是位对明朝忠心耿耿的勤勉史学家，他的名字很容易让人想起汉代的大史学家司马谈和司马迁。据说在崇祯十一年（1638）9 月，在宁陵县令孟养活"得病"以前，他以"居家怙势，蓄养亡命为奸利"的名义抓捕了苗思顺。[144] 两个月后，一位刑部主事以"贪横猷法"弹劾范良彦，将其逮捕。[145]开始朝廷并没有明显针对苗思顺的倾向性，拖延了数月，但孟养活首先软了下来。如论苗思顺是否与县令的死有所牵连，他确实从中受了益，逃过了被捕一劫。随后，朝廷仍然没有逮捕范良彦的命令。直到两年后，巡按御史高名衡决定了结此案。名衡曾在睢州读书，曾领教过褚家在当地的专横。于是他将睢州的褚家、宁陵的苗家、虞城的范家和在南阳也鱼肉乡里的曹家，一并劾奏，称其为河南"四凶"。

高名衡所奏，一如御史惯常的直言之风，他说：

> 今日国家之大患，敌国外侵，流贼内溃，其势岌岌，人人所共寒心也。臣以为是特疥癣耳，为害犹浅，即不能遽瘳，犹在肢体耳，匪关性命。如河南一省，乃天下之腹心也。四宦在河南，乃腹心之隐祸也。如南阳曹某、睢州褚太初、宁陵苗思顺、虞城范良彦等，各畜健仆数千人，横行州府，嬉戏之间恒杀人。其平居夺人田宅，掠人妇女，不可胜数。小民不敢一言，有司明知，亦不敢一问也。盖四宦外结响马，家养刺客，人或有言，祸辄发于肘腋。[146]

高名衡并求朝廷依律悉查"四凶"为恶的事迹，严禁任何人为其说情。

但高名衡和史学家郑廉——高名衡的奏疏，如今仅见于郑廉的史书中——都只注意到了曹家和褚家危害乡里的行为，这或许是因为曹家与郑廉的家乡不在一处，褚家则与名衡有过直接的冲突。范家和苗家则早已引起了朝廷的注意，也许他们的劣迹并不昭彰，因此并未成为高名衡和郑廉主要针对的对象。[147]由于曹家的案子在现存文献中的记录非常详尽，我们就从曹家开始，看看他们是如何危害乡里，并激怒高名衡的。

据高名衡所说，曹家在南阳占据的土地、马匹和僮仆数量，无人能与其匹敌。曹家有人此前还做过三边总制，县令也曾是其门生。因此凡事多向曹家汇报，而曹家家僮向县令口传讯息，尤其频繁。县令不胜其愤。一日，县令饮酒，酩酊大醉。突然有急事，县令急忙出外，恰巧遇上一位身着青衣、手持短剑的男子。此人进说："曹老爷拜上。"见此人无礼，县令大怒，叫道："咄，南阳县是汝曹家的？知县也要管一桩。"说着，将其短剑掷于地上。那人回到曹府，将知县所言添油加醋地转述给了曹老爷。曹老爷大怒，命人来唤县令至曹府斥责。但县令虽然应命到了曹府，却并未致歉谢过。相反，他警告曹老爷，不要再羞辱自己，否则后果自负。随后，县令便出了曹府，径直去城隍庙叩神。曹老爷坐轿跟随其后，左右带刀随侍者甚众。县令熟视无睹，誓神如常。曹老爷愈发愤怒，走上前，掌掴县令。县令就势横卧地上，大叫道："杀我！杀我！"当时县民围观者甚多，看此情形，纷纷说："曹氏反矣。"众人于是堵住曹老爷，恐其离开，将其打得奄奄一息，之后把他关进了监狱。接着，城门紧闭，城中搜捕曹家僮仆，悉数关进监狱。此刻，县令正身在醉乡，对外事浑然不觉。衙门里的师爷随即具文，称曹家造反，向上呈报。当曹家欲在早朝有所举动施以营救时，曹老爷已经瘐死狱中了！[148]

高名衡之后谈到了睢州褚家的案子。由于此前名衡曾就学于睢州，因此对褚家所为，深以为意。高名衡先与兵备副使密谋，了解到徐吏目曾经为褚家所辱，而刘举人泽淳是褚家的谋主，于是强迫其向自己汇报褚家所为。刘氏不得已，秘密向其报告褚家之事。但初期检获所得，无非一些在当时看来平常的不法举动，例如夺田宅、掠妇女等。但没想到却有了褚家火烧朱家庄一事。朱家庄是睢州大邑，有民户百余家；对这块土地，褚家觊觎已久。朱家心生惧怕，于是跟前兵科给事中张唯一密谋。张唯一与褚家虽有姻亲却怀深仇，听说此事，决议帮助朱家与褚家相抗。于是，双方交攻不已。官府虽然明知其事，却也不敢过问。经过数次战斗无果，于是决定火攻。双方各据阵营，烈焰张天，村民皆不得出。凡有逃出者，皆为杀害并投入火中，借此消灭证据。当褚太初被逮捕，御史命推官勘察被烧焦的村庄时，除了烧焦的尸骨外，仍能发现焦头烂额、奄奄一息者数人，他们是当火起之时，躲在墙壁之间，幸而得以保全的。得知当时杀戮的情形如此残酷，高名衡陈奏其恶迹，刻板行世，以令褚家恶迹广为流传。[149]

高名衡在奏疏中强调说，弹劾如此强取豪夺的贪婪之徒，是他身为御史的职责所在：

> 伏祈皇上睿断施行，枭其首，庶以雪中原万姓之冤；籍其家，足以供九边十年之饷。[150]

刑部允其所请。"四凶"俱被判斩，传首示众。曹老爷虽然瘐死狱中，仍戮尸枭首于市。苗思顺被逮送入京受审，却在半路上被仇家所杀。范良彦被逮入京，但最终以耄耋免罪放归。因此，正如方志所载，范良彦并未因罪受责，而是归养田园。也即，受审并被朝廷判罪的，唯有褚太初。我们缺乏有关这几个家族财产被充公没收的史料，更不要说其中是否真的有被投入到边防的部分。考虑到日渐衰落的明朝中央政府以及河南地方的日益纷乱，这似乎是不可能的。

应该说，即使高名衡针对"四凶"的努力最终没能遏制住明朝在中州平原控制力的丧失，但它至少提醒了人们，朝廷至少还能保护一些在表面上追求政治公平以及社会正义的力量。这对明朝政府而言，无疑起到了非常正面的作用。郑廉就曾在他的著作中说：

　　　　是时［1640 年以前］中州鼎盛，缙绅之家率以田卢仆从相雄
　　长……就四家论，曹、褚为上，苗、范次之，特滕、薛之视秦、楚
　　耳。[151]

　　在这番提及战国旧事的评论中，郑廉的观点跟上文分析的一样，他
似乎站在实力稍弱的苗、范两家一边。毫无疑问，他一定意识到了高名
衡所坚持的正义未能完全实现，因为睢州的那位前兵科给事中张唯一并
未受到惩处。他因此总结说，士大夫对地方矛盾的处理，应当十分谨
慎，因为他们"田卢满地，仆从如云，势可炙手，猛一回头，究竟于我
何有乎！"[152] 用郑廉的话说就是"只供论世者之雌黄其口"。言下明
显暗指西晋著名的大地主王衍（256—311）。此人对个人财富无休止的
需索被认为是西晋国家衰亡、边乱四起的重要表征。[153]

　　从上文的分析可见，一批地方贵族从明朝建立之初起，就控制着豫
东平原。他们的数量相对不大，其间也屡经动荡。相对全国的总人口而
言，他们整体上数量增长不突出，其衰亡也并非十分可观。他们逐渐将
根基扩展到了开封、祥符以外的地区，因此在基层社会中的基础也即逐
渐宽广和坚实。逐渐地，这些地方贵族变得越来越看重对国家的贡献，
在精神层面扩大追求，最终则致力于家乡建设。在相当长的时期内，这
些贵族的后裔热衷于获取功名和外出做官。尽管他们努力表现得跟国家
十分亲近，但其中那些出类拔萃的人还是在政治上遇到了不少困难，因
此一些人逐渐产生了离心力，与国家走得愈来愈远。到了明末，这些贵
族家庭及其成员变得十分热衷于他们的个体利益，以致遭到官员和学生
们的苛评，认为他们对国家和社会而言，都是有害而无益的。
　　豫东的社会精英认为，无论从社会角度看，还是从政治角度说，他

们生活的土地都是中心。这种观点也为其他地方的官员和士绅所认可。在明初，在祥符的大家族实际上占据了乡试榜的绝大多数名额，他们在中央政府中所占的位置比例，也因为得益于公共教育、省内份额和地理位置等优势，而显得不那么合乎比例。到了明中叶，当地的哲学家王廷相向弥漫于整个明代的传统理学发出了挑战，欲代之以气学；事实上，气学在之后也确实在中国思想史上占据了一席之地。另一位来自中州的学者则宣称追求一种在社会精英和普通人之间的"中间道路"。还有一位思想家追求的是"中人"的境界，宣称靠着与其他人——无论其是文化人，还是普通人——的思想接触，来实现自我提升。此人也是以其家乡为中心来展现他的影响。

到了晚明，商丘的勋贵后裔在国家与社会之间，用他们自己的方式进行着道路的探索；这里的国家包括当权者、追求享乐的官员、傲慢的宦官以及飞扬跋扈的大学士们，社会则指的是国家的反抗者、改革者以及普通百姓。来自永城的两个大家族为当地输送了不少文武官员中的先锋人物，也有一些出自杞县大家族的人，虽然不是其门生，却也活跃于政治舞台上；他们虽与宦官合作，命运却还不错，没有与之一损俱损；出了一位能与首辅合作的状元，却无法跟总督达成一致。在新乡，就有一户人家出了位河洛名士和一位敢言的御史。最终，睢州、虞城和宁陵的三个大家族在"四凶"之中，消耗了天下腹心之地的财富，与战国时期同在此地争权夺地的列国所为毫无二致。

在这些贵族更新换代的努力中，他们回溯到明初，希望从当时的军事组织和边境贸易的经验中获益，还试图从宋代的哲学思维和表达方式、唐代的诗歌标准和经世榜样，以及两晋的书法和曾面临的腐败危机中寻找借鉴。他们不断地从此前的历史中找寻经验，包括孔子、孟子、管子，以及春秋战国时代的苏秦；还包括表彰夏、商、周三代的五经；

甚至传说中的远古圣王，包括黄帝、尧、舜。

地方贵族也支持国家选择两汉的模式。[154] 他们念兹在兹的是西汉高祖平民的出身，文帝运用军事的娴熟，以及武帝的边疆政策。执政者很清楚百姓支持的重要性，因此在陆贾和贾谊对民心拥戴的关注上尤其上心；对卜式和范蠡致力于百姓福祉的用功，也十分青睐；对董仲舒和梁孝王的文化集团特别重视。到了明代中叶，就有学者谴责土地日益集中，但他也提到了王莽的旧事，以警惕激进改革的恶果。东汉在明代历史中往往以盛产县令的楷模、明智的族长、孝顺的子孙、怀疑论者以及妇女传记的作者而著称。到了晚明，士大夫们逐渐意识到了皇帝孱弱会给国家带来什么样的恶果，也清楚后宫坐大、宦官专权、朝廷党争、教派冲突以及强将专横等对东汉灭亡带来的影响。但问题是究竟在何种程度上，明朝在汉代的行政模式基础上真正实现了提升，且这种提升也没能挽救 1640 年代明朝灭亡的命运。也许我们还需要从晚明社会的其他人的思想和行动中找寻答案。

第三章　性别、阶层和种族

　　在国家与社会之间，除了有为数不多的社会精英居间调停，还有为数更多的普通人，在社会精英和其他人之间活跃。妇女不被允许参加科举考试，尽管她们占了人口的半数，仍然无法跻身于社会的精英阶层。但仍有一些人因为出身名门或身怀懿德，而成为大众的行止表率。社会的中间阶层主要由男性构成，包括生员、地主、商人、小吏、军校。随着时代的演进，其规模日益扩大，功能也发生着变化。当地人多数自认为是汉人——其他人也持同样看法——他们把自己的祖先或至少是身份认同感追溯到了汉朝，但也有一些人，例如基督徒、穆斯林和犹太人，属于宗教或种族上的少数。许多妇女、中间阶层和少数族裔的识字率极低，也很少见载于史册，但仍有一些因为行止甚至其观念上的价值而载入史籍，他们都值得关注。

贞女

　　男性和女性除了在生理和性别上的不同，在心理和社会归属感上的不同也逐渐为人所认知，并被构建成伴随着时空差异而彼此不同的多样性。因此，性别的概念已经不仅仅是个人的事情，而是更关乎于生存于其间的文化、政治和社会结构等元素。[1]研习中国历史的学者们逐渐意识到，有必要去关注那些迄今为止仍深藏于历史的尘埃之中，有待发掘的女性历史，倾听她们的声音，以便从种种陈规定见中脱离出来，真正去感知女性在历史上的成就及她们的艰辛。[2]

明代有关妇女的记录都出自官员、社会精英成员以及文人雅士之手，他们自诩能够服务于社会主流价值，因此对那些身怀女德，能从普通家庭脱颖而出的妇女，特别予以关注。若非如此，这些妇女很有可能仍然不为人所知，更不会引起史家的关注。表彰女德可以追溯到汉代，此举在明代复兴，进一步证明了两个朝代在兴起平民主义上，颇具相似性。有明一代，受日常生活的影响，妇女的地位逐渐发生着变化，订婚和结婚之间的差异逐渐消弭就是例子。此外，与汉代相比，明代受表彰的女德多了些消极被动甚至自我否定的成分；而汉代的女德相比周朝而言，积极因素已经大幅减少。[3]很明显，如果将父权制仅仅界定为精英意识，或者将女性在历史上地位的变化，仅仅视为线性的话，是难以令人接受的。但如果承认在某种社会文化中存在厌女的现象，并承认妇女地位在历史上的演变，呈现了多样复杂的面貌，问题就不难解释了。[4]此外，无论是持现代化观点的学者还是马克思主义者，或者持帝国论的分析模式，对文学作品中的女性历史或女性文学史，都还没能给出客观公正的评价。[5]

明代皇室的女性一般出身平民，她们比起汉唐或清代的后妃，拥有的地位、享受的特权都少。明代的皇帝们只允许妃嫔从事女红，以防止汉代那种强势外戚威胁皇权的局面再现。朱元璋的妻子马皇后在朱元璋起兵并定鼎天下的过程中，无疑扮演过重要角色，她的去世也影响了朝纲的稳定。成化皇帝的宠妃万氏出身宫女，尽管为皇帝诞下的唯一一位皇子早夭，仍然能受到明宪宗的专宠。万历皇帝宠爱的郑贵妃所生的福王，虽然最终未能被立为储君，但郑贵妃本人仍能左右朝政。在明末，天启皇帝的母亲张氏出身豫东，当皇帝的乳母客氏与宦官魏忠贤的阉党勾结时，她庇护了一批东林党人。明代的嫔妃或太嫔们对京城的寺观，普遍予以资助。但这一群体始终未能如西汉的吕后那样，攫取朝政大权，更不用说如唐代的武周代唐般亲登皇位了。明太祖和成祖设立女官制度，选拔女官，执教宫女。随后，周王选拔有学养的女性，来教导府中的女眷。但这些措施与武则天皇当政时为选拔女性官僚而举办的科举考试相比，无疑相形见绌。[6]

很遗憾，现存的史料几乎没有提及这些宫廷妇女对自身历史地位的看法。仅有两条信息能反映一些秦汉时期的情况。内容是一位年轻貌美的宫女因拒绝贿赂，始终没能被安排临幸。她以描写汉代著名伉俪司马相如和卓文君的诗笔来寄托幽怨之情。在一则很可能是虚构的逸事里，太妃张氏据称曾将当时的权阉魏忠贤，比作汉代司马迁笔下秦朝宫中汲汲于权势的阉宦前辈赵高。[7]

因应时势的不同，有明一代的妇女在权势之家中的地位，也有所不同，但总体上低于前代。一些忠诚的伴侣和慈爱的母亲，例如宋权的母亲丁氏，被载入了地方史册，从而光耀母家的门庭。她们有母家的姓氏，婚嫁后被冠以更亲密的夫家姓氏。母亲经常参与安排婚嫁事务；有时，女儿们被视为社会资产，娶到"下嫁"的妻子，可能会对其家庭发挥相当的影响。但即便是在如吕坤这类改革派的家庭里，婚姻仍持续地为政治、社会和经济利益服务。类似丁氏的侧室如果成功取悦夫君，留下男嗣，便可能在其家族中有相当大的影响，甚至赢得正妻的友善。但通常情况，她们会持续地忍受作为妇女和侧室的双重痛苦。

在社会各阶层中，女婴更容易被溺杀。这种现象在秦代即已存在，虽然从未在道德上、法律上获得准许，实际上却绵延千年不绝，甚至可能作为一种免于财产作为嫁妆而外流的手段，在明代更为普遍。明朝于嘉靖五年（1526）禁止杀婴，违犯者被发配千里。但从崇祯二年（1629）政府不得不颁布的另一个流放法令来看，很显然，杀婴现象一直延续无疑。由于中国人认为出生第一年的婴儿，尚不能算作完全的人，所以杀婴之举，可能被视为某种"出生后流产"的行为。[8]

此外，越来越多的汉人妇女还承受着新兴的缠足之苦，这是一种源自五代时期宫廷舞者的适度形塑习俗。最近的研究显示，这种习俗在宋代得以强化，缠紧的足带开始造成女孩的脚部残疾。"三寸金莲"开始在官妓中普及并被男性品评。宋代的文人们鄙弃武略，在边境上屡次败给少数部族，却可能通过缠足，来标榜自己对妇女们在生理上的优越。当新兴的市场经济带来更大的社会流动性时，他们也可能动用制度的力量，将妇女固附于家中。历史学家也猜测待嫁的妻妾通过缠足来与官妓及私妓竞争，旨在取悦男性。尽管缠足没有被广泛讨论，也未被公开赞誉为妇德的标志，但此举仍然被年轻女性视为准备婚嫁的生理标准，正如年轻男性致力于参加科举考试的智力准备一样。汉人在元、明两代一直缠足，或许是将其视为与不缠足的周边民族有所区隔的文明标志之一。即使是最为激进的改革派精英，例如豫东北的王廷相和吕坤，对缠足也从未有过批判。尽管当今的绝大多数观察者都认为这是父权泛滥的标志，女权主义历史学家也承认，如果没有一代代母亲们配合甚至撺掇她们的女儿缠上足带、穿上小鞋，以赢取好的夫婿，这种习俗是不可能持久的。[9]

在唐代和宋代，任何人家的女儿和寡妇都对嫁妆拥有合法所有权；在没有男性继承人的情况下，她们对父亲或亡夫的遗产也有所有权。明前期，通过对无子嗣的父亲或亡夫的最亲近侄子授予男性继承人的地位，妇女们的这一权利被有效地剥夺了。这标志着在儒家伦理范畴内，家族的所有支系都必须有男性继承人；否则，没有继承人的财产，将收归国家。它有效地将女儿和寡妇排除于父亲或亡夫遗产的继承权之外，将她们降为受父亲家或夫家选定的男性继承人的财产托管者地位。然而，这一寡妇继承财产权的下降，却部分地被另一变化所消解，即守节的寡妇拥有足够权威去拒绝亡夫家人所提供的人选，她们能依循感情和社会地位，来为遗产挑选男性继承人。[10]

寡妇守节的价值观可以追溯到《礼记》。这一观念在汉代推广，在唐代获得了法律的支持，据此夫家不能迫使寡妇再嫁从而丧失对亡夫财产的继承权。宋代强调了寡妇守节以保持性关系的纯洁，元代对寡妇守节典范的旌表持续了二十年。终明一代，寡妇守节相比对汉人认为乱伦的蒙古式兄终弟及式的收继婚，或者嫁给姐（妹）夫行为的矫正，显得更重要。永乐朝对《女则》一书的刊刻以及对贞妇的旌表，都强化了明代后来对此理念的追求。在 16 世纪，一些妇女乐于借此来抵抗再嫁的压力，或抵制不情愿的改变。吊诡的是，有三个因素一起促成了寡妇自杀这种极端倾向的蔓延：分别是包办婚姻的增多，恩爱夫妻死后应当团聚的信念以及认为自杀之人可以免于地狱捶楚的观念。这种形式的守节似乎从出于真挚愿望的贵族中兴起，并向其他阶层扩散。自杀也日益被当作抵抗强暴的荣耀性行为。尽管如此，通观明代，抵抗再嫁或强暴而发生的自杀仍然为数不多。有研究表明，明代旌表了多次终身守节的寡妇，而旌表自杀殉夫则只有三次。[11]

明代河南的妇女状况也一样暗淡。在早期，勋贵之家开始鼓励订婚的女子为早亡的未婚夫殉节。开封府周王的杰出继承人朱有燉曾借一出戏赞扬了这一观念，之后订婚等同于结婚的观念在民众中传播开来。根据田汝康的看法，到了嘉靖三十四年（1555）河南成为自杀殉夫的妇女人数（108）最多的省份。到了晚明，这种行为广泛传播，河南就不再显得那么突出了，但其典型性却毋庸置疑。事实上，中国南方的寡妇自杀殉夫行为是北方的三倍。我们无从得知，这种变化随着时空的转换，在何种程度上反映了社会现实中的变化，或是仅仅为了充实国家的节庆记录而进行旌表。同时，唐代出现的借割肉侍亲来表达极端的自我牺牲倾向的行为，在明前期重现。后来，这种习俗无论在妇女还是男性中，都明显衰落下去。[12]

明代对妇女"贞节"，包括终生守节、割肉侍亲和自杀以避免再嫁或受辱等行为的表彰，使很多妇女受害；但它同时也为一些个人及其母家带来了声名与地位。与明廷扩大教育和教化庶民的努力并行的是，显贵之家出身的妇女们被排除在这些荣誉之外。仅在嘉靖二年（1523），这种限制才出现松动，允许一些来自显贵家族的妇女获得旌表。[13]因此，在早期只有平民家庭的妇女方可受到旌表，留名于方志，成为众人仿效的楷模。由于妇女在婚后仍保留母家的姓氏，其母家也自然地分享了这份殊荣。

由于我们缺乏对有明一代河南妇女针对这些制度设计的看法记录，省志中434名贞女的传记便需要被充分利用，来了解她们的经历。如同那些男性的社会精英一样，受旌表妇女的情形大致可以分为三个阶段。

在第一阶段（1368—1464年），四十八位受旌表者中的三十位是因为拒绝改嫁，执意照顾公婆和丧父的孤儿。自杀殉节的妇女数量要少得多，只有十七人。作为未婚妻自杀，随未婚夫于泉下者只有一人。三十位守节寡妇来自十九个县，十七位殉节的贞妇则来自五个县——其中十一人来自祥符县，包括两名藩王女子。这样的比例对证实如下的假设颇有帮助：明初在河南的藩王们对鼓励寡妇守节行为，起到了非常重要的正面推动作用。更为正面的一点是，在此阶段，没有妇女因为割肉侍亲获得旌表。（参见附录 E）

在第二阶段（1465—1572年），被旌表的贞节烈妇数量翻了四倍，达 205 名；其中拒绝再婚的守节寡妇翻了三倍，达 89 名；自杀殉夫者翻了四倍，达 75 名；自杀以殉未婚夫者，则从 1 人上升到了 12 人。前所未有的是，两名妇女因割肉侍亲被旌表。因贞操享誉者不仅数量更多，在省内分布得也更广。守节寡妇来自三十个县，自杀殉夫者来自二十七个县，未婚而殉者来自九个县。在此阶段，首次出现了妇女因为以死来抵抗强暴或盗贼而受到旌表的例子，显示出社会赋予此类行为的荣誉程度有所提升，同时也说明了当时社会的暴力犯罪频频发生。（参见附录 E）

在第三阶段（1573—1644 年），守节不再嫁的妇女数量显著减少，与此同时，自杀殉夫以及未婚守节殉夫的人数基本与前持平。这些下降趋势可能由于时间跨度的缩短（70 年相比于前段的 100 年）以及对守节事例的失察所致。这些下降伴随着——也部分解释了——抗暴而死和割肉侍亲的妇女数量的增长。这些增长同样暗示了社会的失序日益严重。该现象或许正反映了在个人主义和物质主义持续增长的时代里，人们对自我牺牲以及荣誉的道德坚持。当然还有一种可能：对割肉侍亲之举旌表力度的加大，或者这种实际行为的增多，正反映了在 16 世纪 80 年代至 17 世纪 40 年代疾疫流行时，其他疗救手段的束手无策。[14]

一项各县（志）中男女传记的分布比例对比显示，对女德的尊崇和男子事业的成就之间，有着非常紧密的关系。祥符是开封府内举人最多的县，在撰传表彰女德事情上也最用力。杞县的举人数量在府内排名第三，其撰传表彰女德，仅次于祥符。在归德府内，商丘的举人数排名第二，表彰女德的传记，名列府内第一。在卫辉府内，汲县的举人数和受旌表的女性数量都位居首位。在上述三府内，一些举人较少的县对女德撰传表彰的力度也小。（参见附录 E）这种关系不难理解，因为科举大县一般拥有更多良好教养的男性，他们对女德的认定并不吝赞誉，同时也有更多的资源在地方志中表现这些女德的生平。正如所期望的那样，恰恰是在这些比较突出的县里，精英阶层的道德标准更容易对普通百姓施以影响。

　　田汝康参考了全国范围内的类似情况，认为从中明直到晚明，尤其人口多、比较繁荣的县里，寡妇自杀的数字明显呈上升趋势，正反映了这些县的生员们在科举生涯中，无法再行晋升，或者无力赢得进入精英阶层的举人出身。据田氏的看法，这些生员通过鼓励寡妇殉节，来赢取家族声望，以发泄不满并补偿他们所受的屈辱。[15]事实上，明代生员的数量有了大幅增长，他们不断地向政府举荐其家族内的贞女。田氏用数据来佐证自己的观点，他选择了那些寡妇自杀率比较高的县来说明问题，尤其是江南的县。豫东北的陈州、西华和长葛县的数据完全能够支持田氏的看法——这些地区，生员不多，但很多妇女因为贞德受到表彰。然而，在豫东北其他地区，生员的数量与贞妇数量紧密相关，这或许可以催生另一种假设：渴望在科举中赢取功名的生员同时也在鼓励和宣传妇女的"贞德"行状。或许在这一地区，生员们分享的成功，难以补偿其遭受的挫折。（参看附录F）

　　祥符县的方志为我们了解此地"贞女"的情形，提供了更多的背景信息，以解释其形成的动因和所表彰女性的成就，甚至其分类的情况。祥符县隶属于省会开封，这或许能够说明为何该县在明初和中明产生过大量的贞节烈妇。祥符县在整个明代出现了五十八位贞妇，仅次于商丘县。[16]

　　根据这项记录，明代重视平民妇女的法令似乎是被执行了。在祥符县被旌表为"贞妇"的二十七名妇女中，有三人的父亲和七人的丈夫是有名有姓，可以确定身份，这意味着他们至少来自社会的中上层；剩下的十七人则来自籍籍无名者之家，也即出身于普通人家。因此，该县妇女大多数都是通过其自己的行止，而非其娘家或夫家的地位，赢得瞩目与尊重。对照明初的法令规定，唯有守节五十年，方能符合旌表的条件，如此则上文提及的妇女中，仅有四位符合条件。另有四位妇女保持了四十多年不改嫁，三人则是未详细说明的"终其余生"；另外八人生卒未详。这些数据显示，旌表贞妇的条件可能有所放宽，这有助于理解有明一代贞妇数量逐渐增加的现象。更重要的是，二十七人中的八人因照顾夫家亲属和子女而获赞扬，只有一人因自毁容貌受到表彰。这显示了很多寡妇选择了以照料家人的方式来守节，而非为了她们本人博取声誉。

第二类被旌表的妇女是"节妇"，是指那些夫殁后选择殉身或者某种情况下挽救夫命的妇女。属于此类者有三十一人，超过了坚持不改嫁而守节的贞妇数量（二十七人），二者的比例大致为 1∶1。放诸全国，这个比例则大概是 1∶3。[17] 假设这个记录准确地反映了当时社会的实际情况，那么与全国相比，祥符县的妇女生活被大大地忽视了。同时，获旌表的妇女在方志里的传记中，只有两人提及父亲，八人提到她们的丈夫。因此，其余的二十一人，也即大多数贞女，都是通过个人的奉献实现了自己社会地位的提升。妇女殉身救夫于盗贼之手的案例，则可表明一个决绝而勇敢的妇女能给夫家带来的裨益。

这些方志中的传记揭示出，当时的妇女通常在社会压力下诉诸自我牺牲。其中一人自杀以殉丈夫之孝心，另一位为配侧室之忠忱，还有一人是为了兑现承诺。其他人自杀以逃避更悲惨的命运——其中两人是为了避免沉塘，六人为避免奸污的羞辱和伤害，五人为免于盗匪的杀戮。两位贞女怀着九泉之下与爱侣团聚的期望自杀。一些案例显示出自杀"美德"所达到的程度被妇女们自己内化了。两位女性在丈夫临终前苦求劝阻之下仍然自杀，另外三人在家人力阻下也最终自殒其命。两位寡妇因政治抗议而自杀，其中一人是在明初，一人在明末。这些案例显示出妇女们自有其信念，并以此为荣，有时即使付出巨大代价仍要坚持践行。一些妇女在选择自杀方式时似乎有着某种力量的支持。十六人通过最简单和无痛的自缢方式身亡，两人自投于井以污染井水的方式抱怨于生人，五人以最缓慢、痛苦且容易遭受外部干扰的绝食方式自尽。两位妇女选择撞棺以确保尽快与丈夫合葬。[18] 最后，一位寡妇承受了一个好斗的追求者反复的殴打后诉诸自杀，显示了她求生的决心以及若不能保持尊荣便宁可丧命的信念。毫无疑问，在方志中旌表此类事件是为了在普通百姓中进行德化教育。

祥符县志中记载的案例提醒读者，当时的男女体验着自我牺牲和自我实现、个人满足和家庭福利之间的矛盾张力。这是晚明的时代特征，或许也是任何文明在任何时代的共有特征。到目前为止，我们仍然缺乏证据以说明在晚明的江南地区，富贵之家的妇女有更为出色或值得赞誉的成就，例如创作或出版的业绩。这有待我们今后进一步的研究。与此同时，豫东北各个阶层的妇女仍致力于在江南地区更具风险的手工业；江南地区由于商品经济的发展而导致产业更加集中。在这些方面，豫东北的妇女或许更能代表那个时代全国的女性。[19]

生员

在明代社会，绝大多数中间阶层的家庭是通过农业、手工业和商业的某种结合来谋生的。他们构成了一个特殊性并不太明显的中间阶级（相比上层和下层而言），其构成复杂多样，彼此之间的关联各异，与精英阶层和普罗大众的区隔也不同。[20] 其中有一批人是通过了县、府两级的考试，能因此令两名家属免除劳役，每月还能获得一石（133磅）

的谷物作为薪俸，这些谷物足以维持一家三口的生活。这些有一定特权的普通人会在处理与精英和官方的关系时，代表大多数的民众（也就是说其他的普通人与群众）。他们有资格去官学学习，还能参加能够通往精英地位和官员身份的乡试。正如在第二章讨论过的，一些生员带领其家族进入了精英阶层，保护他们在当地的利益，以免使其重新沦为普通阶层。

　　然而，有明一代中国的人口可能增长了两倍或至多三倍，官学生的数量则增长了二十倍。因此，据估计到明末占男性总人口达到百分之十的识字男性，成为生员的机会有了相当幅度的增加。然而，进入太学或通过会试的名额如故，因此生员进入精英阶层的机会反而大大减少了。

　　这一政策层面的趋势也反映在豫东北地区。在豫东北，每三年就要产生 1140 名领薪受俸的生员。（这一数字是由府、州、县各级学校所被允许接收的学生限额得出的，也考虑到了在 16 世纪最大值和最小值间浮动的因素。）因此，明朝最后三十年中大约有 22800 名生员。可以合理地估计大约有同样多的人通过购买或得益于国家的法令获得生员的地位，因此其总数上升为大约 45000 人。假设那一代人的男性总人口为一百万到三百万，那么大约有 1.5%—4.5% 的人有望成为生员。尽管国家对参加会试的考生人数没有限制，但直到明末，会试考场的号房最多只有 3600 间。由于仅凭座位的数量，不足以估计考生的数量，所以任何时候准备参加会试的考生大概都会达到至少四千人。如果每次乡试的中举人数大约为 86 人，那么中举率大约为 2%。[21] 总之，由于生员渴望跻身精英阶层，那么和其他任何地区一样，明代最后几十年中这一地区一定有很多受挫的生员。

　　生员的态度可能受到其老师的影响，后者的不满情绪到了晚明愈来愈强烈也就事出有因了。在明代早期，担任府、州、县级官学的教授或助教的太学生享有崇高威望，因为他们有机会在普通民政事务中升任高位。在景泰元年（1450）后，教师越来越多地从本来得不到重视的贡生中选用；即使有提拔，通常也只是派给少有威望的学官职位。到了明代中期，担任教职的贡生被允许参加乡试，乡试中举者可以参加会试。在正德九年（1514）后，甚至是会试中榜的举人也开始被授予教职。根据在会试中的表现，他们被允许保持其所获得的最高功名。然而，在晚明时代，通过考试的贡生数量从 1000 人增加到 2600 人，而教职却持续稳定在 4200 个。候选人的富余导致任命的长期推延。缺乏升迁加上通货膨胀，瓦解了教师们的士气。很多学校的教员甚至只收取学田的地租却不去授课。到崇祯二年（1629）情况继续恶化，以至于皇帝想要废罢此职。但廷臣谏阻，认为保留这些教职有助于安置那些因年纪太大而难以胜任其他公务的贡生。[22]

　　同时，学官选择方式的改变拉近了他们与本地社会的距离。在明代早期，豫东北与其他地区一样，学官通常从其他的府、州、县甚至别的省调任。在明代中期，原籍回避规则被更广泛也更有效地在学官及助教中应用。然而到了晚明，情况发生了根本性变化。大概有 30% 的学官和一半的助教从本省任命，其中总数的 15% 从豫东北地区选拔。[23]

　　尽管功名受阻于省内，不少学官还是被很好地安置，成为生员事业的有力推动者。如第二章的讨论所示，本地官员通常以自己所赞助的学生中榜为荣。双方这种关系，甚至会因为一省出身而更亲密。在某些情况下，教师与学生合力对抗社会上的特权阶层、官员乃至军队。来自同一地区的官员和生员有时发展成政治同盟。

　　生员也在晚明最后几十年发展的文学会社中发挥了重要作用。杨东明仅仅在他于虞城建立的几个社团中就列举了三十个生员。孟绍虞在杞县的"征文社"虽然没能留下生员名单，但我们知道出身于该县的一名生员李挺生，既属于河南的一个社团，又参加了北直隶的一个社团。[24]随着明朝的衰亡，这些社团在文学上和政治上都显现出重要性。官学教师们在建立和维持这些组织中的突出作用，给崇祯多了一个废除教师职位的理由——强化国家控制。然而，如果他真的这么做了，将只会把失业的教师更快地推入本地社会的旋涡。

在晚明，生员在这类文学—政治性社团中至关重要的作用，或许可以通过侯方域（1618—1655）的特殊例子展现。侯方域是豫东南最著名的学社，商丘的雪苑（或称"雪园"）的领袖。[25]与其他的生员不同，侯方域的地位很大程度上是由于其出身于一个富庶、文化底蕴深厚而与政坛联系密切的显赫家族。雪苑社的兴起可以追溯到天启七年（1627）。当时，侯方域的祖父侯执蒲，父亲侯恂和叔叔侯恪都致仕闲居，他们三人与失势的东林党人是故交。彼时侯方域年仅十岁，身处一批年纪稍长而富有学养的青年中。其中包括他的长兄侯方夏、伯兄侯方镇、吴伯胤和吴伯裔兄弟、刘伯愚、徐作霖和贾开宗。吴氏兄弟家境贫寒，被商丘富裕的叔叔刘格收养。他于万历二十五年（1597）中举并为自己的儿子刘伯愚聘请了家庭教师。徐作霖出身于明初一个显宦家族，其父亲是博学的教师。他生员的资格是花钱买的，但仍然与州判认真学习。贾开宗思想自由，一个生员的身份并非其人生的追求。他崇敬汉代大文人司马相如（约公元前179—前118），喜欢弹奏琵琶，舞刀弄剑，寄情于山水之间。身处这些人物中间，超凡卓越便不可避免，也难以估量。不久之后，当显贵、乡绅和官员们被证明对持续出现的挑战束手无策时，天才的侯方域便作为社团领袖填补了这个空白。[26]

在随后的五年中，作为学者的侯方域及其同伴开始了他们的学术之路。崇祯元年（1628），侯方域随其父前往北京，师从东林党人倪元璐（1594—1644）。元璐教导他"必先驰骋纵横，务尽其才，而后轨于法"。[27] 两年后，侯方域与其兄弟陪伴父亲前往北京东北部的昌平任职。同年，侯方域的叔叔侯恪前往南京国子监任职，当时，活动于南京的复社在乡试中拔得头筹并大会生员。此时，侯方域的父亲和叔叔都被认为是会社的支持者。崇祯三年，徐作霖在河南乡试中考中解元，成为河南群体中首位跻身精英的人。刘伯愚一篇文章的流传引起了江南文人圈的注意。两年后，侯方域返回河南并在县、府两级考试中都名列第一。吴伯裔通过乡试，成为第二个跻身当地精英的人。

在此期间，侯方域作了三篇文章，阐发他对东林党和复社的认同以及他不断深化的对历史的理解。借鉴北宋欧阳修的观点，侯方域明确阐发了"君子喻于义，小人喻于利"的思想。然而，回顾从汉代到北宋的历史，他得出了悲观的结论，即君子之党仅能小胜一时，而长远来看却多遭败绩。对于常为君子之敌的宦官阉党，方域提示说在汉初和明初，他们常常被有效地控制着，但在汉末却大大超越了合法职权（暗示晚明）。由于其家族与东林党和复社交往密切，他自然地把前者尊为君子之党，而把魏忠贤为首的阉党和首辅温体仁等视作小人之党。简言之，侯方域从家族和个人来看，都坚定地倾向于东林和复社两大君子之党，但作为一位初露头角的历史学家，他对其前景持悲观态度。

崇祯六年（1633），侯方域十六岁，他通过其祖父在官场的良好人脉，迎娶了商丘一位士大夫的女儿为妻。随后一年他再度陪父亲前往北京，在那里见证了崇祯帝亲耕以迎春耕之季。他替父亲起草了一份奏章，呼吁根据肇始于汉代的经验，重兴屯垦戍边的政策。[28] 当他的兄长侯方夏以解元身份进入礼部时，侯方域文名渐起。一些杰出的京官对他抱有极高期望，将其比作察古的汉代大儒张安世（？—公元前62），以及明今的唐代名儒李德裕。但他并没有给那些当权者留下什么深刻的印象，他悲叹无人领导实现明朝的中兴。同一年，传言是由于答卷触犯了当朝首辅温体仁，徐作霖会试落榜。侯方域在北京见到了江南的复社名士，包括陈子龙、夏允彝、吴伟业，他们反之也十分敬重由"吴、侯、徐、刘"领衔的雪苑社。[29]

在之后的两年里，侯方域愈来愈多地参与到雪苑社和复社的活动中，因此对明廷的批判也更为清晰。崇祯八年（1635）他开始与陈子龙诗文应和，后者在一首诗中将雪苑比作汉代走出了司马相如的地方。当年晚些时候，当复社领袖张溥（1602—1641）被攻讦之时，他与兄长方夏一起去请求父亲，施加影响，保护张溥。次年十一月，侯恂本人因为处置军储不当，受到弹劾并因此遭惩处。如我们所知，他蒙昔日恩师、曾任刑部尚书的郑三俊搭救，才免于法办。但侯恂还是被判入狱六年之久。崇祯九年（1636），吴伯裔考中举人，在经义策试中名列第一，这重新燃起了雪苑士人在当时体制内获得成功的可能。然而，在崇祯十年（1637），当他的南京文友陈子龙和夏允彝会试中榜之时，他的河南相与徐作霖却落榜了。[30]

崇祯十二年（1639）5月，侯方域抵达南京进入国子监准备参加乡试。他受到了复社成员的热烈欢迎，他们将他比作三国时期的战略家周瑜（175—210）以及前秦的政治家王猛（325—375）。这些类比表明，相比成为明廷的高官，侯方域更可能成为一位后续政权的战略家。同时，他与友人也不忘享乐。通过友人突出的影响力，他结实了富有才华的秦淮名妓李香君。他们二人诗歌相和，李香君赠给他一把绣了桃花的扇子。[31]

此时，阮大铖（1587—1646）开始接近侯方域，此人是宦官魏忠贤门下的高官，曾在崇祯十一年（1638）被复社成员公开诘难。由于阮大铖与侯方域父亲为同年进士并为其赏识，他希望通过侯方域的协助来应对复社的批判。然而，侯方域不仅拒绝相助反而邀请他去赴宴，在宴中阮氏被更多的复社青年严加诘难。侯方域由此明确了自己的立场，成为阮大铖庞大反对派中的一员。[32]

崇祯十二年（1639）7月，侯方域参加了南京的乡试。据可靠记载，他顺利通过了考试，但因言论犯忌被从最后的榜单中划去。他在一篇文章中表明他的攻讦并非失察而是言之有据。五篇文章的第一篇反映了他对父亲被囚的极度愤懑，他猛烈抨击当朝权贵，其中当然包括前任首辅温体仁以及他的继任者薛国观。侯方域跟从叔父把他们比作晚唐卢杞——此人以同僚及百姓为代价而拼命钻营。他的第二篇文章反映了徐作霖科举的受挫，他提醒主考官，汉代还有例如察举的人才选拔机制。他质疑为什么这些办法不能施用于当朝。在第三篇文章里，他引用汉代的例子论证君主有责任以榜样的力量教育储嗣。[33]目前为止，虽然认为明代的局面不如汉代，但侯方域的立场仍未完全敌视当朝。

然而，在第四篇文章里，他断然发论，认为当时的灾难在于人民不敢直言的内地匪患和边境入侵。继而，他用中国学者熟悉的环环推理加以论证：

> 当夫寇之起也，繇于民贫，民贫繇于赋重，赋重繇于增兵，增兵繇于备边。迨夫边事之坏也，繇于兵弱，兵弱繇于饷薄，饷薄繇于粟不登，粟不登繇于田荒而民多为盗。然则二者之患，将更相表里，而不知所终矣。[34]

他继续强调了内患重于外忧，但他并没有给出任何有效的解决方案。相反，他火上浇油地论述了以往各王朝所遭受的内忧外患，品古论今，声称"已见者难防"。他的这番言论，很可能是给应试科考的士子示以警醒。

如果侯方域的考官如崇祯十年（1637）一样偏袒复社，他或许会被允许上书朝廷。但事实并非如此。[35] 后来加入雪苑社的南京人徐邻堂后来定居商丘，他曾有过这样一段记录：

> 放榜之前一夕，而副考以告正考曰："此生以如此策入彀，吾辈且得罪。"本房廖公国遴力争曰："果得罪，本房愿独任之。"正考迟回良久曰："吾辈得罪，不过降级罚俸而已；姑置此生，正所以保全也。"朝宗遂落。[36]

阐述清楚他所想的侯方域的遭遇后，徐把侯方域比作唐朝的刘蕡，此人因考卷触犯宦官，考官惧怕宦官报复，让他落了榜。徐邻堂非常清楚，考官令侯方域落榜，也是出于自保。

侯方域在此重创之下并未退缩，他成立了一个名叫"国门广业社"的社团与阉党对抗——这个名字即暗示了要圣贤之人参与公共事务。每次聚会，其成员皆饮酒作乐，"多咀大铖以为乐"。侯方域和阮大铖都赞助戏班，侯方域写了一部讽喻性作品来挪揄另一名阉宦。侯方域与阉宦机智的对抗使得时论将其比作李膺和范滂，此二人是东汉末年的士林领袖。此时的侯方域年轻、英俊，才华横溢，纵情于酒色歌舞之中；他也傲慢、刻薄，体现其交往圈的精英主义和暴力倾向逐渐加深的末世之兆。例如，曾有记载说他杀死一位激怒他的厨师并将其投入了秦淮河。[37] 学者黄宗羲与许多人的观点一致，认为他在父亲仍身陷囹圄时如此享乐浮夸颇不适宜，于是他的新社团很快解散了。

崇祯十二年（1639）冬，侯方域或许是厌倦了南京的放纵生活，决定返回故乡。在桃叶渡的送别宴上，李香君唱起一首《琵琶曲》，强烈控诉了汉末学者蔡邕，他尽管才华横溢却屈身侍奉权奸董卓。据侯方域记录，李香君唱道：

> 公子才名文藻，雅不减中郎，中郎学不补行。今《琵琶》所传
> 词固妄，然尝昵董卓，不可掩也。公子豪迈不羁，又失意，此去相见
> 未可期，愿终自爱，无忘妾所歌《琵琶词》也！妾亦不复歌矣！[38]

　　如果李香君反观东汉，将之视为可作劝诫的故事，她或许将之后的
晋朝当作积极的典型。她歌唱之所桃叶渡是以晋代王献之的一位宠妾命
名的。侯方域离开后，据称李香君终身谢客，不论财贿。[39]她显然希
望侯方域能在晚明政治的波谲云诡中洁身自好，坚守节操。

　　根据侯方域的回忆录，他于崇祯十二年（1639）下半年怀着乐观的
心情回到商丘。义军横扫中原，公然攻打复社，但江南依然安定，朝廷
依然在物色纯粹的学者。侯方域可以得到河南复社友人的协助并与江南
志趣相投的学者保持联系。据一位当时人记载："余再至金陵，……访
问故旧，尽日而归，则吞声止于废寺，并何子亦不可得见。"[40]到年
底，侯方域回到商丘，他送别友人吴伯裔和徐作霖前往北京参加会试。
尽管他将自己的落榜称作"既放"，但他显然仍希望其友人取得成功。
然而，二人在次年双双落榜，郁郁回乡。显然在此时侯方域正式承担了
雪苑的领袖地位。他结识了赋闲在家的杰出商丘学者宋权并认其为自己
的老师。[41]

　　崇祯十三年（1640）到十四年间，侯方域和其友人并未公开谈
及时事，但他们借以律己律人的历史典范人物却揭示了他们态度的转
变。例如，在侯方域送别吴、徐二人赴京的文章中，他提到了"高阳
之旧庐"，那是一个关于杞县书生郦食其效命于汉高祖刘邦的典故。据
司马迁记载，郦食其引起刘邦的注意，是因为他不承认自己是一个儒

学学者而是"酒徒"。通过这一暗喻，侯方域似乎想为自己的放荡辩白，并显示自己仅仅是想在既有的体制外，做一名不受束缚的寻道者。正如第二章介绍过的，另一位豫东北的学者李梦阳在明代中期开创了一种恢复汉唐诗文的潮流。在崇祯十三年至十四年间，侯方域的雪苑延续了李梦阳的文学传统。他在一篇至迟写于崇祯十五年的吴伯裔文集序中表示，文集中许多文章都法祖两汉，诗词则介乎韩愈与李商隐之间。[42]

　　其他的汉代故事也被侯方域及其友人借用来评判晚明的政局。在崇祯十四年（1641）初，侯方域在给一位安徽同窗的诗集作序时，赞誉了邹阳以及其他学者，此人是在汉武帝幼弟梁孝王统治商丘一带后脱颖而出的。在随后完成的一篇文章中，侯方域提到贾开宗欣赏的司马相如，后者也受梁孝王的资助。与司马相如一样，贾开宗也是一位具有自由精神，反对以孔子之是非为是非的人。侯方域也把吴伯裔比作司马相如，但他指出，与司马相如在汉廷位居高位不同，吴伯裔没有投身明廷。同时，侯方域的堂弟侯方岳，被时人比作陈孟公——后者是西汉末年王莽当政时期一位放达人士，他致力于藏书，恩养门客，镇压叛乱并防御边患。方岳是贡生，曾在江苏短暂出任县令，随后便还乡，投身于诗歌创作中了。[43] 尽管侯方岳和他的幼弟侯方严并非雪苑成员，但他们也资助门客，为明末商丘虚假繁荣气氛的营造增势不少。

　　雪苑成员也以东汉比附。在给江南学者吴应箕（1594—1645）写的墓志铭中，侯方域把他们的友谊比作东汉的范式与张劭。侯方域称赞吴伯裔学识的精深与广博，视之为郭泰和皇甫规一类的人物——这是两位因敢言而陷于东汉政争之中的学者。[44] 从这些雪苑社的成员对东汉的迷恋来看，他们似乎在为迎接明朝的终结做着准备。

　　侯方域预料到明朝将亡，在他给同时代人张渭的评价中有所显现。

张渭出身于商丘的贫寒之家，后来逐渐家资殷实。为了获得生员的身份，他参加了科举考试。落榜后，他谄谀于考官以图改判其考卷。随后，他第二次参加科举，在落榜之后，再次试图改判考卷。这次他被抛出考官公堂。张渭邀集了许多考生一道引起骚乱。最后，他仍未得偿所愿，到崇祯十三年（1640）他老境渐至，心灰意冷。随后，侯方域将具有野心的张渭与东汉的自诩甚高的祢衡（173—198）相比，此人就从未向任何人屈服过。[45] 还有一次，为了替在边境上的叛乱辩护，侯方域也借用汉代的故事做喻。

侯方域及其友人甚至预见到了两汉之后集权的程度更低，却也更难管理的模式。例如，他们将其生活的时代与晋朝做了类比。当侯方域和其族叔侯恂娶了一对姐妹时，他们被人们比作晋朝豫东北竹林七贤中的阮咸和阮籍，他们也曾娶了一对姐妹。侯方域的堂兄方镇出版了一部诗集，名为《大晋山房诗集》。侯方域在前言中将东晋的王导和谢安比作他堂兄的前辈。随后的顺治三年（1646），侯方域记录了贾开宗像西晋的阮籍一样，大醉六天，以逃避劳形的案牍。[46] 西晋朝廷于公元317年被后赵驱逐出洛阳后，东晋朝廷便在金陵（南京）建立了起来。侯方域也注意到此事与晚明的相似性——当它被满族驱逐出北京后，便在南京建都（尽管不如东晋那么成功）。

崇祯十三年（1640），雪苑的氛围因为张渭布宴迎接赴京科考失意的吴伯裔和徐作霖而为之一振。当张渭欢饮之后，他放言道："吾马周也！天下方有事，胡不用我？天下且不知文士，况能知我！"据侯方域记述，一些客人指张渭无礼，另有人指其癫狂，徐作霖却言：

　　若富贵子，席父兄余业，饱十数碗肉羹耳！天下乱形已成，无英雄能救之者，吾辈固旦暮死，而谓渭狂，何哉！[47]

当此愤怒之时，许多宾客为之落泪，酒宴也随之终了。事实上，以马周自比，张渭确实过于乐观了。马周虽然在初唐被朝廷忽视，终日抑郁痛饮，但最终还是被赏识并居高位。张渭与其友人的命运却大为不同。

与此同时，祥符县的另一位出身显贵的生员李光殿，在明代的最后几年被推上了领袖的位置。李家的源流目前尚有争论，但其一位祖先曾在明初去过开封。据族谱记载，李家渐入显贵始于第七世，当时两兄弟中一人成为生员，另一人则考中了进士。李家到第九世，出了一位任北京南城兵马司指挥的人，在任时间很短，很快就致仕回乡了。其子便是李光殿，后来成了生员。尽管光殿的两位同辈考中举人并得到了官职，但却是光殿以生员的身份担负起了防守开封、抵御流寇的重任。[48]

普通地主

另一个位居社会中层的集团包括普通地主，也即拥有需耕种的大量土地，因此雇用佃农为之劳作的地主。自耕农在中国北方比南方更普遍，但豫东北也有一些地主。根据何义壮（Martin Heijdra）的看法，单季耕作制和旱地畜力犁的耕作方式使得一百到五百亩的耕种规模最有经济效益。因此北方的地主往往比南方地主拥有更多土地。地主一般会将地租收入货币化，以增强在当地的影响力，担负子女的教育甚至购买功名。因此在社会中层中地主阶级是涌现精英最多的阶层。普通地主必须与上层地主相区别：他们缺乏免税免役权，也没有能力与官府对抗。因此在与上层地主的冲突中，普通地主处于劣势。尽管至少在明初他们的人数以及共同财富的优势使得上层地主也无法忽视。普通地主也须与民众区分，后者包括诸如自耕农、佃农、奴仆、隶农等，地主通常对他们施加超经济的影响力。[49]

普通地主在历史上并没有突出的记录，但宗谱上那些飞黄腾达的人，上一代往往是普通地主。王廷相的父亲利用了黄河改道和藩王抛地的时机耕种荒地和无主土地。商丘的一个刘姓家族通过机智的谈判将一个侍卫指挥使的职衔换成了"大量的财富"。[50]商丘宋氏通过商业或者凭借土地积累的财富维持着家族的生计。杞县的贺氏通过集中土地或者商业贸易，在短短十年内使财富翻了几倍。其他地主家族如睢阳楚氏，则强夺邻里的土地——相比之下，如果通过科举考取功名，获取土地会简单得多。

明代晚期土地集中到少数家族手中的趋势，既为时人所瞩目，也为历史学家普遍承认，但与其他地区一样，豫东北也缺乏系统性的资料加以论证。甚至连拥有两千亩土地的宁陵吕氏和十万亩土地的商丘刘氏也难以解读，因为这些家族的人数仍不确定。两则关于这一地区土地面积和分配状况的逸闻说明了这一问题。清丈上层地主的土地面积时，清初的生员郑廉估计明代晚期上层地主多则拥有土地达十万亩，少的也有五万亩。说到普通地主的土地面积，晚明的贡士孟绍虞列出了三个标准：家有千亩以上者，家有百亩以上者和家有十亩以上者。由于郑廉的近亲中没有取得功名者，并且据记载大概有五百亩土地，他显然属于孟绍虞所说的普通地主阶层。考虑到孟氏家族曾资助十名生员，还拿出过一千亩土地以作慈善之用，其家族显然属于郑廉所描述的上层地主阶层。拥有六百亩土地的永城丁懋勋应该属于小上层地主阶层。[51]

尽管土地的全部收入难以计算，通过轶事的记载，我们也可以窥到商品型农业收入的重要性。例如，在15世纪中叶，杞县一位张姓的卫所军官把家族遗产几千亩土地发展成为一个兴盛的农庄。一些地主将多余的谷物出售以换取消费品或者发展手工业。其他一些人种植和加工棉花，棉花最初只是汉代的一项副业，在宋代和元代逐步传播开来。棉花的单位面积土地产量比丝绸和毛织品高，并且在手工业中可以为多个环节提供原料，它比其他纤维要廉价。明代的建立者因此鼓励棉花的种植、加工、销售，并对其课税。它广泛种植于河南以及其他四个中国北部的省份，每年出产一百万到两百万匹棉布以及一百万斤棉花以装备北部边境的军队。到洪武朝末年，河南每年已经向中央政府缴纳二十二万斤棉花。到正德朝，棉花种植遍布全省，包括东北部的三个府。在明代，普通人穿着棉布衣服，因此"布衣"成为普通人的代称，成为那个平民化时代的标志。到明代晚期，棉花的种植开始与谷物种植争夺土地。例如开封府的延津县，据说有一半土地都种植了棉花。[52]

根据钟化民所论，到万历朝中期，河南出产的棉花已经超过了本省消费和赋税所需的总额。多余的产出被投向市场，多数都流入了江南的纺织作坊中。钟化民实际上表达了这样一种关切，认为人们把产出的棉花原料卖掉，再从市场购买棉布，自己不再加工棉花、织布再制成衣服。利润流入了操控市场交易的商人手中，造成了一些生产谷物的农民生活水平的下降。但部分货币财富流入了大地主手中，他们可以拿出一部分土地种植棉花，动用一部分劳力进行加工。除粗棉布外，地主也生产棉花籽与油，某些情况下会加工棉布。可以肯定的是，一些最终完成的纺织品的质量并不达标。包括商丘的一些县中，直到明代晚期都没有把棉花列为可以交易的商品。[53]

豫东北的地主家族在该地区的集镇上销售各种类型的制成品。虞城县在商丘销售木瓜，商丘则将优质大米销往各处。临颍县以优质的丝绸制品闻名，禹州则以铁制品闻名，郑州以优质大米和靛蓝为人所知，陈州则以优质弓箭闻名，卫辉府出产的大米供给开封城。[54]

　　由于在开封聚集着大量的贵族、官员和市场，此地消费着豫东北地区的各类产品，而且种类繁多。开封的三十万人口大概消费一百五十万石大米、小米和肉类。其中五十万石来自开封府和河南省的赋税所得，剩余的部分在城西和南面的两个市场中解决。开封还有八个时鲜市场，出售临近几个县运入的时鲜蔬果肉类。尽管绝大多数纺织品都是农户加工的，加工从临近乡村运入的棉花和生丝的半成品作坊，仍然占据了开封的一整条街巷。正如粗磨面粉在城里被细磨一样，丝绸和棉纺织品也在城中的十二家店铺印染。睢州以皮帽闻名，开封的穆斯林则加工其他皮革制品，三十家店铺应订货的需求制作帽子，开封也以制鞋闻名。开封的短大衣、裤子等产品远销北京。郊区的生产者带着柴草、药草、桑皮纸、麻布、铁器，甚至马匹出售给城里的顾客。[55] 这种交易使大量白银和铜币流入地主手中，供其购买更多土地，社会地位也随之提升。

　　商品经济对豫东北地主的重要性，以一种消极的方式体现在张渭儿子的身上。他显然希望通过在商丘的马匹投机生意为父亲的财富增值，但他却赔钱了。[56] 到 1640 年代，河南地主的这种痛苦经历随着全球性的经济衰退日益增长。

工匠和商人

　　汉代形成的士农工商社会结构的观念，在明代人的观念中仍然留存。明代的开国者把工匠组织成职业世袭的团体，期望其为国服务。商人尽管不是一个世袭团体，但仍需服从于特定的限制。禁奢令禁止其穿着丝绸衣服，限价令防止他们在饥荒时囤积居奇。理论上讲，工匠和商人获取社会尊重的方式只有将其财富投资于土地或培养其子孙参加科举获取功名。

　　一如此前，明代的现实社会与理想化的等级社会是不同的。世袭工匠户很快转入了其他行业，商人无视禁奢令，通过其商业财富获取社会地位。由于 16 世纪社会长期的和平安定局面，制造业和商业日益繁荣，税收体系逐步实现货币化。为了朝廷本身和民众对日用品生产和分配的需求，国家越来越保护独立工商业。随着万历朝海外贸易的恢复和白银大量流入，许多人感觉到工匠特别是商人正在控制国家，社会规范也随之改变。在 20 世纪，通过分析晚明时期工商业的发展，一些历史学者声称看到了现代欧洲模式的资本主义萌芽。这种模式提出了关于价值的问题，还把我们的注意力引向了不只是商业化对工匠和商人的影响，还有他们对此的反应，以及他们的同代人对此变化的反应等种种复杂问题。[57]

　　如同妇女和普通地主一样，工匠和商人只是偶尔在精英分子的著作中被顺便提及。然而，幸运的是，一位士大夫特意写下了明朝晚期的商人境况，还对比了其在几个省份的处境。

　　张瀚是浙江杭州一个兼营商业的地主家的后代，后来在万历朝成为一名士大夫。他的《商贾纪》一文作于 16 世纪末。采用汉代司马迁《史记·货殖列传》的体例，张瀚轮流评论各省的商业地位。他从海外的朝贡贸易占重要地位的北直隶开始。然后转到河南：

　　　　京师以南，河南当天下之中，开封其都会也。北下卫、彰，达京圻，东沿汴、泗，转江、汉，车马之交，达于四方，商贾乐聚。地饶漆絺枲纻纤纩锡蜡皮张，昔周建都于此，土地平广，人民富庶。其俗纤俭习事，故东贾齐、鲁，南贾梁、楚，皆周人也。彰德控赵、

魏，走晋、冀，亦当河、洛之分。而南阳下蕲、黄，入襄、郧，又
与淮、泗相表里。若民物殷阜，汝宁为优，而水陆道里为便矣。[58]

照张瀚来看，这个中部省份仍被定义为"周"，或许因为东周以其
境内的洛阳为都城，封于开封的明代王公也称"周王"。张对此地经济
条件令人吃惊的乐观分析，或许受到他对此地在西汉和北宋的繁荣状况
的认知所致。

无论张瀚对河南商业中心地位的描述多么夸张，他对其在明朝交
通运输中心地位的描述是正确的。大道从北京直达卫辉，并在此分为三
道。第一条（分道）向东南通往开封，第二条（干道）向正南通往郑
州，第三条（干道）向西南通往洛阳。两条基本平行的道路向南延伸，
一条从开封经过汝宁南达湖北黄安。另一条从郑州经过南阳到达湖北襄
阳。同时，一条横向的干道从西部的西安经过洛阳、郑州、开封、杞
县、睢州、永城，到达东部的徐州。在河南境内，所有的县都通过坚固
的道路连接起来并且每天都有集市。尽管商业集镇在规模和数量上不能
与宋代相比，但豫东北商业村镇内开市的频率在明代一直在上升。[59]

从万历朝中期开始，由于国家财政陷入赤字和私人商业繁荣，官府
和地方越来越依赖商人去雇用劳力和分配资源。河道官员寻求经营地主
提供的劳力来维护黄河大堤。赈灾官员允许谷价上升以吸引谷物流向河
南，随后用行政手段将其分配给饥民。[60]

由于人民勤奋，土地肥沃，绝大多数河南人继续在土地上耕作，剩
余产品也在当地出售。一个在开封做生意的洛阳木材商人实力雄厚到
可以与周王争夺一个官妓。河南北部彰德府武安县的商人长途贩运锡、
煤、铁、铜，但绝大多数长途贸易掌握在乐于汇聚于这一中部省份的外
地商人手里。在明代中期，他们主要来自江西，但到了明代晚期，他们

主要来自南直隶的徽州府。据说万历三十五年（1607）时徽州商人在河南经营着二百一十三家当铺。[61]

这些徽州商人中有一个在商丘经商，名叫王世清的商人。他出生于婺源县的一个商人世家，其家族可以追溯到唐代。他聪慧好学，能潜心读书，在科举失败后，转投了商业。他游历陕西和四川，在浙江经营鱼盐生意，他还资助亲属，其中一人做了县令。世清的诗作尚可，结交的群体中，也有不少名士，例如书画家董其昌。晚年当他患病偶遇侯执蒲时，正行经商丘。执蒲建议他："此中可居也。"王因此在商丘筑屋而居，只是晚年返回浙江作诗，在七十一岁时去世。[62]

王世清是晚明一位典型的儒商，他以自身的财富和教养，在精英圈中获得了较高的地位。[63]他显然从未购买——更别说考取——任何功名，却和顶级的文人结交并且彼此诗文酬唱。他去世后，一个住在商丘的儿子试图把他的灵柩运回南直隶祖坟安葬，但由于明末兵戈扰攘没能实现。到了清初，他请侯方域为其父作了墓志铭以纾不孝之疚。侯方域答应了他，尽管从未听说过此人，但还是在文字上对他的逝世致以了长久的哀思。事实上，侯方域为此获得了丰厚的报酬。无论如何，侯方域写道其子其实可赞，因其并非耽于行商，亦非迷信风水，实因军政乱局，才耽搁了归葬之事。他并未提及王世清儿子的花销，他既称赞了父亲的商业成就，也褒美了儿子的孝心。他同时暗示了司马迁在其《史记》中也曾记载了商人的言行，以此为自己给商人作墓志铭的行为做解释。[64]

另外两个例子表现了商业财富和学术成就之间的继承关系。徽州歙县的张清在16世纪来到祥符县定居，在此养育了一子张一柱，他于隆庆二年（1568）考中贡士，继承了一个中央政府的官职。（他于内阁首辅张居正当政期间辞职；甚至连商人的儿子也不能容忍试图牟利的摄政者。）另一个徽州人高华"随其父亲抵达汴京经商"，后来成为生员。他通过了乡试和会试，成为四川的一名考官，在年老返乡前游历广泛。尽管他是作为徽州人获得功名并在致仕后到了不知名的地方，但他仍被祥符县志作为"旅居名人"作传记载于其中。[65] 在这些例子中，到开封的那些获得功名的移民在其传记中记载了其父亲的商业活动，否则其父的事迹可能将无从记录。

写于清代初年的匿名作品《如梦录》提供了对晚明开封的商人更全面的视角。根据这部作品，商人从远至广东、杭州、南京、北京以及徽州赶来，进行丝绸、茶叶和马匹贸易的从临近的山西赶来，小贩们从山东的很多城镇以及河南其他地区赶来。同时，开封本地人经营着十二家繁荣的当铺，二十四家铸锭铺，几百家各种类型的商店。由此开封的几千名商人重塑着自宋代以来的商业传统，也给了这座城市以新的定义。[66]

根据记载，开封的工匠和商人通过几种方式组织起来。一些制作同类商品的工匠倾向于聚集在特定的街巷或区域：弓箭街有几家卖这些物品的商铺；另一条街巷聚集了二十多家银匠；从广场到钟楼汇集了琳琅满目的服饰店。招牌标志着出售不同类型商品的店铺：例如，鱼的图案代表香火类商品，铁鞋代表着鞋匠铺。许多商人隶属于大约 430 家行会，由行会向国家缴纳商业税并且为三年一次的省内验考担保。谷物批发市场被称为"行"，意味着某种受政府监督的行会。例如，两个持有政府颁发执照的家族经营赭土和染料。经营果蔬禽畜棉柴的商户在"市"中销售，这意味着政府较少地监控。尽管易腐坏的商品只由小贩在公共市场销售，干货和硬件设备则可以在广布城中的地方买到。例如，在衣饰街上，人们可以找到镜子铺、脂粉铺、马鞍匠、酿酒铺、银锭铸造店和食品店。一些街道的名字和它们在晚明的用途毫无关系。[67]

开封的一些生意可能是个人经营的：例如张应奉的餐饮店。更多的则为家族所有，例如方氏家族的雕刻作坊。余家经营着五家丝绸店，一家在鼓楼西边，四家在鼓楼东边。一些有品牌的商店经营多种日用品。有的是大宗商品，例如如松就有一百多个房间。由于这些商店需要相当的资本，并且经常有来自外省的货物销售，背后应该有商人集团集资经营。[68]

总之，到了晚明，工匠不再世袭，而是为市场生产商品，这个市场是由高贵的精英、妇女、书生和地主构成。商人不再遵从禁奢令；相反，他们住在与其财富相配的宅院中，可以不受监督地与精英们交往，甚至可以购买功名。但是特定的贸易和专业仍倾向于由家族传承，特定的商业家族接受了文人的生活方式并且为其子孙进入精英阶层做准备。一些工匠和商人显然具有一定的文化，但是他们没有留下阐发其价值观和观点的翰墨。幸运的是，一个小吏写下了一部账本，为明末的开封提供了全景式的描述。

小吏

明朝跟其前后的时代没有区别，小吏在正式官员和普通民众之间扮演着重要的角色。他们存在于各个阶层之中，从京城的部门到乡村的判官，职位非常宽泛，从低品级五品官到九品官的同知、通判，到主簿以及无品级的保长和司狱。在许多府县中有其他类型的小吏，有的具有品级，有的没有。[69]

知府和判官的助手无论是否有品级，都有正式但低级的地位。在地方志中他们被列于官员部分但时间不详，难于比较。随机抽取的十部地方志的信息，显示了晚明一些小吏的地位。与前述学官不同，这些小吏似乎一直从外省调任。与教育不同的是，在赋税和司法领域，晚明仍没有对地方主义的妥协。许多助手有低级的功名，但有些只被列为职员而已。尽管地位低下，助手们仍能乘正式官员擅离职守之机大肆弄权。例如第一章描述的本地官员的例子，其他省份的一些县在特定的时间和地方，为豫东北输送了比想象中更多的小吏，这显示出政治网络在类似人员的安置中所起的作用。[70]

在明代中早期，小吏的职位很少，也不怎么重要，因为司法官员会直接与地方名流地主交往，征集赋税，并通过基于村庄的里甲、保甲制度处理司法事务。一条鞭法改革后，这些官员更加依赖小吏和书手去征税和维持地方秩序。小吏的数量因此大为增长。到万历十五年（1587），小吏的数量据估计是正式官员的四倍，全国范围内大概有十万名胥吏。每个县有六位官员，对应着中央政府的六部，每个官员据说至少有十名小吏。据侯方域所说，在明末每个县的小吏数量可能达到了几百人。与其他低级官员不同的是，吏员们没有功名，也没有品级，他们晋升成为正式官员的机会寥寥无几。他们是典型的本地居民，不仅从本省调任，更直接从所供职的衙门或县内选任。其职位常用来继承和交易。他们没有薪水或薪水微薄，因此只能依赖渐渐演变为贿赂的馈赠来维持生计。他们在衙门的工作，给了他们不同于普通人的接近权力和财富的机会，但他们没有相应的社会地位，以至于惯常被官员和精英作为腐朽堕落的人而严办。[71]

作为有志于成为精英阶层的生员，侯方域表达了精英惯有的对小吏的蔑视。他认为明代对小吏的任用不如汉唐制度，后者在任命吏员前要求其具备相应的教育程度。据侯方域所述，过去的小吏人数很少，尚知自重，属意于作为，且举止儒雅。但到了明代，对小吏的任用完全失控。他说：

> （吏胥）奸猾者为之，无赖者为之，犯罪之人为之，缙绅豪强之
> 仆、逃叛之奴为之，吏胥之子孙相沿袭、亲若友相援引者更迭为之，
> 凡若此者，岂复有毫末之余地哉？[72]

侯方域接着说，在唐代官员并不羞于解雇不称职小吏，甚至在明代早
期，担任过小吏的官员仍会坚决检举不轨属员。然而在最近几十年，胥
吏激增于各处，各级官员及其下属的公权都被窃走了。侯方域估计一个
胥吏将会扰乱一百名百姓的正常生活。由于将近有一千个大县各配有
三百名小吏，因此约有三十万胥吏令三千万百姓遭殃。侯方域认为，解
决的办法是限制官府中小吏的数量，力责官员，必要时甚至可以效仿商
鞅、韩非子，执法不贷。

　　尽管晚明文人会写到胥吏，胥吏群体却绝少自书。幸运的是，《如
梦录》在不经意间揭示了一位来自豫东北的小官的世界观。这位匿名的
作者显然是文人无疑，他自己题词并写作了这部书。但是，与宋代《东
京梦华录》的作者孟元老创作了这部名作不同的是，这位明代作者文采
一般。根据清代第一位出版此书的常茂徕所说，此书的原稿中夹杂着大量
的行文谬误之处。与孟元老的名著不同的是，这部书没有涉及日常生活的
各个方面，而是仅专注于物质层面。根据其记载的在官府和市场经济中的
关于财富的准确数据，作者可能是负责征税和安保的一个小官。[73]他可
能从书面资料和与崇祯十五年（1642）洪灾幸存者的大量接访中，得到
了详尽的账目。

　　常茂徕出版的《如梦录》全书包括两个前言和十章。在前言里，作

者提到了居于中心位置的开封历经兴衰变迁。在第一、二章，他描写了城市的两道城墙和五个城门。他解释说，西门对着正西，来接受好的影响。其他四个门，两个对着南北，两个对着东方，被修建得有一定斜角，以储存城市的繁华与风水。第三、四章记述位于城市中心位置的周王府和遍布城中的显贵。第五章写位于王府西南面的省、府、县衙门。第六到第八章写了称为"龙须"的两条通到王府南面的大街，以及中心城区的街道和郊区的市场。第九章写了位于王府西南角的乡试考场。最后一章写了每年一度的把开封居民吸引上街的节日盛会和城中的寺庙（见地图 3.1 和地图 3.2）。

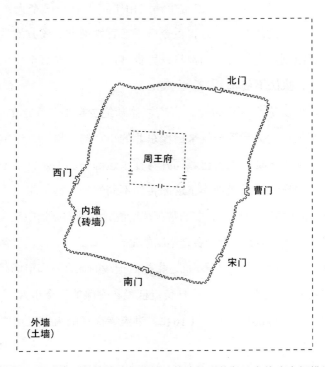

地图 3.1　明代开封的城墙与城门（外墙的形状与地点均为大概描绘）

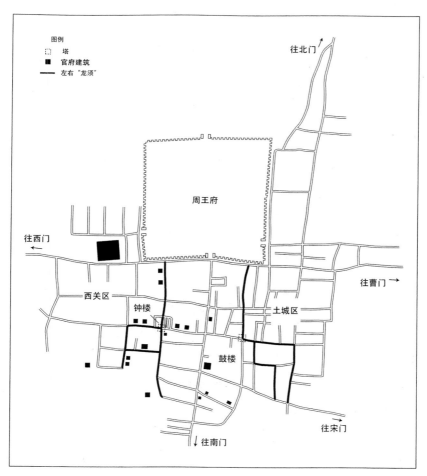

地图 3.2 开封主要街道图（此图取其规模和示意）

这部书反映了一个晚明小职员的观点，它以城市的文化和历史背景
开头：

汴梁乃豫州之分野，天地之中枢，八方之冲要，腹心之重地。

其名曰大梁、曰汴州、曰汴京、曰汴梁，历代更改不一，可谓巩固
金汤亿万年不拔之基。[74]

包括河南在内的八省环拱着这座城市。

正如书中前言所论，开封地区在中国历史上其实并未长期作为文
化、政治和商业的中心。在商代以后，它主要在中央政府崩溃的时期，
例如战国时代，作为区域性政权魏国和梁国的都城；或在宋代，作为北
宋和金国的首都，逐渐成为繁荣的中心。开封位于传说中豫州的中心，
中部平原的腹心，并且是明代河南省的省会。由此，这座城市全面继承
了中州文明，它深植于建筑、手工艺和传说故事。这样的物质条件在日
常生活中，不断唤起作者及其同时代居民一种过往的历史如今仍存的
感觉。

这部书揭示了开封的古迹如何体现和传承文化中心性的概念。在周
王府西南的官衙中矗立着历史上从西方来的周朝武王和成王，以及他们
的传奇辅臣、曾在中部平原钓鱼的姜太公的庙宇。附近有一处纪念孟子
适梁的神祠，吕坤将这段东来的旅程解释为体现了此地在春秋战国时期
的重要性。尽管豫东北在三国曹魏时期具有重要地位，但宋代以来的史
书认为刘备的蜀汉才是汉朝的合法继承者。开封因循这种思想，建筑了
大量的关公祠，这位蜀汉将军在死后被誉为战神。这座城市的古老体现
在杞县北部有十三层的祐国寺塔。此塔建于宋代，通体贴锈色琉璃砖，
因此被称为"铁塔"，它历经战争、洪水和地震，仍为全城最高建筑。[75]

南郊的三圣祠体现了唐代历史的痕迹。人们在此地按时节献祭于李
白、杜甫和高适。明代勋贵、官员和学者常聚于此地，欢度清明节和重
阳节。曾在中唐时代在豫东北地区誓死抵抗安史叛军的张巡和许远将军
的祠堂是明代每年举行年祭的场所。在唐之后的后梁和建都于开封的朱

温宫殿旧址上，明代河南地区的军事指挥部坐落于此。在开封建都的宋代建立者赵匡胤的塑像，被树立于临近的一座庙宇里。[76]

占据了宋代皇宫位置的明代周王府是自宋至明的开封的中心地区。进入周王府的主要入口南薰门是宋代的正阳门，诸官觐见周王的地方是宋代的科道衙门所在。其他令人回想起宋代历史的，还有建于赵普府邸旧址的李广田宅邸，他是晚明生员以及杰出的开封保卫战的领袖；玉清宫是依例祭祀洛学大师程颐和程颢的地方，此二人对孔子经典的诠释在元代和明代被奉为正统；宋代作者孟元老的宅邸，他关于开封的著作也是本书效仿的模板。[77]

开封自宋代到明代经历了大规模的破坏，包括金元时代战火、洪涝造成的破坏。但作者很少提及那个时代，而是集中于近期发生的事件，包括明朝第三个皇帝永乐皇帝为了惩罚其兄弟，第一代周王反叛阴谋而对周王府进行的缩建。例如，从宋代禁城遗留下来的银安殿被毁，象征着龙心被去；唱更楼被拆，象征着龙眼被挖。明太祖的塑像被高悬于端礼门上，似乎是提醒世人，如永乐皇帝所言，他是被选定的继承者，绝不能容忍对其权威的任何挑战。[78]

作者还提到了开封与明朝建立者洪武皇帝有关的其他遗迹。周王府西南是张仙庙，是为纪念曾在朱元璋建国的过程中扮演重要角色的道士张中而建。隔壁则是本府地祇庙，据说这位传奇的神仙在一场战争中为朱元璋提供了帮助。周王府西南边的文殊寺原是洪武皇帝最重要的将领之一汤和旧宅。在郊区，白云观中祭祀着辅佐明太祖的重要将领的英灵。[79]

作者也提到了晚明起到重要作用的几个人。他提到了宗室朱睦㮮，此人考取了举人，还为族人兴建了一所学校，但批判了其孙子持续豪奢的生活方式而不求有所建树。他将于谦供上神坛，后者在那里留下了一头镇河的铁犀牛。他提到了本地精英家族，包括在明末襄助守城的贡士刘昌。或许因为他是个普通胥吏，作者对普通却做出了突出成就的人给予了特别关注。他们包括书法家、生员左国玑，画家张平山等。与诗人李梦阳一起，他们被并称为"中州三杰"。他们的诗书画作装点着这个城市。[80]

作者对明代的最后几朝不甚关注。他曾说魏忠贤当权时，当地一些官员和地方精英曾打算把空置的王府改为魏阉的生祠。魏忠贤一倒台，这个计划连同王府一起销声匿迹了。他记录到在王府的东北角之外，泰山娘娘的行宫里有一个和尚，专门负责为皇妃张氏烧香。如我们所知，出自祥符县的张氏一直庇护东林党人到明朝灭亡。她的父亲张国纪曾为庙宇题匾作"卿相世家"。[81]

总之，作者与许多开封居民一样，认为自己居住在世界上最好的城市之一。在描写了王府中布满了亭台湖桥、岩洞瀑布以及桂树香花的景致后，他总结道："世上罕有可与之比拟之景。"布政司衙门的一块匾额言简意赅，为"人间天上"。开封府衙被题为"中原首郡"，祥符县司法官的衙门题为"中原首邑"。开封的宗教场所同样毫不谦逊：被周王三次修缮的三皇古寺自称"天下第一古庙"；铁塔被称为"天下第一塔"；甚至被认为应当具有道教"拒当天下第一"精神的周王府西南面的道观也自称当地"首圣道观"[82]。作者通过对比开封和明代其他一流城市，给全书做了如下的总结：

> 大街小巷，王府、乡绅牌坊，鱼鳞相次。满城街市，不可计数，势若两京。[83]

言辞虽不免夸张，却再现了开封过去的荣耀和作者对未来的期望。

同时，开封有理由自居为一流都会，不管是否符合宣称或回击质疑。

军事

开封的防御要依赖明代社会的另一个中间阶层——军官。中国人在周代中期称呼军官的名称（士）到了春秋战国时期发展成了对学者的称呼。经学中所讲的绅士应该具有的六艺中的两艺"射"和"御"便与军事有关，学者应该通晓军事艺术的观念也贯穿了中国历史的大部分时段。由于明代继承了宋代的中央集权、文官治军的传统，所以军官服从于士大夫阶层，而非属于其一部分。但明代也模仿汉代对于有效防御边境入侵和内部叛乱的关切，军事技术被认为是社会动员的一种途径。明末军官的地位可以通过明朝军队系统的起源和发展的几个层级加以描述。

第一层是从明朝建立到灭亡一直延续的世袭的卫所指挥官。他们是从特定的家庭招募的军士，平时自耕分配的官田以自给，有事则负责维持和平和秩序。洪武十三年（1380）后，这个系统由在北京的五军都督府统辖，每个都督统辖在首都或另外两三个省的一部分卫和所。例如，中军都督府负责节制北京、河南和凤阳的军队。[84]

每个省都设一都指挥使为本省内的军队对北京负责。河南都指挥使最初节制十六个卫所，其中有十三个直至明朝灭亡。理论上讲，都指挥使及低级军官从世袭兵户中招募，但很多人似乎是基于其军事才能而被任用的。根据省志记载，总共六十一个都指挥使中有大约一半来自普通登记的民户家庭。与文官一样的是，他们几乎都来自外省；不同的是，他们没有功名。[85]

河南都指挥使指挥部设于宣武卫兵营旁边，后者是拱卫省会的主要力量。二十四位军官管辖三十六个军所，依律满员为 39200 人。当达到这个数字时，曾在临近的拱门附近竖碑，表示这是中部平原的重要卫戍部队。五个曾保卫开封的同伴将领的名字被以一英尺高、四英寸宽的字体刻于宋门南北的 17.5 米高的城墙上。根据这些被设计得尽可能持久保存的城墙上的铭文所述，尽管缺乏功名甚至品级，这些男人被公认为对于保卫开封已经足够。归德府也有两个卫，一个在商丘，另一个在睢州。[86]

明代军队的第二层包括从北京兵部任命的官员，他们在战斗中负有实际指挥之责。随着时间的推移，他们逐渐有了驻扎在府、州、县、乡的下属。卫所系统的军官可以被任命为实际指挥官，或者作为奖赏而升迁为实际指挥官。[87]

在明代中期，卫所体系和都指挥使司体系都发生了变化。调发卫所军队到北京参加春防和秋防的行动不再继续，内地的军队很少训练，卫所的士兵被抽调到边境的都指挥使那里参加战斗的制度衰落了，取而代之的是，边境的军队经常被抽调到内地镇压叛乱。结果是，到了明末，开封卫所内的实际兵员仅仅一千人，以至于朝廷派一个都指挥使带领六千军队来负责开封的防务。一些军户家庭的成员在科举考试中取得成功并脱去军籍，担任文职官僚。其他人离开或被驱离了国家分配的土地。他们最终不再被登记在册，军役已经没有意义。

随着卫所军官和兵员数量的下降，当地官员逐渐放弃了世袭军户系统而从仍登记在册的人口中招募兵员。结果，各类军官的总数增长了六倍多，从洪武年间的大约一万三千人增长到万历年间的大约八万两千人，军队总数从大约一百二十万增长了大约三倍，达到四百万左右。军队人数增长率超过了人口增长率并且对一个资源总量稳定而有限的国家提出了挑战。作为应对，明朝设立了新的高级指挥官巡抚和总兵以加强在省内对军队招募和退役的管控。[88]

在 16 世纪，为提高军官素质，明朝建立了一个四级军官体制。首都的武学以《四书》和《武经七书》以及骑马、射箭来训练从勋贵和世袭军户中选拔的成员。这些学生很快会参加根据文官科举考试设计的武举考试。到了万历朝，武举考试已经建立了乡试、会试、殿试的连续性体系，并允许所有符合文举考试的人参加武举考试。[89]

与此同时，作为对社会的货币化和商业化的反应，明朝越来越依赖于第五层的军队组织，它发源于嘉靖二十九年（1550），从普通群众中雇人为兵。为了供给这样的军队，兵部和皇家制造机构都加强了制造和分配兵器的控制，甚至要求类似河南这样的省份自备兵器。由于明代保持了相当长的一段和平和稳定的时期，所以它几乎没有改进过火器。其制造大多依靠手工，使用少量的金属。结果是，弓箭盾牌等"冷兵器"相比枪炮等"热兵器"，在战场上仍然占了主流。尽管马在战场上仍然重要，到了万历二十八年（1600），明朝八成到九成的牧场被蒙古牧民和汉族农民占用。它试图要求例如河南这样的内地省份供给马匹，但往往是交钱了事。[90]

尽管军队新层级的出现是一种进步，但豫东北的资料显示原有的层级仍然存在，甚至有时会重叠于新的层级之上。例如，在 16 世纪，睢州和商丘的卫兵仍然积极参与镇压叛乱并被嘉奖，进而提升为外省的指挥官。与此同时，睢阳卫兵中的战死者可以在本地方志中被荣显为本地社会"忠烈"之士。[91]武举考试实际上为社会上固有体系中的男性成员提供了流动性。一个中了乡试武举的睢阳人被提拔为一个卫的指挥使。一个杞县文举人通过了武举考试并被任命为北京北部昌平的一个指挥使。[92]

无论在军队层级内如何流动，军官在明代社会上只有中等地位。16

世纪早期睢州一位贡士责备方志编撰者对武人关注太少，无视汉代和明代早期出现的镇压叛乱的优秀将领。他呼吁对建立武功的人也要像有成就的文人那样树碑立传。如果卫所的指挥官总是做无名英雄，那么武举人数始终会很少。到晚明时代，武科举贡士的人数只有大概一百人，是文科举的三分之一。[93]

相比训练军队和制造兵器，晚明朝廷更强调建立城防和维持和平。开封的城墙长达 13 公里，17.5 米高，护城河有 7 米深，17.5 米宽。睢州城墙长达 5.5 公里，高 7 米，护城河超过 3.5 米深，10.5 米宽。这些府城由砖石砌成，城门配有哨塔，四角设有暗堡。在杞县，居民们不断修缮加高城墙以期抵御叛乱。晚明国家的防御性甚至是和平性的立场在开封城门的别名中便可窥知：曹门被称为"迓祥"；宋门被称为"宜春"，北门"安远"甚至被称为"拱辰"。开封城内有八坊，被称为"大宁坊""永安坊"等。其下则被分为八十四个社，每个社由六人管理，其中两名乡约，四名火夫，由居民出资供给。地区的军事机构不仅准备防务，还参与纺织；《如梦录》里仅记载了一个开封军器匠。[94]

晚明军队地位中等也反映在方志中很少记载武举人的现象上，在十一个县的调查中终无结论。[95]但是私人军官和武举人直到 1630 年代仍在镇压寇匪。崇祯八年（1635），睢州的一个指挥使、一个所长、三个参佐"战死阵前"，随后一个武举人召集乡勇和三十名骑士把城中一伙流寇驱逐了出去。同一年在商丘，一个武举人在与土匪作战中战死。[96]

商丘一个刘氏家族的例子揭示了世袭军户如何赢得文武功名并组织乡勇和民兵的。这一族先祖来自南直隶，辅佐过明太祖，并被录为归德府的世袭指挥使（三品）。其所长（五品）的职位被传给后代，包括第五世的刘轮，通过交易使其化为大笔家财。刘轮的儿子在嘉靖三十七年（1558）考中了举人，此后把女儿嫁给了归德府指挥，借此与军队保持了联系。一个孙子通过考中文举人巩固了家族的精英地位，但仍然通过迎娶一位归德府指挥使孙女的方式保持了与卫所制的联系。一个重孙在万历四十六年（1618）考中武举并在崇祯八年（1635）率领临近村庄的壮健之士抵御匪寇对商丘的进攻。即使到了家族早已在文科举中取得成功的第九世，仍有一名成员取得了武举人的功名。[97] 当明朝最初的军队体系濒于死亡的时候，它的一些成员继续在军队中扮演着重要角色。

另一个与归德府刘家无关的体系，在晚明的战场上表现得更加积极。据方志记载，其父亲从山西携家眷来经商并定居在永城。其儿子刘超，体格高大强壮，精于武术。他同时还喜欢读《左传》《战国策》和《三国志》这些记录中国早期分裂和战乱的史书。他于万历四十六年（1618）考中了武举的头名。四年后他与同样出自永城的士大夫王三山一同前往贵州担任巡抚。他帮助王三山解除了苗民首领安邦彦对贵阳长达十个月的围困。但随后他的部队掳掠平民，陷入了埋伏，遭到了惨重的伤亡。由于过去的功劳，他逃过了惩罚并被派往当时属四川的遵义担任指挥使。到崇祯九年（1636），他的儿子在前线继任为把总。然而，刘并不满意，并于崇祯十二年前往北京申诉。在都城没有得到任何同情，他怏怏不乐地回到家乡永城。当他永城的邻里，士大夫练国事、丁魁楚和丁启睿由于镇压匪寇一个接一个地被任命为高级文官的时候，他怀怨更深了。[98] 他很快采取了戏剧性的行动，改变了明末的豫东北政局。

郎中

郎中构成了晚明社会一个更小的中间阶层。医术可以追溯到战国时期，当时传奇医生扁鹊发展了一整套经验主义的方法论。汉代进一步发展，并以传奇人物黄帝及其医生鬼臾区的对话形式写成了《黄帝内经》。唐代设立了医官考试并在中央和地方层面上任命了医官。宋代在开封的太医院培养了 250 名学生，并对其进行经典和医术的考试。[99]

明代的豫东北地区仍保留了对医术的浓厚兴趣。第一位周王朱橚监督了对医药典籍的编修，包括《普济方》和《救荒本草》。商丘的宋家和杞县的侯家担任了太医院的秘书。吕坤研习医学，杨东明支持了一位乡村医生。《如梦录》提到了开封的一个为公共福利和医疗所设立的机构，两位外科医官、两位眼科医生、几位牙医和兽医，以及治疗骨折，击打伤和接种天花和麻疹疫苗的人。《开封府志》记载了县乡中的医学馆、药房、医馆。[100]

明代没有继续唐代选拔和任用医生做官的办法，但是一些医生生活舒适，与官员的交往也密切。许多著名的医生住在开封，且能在省志中留名。他们通常出身一般，有一些文化，由于一些戏剧性的经历而决定从医，并跟着有经验的医生做学徒。他们通常德行高尚并在医学上颇有造诣，但拒绝参与科举并致力于悬壶济世。他们继承了长期的医药传统，以经验主义的方式进行诊断并以实用主义的方式进行治疗，满足病人的一切需求。好的医生得到声望，有时是财富的奖赏，但很少是权力的回报。[101]

开封府和祥符县志提供了豫东北的五位有代表性的医生的档案。周溥来自浙江，不知何时定居开封，他聪明好学，但染上了肺结核，在被一位医生治好后他成了医生的学徒，并研习包括东汉的医书。他四处行医，自制药丸，还写了几部书。他将一千多个处方写成诗歌，直到 17 世纪人们还在吟诵。15 世纪中期，另一位祥符县人李新擅长儿科，他从精英阶层的患者那里收到了很多名贵的礼品，但仍然会深入乡间并赢得了百姓的信任。当一位府尹赠给他金子以表彰他为社会所做的贡献时，他将其铸了一个金钟，悬挂在医馆门外。他成为著名的"金钟李公"，一段 17 世纪的韵词还传颂着他的故事。[102]

最有尊荣的医生中有些人为社会各个阶层的人治病。来自洛阳一个行医世家的史仕擅长以汉代的医术治病。他没有任何功名，后来移居开封，成为周王府的医官（八品）的教习。除了为周王及其亲眷治病外，史仕还为大量的平民治病，直到他八十七岁去世。另一位医生刘辉跟随一位开封名医学习，以其不分寒暑地巡诊和免费为穷人看病而闻名。七十岁时，他被本地官员委任讲解乡约。著名的平民画家张平山也是一位著名的外科医生。[103]

由于明朝不像唐宋那样有公共的医学学校和官方掌管的评价考试，医术主要在特定的家族内传承。例如，开封郑氏四代人以医术与医德并称于世。族祖郑镒活到七十岁，写了许多病方并诊疗了许多病人。他的儿子也以做医生闻名，他的孙子则把行医事业扩展到了商丘。家族的一个重孙在天启四年（1624）考中了举人，崇祯七年（1634）中贡士，在明末的广西担任监察御史。他自然没有时间行医，但同代人中的另一位则将家族行医传统延续到了清代。[104]

开封城外，名医较少，很多县志中没有记载。甚至记载丰富翔实的杞县县志也只提到了一人 —— 李可大。他活跃于 16 世纪中后期，是一位在母亲生病后，放弃参加科举出仕的生员。他很快转向了医书。经过多年的研习后，他宣称："卢扁在是矣！"出外诊病，随手奏效。他用药好以奇胜，不拘旧方。例如，当其他的医生拒绝给罹患哮喘的产妇使用人参时，他将人参与苏木合煎于汤中，产妇饮后，药到病除。由于医术高明，他被荐为太医院修职郎（正八品），但他从未赴任，而是继续在杞县行医。当他的一个远房亲戚昏厥，家人已经放弃，接受其死亡时，李通过在她胸口敷上烂泥并灌服黄连、葛根汤的办法，将她从鬼门关解救了回来。当有流言说他能够起死回生时，他否定了这种说法，说他只是通过调动高烧病人本来有的生命力治好了她而已。李可大治好了杞县一位贡士的痼疾以及一位生员的忧郁症。他子孙众多，其中一个重孙女嫁给了周王。像其他行医者一样，他拉近了国家中精英和普通大众的距离。[105]

一个宗教的社区：开封的犹太人

根据记载，明代的开封有超过一百家宗教场所。有三十处佛寺，其中最大的是相国寺和观音院，分别容纳了两百多位和尚和一百多位尼姑。有三十五处道观，延庆观是其中最大的，有充足的设施为来此的旅人提供住宿休憩。为名人举行定时祭祀的场所有三十处，包括孔子、关羽、岳飞、包拯和于谦庙。

作为宋代的一个国际性都会和明代的省会，开封也吸引了许多域外教徒的后裔。从唐至元逐渐迁来的穆斯林聚居于城中的三个区域，并可能受到一定程度的歧视。其中不少人擅长鞣制皮革和打制金器，但汉人和穆斯林都不喜欢这类职业。但他们人口足够兴旺，人口多达数万——拥有三个由伊玛目主持的清真寺。在万历朝，耶稣会士从欧洲抵达，利玛窦去了北京。耶稣会士金尼阁在天启三年（1623）经过开封，费尔德和兄弟会士（Brother）费藏裕从天启四年到崇祯十五年（1642）定居开封。到崇祯十三年他们报告说已经为超过一千名居民施洗并为他们建起了一座教堂。最后，这里还有一个犹太社区，在李家巷还建起了一座犹太教堂。他们只比天主教社区大一点，但他们抵达中国的时间要早得多，与穆斯林一样，他们甚至更好地保留了自己的种族认同。由于犹太教也是这座城市记载最详尽的宗教，它为了解明末豫东北的宗教和种族状况提供了最好的橱窗（见地图 3.3）。[106]

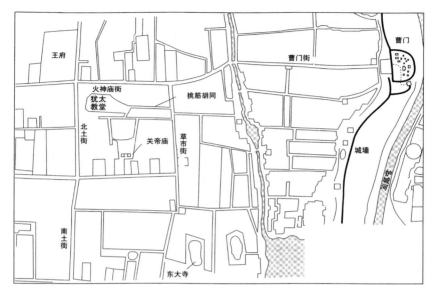

地图 3.3　开封犹太教堂

根据弘治二年（1489）树立在犹太教堂原址上的汉字石碑记载，犹太教是随着携带布匹来宋廷进贡的七十家犹太家庭从印度来到开封的。朝廷欢迎他们来到中国（中夏），鼓励他们保持自己的生活传统，还邀请他们在开封（汴梁）定居。根据最近的研究，犹太移民是由一位叫 Ni-wei-ni 的牧师带领的，这个名字可能是根据 Levi（或 Levy）这个名字音译而来。他们在宋真宗在位的第一年即公元 998 年到达，真宗皇帝是一位对各种宗教颇感兴趣的宽容君主。在随后的岁月里，犹太人聚集在有百万人口的社区里生活，其坐落之地，是当时世界上最大、最富庶的宋朝都城。这个社区到了金朝，仍然繁荣。在金大定三年（1163），金迁都开封后，一位名叫列微的拉比接管了这一社区；俺都剌（接近中文的阿普杜拉）还修建了一座犹太教堂。在至元十六年（1279），蒙元征服宋朝之际，在开封犹太社区任首席拉比的可能是另一个叫 Levy 的人；他也重建了犹太教堂，现在称为清真寺。这座犹太教堂四边各长112.5 米，坐落于土市字街的东南，并在那里矗立了七个世纪。[107]

　　作为一个少数族裔，开封的犹太人可能在少数民族（女真－蒙古）统治的金元时代受到一定优待，在汉民族统治的宋代和后来的明代同样繁盛。如石碑所述，开封犹太人与其他人一样，得到朝廷分配的土地以复兴中部平原的经济繁荣。在明代早期，少数族裔被鼓励与汉人通婚，否则禁止使用汉姓。这些规则主要意在控制蒙古人，但并没有严格执行。不管怎样，一些犹太人还是与汉人通婚并最终采用了汉人姓氏，而其他一些人则保持了犹太姓名。在明太祖时期，开封犹太会堂的首席拉比主要还是叫 Levy 的人们。据传十四个 Manla（满喇或拉比）中有九个姓李（根据与 Levy 接近的发音）。开封犹太人显然继续为男孩举行割礼，禁食猪肉，这些习俗与穆斯林一致，也由此与其他中国人区隔开来。但对一夫多妻制，他们既不推行，也不禁止，这点与当时大多数中国人的立场相同。（这一点使其明显地与实行多妻制的穆斯林和一妻制的基督徒区分开来。）犹太人继续与汉人通婚，还采用了汉人的习俗，以父系界定种族认同。或许最重要的一点是，开封犹太人发现他们与占明代宗教生活主体的儒家信仰者、道教徒和佛教徒有很多共同点。[108]

　　早期开封犹太人中的一个姓安的男子（可能译自 Hassan）显示了开封犹太人与明朝秩序紧密契合的情形。据《明太宗实录》，一位叫俺三（安三）的河南卫所军官不断检举上司周王密谋叛乱，叛乱的对象尽管缺乏细节描述，但明显指向周王的兄长朱棣——此人十七年前通过叛乱篡夺了皇位并实行了强力统治。根据《实录》，朱棣提拔俺三为锦衣卫副指挥使以嘉奖其忠诚，赐汉名赵诚。赵是汉人常用的百家姓中的第一位，曾是宋朝皇家的姓氏。"诚"意味着"忠诚"，或许显示了其人为了皇位的安稳而不顾自身的风险。永乐皇帝召周王赴朝，指控其罪，强迫他认罪求死。皇帝最后"显示宽大"，免除了他的死罪，但撤掉了他的侍卫一职，对其居住之所也做了改建。[109]

犹太会堂弘治二年（1489）的碑文记载了一个非常相似的例子：

> 永乐十九年奉周府定王传令，赐香重修清真寺，寺中奉大明皇帝万万岁牌。永乐二十一年以奏闻有功，钦赐赵姓，授锦衣卫指挥，升浙江都指挥佥事。[110]

在对这些事例进行评价时，美国历史学家房兆楹认为，被惩处后，周王被迫赞助犹太会堂，允许赵氏在军队系统的提拔。房兆楹还暗示犹太会堂中碑文，只是为了掩饰安氏地位擢升的真相而捏造的。[111]中国历史学家李济贤给出了第二种解释：安昌并非俺三，而是协助周王编修医书的另一个人。[112]根据文献，我提出第三种假设：姓安的人只有一个，他既是医生，又是军官，在协助周王编修医书后将其献给了永乐帝，因此周王和永乐皇帝都要奖赏他，只是在不同的时间出于不同的原因，永乐赐给了他汉名，还给他升了官；周王则允许他重修犹太会堂。同时，周王将赵诚提拔为远方省份浙江的高官，在那儿他以高超的政治手段保障了自身安全。[113]

无论细节如何，安（赵）氏的例子展示了一个杰出的犹太人在明朝体制内的成功。他不仅在王朝最微妙的宫廷斗争中幸存下来，而且晋升为开封犹太社区最高贵的集团的一员。[114]开封的犹太社区在15世纪持续繁盛，两个汉姓犹太家族的子孙中了功名并跻身精英阶层。高年在宣德朝中了贡生，在正统朝到安徽歙县做了县令。歙县是中国最富有商人的家乡，高年颇有机会致富，但记载中我们只了解到他主持重建当地学校。艾俊在正统十二年（1447）中了举人，成为山东德王府的长史（正五品）并在江苏一个县担任教谕。[115]

尽管高年和艾俊现在有了地位和资源去维护并进一步发展会堂，但拉比的位置仍然为李家占据。例如，拉比李荣和李良集资修缮了教堂前厅的三个部分。天顺五年（1461）会堂的绝大部分都在黄河涝灾中被毁。艾敬和其他人成功地向省府请愿，使其准许重建会堂。李荣募集到了更多的资金，使会堂被重建得更加宏伟。他和其他人把一部旧约律法（Torah）安置到宁波的另一个犹太人社区，随后又被一个叫赵应的人带回了开封。高氏捐资修建了教堂中的三处以及一个保存摩西五经的礼拜堂。从宁夏和甘肃以及开封的很多的金姓族人购买了更多土地给会堂，还捐了一块用来刻碑的石料。他们也捐献了一个供桌、铜炉、花瓶和烛台。弘治二年（1489）的碑铭刻了《重建清真寺记》。它记录了开封犹太人的历史，并庆祝他们在保持自己传统同时也成为中国人并取得了进入精英阶层的成功。[116]

正德七年（1512），仅仅在竖起石碑二十三年后，在碑的背面又增补了另一篇铭文。由于没有证据显示会堂遭到了破坏需要重修，对新的铭文的解释似乎是出现了新的资助人。铭文最初的作者左唐是一位贡士。他可能是犹太人，因为这个姓氏曾出现在弘治二年（1489）碑铭中那些犹太人的名单中，而且他来自南直隶的扬州，那里也有一个小的犹太人社区。他被描述为一个虔诚而正直的官员，未曾在河南任职，除了身为犹太人，好像实在没有别的理由使其名字出现在碑铭中。刻碑者可能仅仅是因为陪伴在河南任职的父亲并且身具雕刻的手艺，才参与此事。碑铭的第三部分是篆书的作者，可能仅仅因为与左氏有交情——他与左既是同乡，又是科举的同年。[117]

不论他们确切的族属，新碑铭的创作者记录了犹太社区的文化融合过程并在时间和空间上扩大了其影响。不同于弘治二年（1489）碑铭称呼犹太教堂为"清真寺"而与穆斯林共享其名，新的碑铭作者将其记录冠名为《尊崇道经寺记》，它强调了摩西五经中蕴含的犹太教义与五经中蕴含的孔子教义的共同点。弘治二年的碑铭将犹太教传入中国（华夏）的时间追溯到宋代，而新碑铭将"信仰在中国（中华）传入和建立的时间"回溯到汉代。如果"华夏"被更严格地指称河南的话，"中国"则应包括明朝的全部版图，虽然在时间上并无冲突，但显示了从河南到中国的一种视野的拓宽。尽管开封的犹太人社区只是在宋代产生的，中国其他地区确有犹太人，其祖先是汉代到达中国的。开封犹太人此时有可能被接纳为更大的中国犹太人共同体的一部分。事实上，作者们把他们的兴趣扩展到了在世界更广阔的犹太教上了。与弘治二年碑铭只着眼于开封的犹太人社团不同的是，这些作者提到了"尊崇道经"者的后裔[118]，在把犹太教与汉文化的关系拉近并将其在中国的历史追溯得更久远的同时，作者们也强调了他们与世界上其他犹太社区的联系。

尽管正德七年的碑铭没有记录任何名字，它仍表明当时开封犹太人的子孙中有孝子贤孙、勇敢的士兵、正义的教师、勤恳多劳的农民、技艺精湛的工匠和诚实的商人。似乎要使开封的犹太会堂成为全中国犹太教徒的中心，碑铭赞扬了从扬州带来摩西五经的金氏信徒，在原有的亭子中重建了碑刻的宁夏金氏信徒，以及一个为碑刻最后的面世出力的开封金氏信徒。[119] 因此，即使有了一个更久远的中国犹太教谱系和更普遍的诉求，它仍然建立了一个中心。根据明代中期的外乡人和本地居民的说法，这个中心就在开封礼拜堂内。

在 16 世纪剩下的时间里，可以识别的开封犹太人几乎从历史记载中消失了。祥符县的贡生、举人和贡士中仍有很多人姓赵、李、高，但即使他们是犹太人，在方志中也不那么显眼。然而开封的犹太社区在中国其他地方的犹太社区日渐衰亡的情况下，仍保持了繁荣。对于他们作为犹太人生存下来的关键似乎仍然是组织为七个大姓的相互通婚：赵、高、艾、李、金、张和石。[120]

社区保持重要性的另一个表现是在建立外部联系上的兴趣。学者艾田（希伯来名字可能是 Shaphat）在万历元年（1573）中了举人，在万历三十三年去见了北京的耶稣会士利玛窦，他被认为是犹太人。在第一次会面中，艾田搞错了圣母玛利亚、耶稣和给丽贝卡施洗的约翰、雅各和以扫；他还认为十二使徒是雅各的十二个儿子。利玛窦澄清了这些错误。艾田告诉利玛窦，他在开封有两个懂希伯来语的哥哥。他进而介绍说开封大约有一千名犹太后裔禁食猪肉，实行割礼并定期去教堂，那里据说保存着摩西五经。艾田随后去了扬州府的宝应县，在那里教学三年。在某个时候，他也为开封犹太教堂写了一篇短铭文。万历三十五年，利玛窦还送两个中国基督徒去开封了解那里的犹太社区。开封会堂的首席拉比质疑基督教认为耶稣是救世主，需要等待一万年再降临人间的说法。但他对利玛窦的博学印象深刻，并邀请他来接掌首席拉比职务，只要他答应禁食猪肉。

利玛窦并没有回应这个邀请，这只是犹太社区这些年感到失望的事情之一。万历三十六年（1608）犹太会堂毁于火灾，摩西五经只保存下一部抄本。那之后不久，首席拉比去世，他的儿子被认为不适合接掌此职。万历三十七年，艾田的侄子和另外两个年轻的开封犹太人前往北京，劝说利玛窦接掌拉比职务。但利玛窦在他们成行之前就去世了。他的继承人龙华民（Nicolò Longbardi）也从未应邀。[121]通过重新邀请耶稣会接掌他们的会堂，开封犹太人显示了他们不仅仅是对远方的客人表示礼貌，他们似乎与其他很多中国人一样，表达了对耶稣会士深深的欣赏。他们似乎也与其他中国人一样认为所有宗教都不离"大道"。

尽管经历了这些挫折，并且有些混乱，开封的犹太社区仍维持了其认同感。其中一个因素可能是不断穿越丝绸之路从中亚来的犹太商人带来了新的挂念和文本。在 1620 年代，几个拉比和普通教徒用犹太-波斯语写下了摩西五经，表明这个律法的抄本仍在被复制并加入了新的条文。[122]

到了 1640 年代，这个社区由名叫李祯（希伯来语名字可能是 Jeremiah）的拉比领导。李可能仅仅是凭借家族背景和个人资质获得了这个职位，正如早期那些与官方没有任何关系的担任犹太社区领袖的普通人一样。他也有可能与李真是同一个人，据方志记载后者于万历四十三年（1615）考中举人并在一个县担任司法官。果真如此，那么可见会堂的领袖和明廷的官员是可以兼任的。也是在此时，艾应奎 —— 此人或许是艾田的儿子或侄子 —— 的传记荣录于方志之中。他是服务于周王府的一位郎中，素有谦恭之名，在教堂附近经营着一家药房。[123] 作为一个识字的普通人，服务于藩王和民众，他体现了明朝行将覆灭时那些处于社会中层的犹太人的状况。

总之，明朝呈现了它在控制豫东北地区关于性别、阶层、种族等事务上的长处和短处。与民间风气一致，政府旌表那些坚守贞节的妇女，甚至把她们的忠诚树立为精英阶层男性的表率。但朝廷却没有终结杀婴和缠足，一直鼓励寡妇和订婚的女子自杀殉夫；它还荣显和鼓励妇女为生病和死亡的亲属做自我牺牲。在处理生员的问题方面，明廷扩大了科举录取的名额以容纳日益增长的识字男性，允许他们在国家和社会层面发挥一定的作用。但它限制进入精英阶层的功名数额并主持削减了教师阶层的名额和待遇，使识字人口的下层受到疏离并与社会其他阶层联合。明代早期赋税较轻，并在民众中广泛分配了土地，但它鼓励农业商品化，进而导致地主的增加和贫富差距的拉大。它将工匠组织成世袭阶层，并试图控制利益流向商人（反之亦然），但它最终允许上述两个阶层制造和销售产品给大众并对商业主义的控制，后者被一些人认为会腐蚀社会的道德基础。明朝建立了军官和胥吏制度以提供维持公共治安和进行基层管理，但它最终对其数量、质量，甚至活动都失去了控制，任其与民众发生冲突。最后，明朝接纳了开封犹太后裔的社区，在其同化于汉人的过程中允许他们保持自己的认同，但它并不公开承认其显著的种族特征和与外国教友建立联系。

关于妇女，不同中间阶层和犹太人的数据显示，豫东北继续追求其在明朝的文化正统性。那里的妇女不如江南更加富裕的姐妹们有文学造诣，但其自我牺牲堪称楷模；她们在家庭手工业中的投入也是全国妇女的典型。侯方域和他的雪苑的朋友们足够自信地批判朝廷违背了"道"，并被自称"南方"之士的江南复社成员承认为"中原"之士。一位江南商人被一个当地学者描述其地位"天下之中"的言论所吸引而定居归德府，一个浙江学者将河南定义为"以开封为中心的世界中心"。匿名小吏作者在其描写开封的书里形容其为"天地之中枢，八省之冲要，腹心之重地"。开封总兵在这个自称"中原重镇"的军事系统内任职。一位医生和画家在方志中被称为"中州三杰"之一。开封的犹太教堂在洪水后重建，成为散落在中国的犹太社区的中心。

一些中等阶层的妇女，以及豫东北犹太人社区的一些成员，表明了其对历史进程的关注和对汉代典范的兴趣。妇女们被汉代的观念和体制所吸引，这意味着通过自我牺牲来获得史册记载中的不朽。生员们通常会提到前汉、后汉，乃至汉末以后的体制、人格，甚至描述他们的追求，借以批判明朝，为继承者作准备。关于地主、工匠和商人的数据不能为我们展现他们的历史观，但观察者们通过描述河南地区的富庶和利用汉代记录的包括工匠和商人的传记表达了其对汉代的向往。描写开封的小吏并没有关注汉代，而是强调了开封其他时期的重要性。但军官和医生仍然乞灵于汉代的文本和范例来解决他们时代的问题。最后，通过把自己祖先进入中国的时期回溯到汉代，作为中国犹太社区中心的开封犹太人也有意或无意地与其同时代人共享了历史观。总之，所有这些群体都使用了历史性的，特别是有关汉代的暗喻，来表达他们的观点和利益。但关于汉代的言论并不仅仅是他们手中的工具，也是形塑他们观念的力量。它持续的相关性和活力依赖于社会其他部分的活动和观点，包括中等阶层以下的普罗大众。

第四章　大众

在中国政治语汇中，民众和民在逻辑上与国家是有区别的，与精英、小官吏和武将也有不同，但包括了上一章里讨论过的妇女、社会中间阶层以及少数民族。因此，为了描述位于中间阶层以下的大多数人，我倾向使用"众"这个字眼。"众"包括了从事耕种、畜牧的男性和从事纺纱、织布等女红的妇女，甚至儿童。"众"这个词可以追溯到商代，当时意味着被动员从事劳作的大批平民；之后，虽然其含义并未有大的变化，但是其所指称群体享有更高社会地位。此处所用的"众"并不被认为具有它在自由主义的西方所具有的那种含义，也没有在社会主义中国那种令人欣喜的指代，更遑论当下某些现代化理论家所用的专指内涵。[1]在明代，正如在中国以及世界历史上的大多数时期，民众每天为了生计疲于奔命。他们无论是作为群体还是个人，都没有进行自我表达的时间和机会。他们的声音只是偶尔在回应特殊的政治、社会或经济情况时，才能引起关注。

终明一代，大众愈来愈通过积极参与有组织的群众运动，来表达自己对一些事情的关切，包括抢掠、谋反和叛乱。在明代早期，大多数人似乎乐于接受新政权，并在现存的社会秩序下平静地劳作，以扩大其自身的利益。到了明中期，一些人对现存政体不再抱有幻想，他们被民间宗教和叛乱所吸引。在晚明，相当数量的人口，甚至大多数人，已经对朝廷不满，并积极致力于在各种运动中推翻它。在这一线性的过程中，消极和积极的循环并存。不论是长期的趋势还是短期的发展，都因气候或天气等自然现象以及人类在政治、社会中活动的模式而变化。到了明末，这一地区的大部分民众都被调动了起来，只有一小部分人的生活能够不受干扰。[2]

忍受和希望

在明朝统治的第一个百年里，豫东北或者全中国民众的生活并不容易。这一地区的人口因上个世纪的战争和洪水而大量减少。虽然明朝官府征发数十万徭役来修缮黄河堤坝，但从一开始就不能保证洪水不再肆虐。14—15 世纪，气候变冷，缩短了作物的生长季节，粮食歉收，导致以农耕为生的广大民众生活困难。这一时期被巧妙地暗喻为冬天。[3]

然而在明初，豫东北的民众似乎顺利地接受了新政权，因为他们相信生活很快会得到改善。很多当地居民是从其他人口稠密但经济机会有限的地区迁来的。他们在河南发现大量荒地，并且得到明朝官府政策的扶持，如授予土地，减免租赋，提供种子、农具和耕牛。移民运动在15 世纪持续进行。宣德三年（1428）十万人从陕西，正统八年（1443）二十万人从山西和山东，成化元年（1465）十万人从湖广，陆续迁入河南。在这一时期，藩王们少有征取，官员们致力于防治河患，国家则为饥荒提供赈济。正如这一时期的其他地区一样，豫东北的自然灾害会由赈济项目来应对。[4]

匪患虽然不多，但对民众生活而言，仍然是灾难。特别是正统十四年（1449）瓦剌征掠后，四川和北直隶这样的地区也是如此。白莲教膜拜传说中创造人类的无生老母（Eternal Mother），并预言弥勒降生来拯救世界。在明朝建立前，他们即活跃于豫东北。韩林儿以亳州为基地，宣称自己是小明王并领导起义反抗元朝。朱元璋曾利用其与韩林儿的关系，来巩固自己的地位，排挤竞争对手并最终在不再需要韩林儿时，将他杀害。他取用了韩的国号（明）来命名自己的新王朝。一旦大权在握，明太祖便取缔了白莲教与其他异端教派。他和他的文人幕僚们认为它们具有颠覆政权的危险，因此，在河南及邻近地区数量庞大的白莲教信徒便被视为不法分子。明太祖取缔白莲教通常被当作其专制的一个标志，但是他和他的支持者们确实有理由对此教派感到恐惧。一个可以追溯到汉代的民间传统宗教宣称，一位李姓的精神领袖将成为明君的辅臣，否则他会自行称王。从晚唐朱温的梁国开始，一个更为确切的预言说李氏会取代朱氏。因此，朱明皇室对任何由李氏领导的民众运动都格外敏感。正如韩林儿自己也曾以"李氏子"的绰号为人所知。他在陕西和山西的追随者也以李姓邀名于世，来获取在白莲教中的地位。[5]

刘通

　　当教徒们密谋之时，一个更加世俗化的来自开封府西华县的豪强刘通领导了豫东北反明的第一次起事。据说此人曾举起一个千斤重的石狮子，赢得了"刘千斤"的绰号。据县志记载，最早在正统十二年（1447），刘通跟一个妖僧密谋过一场起事，但计划最终没能实现。刘千斤在天顺八年（1464）再度出现于远离家乡、跨越省界的湖广，他或许是跟许多河南人一样，因黄河水灾而逃难至此。他现在与一个叫石龙，也称为石和尚的人合作，两人在荆州、襄阳一带的移民中传播异端谣言，据载刘千斤和石龙吸引了大约四万名追随者。[6]

　　在民众的鼓舞下，刘通很快自称汉王。这个称号是可以说得通的，因为刘通与汉朝皇室同姓，同时他以汉水上游为基地，那里是汉朝得名的根源，他也在效法不到一个世纪前另一位建立了汉人政权的白莲教领袖的先例。除了承诺兴复汉朝的荣耀和名号，还有什么更好的方式能胜过以汉朝自比的明朝呢？汉朝毕竟有效地处理了匈奴问题，而后者是最近攻击了明朝首都北京的瓦剌人的"祖先"。刘通很快宣称年号德胜（意为以德致胜）并占据了湖广西北部的三个县。[7]

天顺八年，受到刘的政治挑战的刺激，且出于对其信众规模的警惕，明朝派出大军镇压。他们向西驱赶刘通，在山区捕获之，并将其与大约3500名信徒一起歼灭。明朝军队还以谋反的罪名驱捕了包括大量年轻人在内的约11万人。很快，他们逮捕了成功西逃至四川的石龙和刘通嫡孙。[8]尽管动乱发生在邻近省份，但明朝以此镇压了第一次由一个河南人领导的公然挑战明廷的叛乱。

在其后的三十年中，另有少数流窜的跟河南有间接联系的李氏异端宗教领袖被控密谋叛乱。第一个是来自北直隶保定的侯得权。他于成化十二年（1476）造访了以少林武僧闻名的河南嵩县，并自命不凡地给自己取了李子龙的法名。他很快被控谋反而被逮捕处死。第二个是来自河南新郑的李原，绰号"李胡子"。他曾参与刘通起事，逃过了镇压并继续组织湖广流民。他最后自号太平王，联合了40万徒众（这一人数肯定是夸大了）参与其事，并将其影响扩展至河南中部。据称明朝派遣了25万军队镇压，捕获其人并斩首了他的同党共640名，囚禁了大约3万人。第三个反叛头目是来自山西的李钺，他传播白莲教并参加过多次起事活动，其中包括了王良在山西领导的。尽管这次起事在弘治二年（1489）被扑灭，王良被杀，但李钺得以逃脱并继续于弘治年间在陕西东部传教。明朝的第一个百年就此结束，豫东北仍相当平静，并未形成大规模的与朝廷对抗的局面。[9]

积郁渐增

在明朝的第二个百年，民众不满之声渐增。这一时期的绝大多数时间天气持续寒冷，农业减产。即便不加批判地运用朝代更迭的周期律来看待这一时期，我们仍能从中受到某些启示。显然，明初的政府管理体制在衰退。君主日益专制，宦官在管理国家上受依赖的程度加深。藩王族系繁衍，需索繁多。官员靠陋规收入贴补微薄的俸禄且疏于管理下级的不端行为。精英和生员们透过诡寄的方式将优免特权扩展至其他亲属和邻里，使其逃避赋役。水旱灾害引起的饥荒只有半数得到了国家救济，叛乱则倍增。[10]

弘治十八年（1505），年仅十三岁的朱厚照登基，他在随后的十五年里，高度依赖宦官刘瑾。刘瑾专事增加国家税收，以用于营建皇室工程。官员们秘密组织起来试图除掉刘瑾，但他们的努力被一个恰好来自河南南阳的官员焦芳泄露。结果是，刘瑾巩固了权力，焦芳成为内阁首辅，他们合起来压榨人民以增加国家税收。[11]

赵景隆

伴随着朝政衰败、社会状况恶化，豫东北爆发了三种不同形式的叛乱。从弘治十五年（1502）到十八年（1505），大雨和周期性爆发的洪灾以及旱灾、蝗灾，造成了归德府的商丘和永城两县大面积的饥荒。一个名叫赵景隆的人"以白莲教义惑众"，自称"中原宋王"，集结起千余饥民袭击归德府城。反叛政权的名号颇为得宜：归德是周室分封商代后裔建立的宋国所在地。赵本人也与建立宋朝并在归德府和临近的开封均建都城的皇室同姓。尽管赵景隆有效地利用了历史来挑战明朝权威，但他显然缺乏必需的强大组织和民众支持来成就大业。相反，根据明朝记录，他简单地"劫掠"了归德，之后便"扑向"永城，最后跨越省界，进入南直隶的苏州。很快一位钦差派遣一名总兵和苏州知府为前锋抓捕了赵景隆及其追随者五百余人。[12]这次仅仅延续数月的叛乱并不见载于当地的方志。

刘六-刘七

六年后，豫东北成为始发于邻近北直隶的规模更大叛乱的一个中心。正如鲁大维（David Robinson）的研究所示，这次叛乱是由北直隶南部和山东西部的持续数十年之久的匪患发展而来，这些匪患因军民之间、蒙汉之间以及回民与非回民之间的地方纠纷而加剧。京师的权贵宦官在地方建立起包括官员与盗匪的网络，宦官们在角逐权力的过程中利用地方豪强相互对抗，并把对手指为盗匪。在这些地方豪强中有一对军户出身的兄弟——刘宠和刘宸，他们精于骑射并在其家乡北直隶的霸州文安县协助官府弹压匪患。正德五年（1510），刘氏兄弟贿赂宦官刘瑾的下属，却没得到他们所期望的保护。相反，他们被定为盗匪，因此，他们为逃避处决，便起而叛乱。次年8月，他们以绰号"刘六"和"刘七"，联同另一伙豪强杨虎起事，此外还说服了一个被称为赵疯子的生员赵鐩充当他们的谋士。他们宣布反抗明廷并率其部属在北直隶和山东作战。与此同时，杨虎、赵鐩和刘惠（又称刘三）带领人马进入河南和南直隶。[13]

正德六年（1511）秋天，与当地盗匪合流的起事军队达十万之众，袭击了永城县城。在某些情况下，他们明显在寻求官府的默许。例如在虞城，据称他们焚毁财产，释放牢犯，却放过了官衙。这些举措并不总能奏效。11月6日，夏邑县丞和县学教授誓死抵抗并战死城中，他们的举动可以媲美两位在唐代中叶誓死抵抗安禄山叛乱而在开封立祠祭祀的将领张巡和许远。11月末，一千叛军袭击了归德府城并掠走了男子和骡

子。然而，他们很快被得到都指挥使和临近的亳州卫部队所支持的同知
驱走（见地图 4.1）。[14]

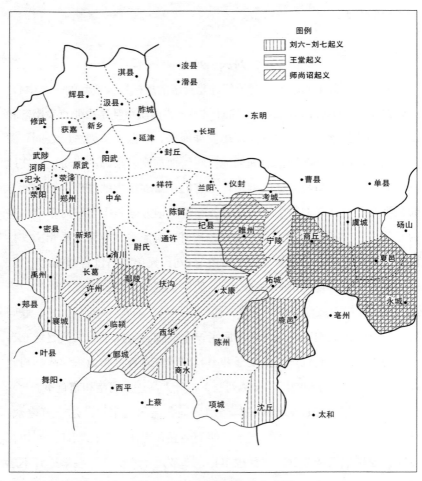

图例

(竖线)	刘六–刘七起义
(横线)	王堂起义
(斜线)	师尚诏起义

地图 4.1 16 世纪豫东北起义图

杨虎在南直隶溺亡后，可以推断是其妻子继领部众，展示出女性

在民众中掌握领导权的潜力。但其继任是暂时的，因为刘三迅速上升为这支叛军的首领。他与赵鐩一起带领队伍前往开封府东南部的一个穷县沈丘。他们发现县官用泥土封堵城门，于是挖掘地道，穿过城墙。他们杀了一个总兵，抓了另一个，攻下县城。接着，他们继续北进，开赴另一个归德府的穷县鹿邑。在那里，他们摧毁了当地的抵抗力量，活捉一个千户并在县衙署驻扎。在这里他们赢得了另一名自称曾在军中担任幕僚的生员陈翰的支持。刘三将他收为义子。刘三和赵鐩自称"奉天征讨大元帅"和副元帅。刘自称武曲星，赵自命文曲星，这是类比明代小说《水浒传》里由上天派来辅助宋室的官员。陈翰和另一位字宁龙的生员统领叛军的东、西厂——这是以明朝皇室的特别司法机构命名。

效法明制，起事的队伍重组为五路，其下按照星野，细分为二十八部。他们分立名号，并在其旗帜上题写"虎贲三千，直抵幽燕之地；龙飞九五，重开混沌之天"——后者是模拟明朝开国者曾使用的口号。他们编撰歌谣告诫官员们去修路造桥，供赡粮肉，他们誓言凡归降者皆得豁免，凡抵抗者，则尽予摧灭。[15]

在正德六年（1511）末到次年初，起事军队逼近河南东部的城镇。举其要者，他们在汝宁府遭遇抵抗，在开封府则被姑息。当他们于12月12日袭击汝宁上蔡县时，出身军门的知县誓死抵抗并以一己之力组织防御。起事者夺取了城镇，抓住了知县并企图迫使其加入队伍，遭到严词拒绝。该知县斥责他们为"小人猪狗"。起事者仍不放弃，但知县心如磐石。他们最后将之杀死，并分尸悬挂于四个城门之上，以儆效尤。当起事者向开封府南部的商水县进发时，该地的官吏、学官和生员欢迎了他们。当起事军折返汝宁府西平县时，他们遭遇了当地知县及其部属的强烈抵抗。城池陷落后抵抗者拒绝投降，起事军将知县悬绑在旗杆上，乱箭射死。他们在南阳府的舞阳县和叶县遭到了同样激烈的抵抗。当他们抵达开封府的襄城时，当地奉送了两千两白银和二十匹马，于是部队放弃攻城。汝宁和开封两地应对来袭的态度反差，无疑反映了两地官员和精英之间不同的政治倾向。[16]

起事军也分为宦官刘瑾的支持者与反对者两派。当刘三和赵鐩抵达地处开封府西南的禹州（也称钧州）时，他们遇到顽强抵抗。几天围攻不下之后，有人主张进行屠城。据说赵鐩否决了这一动议，称那里是一位反对阉党政治的名臣的故乡。于是，起事军退而西进，围攻宝丰县。进驻县衙后，他们接到劝降书，称降便可获赦免，赵鐩回应道：

> 群奸在朝，浊乱海内，诛杀谏臣，屏斥元老。乞皇上独断，枭群奸之首以谢天下，斩臣之首以谢群奸。[17]

正如鲁大维所说，赵在此处暗示了正德元年一位愿以项上人头换取罢黜刘瑾的御史的奏疏。显然，赵发现知县并不同情他的请愿，于是将之处死，但据说他同时惩办了非礼知县妻子的一名属下。此时，有超过百名起事者投降以求赦免，不过仍有大约 13 万骑兵之众。正德七年（1512）2 月 20 日，赵鐩进攻南阳府泌阳县，此地是与刘瑾密切合作的内阁首辅焦芳的家乡。由于焦芳不在家中，赵抄没其家产，还制作了他的雕像，以剑斩之，意为替天下将其诛杀。[18] 赵以此举争取官员的同情之后，将焦芳的家产分赏给了部下。

赵鐩争取反对阉党的官员和民众支持的策略，被证明不足以挽救叛乱。朝廷已经任命一位巡抚担任督师，一位勋爵作为平乱将军，率领驻防北边的久战之兵去镇压。他们重赏忠勇之士，威胁要重惩临阵脱逃之人，并承诺凡降者均可得到赦免。同时，汉族和少数民族军队从湖广汇聚到河南。3 月，官军在汝宁西平击败赵鐩，击杀两千余人，缴获军器马匹无数。赵随后占据了开封府中南部的商水、西华两县。在鄢陵，据说县令虽赠送了银两布帛，他们仍袭击了官衙、仓场及前任刑部尚书的宅邸。然后，他们继续北上，攻下了新郑，却未能攻下防御有方的郑州。他们穿过荥阳和汜水，西击河南府的偃师。如河南学者王廷相所见，他们赢得了一定的支持并在洛阳附近获得大捷，但没有拿下这座重镇。

4月，起事军西线失利，于是向东迁回到南直隶，重新进入河南南部。5月，面对官军和地方乡勇，起事军队伍中叛逃和战败不断。六月，首领刘三左眼中箭而亡，官军赶到的时候，部属正准备焚化其尸首，官军将之从火中拖出，复施以斩首刑。6月16日，起事军谋士陈翰自鹿邑来降。他本来期望得到赦免，但随即被处死了。同时，赵鐩削发伪装成和尚，逃往湖广。7月，赵鐩被捕，后被押到了北京，并于11月7日在菜市口问斩。据一份奏疏称，明武宗对赵及其他起事军首领痛恨至极，以致不顾明律和臣僚的态度，剥了他们的皮，为自己做了一副马鞍。这份奏疏或许失真，但它象征了起事军在河南彻底重挫明廷威望所激起的愤恨。6月，刘六在湖广意外溺亡。8月，刘七在南直隶被追捕并溺杀。正德七年（1512）10月6日，正德皇帝正式诏告叛乱已平。16世纪规模最大的集体反明运动结束了。[19]

王堂

16世纪早期影响到豫东北的第三次大规模起事，参与的百姓多，缺乏明确的革命目标，效果也不明显，这几项是其显著特点。这一流寇或匪患式的起事，跟一名生平行事及最终命运都不甚明了的头目有很大关系。王堂最早出现在历史记载中，是正德元年（1506）。他被形容为劫掠了开封府杞县西部市镇高阳镇的"巨寇"。但即便如此，在之后的十六年里，我们没有看到更多关于他的记录。[20] 王堂再度在史籍中现身，是嘉靖元年（1522）。他被认为来自山东青州府，被称为"大盗""莱芜贼""山东流寇"，甚至"河南匪徒"。王堂及其追随者显然是从青州一个煤矿兼制瓷城镇发家，队伍越来越壮大，并于嘉靖元年年底向西威胁大运河。不久，他们出现在豫东北，滋扰夏邑、永城和杞县。根据商丘县志记载：莱芜匪寇王堂从梁靖口渡河，击败了官军，进入我境内劫掠，后率其部众向西南行进，不知所踪。据睢州方志载：在边远县郊遭遇抵抗而被迫逃离之前，流寇王堂……大败乡勇，屠戮六七千人，诸多妇孺罹难（见地图 4.1）。[21]

王堂的最终命运如何，如今不得而知。嘉靖二年（1523）初，朝廷调集北直隶、山东和河南的军队，于考城县击溃起事军。此次朝廷吸取刘六、刘七起事的经验教训，赦免来降者并与之合力镇压其他起事军。到了当年 3 月初，朝廷宣布"青州矿匪"已平，但尚未见抓到王堂及其同党的记载。朝廷或许是通过招纳或吸收降者加入官军来结束叛乱的。当年 4 月，河南巡抚因麾下军中多杂旧匪，遭到弹劾而被迫辞职。[22]

在其后的三十年里，明朝相对太平，但气候仍旧寒冷，自然灾害频仍。嘉靖皇帝逐渐遁身寻求长生之术，将朝政留给首辅严嵩，此人虽尚称干才，却时而不甚负责。在 16 世纪中叶，北虏南倭之患日益严重。朝廷财政赤字攀升。尽管国家努力从盐业贸易中增税，但仍无力向周期性肆虐淮河流域的饥荒提供赈济。[23]

豫东北的情势尤其严峻。据嘉靖二十九年（1550）编修的归德府方志记载，嘉靖八年有蝗灾，嘉靖十六年有洪灾，嘉靖十八年有饥荒和瘟疫。永城县嘉靖二年有旱霜灾害，次年旱疫之后又遭暴雨，嘉靖六年和嘉靖十年有蝗灾，嘉靖十八年旱蝗之后再遇暴雨，嘉靖二十一年和嘉靖二十四年旱灾歉收，嘉靖二十六年大雨冲毁庄稼。睢州境内在嘉靖二十五年、二十六年和二十七年皆有洪灾。开封府祥符县粗略记录了嘉靖元年的暴雪，显示着气候持续寒冷，嘉靖十七年、三十二年该县爆发饥荒。[24]本地赈济饥荒的能力不足。

师尚诏

就在这一情势下，来自归德府相对贫困的柘城县的师尚诏提高了民变的水准。师尚诏属于世代产盐运盐的盐户。国家管理松动后，他进而贩卖私盐，由此获得了盐贩的绰号。他本人可能憎恨国家近期试图重新控制销盐这一利润丰厚的经济部门的努力。嘉靖三十二年（1553）春，师尚诏组织了大批民众，引起了县令的注意。县令不愿诉诸武力，于是试图劝说尚诏及其助手停止其组织活动。师尚诏等人表面同意，实则争取时间完善其起事的计划。七个月后他们领导了一次对归德府治的大胆进攻。根据睢州方志记载，归德知府逃跑了，留下副手组织防御（见地图 4.1）。[25]

虽受到归德防御组织不力的鼓舞，但师尚诏不准备进攻该城，转而向东劫掠夏邑官库，释放囚犯。他饶恕学官和生员以期赢取他们支持。再次，知县跟百姓一样"匿而避其锋"。师尚诏率其部伍向南突入邻县永城，继而回到家乡柘城。[26]

师尚诏也从其他地方广招徒众，增强实力后袭击柘城县衙，逐走县令。他掳走了县里少有的举人陈闻诗。他南进鹿邑，该县知县闻声逃遁，举县投降。此时，文士陈闻诗拒不合作而自杀。师尚诏很可能被这一同乡精英阶层成员的公开反抗所激怒，他冲回柘城，直入自己家乡，据说在那里屠杀了数万人之众。这一数字很可能有所夸张，受害者的身份也没有记录，但若此事确切，这场屠杀一定严重影响了他试图建立社会根基的努力。[27]

由于无法依靠同乡，师尚诏及其同伙便继续向西北袭击诸县。在宁陵和睢州，他们遇到顽强的抵抗。或许因为这些城镇驻防严密，有时间组织防御，并且决心抵抗以防柘城那样的大屠杀发生。然而，太康县民献上酒肉招待他们，试图劝其饶恕该县。无惧于抵抗且受到县民合作的鼓舞，师尚诏向西进击。在鄢陵，他击败官军，斩杀甚多。在扶沟，他的五千人队伍把县令吓得飞遁，因当地举人组织的乡勇抵抗仅损失两人。随后他南击西华，劫掠官库，杀戮居民无数。在许州、临颍和郾城，他面临更强劲的抵抗，被官军杀得大败。[28]

此役是师尚诏起义的终结之战。据明朝藩王朱睦㮮的记述，这可能是明朝最后一次有效地调动卫所体制。一位京师的副都御史全权负责指挥此役，并与河南巡抚及按察使合作。副都御史亲自监督征召兵力，供应武器，搜集粮草。他集合军队，告诫军官严守军纪并警告百姓切勿参与匪寇，又承诺凡裹挟为匪者，一律赦免，官员们论功行赏。以此鼓舞部下英勇作战。金都御史和参将们从开封、睢州、陈州卫集结了 5000 人投入中军。他们还从豫北彰德卫组织了 3000 人投入左军，南阳、新乡和汝宁两千人投入右军。御史亲领省卫 1500 名精锐，总揽全局。[29]

嘉靖三十二年（1553）9 月，在叛乱发生后仅数周，明军便收复襄城。然后他们东进抓获起事军的二把手并将师尚诏等逼到了东边。为了实施围剿，御史专门派兵向西到禹州卫，其他人则东赴鹿邑、商丘和凤阳。接着，官军又派出小队跟踪其首领。10 月，明军将叛军逐出河南，赶入南直隶，在凤阳将之击溃。师尚诏狡猾地北遁山东，但不久就被抓获斩首了。[30] 在归德和开封地区，对明朝权威最具组织性的挑战在其兴起数月后便终结了。

这四次公然起事遭镇压后，反叛思想仍在邻近地区隐蔽地活跃着。李钺的起事失败后，他及其侄子李福达仍在陕西传播白莲教。正德七年

（1512）他们再次起事，但很快遭到镇压。李钺被杀，李福达得以脱逃，后来他更名为李五，进入山西，继续传播教义。他的弟子之一，也是其孙子的李同，宣称是唐代皇室后裔，负有"出世安民"的使命。尽管二人都没有卷入叛乱，但他们一直抱着李氏出世拯救世界的愿望。[31]

到 16 世纪中叶，京师一个姓吕的白莲教首领拥有一千徒众，正谋划起事。在北直隶、山东、河南几十万白莲教信徒中，怀庆府济源县的李应龙非常活跃。根据一份官方报告，怀庆府和卫辉府的信徒将李应龙选为首领。他私刻玉玺，分发旗帜，准备在嘉靖四十三年（1564）四月初八起事。计划泄露后，他逃到山西，随后在那里被捕并被处死。次年，陕西甘泉县的李应乾宣称自己是唐朝皇室后裔，与怀庆府河内县的李元共一起，传播不确的预言，被控暗通匪寇，私制玉玺、旌旗，在河南谋叛。他被逮捕并被处以斩首刑。在此期间，试图建立唐朝一样的秩序之观念如此流行，以至于其他异姓白莲教教士不必改从李姓，便可被接受和信奉。例如，四川大足县的蔡伯贯反叛，建立大宝王朝，这显然是比拟唐天宝年间的故事。审讯之下，蔡伯贯承认自己是李同的学生，借此可以确证李氏异端思想的传播网络在 16 世纪具有深远的影响。[32]然而，到目前为止，李氏家族的密谋行为主要集中在陕西和山西地区，这里是唐朝隆兴之地。白莲教维持着在河南东北部的活动，可以说，始终停留在京师明廷权威的边缘。

将反叛中央化

隆庆四年（1570）到崇祯十七年（1644）是中国的晚明，原本积极的趋势转向消极，给民众带来了麻烦。到大约万历四十八年、泰昌元年（1620），气候变暖，有利于农业产量的提高；但是当年之后，寒冷天气突现，并注定将持续至少一个世纪。在这一时期的第一个阶段，中国享受外贸增长，涌入的金银刺激了工商业经济的发展。在这一阶段的后期，日益联系紧密的世界经济，反复出现低迷状况，这对中国经济产生了负面影响。在早期，大权在握的首辅张居正及其支持者通过改革来维持正日益货币化的国家财政，但相关成果却很快为皇室的挥霍、贵族的贪婪、官员中饱私囊和社会精英自我膨胀的私欲，以及社会中间阶层的分化所消弭。结果，明朝面临财政困难，无力供养新招募来负责防御边境侵扰和内部匪患的军队。国家进入了只能赈济五分之一自然灾害的时期，最后则只能对十八分之一的灾民进行切实有效的赈济了。叛乱发生的平均次数，则由每年一次，增加到了九次。[33]

相应地，豫东北在万历朝的绝大多数时间都相当平静。1580 年代末到 1590 年代初席卷这一地区的瘟疫和饥荒，抵消了 16 世纪晚期普遍的繁荣和改革精神。[34]然而正如吕坤在万历二十五年（1597）所说，不同类型的叛乱可能在潜滋暗长：

> 今天下之势，乱象已形，而乱势未动。天下之人，乱心已萌，而乱人未倡。今日之政，皆播乱机使之动，助乱人使之倡者也。臣敢以救时要务，为陛下陈之。自古幸乱之民有四。一曰无聊之民。饱温无由，身家俱困，因怀逞乱之心，冀缓须臾之死。二曰无行之民。气高性悍，玩法轻生，居常爱玉帛子女而不得，及有变则淫掠是图。三曰邪说之民。白莲结社，遍及四方，教主传头，所在成聚。倘有招呼之首，此其归附之人。四曰不轨之民。乘衅蹈机，妄思雄长。惟冀目前有变，不乐天下太平。[35]

考虑到这类民众数量在不断增长，吕坤暗示，爆发叛乱只是时间问题。

杨思敬

17 世纪就在这样的情形下拉开了序幕：在睢州，无助的绝望者和那些挑战政府权威的地方豪强联系在了一起——他们本来并不属同一类人。知县衙门掌管仓库的小吏杨思敬，暗中在县里无助绝望之徒中发展出一个网络。后来，作为一个守卫严密的库使，他在穷困潦倒的追随者中威望提高了。他的两个来自本地仓户之家的副手成了他的爪牙，使官员和对手都束手无策。在万历三十二年（1604）或三十三年，杨思敬与本地另一名豪强发生争执。这次他未能像以往那样吓阻住对手，于是召集千余党羽弹压此人。睢州知县因惧怕杨思敬，而未能有所作为。

临近的杞县知县得知此事后，上报开封知府。知府随后通知省内监军陈州和睢州的官员设法将杨思敬绳之以法。正当此人传令时，睢州知县回复说他的"左右手"及吏员都是杨的人。任何正式的抓捕命令都可能泄露，他会趁机逃跑。知县因此请求给他下发密令，让杨到衙门里"商议"弹压之事。知县接着派亲信前去传杨思敬前来。当他到达杨的栅仓时，遇到十二名护卫，白刃以待。然而他使杨理解县令认为他是无辜之人，只是希望能迅速解决此事，如此成功地劝服了杨跟其一同回到县衙。杨到达县衙之后，知县好言相劝，还派了五十人护卫，将其送至府衙。

经过陈留县时，他们遇到了巡抚派来的一千人，而且显然并非无备而来。杨思敬作为危险人物的名声如此之大，他的被捕引起了数千人前来开封围观。在被下狱的当晚，知府派人将其痛打一顿，随后他因伤重死在了狱中。其首要随从很快在睢州被抓捕并斩首。[36] 运用现有的资料，我们不能推断杨是一个帮助弱势群体而未经法律程序审判就冤死狱中之人，抑或是一个因欺压民众而被正义地除掉的暴徒。但不论如何，这一事件表明地方豪强能够使地方官束手无策，同时能够刺激省级官员不惜以特殊手段，而非司法来确保百姓的驯服。

刘天绪

在随后的万历三十四年（1606），吕坤所述的第三类人——邪说之民——在南京一桩朝廷要案中亮相。异端首领刘天绪出身归德府永城县，后来移居凤阳府，并在那里被认为是无为教的教主。这一与白莲教相关的教派很快吸引了超过一千信徒。刘迁往南京，在那里他凭"开天辟地李王"，或非正式的"李老君"的名号而著称。他在万历三十四年暗中写了一部秘书，预测"李氏王朝降世"。他及其信徒，包括很多官兵，囤积了大量的弓箭刀兵和红色的头巾和衣物。刘又以"龙华帝主"见称。据说这一名号承袭自元末韩林儿的"龙凤"年号。他署置官爵将帅，并选定九月二十三冬至那天起事。计划泄露后，刘和他的追随者被抓捕。[37]

刘天绪的密谋引发了一桩著名的公案，也有大量的相关记载和回应。刘显然在朝官和精英中有很多同情者及支持者，公案迫使政府自上而下整顿吏治。最后，温和的声音占了上风。刘天绪和他的六个得力干将被处死，其他大量追随者被判无罪。刘天绪似乎承继了那个古老的"李氏当王天下"的传统，他甚至认为自己就是那个人。根据官府审讯的记录，他宣称自己就是当代的陈胜、吴广。[38]无论是他自比抑或被人比附为任何历史人物，他的密谋显示了不满情绪不仅存在于普通民众中，也存在于各官僚阶层中。因此，这令当时的明朝官员深感不安。

徐鸿儒

在刘天绪无为教的密谋被扼杀的十六年后，徐鸿儒在山东领导了一场更为彻底的白莲教起义。它根源于嘉靖1560年代末期，当时北直隶冀州石佛村的王森成为吕菩萨的信徒，后者据称是一位灵魂栖居于京师西保明寺的 15 世纪的尼姑。[39] 王和另一个高姓男子成为"闻香教"的经师。在 1590 年代，他发展出了一个遍布北直隶、山东、河南、山西、陕西和四川的信徒和据点网络。这个组织引起了当局的警惕，王在万历二十三年（1595）被抓捕。可能是通过贿赂，他不久即被释放。他继续传教，赢得了甚至包括在京师的外戚和京内宦官在内的信徒。后来，他的一个门徒李国用依靠类似咒语的特殊手段自立了门户，两人产生冲突。冲突令他们引起当局警觉，万历四十二年（1614）王再度被捕。这次他被拘五年后处死。教派的领导权被他儿子王好贤和来自山东兖州府巨野县的徐鸿儒接掌。

在万历朝最后几年白莲教继续传播，明廷再度宣告任何参与白莲教的活动均属非法。然后，天启元年（1621）辽东女真侵扰引发辽东难民大量涌入山东。出于对朝廷迫在眉睫的镇压的恐惧和对广泛群众支持的期待，徐鸿儒计划在次年 9 月 19 日中秋节举行起义。[40]

事实上，徐鸿儒提前了三个月起事以防止朝廷先发制人的打击。他自称"中兴福烈帝"并采用"大乘兴胜"的年号。他任命了诸王、大臣以及军师。通过这些方式，他表明了建立自己的朝廷以挑战明廷的意图。然而，与他的反叛前辈不同的是，他没有诉诸汉、唐、宋的范例。他的目标显然一方面更具有超越性，另一方面更具有改良性。他在梁家楼建立指挥部，并以惊人速度占领了大运河西边的郓城县。他也占据了运河东边的邹县、滕县和峄县。这些胜利使其控制了被认为是政权命脉的水路。不久，山东的追随者达到数十万，而在明朝北方的同情者据估计达两百万。据称河南可能有其盟党，包括南部的固始和东北部的永城和夏邑。但是徐鸿儒无法夺取兖州，甚或是其家乡巨野。正如对付一个多世纪前的刘六和刘七叛乱一样，朝廷调遣久经战阵的北方边境军队去处理这次内乱。在一位富有才干的巡抚的指挥下，他们在兖州附近击败叛军，切断滕县和邹县间的道路，收复峄县，包围邹县。徐鸿儒坚持抵抗了三个月，直到他的军队断粮投降。他策马奔逃，最终被捉拿，五马分尸。[41]

明朝在遍布中原的徐鸿儒的同情者发动起来支援之前，镇压了叛乱。指挥获胜的巡抚由此被擢升为太子太保。他在当地减免赋税以为朝廷赢取民心。随着徐鸿儒叛乱失败，白莲教遭受重创。但是正如汉末的黄巾起义一样，叛乱沉重打击了朝廷的威望。汉朝在黄巾起义后维持了36年，明朝在徐鸿儒起义之后则仅维系了22年。[42]

确实，白莲教信徒徒在天启二年（1622）后仍活跃于山东和河南。崇祯二年（1629）冬，徐鸿儒的余部围攻山东莱阳。原来计划沿海岸线布防的总兵官被迫集中军队从内部突围。他最终焚烧了六座敌寨，斩杀两名叛军首领，使本镇得以解围。[43]

朱炳南

同年，在豫东北的睢州，另一个徐鸿儒余部的幸存者朱炳南被捕并被指控策划了起事。据本地的一位历史学家记载，朱炳南几年前就到达此地，开染坊为生。他富裕之后曾经资助在其雇工及普通百姓中传播白莲教。据一份官方报告显示，朱吸引了开封和商丘当地相当一部分"邪党"。他和他的支持者炮制了一份计划，打算攻入开封，抢掠武库，绑架周王府以及省署内的官员。然而，计划败露，他们迅速被逮捕并斩首。睢州方志中简略且日期不明的记载显示，朱炳南计划突袭。根据此计划，他的近千名追随者打算借向祥符县令呈递申诉之机，发动针对督抚衙门的起义。为此，记录者认为，残酷杀戮和掠夺并不需要等待李自成和罗汝才的到来。[44]

可以想见，对朱炳南的指控可能被夸大，用以诋毁这种可能在将来引起类似运动的宗教信条。然而，考虑到关于这些未实现的阴谋的种种消息令朝廷颜面扫地，省内官员们有理由担忧一场新的信徒叛乱。他们显然愿意抹黑那些宗教信条，作为防患于未然的不可避免的代价。

李慎吾

崇祯二年（1629），新任的河南巡按吴甡驰赴永城县调查教派活动的流言。他报告说从北直隶广平府来的教派首领和山东兖州府来的棍师（武师）在数周前突然到访永城，并在与夏邑交界的地方筑村自守。吴甡及其下属抓捕了棍师并迫使其认罪。然后他提交了一份报告，描述其中一个首领，他写道：

> 李慎吾相貌异常，大耳长手，左右脚各有赤痣，状如日月，自号紫微星，有十八子当出御世之说。张思诚等密勾贼党，凡引见李慎吾者，即付银二两，买制器械。投见人数、姓名，俱写有簿籍。约日要抢夏邑。[45]

尽管密谋失败，一些棍师被捕，李和他的助手却逃脱了。

吴甡继续解释了此类人为何得以在永城存在，甚至能够吸引民众的支持。

> 永城县居本省偏南，与南直隶之萧、砀，山东之曹、濮，北直隶之开州、大名错土接壤。莲妖棒党，实繁有徒。而大盗往往潜匿其中，伺隙思逞，臣久闻之。止缘本县保甲森严，窃发无由。毕竟以饷重差繁，独受偏类之害，夏月亢旱，禾黍焦枯，民穷盗起，人心汹汹。[46]

　　因此，李慎吾这类教派领袖从黄河以北来此传教时，"无知之民""易被煽惑"。吴甡继续写道，所幸的是，棍民已经被捕，否则，永城和夏邑可能变成另一个邹县和滕县，这是暗喻徐鸿儒在山东的叛乱。但吴甡仍不满意。如他所说："中原腹心重地，岂宜有此！"他要求授命邻省同僚追捕逃犯。

　　在随后的一份奏章中，吴甡强调心存不满的异端教民的本性，并描述了管治他们的方法。如他所言：

> 近日所获诸大盗，则挟有妖书，称有王号，焚劫村民，纵横间左，跨州连邑，于三四百里之内，布满党羽，潜通线索，谣言紫微星，谋举大事。此岂仅仅肤筐探丸之雄已哉！[47]

幸运的是，吴甡继续说道，保甲和卫所等防卫体系发挥了作用。他们在多个县搜捕教派领袖，包括鹿邑的李新、睢州的李朝网、柘城的李守志。吴甡称赞负责抓捕的县令，包括祥符的宋琮和杞县的宋玫，认为他们为了减少该地区的白莲教活动，其精密有效的措施带来的结果抵得上一支千人的军队。最后，他在第三份报告中描述了他及其下属归德知府董嗣谌和通判万元吉如何追踪李慎吾，并在永城和夏邑交界地区将其抓捕的情形。他们迅速将其斩首，把他的头颅悬挂在街市上"以明法纪"。吴甡希望这是宗教谋乱在河南的终结。[48]

　　崇祯三年（1630）后，豫东北地区的宗教谋乱明显减少，但是吴甡的镇压可能留下了无形的隐患。正如第一章所论，三个在镇压河南白莲教活动中最为积极的地方官员都是从山东莱阳县调任的。因为莱阳刚刚才遭受白莲教的大围困，这些人对白莲教徒可能积聚了比一般官员更强烈的反感情绪。他们对教派的敌意可能加剧了其镇压的残忍程度，在镇压中他们处死了四名姓李的教派首领。这些宋姓县令对李姓领导的叛乱的镇压可能影响到后来明朝日薄西山之时豫东北的状况。[49]

高迎祥

崇祯三年（1630）后，流民取代了教民成为反抗明朝的主要力量。这样的匪患在天启末年及崇祯初年成为陕西的地方性问题。其原因部分归结于该省北部的长期干旱，以及新近外贸路线从丝绸之路转移到太平洋。这一问题是边境地区管理不足和王朝末期文恬武嬉的共同产物。短期原因则包括万历朝的荒疏和天启朝的贫困。在1620年代，来自东北地区的蒙古人、穆斯林、本地帮派、无饷兵卒、受严重压榨的矿民、失业吏员、东北难民以及西北的无地农民，最终联结成武人激增的集团，他们既彼此攻防劫掠，又袭击官府、民众。到了1630年代，流民从陕西扩展到了山西。[50]

崇祯四年（1631），流民开始在河南怀庆府出没。这使本地精英惊觉并吁请朝廷派侯恂的门生左良玉从北直隶昌平到河南驻防。崇祯五年，被称为"闯王"的高迎祥的麾下出没于彰德府的东北地区。崇祯五年，大名知府卢象升南进，将叛民压回怀庆府。左良玉在彰德府击败叛军，赢得左家军统帅的称号。他很快被擢升为总兵。然而，他没有乘胜追击——这即将成为他领军的特点。他允许部下占有叛军脱逃时遗弃的妇女及辎重作为战利品。当年晚些时候，左良玉战败，损兵七千人。朝廷任命万历四十七年（1619）中进士的北直隶人玄默为河南巡抚，以应对持续增长的威胁。[51]玄默协同了左良玉麾下来自北京的士兵与来自陕西、四川的士兵给予起事军一击，将其逐离了南北交通干线。高迎祥巩固了对余下军队的控制，并向彰德府的明军据点推进。他被左良玉逐回怀庆府的山中。到崇祯六年（1633）末，叛军抵达卫辉府的辉县和淇县，第一次出现在豫东北。领地在汲县附近的鲁王请求朝廷增兵。只有8300 名官兵驻扎的河南成为与起事军开战的首要战场。[52]

崇祯六年（1633）末到崇祯七年的那个冬天，高迎祥拥十万之众进入武安、涉县、河内和济源等地的山区。巡抚玄默遣左良玉等麾下军队围困叛军以防其北犯京师。于是，高迎祥及其人马突围而出，在那个格外寒冷的冬天渡过封冻的黄河南去。崇祯七年，高迎祥的军队第一次进入开封府。与此同时，其他起事军进入河南府，进逼洛阳。家乡在邻近新安县的士大夫吕维祺向朝廷请求缓征驱民致贫为盗的"三饷"。朝廷忽视了这一请求，但任命延绥巡抚陈奇瑜总督山、陕、豫、川、湖广军务。这是近年来首次跨省的任命，体现了朝廷清醒地认识到民变已经波及国家腹地。陈投入精力，通过谈判抚绥叛匪。他说服主要首领如高迎祥等以投降换取赦免。然而，这些人很快被证明是诈降，叛匪重新开始了他们的进攻。陈被撤职而以陕西巡抚洪承畴代之，洪主张武力剿匪。流寇重夺豫西卢氏县，本地匪徒则活跃于开封府。[53]

随着高迎祥的人马进入豫东北，描述他们当地遭遇的故事开始流传开来。据一位襄城县人士的复述，这位来到开封西南部的身份不明的首领，黑面虬髯，身披红袍。县令惊慌失措，匿于壁后。当他发现一个县学生员手持弓箭立于墙头引而不发时，询问其缘故。此时生员出乎众人意料，当场引弓射向首领。叛军撤退，生员成了英雄。县令决定令其负责训练军队。匪军再返时，该生员率数百民兵出营抗击。匪军逃遁，此生员率兵追击，陷入埋伏。生员胯下战马被杀，麾下被杀殆尽。他勉力奔到树下单弓空壶。山贼很快就发现了他，飞马将之包围，乱箭射杀。[54]这一描述了虬髯匪首、无能官员、稚嫩书生和受苦百姓的故事，颇能隐喻匪患扩至中原时的冲突。

崇祯八年（1635）2 月，高迎祥率数万人马东出陕西进入豫西，兵分三路。第一路开赴开封府的荥阳、汜水和郑州。据报荥阳县令弃职而逃，起事军破门入城。两位举人率家人仆役与敌巷战，毙敌三十有余。然而起事军人数众多，很快压倒抵抗，斩杀甚众。在汜水，县令与一位在家的御史据城抵抗，双方各有伤亡。夜间，起事军掘地入城。城池陷落，包括御史在内被屠者甚多。县令或是"变服出逃"或被活捉。[55]荥阳和汜水作为穷县即便有力抵抗，也可能缺乏抵抗的志气。但荥阳长期以来被视为豫东北战略重镇，首次失陷，给朝廷带来了极大震动。

　　然而，在郑州，县令与学官及一些本地精英合作组织了一次有效的抵抗。一个城内居民后来描述了他们是如何做到的：（郑州知县）时闻流寇猖獗，率荐绅父老砌城以砖，贼数攻不能破。[56]政治领导力和社会凝聚力使郑州得以自卫，起事军略过此处未加进犯。其后县令继续修筑"深沟高垒"。他们使这座城市在此后五年的旱灾和本地民变的冲击下固若金汤。

　　高迎祥的首路军马南向穿过陈州，然后离开了这一地区。第二路军马则从南阳进击开封府南部的郾城。不论是对此做一试探还是与此无关，陕西进士出身的郾城县令李振声抓捕了一个引用紫微星之名的本地乱首，显示教派活动在这一地区的持续。与此同时，高迎祥的第三路军马横穿怀庆，渡过黄河，东击归德。高迎祥的三路大军进攻豫东南，引发要求明廷加强这一地区防务的舆论。一位兵部官员认为"天下之安危系于中原"，报告说"七十二营"共二三十万叛军正奔赴郑州、商丘。由于左良玉和其他将领麾下不足一万人，这位官员要求举国出兵共同防御河南。该月中旬，兵部尚书张凤翼与商丘本地人户部尚书侯恂，共同决定为河南增兵六万四千余人，配发饷银七十八万两。未被吓阻的流寇在高迎祥和扫地王的指挥下攻下南直隶凤阳的明祖陵。[57]

　　由于民变在豫东北的影响持续上升，出现了崇祯八年正月初一

（1635 年 2 月 17 日）十三家乱首齐聚荥阳的故事。在那里他们被认为提出七十二部协同作战的战略，从而在十年内取得胜利。叛军在荥阳和凤阳的胜利是流寇走向合法化的重要一步，但是清初作家吴伟业和《明史》认为叛军依据一次匪首大会来行动的说法经不起严密推敲。[58]

第一，吴伟业写道，当年正月初一召开于荥阳的大会是作为对朝廷决定派遣大军防御河南扑灭叛乱的回应。但荥阳直到正月初六才陷落，朝廷的决定甚至来得更晚。清初的毛奇龄显然注意到了这个问题，于是不再坚持会议召开于某一特定的日子，而仅仅认为会议是在当年一月召开的。第二个问题是，最早的史料并没有提到叛军在荥阳召开任何会议。这些资料包括当时的参与者，例如河南巡抚玄默的剿匪记录；荥阳、睢州、郑州、开封和河南府的地方志；清初历史学家彭孙贻、谈迁和郑廉的记录。想象中的这次会议显然象征着起事军势力的上升，所以如果确有其事，这些资料一定会有所记录。第三个问题是，那些被认为参加了会议的重要起事军首领那时都忙于在别处征战。闯王李自成此时仍在陕西准备进入豫西；扫地王则在南直隶准备夺取凤阳。第四个问题是，那些被认为是会上制定的计划在随后几年并没有被执行。事实上，正如历史学家顾诚和王兴亚所指出的，起事军直到崇祯八年（1635）仍然各自为政，难有如此分工协作。[59]

如果荥阳被围之事从未发生，那么我们会追问，为何吴伟业发明了这一事件且被《明史》采信。答案是这次臆想大会戏剧化了荥阳的陷落，象征起事军力量的增长，突出了高迎祥和扫地王在中原的胜利，预示着李自成最终崛起为农民军领袖的命运。对于像吴伟业这样忠于明朝而敌视农民军的人士而言，在豫东北实际发生的事件令他们更为尴尬，而虚构崇祯八年（1635）农民军荥阳大会，可能有助于他们分散当时人的注意力（见地图 4.2）。

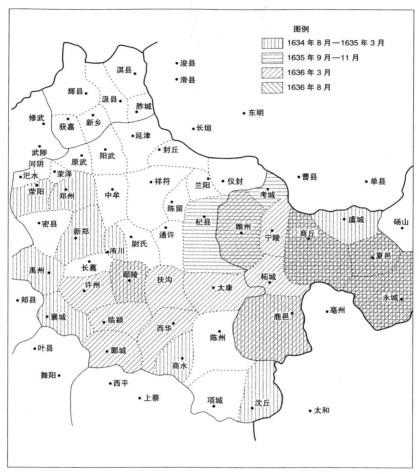

图例
1634年8月—1635年3月
1635年9月—11月
1636年3月
1636年8月

浚县
滑县
淇县
辉县
汲县
胙城
东明
修武
获嘉
新乡
长垣
武陟
延津
河阴
阳武
封丘
泌水
原武
荥泽
仪封
曹县
单县
荥阳
郑州
祥符
兰阳
考城
虞城
砀山
密县
中牟
陈留
睢州
商丘
新郑
杞县
宁陵
夏邑
尉氏
洧川
长葛
鄢陵
扶沟
柘城
永城
禹州
许州
太康
郏县
亳州
襄城
临颍
西华
鹿邑
陈州
叶县
郾城
商水
舞阳
西平
项城
沈丘
上蔡
太和

地图 4.2　高迎祥及其他豫东北起义军战役形势图

官府暴虐而民众受害的事件就发生在 1635 年 3 月 5 日的商丘县。当时显然是来自东南方向的流民抵达沈家村。入夜时分，执事的总兵趁起事军入睡，下令攻袭，使其衣不蔽体骑马西窜。明军没有追击起事军，而是步左良玉后尘，允许官军自取起事军丢弃的衣甲，随后赶回商丘，报功领赏。与此同时，一个不知名的监军想从中牟利，却没有其参战的证据，便屠戮了沿途十个村庄以凑足首级论功。根据郑廉的记载，这一暴行给了古语"杀良冒功"增添了蹂躏商丘的无辜民众的新义。[60]

如果说官军暴虐激起民众愤慨有利于起事军的话，地方生员对民变具有的积极信念也将最终幻灭。当第一股流民到达商丘东部的马牧集时，当地一个老生员拒绝妻子逃跑的恳求，说道："贼亦人耳，何避焉？其所需不过酒肉耳。吾顾不能供渠一醉饱乎。"乱军来到他家时，他免冠出迎，但未及发一言，即被斩首。同村另一个以敢言并以善种花木闻名的老生员也出迎，甚至还予以款待。据说他们相当高兴并待其如主人。但是当一个匪徒将马拴在他的花木上并在其门廊便溺时，生员对其加以斥责，却被要求跪地求饶，老生员回答道："吾读书六十年，膝肯为贼屈耶。头可断，膝不可屈。"结果被肢解。多年后，史家郑廉将这些勇敢而天真的地方文士比作嵇康——那个名高一世却死于武夫之手的晋代学者。[61]

当高迎祥的军队从乡村向豫东北的城镇行进时，他们遭遇到更多的抵抗。一个占据宁陵县治所东北的赵村集的绰号"一条龙"的起事军首领很快就被当地一位军官逐走。这一军官随后追击，在第二天夜晚再度进攻，杀俘甚多。他前往临近的永城继续其剿匪事业之际，途中病卒，据说永城人为其休市哀悼。在南部的柘城，抵抗来自另一部分人士。当地一位家境富裕的学者拿出1500两白银，1300担粮食，两万匹布，修筑起一座方圆3里、高达14米的坞堡。流民到来时，众人避入堡中，以保无虞。

在东面的夏邑县，起事军的首领自身也可能沦为集体暴力仇杀的受害者。其中之一是闯天王，他和他十六七岁的儿子小秦王骑马披红来到镇上。进入镇子之后，他的儿子追赶居民进入一道窄巷中，但随后被杀，其首级被悬挂在城墙上示警。目击者称起事军望墙而哭，显示了他们也有正常的人之情感。随后，他们请来和尚、道士做法事并安葬了小秦王，显示他们对仪式保持的敬意。就在镇中的居民刚刚从这些事件中安定下来时，流寇再度发动攻击，几名乡勇和一个学官领导民兵抵抗并寻求府衙的支援，但援兵来得太少、太晚。城镇落入匪军手中，乡勇和学官被杀。两个镇民后来赋诗纪念此事。其中一人将这些起事军比作反对王莽篡汉并替汉室复兴扫清道路的赤眉军。[62]

　　商丘县衙治也是归德府的治所所在，是这场争夺的重点。它发生了最令人尴尬的灾难。这里肯定曾有各色抵抗者。一位曾任辽东锦州的参将住在府治东济阳镇的村子里。他常在一群童仆的簇拥下外出行猎，当地人称其为"辽獃子"。当叛军攻占济阳时，他沿村设栅并埋下伏兵。他将妇女关在家中，给她们配备烘药，为乱军突入之际自焚之用。当一个起事军的探马被抓到后，他将其放归并警告他，自己已准备好以剑试匪。当他一个手下被匪军抓到后，他奉劝匪首饶其性命。之后，他被待以酒宴，佯装醉酒，趁夜逃出了匪营。[63]

　　尽管这位参将在济阳西部的积极防御成功了，但是其在临近的马牧集的战术安排则失败了。那里的土堤无法阻挡起事军骑兵占领集镇。居民十分惊慌，数千人被杀。据郑廉记载，起事军发布了由掳掠来的学者撰写的反对政府压迫的檄文。

　　3月20日，起事军最终接近商丘的外围城墙。据郑廉记载，当军队策马扬威时，商丘的文士家族尚在高谈阔论。防御的任务最后交由那些有时要靠投掷土石块吓退敌军的平民来承担。成功时，这些人变得自大起来。但在马牧集的屠杀发生后，他们陷入了恐慌。他们试着修筑防御工事，用木桩封锁街巷，但据郑廉所言，他们的做法简直是儿戏。当起事军抵达外墙时，军官直接领兵交战。但当尘埃落定时，一切都明了了，那些所谓的"守城者"实际是在掠夺邻里。由于守城者不可靠，起事军击败了他们并迫使其撤退。当守城者溃散后，起事军突破外城而入，随之掳掠。官军迅速关闭城门，将其余的起事军隔在了城外，同时派遣前锋抗敌。结果是，墙外的百姓遭到最可怕的围城报复。郑廉的记录说，城区街巷及田间阡陌尸横遍野。后来估计死者大约有一万人，这可理解为"很多"的意思。受害者显然多是平民百姓。只有两个例外，其一是知府郑三俊的门生贾遂，他两年前以头名中举，与当地文人侯方域交好。另一个是为报效朝廷对其家族两百年恩泽而战死的军官。诸如宋氏和侯氏等与东林和复社立场一致的精英家族，他们的抗争被有意隐去。或许他们与吴伟业过从并不是巧合，正是后者编造了起事军的荥阳大会从而淡化了商丘的溃败。[64]

在商丘外城徘徊几天后，起事军西击睢州。素有久战传统的睢州卫在县城东郊修筑营地。他们在营地中间竖起一面大旗，在旗杆上悬挂着一笼子，笼中置一兵一鼓，用以击鼓召集防御。流民到达后，守备军奋勇抗击，但指挥官及其属官很快即战死，步卒逃散。鼓手悬在旗杆上很快被砍倒并被杀死。起事军进击城门，突入城中。睢州跷脚的防御很快成了这一地区广为流传的笑料。[65]

起事军进入睢州后，县令不知所踪。一位来自江南的推官署理县事，他弃职逃入佛寺，还易装以免被认出。他考虑是否应该隐藏得更深，于是便问一个僧人叛军会否杀和尚。由于听不清他的吴语，那僧人答道："贼固杀生！"推官又指着和尚的头问："杀汝辈乎？如可免，为我薙发。"地方官如此不能担当，只能由一个本地生员袁枢来组织抵抗。袁枢的父亲是进士，他曾在山东莱阳镇压白莲教叛乱时发挥过重要作用。起事军到达时，他正在家中为父亲守孝。他呼吁进行稳固的防御，招募本地勇士，取起事军首级悬赏五十两白银。年轻的壮士争先对敌，妇女儿童则为他们提供瓦石为弹药。三天内，他为防御花费了家财一千两白银。结果是，起事军被隔绝了，被迫离开了此城。但很多人并不知道他们已经离去。或许因为这个原因，当巡抚玄默带官军赶来支援时，据报他把袁枢错当叛匪杀了。后来睢州知县因为渎职被革了职。[66]明朝有睢州这样的下属，几乎就不需要敌人了。

在崇祯八年（1635）春横扫豫东北的战役中，高迎祥侵袭了诸多城镇，包括归德府的永城、鹿邑以及开封府的通许和祥符，但少有细节被记录下来。绰号"扫地王"的一股流寇在3月9日进攻了杞县。郑廉带着敌意地记录了其手下的恶行："杀掠甚残，至于刳婴儿之胎，烹妇人之足，惨哉！"由于当时有几个人都用扫地王的名号，此人身份难以确定。很可能此人名叫李靖，跟最近攻取凤阳的匪盗是同一人。最终可能是在崇祯十三年（1640），他被与归德学者有联络的退任推官万元吉所捕获。[67]

同时，更著名的起事军首领高迎祥继续瓦解着明朝在河南的统治。巡抚玄默于崇祯八年提出通过在中原组建大军将叛军遏制在陕西境内，借此应对高迎祥在河南的驰突。这一战略自然遭到陕西巡抚洪承畴的反对，他不愿叛军尽数限制在其辖区内，这样他就不得不全面负责剿匪事宜。因此，在当年7月，玄默被撤换，由素有干才之名的陈必谦替代。但是他还没有上任，高迎祥便于9月在河南又发动了一场战役。这次进攻波及一些之前的旧县以及一些新县。这次的焦点似乎是开封府更南边、更贫困且防备薄弱的县。朝廷对此的应对是任命熟识该地区军务的干将卢象升为新任总督。卢象升负责五省军务并受命协同洪承畴恢复对中原的控制。五个月后，高迎祥的叛军又杀回了豫东北，重返一些旧县，袭击了一些新县（见地图4.2）。此后，仅余下四个县未曾被高迎祥染指，但这将是他最后一次欢呼。他返回陕西后被巡抚孙传庭捉拿进京并斩首。[68]

明朝复振，百姓遭殃

对高迎祥的胜利带来了明廷在中原的短暂中兴。到崇祯十三年
（1640），坚定的大臣们已经采用了一套剿抚并用的手段来征服叛匪。然
而，该年自然灾害、边境战事和全球性的经济衰退将豫东北的民众带入
了更艰难的处境。随后两年，民众深受其苦，开始努力自发动员起来恢
复他们的财富。

自然条件和全球经济状况给国家和民众带来了严重限制。根据《明
史》的编年记录，河南在崇祯十年（1637）（另有一省）、十一年和十二
年（另有三省）、十三年（另有四省）和崇祯十四年（另有五省）遭遇蝗
灾和旱灾的危害。根据当地历史学者郑廉记载，开封府和归德府在崇祯
九年遭遇了严重的洪灾和旱灾。从当年到崇祯十三年，蝗灾年年吃尽庄
稼甚至是存放在柜里的衣物。崇祯十三年大雪纷飞，这是影响全世界的
"小冰河期"的一种表现。崇祯十年后，瘟疫袭击了豫东北，使得村庄断
绝人烟，瘟疫到崇祯十四年达到顶峰。与此同时，世界经济明显衰退，
直接打击了明朝沿海和手工业地区，间接冲击了明朝内陆和农业。[69]

在这种背景下，明廷想要重申其在中原地区的权威。崇祯十年
（1637）初，明廷命令曾在河南有剿匪经验并擒杀高迎祥的孙传庭，协
助河南巡抚陈必谦维持恢复省内秩序。然而，这一努力只在一定程度上
有效，因为当年4月不明身份的流寇再度袭击了荥阳。7月，陈必谦被
调离，由常道立接任。常提出的策略促成了高迎祥被捕。叛军仍然在10
月攻击了睢州，11月进攻了柘城。此时，兵部尚书杨嗣昌设下了剿匪的
最后时限，并提议用左良玉和陈永福抚平河南。崇祯十一年初，一些不

明身份的流寇在襄城县被肃清。当年底，杨选择的总督熊文灿击败或中立了诸多有实力的叛军首领，比如张献忠、罗汝才和李自成。[70]陕西以外的流寇似乎被驯服了。

然而，随着流寇减少，教派活动增加了。崇祯十一年（1638）初，受旱灾和蝗灾影响及流寇的滋扰，大量居无定所的"饥民"开始聚集在南阳府的异端组织里。泌阳县令担心事态扩大，得到密令增兵抓捕其首领，抚绥民众。该府的"饥民"中很快产生出新首领，包括一个县里的亡命徒和"渠魁"。他们也很快被镇压了，但动乱的扩散预示着未来的顽疾。[71]

正在此时，那个"疯子"自称十八子（李），在开封杞县领导了起义（见第二章）。这一起事很快被镇压，但此事透过诗歌在该地广为流传。在"扫地王"于崇祯八年（1635）攻打杞县，同年"紫微星"出现在郾城的情形下，崇祯十一年来自社会底层的姓李的人在杞县的起事，肯定提醒了当时人那个李氏当王天下的白莲教预言。这一教派传统明显还存在——如果不准确地说——在豫东北的乡村中。[72]

在崇祯十一年（1638）末到次年初，满洲侵扰北直隶分散了剿匪主将洪承畴和孙传庭的注意力。在开封府许州地区接受流寇首领投降的地方将领左良玉被从指挥部调离。据说，左良玉在崇祯十二年渡过黄河前杀死了一个以赦免为要求前来投降的叛军将领。这激起了其他在许州的投降叛军的警觉，很快他们再度反叛。这些人中有一个名叫曹威的，他也被称为"扫地王"。曹威及其下属杀死地方官，劫掠县库，驱使大量人口随他东进。一星期内其兼程400里到达归德府的夏邑。左良玉获悉此叛乱消息，直追至归德府。在那里他有所失职。但他也抓到了一部分叛匪，并在归德城南郊予以分尸。随后他返回许州的大本营。然而，起事军首领曹威逃脱了。此时，河南巡抚常道立由李仙风接任。[73]

　　崇祯十二年（1639），正忙于应对满洲在山东的进犯，明廷考虑着两套不同的战略来对付陕西和河南的叛乱。第一个战略是崇祯元年的进士、河南开封府郑州人士毛文炳提出来的，他当时任礼科给事中。在 5 月或 6 月，毛提议在各县建立少量训练有素的乡勇武装，以防御地方寇匪的侵扰。毛批评简单赦免的政策，认为劝抚必须伴之以镇压。他指出流寇反复进犯荥阳、郑州和中牟，不能让陕西、山西的流寇跟河南的寇匪有合流结盟的机会。他倡议组织精干乡勇配合官军切断叛匪的粮草供应，迫使其投降，加以改编利用。他说："谁谓盗非吾民哉！"叛乱可以循此思路平息。他表彰杞县和陈留县的县令加固城墙的举动，又鼓励睢州和郑州县令效法。他呼吁民众投身其中，如其所写，"绅矜士庶，谁无身家性命，谁无父母妻子，敢不乐输而效力也？"他同时警告，太多或太少军队都是危险的，因为可能缺乏训练且容易脱离掌控。毛文炳提醒说："谈兵易，练兵不易，地方之可恃在兵，地方之可虑亦在兵。"地方官员若专注敛财，军队也有可能引发意想不到的"恶果"。毛文炳的观察在崇祯十二年得到证实，张献忠再次叛乱宣告赦免政策不可行，采纳了毛文炳的提议，地方将领才得以坚守郑州并缓解了河阴之急。[74]

　　朝廷肯定毛文炳的建议，但为了降低风险，又鼓励杨嗣昌推行他自己的跟毛文炳完全不同的战略。他建立了庞大的由朝廷控制的军队，获得赋税支持使其得以将叛匪控扼在中原地区予以追歼。杨设想了一个双环的军队部署结构，外环沿中原各边境要塞部署，内环则由高度机动性的精锐部队组成。他还明显计划将乡勇吸收进他的大军。由于崇祯十二年（1639）张献忠、罗汝才和李自成复叛，明廷撤换了熊文灿的总督职务由杨嗣昌代任。作为内阁首辅、兵部尚书，现又兼任五省总督的杨嗣昌在明廷体制内已经位极巅峰。尽管朝廷官员和河南地方精英反对，但坐镇湖广襄阳的杨嗣昌无疑拥有实施其战略的最佳条件。[75]

杨嗣昌整理出一套清晰的镇压叛匪的计划。连商丘的历史学者郑廉也赞赏其广阔的视野及其对"实情"的掌握。杨勇敢地直面最凶悍的叛匪，包括张献忠和罗汝才，同时依靠左良玉处理河南事务。崇祯十三年（1640）这一战略驱使杨嗣昌由西南进入罗汝才和张献忠建基的四川。然而，左良玉为报复张献忠，枉顾命令，也进入了四川。左良玉对张献忠取得了一次重大胜利，但未能彻底将其摧毁。张献忠和罗汝才很快恢复了实力，往东奔向湖广。杨嗣昌出兵追击但没有赶上，他们攻下襄阳并杀死当地的明朝藩王。与此同时，李自成跨越陕西进入河南，并于崇祯十四年3月8日攻下洛阳，杀死福王。随着这些失败，杨嗣昌认识到自己对朝廷的作用已经到头了。4月，他自杀了。相反，狡猾且至少应该受到谴责的左良玉没有为其挫败承担任何责任。相反他率军进入河南，给一句老话赋予了新意："贼作梳子，兵作篦箕。"[76]不管明朝是复兴还是衰落，民众的遭遇都在恶化。

遭受流寇和乱兵的蹂躏之外，豫东北的百姓还得为战争负担重税。崇祯十三年（1640）5月，正直的河内县令王汉上疏阐述在饥荒中征收如此重税对百姓的影响。他上呈了十六幅图画，展示"饿尸累累"之状。他批评崇祯皇帝"不即使臣死，而使我良民死"，并寄望皇帝"居深宫之中，远轸民灾"。但是王汉没有请求减免税粮，朝廷也未暇回复。商丘历史学家郑廉解释道：

> 使其疏入而立得报闻，如援溺救焚，立见诸行事，未必不足以救民命、慰天心，而使皇天之悔祸。而皆留中不报，则何也？报闻则必散财以赈饥，而财无可散；报闻则必蠲征以免税，而征不能蠲。以励精求治之君，遇板荡之运，妇虽巧，无米难炊。帝至是亦不过咨嗟太息而已，真令人气寒而目瞠也。盖国之将亡，人心先死。[77]

　　郑廉认为，问题比国家破产和官员失职更要严重深刻，简言之，是精英阶层的贪婪。他说：

> 　　一时士大夫虽从科目中出身，而胸中曾不若卒伍，口读圣贤之书，目不识仁义忠孝为何等字！虽坐堂皇，虽袭冠带，而所日夜营营者，不过门户、功名两事耳，百姓与我何关乎？此所谓虎狼而簪裾者也。[78]

　　在此，我们看到了作为同属社会精英的生员出身且深以为荣的郑廉在态度上的矛盾。他还说这些贪婪的精英，他们的灵魂在九泉之下如果遇到像王汉这样的正直官员，将会受到惩罚。事实上，他们很快就将受到审判，但那是来自民众和他们自任的领袖。

　　部分官员和精英认识到财富分配不公是根本问题所在。崇祯十二年（1639），杨嗣昌提到贫富差距拉大的问题。正如他用陈词滥调但确实符合实情的口吻所言：近年来，士绅富户田连阡陌，贫民无立锥之地。次年9月，河南按察使高名衡在上疏"四策"里也说道："今日国家之大患，敌国外侵，流贼内溃，其势岌岌，人人所共寒心也。"（见第二章）[79]然而，任何官员都无法弥补晚明社会贫富差距的鸿沟。民众亲手订立统治规则的时候到了。

躁动的多数，沉默的少数

　　到崇祯十三年（1640），由于生活中的重重灾难，豫东北的民众纷纷动员起来加入运动。朝廷和精英们称之为流寇活动，参与者则倾向于认为那是民众起义；最终那可能是两者兼有之——各自所占比例，要视乎具体个案而定。

地方叛乱数量众多且形式多样。根据我们最为可靠的叙述者郑廉对当时社会的描述，1640 年之后：

> 自是而后，土寇大起如蝟毛，黄河南岸上下千里中，营头不下百余。其倏起倏灭，或为将吏擒斩，或为其徒所兼并，如商丘黄老山、许州蓝大、蓝二、商水哪吒、二字王之类皆不著。而其尤大且久者，西则有李际遇、申靖邦、任辰、张鼎；南则有刘洪起、周家礼、李好、张扬；梁、宋之间则有郭黄脸、张长腿、王彦宾、宁珍、王文焕；其东则有李振海、房文雨、徐显环、程肖禹、戚念梧等，皆拥众以为雄，凭栅结寨，彼此割据相攻杀。郡县从事率为其耳目，有司不敢过而诘焉。[80]

尽管这些地方领导者使用的方法不同，取得的效果有异，但行动都在法律允许之外，这点是类似的。

像其他许多人一样，郑廉看到了饥荒给人们带来的绝望和犯法带来的奢靡，这两者之间有着直接联系。他目睹了家乡的状况，写道：

> 归德新修外城，民之富者皆入保。岁乃大饥，人益不敢粜谷，谷以踊贵，米、麦斗值钱三千，禾二千七百。人相食，有父食子、妻食夫者，道路无独行之客，虽东西村亦不敢往来。其颠顿死于沟壑者，群聚而刲割之，顷刻而骨骸相撑矣。官吏捽而捶杀之累累焉，不能禁也。其桀黠不逞者，遂相率为盗。于是鼠窃狗偷千百为群者不可胜数。如一条龙、张判子、宋江、袁老山之属，众者万计，而临颍一条龙、寿山袁老山，其徒尤众，斩木折钩，往来梁、宋之郊

无需日，日以益多。[81]

根据郑廉记载，当地官员高元衡是一名勇敢而娴熟的斗士，经常捕获匪寇。流民见他来，高声喊着："高闯子来了！"便逃跑了。但高元衡只有三千人马，流民则不计其数。尽管他经常赢得战斗，但从不敢追击对手，因此鲜能成功歼灭之。

这些犯法者对官员、精英及大众持什么态度呢？郑廉列举了三个例子证明他们的态度是矛盾、复杂和多变的。在开封府西北部黄河对岸的原武县，一个叫张孟习的人长期是本地寇首。他强迫民众服从自己，地方官不愿承认实际上对其无能为力。府县官员端坐公堂之上，高唱仁义道德，自称人民的父母官，事实上却背叛了百姓。甚而，邻近开封的巡抚李仙风也坐视不管。郑廉写道，这就是当代高官的道德权威。对此等官员，郑廉写道："蚩蚩小民，谁则能免其毒手哉？"[82]在此，匪寇勾结腐败官员鱼肉"小民"。郑廉暗示，小民受蒙骗，是一种错误意识的受害者。

在归德府西南边的汝宁府西平县，有一强人名叫刘洪起。刘氏兄弟属于"盐户"。他们早已不为国家服务，转而秘密制盐，在市场上出售给盐贩。根据郑廉描述，刘不喜欢穿长褂的儒生，但认为需要听取他们的建议。他因此向他们提供衣冠银两，换取他们的服务。儒生鄙视其为盐贩，但部分儒生受其诱惑为之出谋划策。刘有时对他的幕僚们很好，但他们不服从，就会受到无情的捆绑和殴打。所有觐见者必须鞠躬且不得与之对视。[83]尽管他跟儒生难以共事，但他们显然都觉得彼此相处较跟民众相处要更容易些。

"一条龙"更亲近于聚集在其旗帜下的百姓。据郑廉描述，活跃于开封－商丘地区的"一条龙"本姓魏，来自开封府的一个贫穷县临颍。

他最早于崇祯八年（1635）出现于归德府宁陵县。崇祯十二年，他袭击开封府杞县，后被杨嗣昌驱离，据记载后者的军队造成的破坏比叛军还严重。崇祯十三年，"一条龙"从家乡临颍出发，向东经过睢县，抵达归德。根据睢州县志，他的部属增加了十倍，达到十万之众。尽管饥饿，其队伍仍然强大，根据郑廉的记载，"其锋甚锐"。商丘的高元衡和推官王士琇率三千人马前去镇压，但兵力悬殊，他们被叛军和饥民三面包围。他们最后避免了被包围，叛军也被迫撤退了。官军没有追击叛军，而是折返归德府领赏。[84]

不久之后，高元衡死于瘟疫。而叛军重返归德，"如入无人之境矣"。"一条龙"率军再次西击杞县，在那里遭遇总兵陈永福而大败。很快，"一条龙"也死于瘟疫，队伍解散了。因此，一个本地饥民领袖遭到明廷最坚决的镇压而迅速失败。然而，崇祯十三年（1640）这场夺去官军和叛军性命的瘟疫给明廷带来的政治上的胜利，不啻为一种嘲讽。在一定情况下，归德府就像字面上所讲的"无人之境"。[85]因此，到崇祯十三年豫东北的民众被调动起来时，人口相比前几年可能已锐减。

部分民众可能前往当地一些相对安全的乡村、城镇和城市避难。其他人可能简单地消失在死亡或迁徙途中了。然而，民众通过发动叛乱，用身体说话，以脚腿投票，而少数人——农民、工匠、妇女和用人，则保持沉默，因为他们的状况或是更好或是更糟。

例如，一些农民守着土地继续耕作，以维持生存，其他人则成为佃农、雇工、用人或无家可归的流民。不同地区的情况不同，以开封府的两个县为例。在黄河以北的延津，农民们早在正德年间就将其一半的土地用来种植棉花。到崇祯十三年（1640），向市场供应棉花的植棉农户遭受纺织工业下降的冲击，而种粮农户太少，无法供养当地人口。在黄河以南的鄢陵，地租达到了夏麦28%和秋粟37%。贵族土地上的地租更高而且通常即使遇到自然灾害也不减少。例如在开封府西部的汜水县，福王拥有三万亩土地，每亩收租十分之三。即使在黄河改道并冲毁了绝大多数耕地的情况下，他仍继续催租。根据方志记载，一些农民不得已卖掉家人去缴赋税，其他人则逃亡以躲避欠租的惩罚。一些失去土地的农民可能在沉默中消亡；其他人可能加入了高迎祥的叛军并于崇祯八年攻下汜水。在那之后雇农的状况可能更加恶化。崇祯十三年，据报只有精英家族仍留在卫辉府的淇县县城。所有的佃农都已逃走避免拖欠地租受罚。[86]

雇工的命运各不相同。收入最高的可能是在开封城内使用织布机生产丝绸和棉布，以供批发或零售的几个纺织工场的雇工。这些工人计件受薪，一定享受了 16 世纪末到 17 世纪 30 年代纺织业的繁荣，也遭受了 30 年代行业衰退的冲击。计件工人和计日工人就开始不那么幸运了，同样也可能不幸受到经济衰退的影响。在权贵之家作庖厨的人报酬优厚，但是那些在市场上受雇的厨师则在最好的情况下也只能得到很少的报酬；到了崇祯十三年（1640）报酬肯定会更少。与此相似的是，估计开封府大约 75% 主流的戏班和大约 25% 的小戏班组合被分成两部分，在条件尚可的戏院演出的和在乡、镇中为中层及民众服务的。虽然前者可能因为追随来自农村的地主而获利，但后者则可能忍受着经济不景气和通货膨胀所带来的痛苦。[87] 街头艺人、寺庙说书人和城门口的算卦人贫困而脆弱。

民众中有关于妇女的数据也主要来自开封城。妇女通常依赖男性生活并受到劳动力市场的歧视。那些在大型鞋袜工场工作的妇女可能在好时节里得到体面的报酬，但在任何经济下挫的时候都会变得脆弱。其他大量在洗衣房工作的普通妇女收入微薄，并可能在 1630 年代末面临失业的威胁。从事优伎或者娼妓业的妇女在这样一个婚姻包办、依附于男性的社会被划入社会底层。一种极端是，那些优雅而精通诗词歌赋及侍寝技艺的官妓通常获得丰足的供养；另一种极端情况是，街头的卖身女用身体换取寥寥几个铜板。[88]对某些优伎来说，崇祯十三年（1640）可以被视为事业的高峰期，因为大量富裕的男性在城市里寻求避难。像侯方域这样在崇祯十二年就流连南京花柳巷的生员可能在十三年的归德、开封和卫辉以一定规模持续着这样的活动。对这些男男女女而言，崇祯十三年大概是暴风雨来临之前的平静吧。

尽管命运大不相同，但像在绝大多数社会一样，用人处于明代中国社会的最底层。部分奴仆学习读写，结束契约，甚至参加科举，享受到一种更类似雇员而非奴隶的地位。勋贵、学者、商人以及地主的家仆有时比平民更专横和暴虐。但是吕坤写到开封－商丘地区的奴仆经常沦为地位低下的豢养物，有时要完成一些危险的任务，例如为食物试毒。一般来讲，豫东北地区的仆役的生存状况在 1630 年代的经济萧条及崇祯十三年（1640）的饥荒、瘟疫中恶化了。他们的沉默不能作为他们满意其处境的证据。[89]

然而，在商丘至少有一个个案，一个仆役傲慢地离开。据侯方域的记载，他家用人郭尚年轻时照顾其父侯恂。侯恂长大后，年老的郭尚厌倦了这等职事而且频繁失职。有一次当他理应替侯恂打理土地房产时，却被发现在鹿邑弹着琵琶跟一名妇人厮混。天启七年（1627）侯恂赴北京时，他也陪同前往，但是他的表现没有改观。一天，侯恂发现他在当值时睡觉，便责骂了他，但他竟然放声打呼噜，罔顾主人。[90]

部分仆人在 1630 年代的动荡岁月加入了主人家庭的私家部曲，很可能当他们对其主人的安全变得不可或缺时，会赢得较高的地位。当 1640 年代经济下挫时，许多仆人无疑不得不依靠自己的力量谋生。郑州乡勇的组织者毛文炳确实有理由担心饿着肚子接受军训的仆役们。事实上，至少有一个来自豫东北的仆役在李自成推翻明朝的叛乱中发挥了关键作用（见第七章）。

作为对自然条件和国家政策的反应，豫东北民众对明廷的态度变化经历了三个阶段。在早期，尽管气候持续寒冷，水灾频仍，但绝大多数民众接受明廷的统治，认为其优胜于前一世纪他们所经历的一切，并相信情况会好转。但是教徒在地下活动，为心存不满的民众提供意识形态和组织资源。在第二个世纪，国家职能衰退、精英阶层和社会中对社会资源日益增长的需求和寒冷的天气，导致越来越多的民众参与教派阴谋、流寇及地方叛乱。在明代末年，本来作为有利因素的气候转暖和白银流入刺激了经济繁荣，但很快便伴之而来的是政府管理失序和社会不平等加剧，导致民众接受教派密谋和流寇活动——如果不是支持的话。1630 年代末期，明王朝稍稍喘息，民众中的少数群体，包括处境最差的部分，看上去似乎可以继续其日常生活。然而，到了崇祯十三年（1640），国家陷入了深刻的危机，民众中的大多数都被动员参与寻求政治变革的运动中了。

许多参与挑战明王朝活动中的豫东北百姓都意识到，他们生活在国家的文化中心地带，并吸取历史经验来为其寻求政治变革的行动谋求合法性。第一个叛乱者刘通来自豫东北，但是转移到湖广的西北部来招募流民作为支持者。他利用自己的姓氏和地理位置优势来宣布建立一个新的汉朝，建立新首都，以此表明名义上和潜力上自己比明朝更适合成为明朝宣称的那种社会秩序的恢复者。河南省内和周边的教徒们也在宣传那个李姓的圣人将重获天下的谶言，或许那就是接替朱氏统治的明朝。赵景隆也同样利用了他在归德府的地理位置并宣称自己是宋朝皇胤。宋是商朝后裔的封国，也是春秋战国时期大会诸侯和在 10—13 世纪统治大部分中国版图的王朝的名号。这个区域之内（刘六和刘七以及王堂）和之外（师尚诏和李应龙）的流民将矛头对准腐朽的官员并寻求好官的支持，将精英和生员纳为幕僚，寻求这一地区民众的支持，利用不同的技巧，取得了不同程度的成功。同时，来自西部陕西和山西的李氏叛乱宣称自己是过去建立唐朝的李氏后裔。

1600 年后睢州本地一个强人被一系列活动于江南、山东和豫东北甚至陕西和山西山区的叛军所追随，他指挥了三次进攻豫东北地区的战役。尽管这些都没能推翻明朝，但它们暴露了明廷管理的失序，掀起了一系列由李氏领导的反抗，并有助于动员豫东北一些县的民众。通过这一系列的群体活动，这一地区的民众显示了其对明廷的认识的觉醒。他们可能对长期赋予明朝合法性的汉统产生了怀疑，并公开转向其他可以被利用来为反抗正名的王朝法统 —— 例如唐。

第五章 中央省份的叛乱（1641—1642）

在 1641 年初，农民军首领李自成从陕西到达豫西。最初是由于家计艰难，之后则是被汉代的立国模式所激励，李自成很快就赢得了不少当地精英的支持，纷纷为李自成出谋划策。他们一起建立了一支由社会中下层民众组成的军队，且实力不凡；他们在豫西推翻明廷的统治并很快攻占了洛阳。李自成继承了曾被高迎祥使用的闯王称号。他随后围攻开封，但未得其果，于是不得不将注意力转到该省南部的一些小城镇。随后，李自成被谶言所鼓舞，加之他的实力由于跟另一位在陕西的农民军首领联合而得到增强，因此胜利得以在河南中南部继续。随后，他以在农村更为坚实的基础为前提，第二次攻打开封，但仍未成功。于是，他再次调转矛头，继续将农村作为首要目标，攻下了更多的城镇，包括襄城和陈州。随后他与另一位来自北直隶并为豫东北的官场和精英所熟知的农民军首领联合。他们合力在开封府取得了更多的胜利，筹划着第三次攻打开封城。

李自成

尽管可能被期望是一位来自大众并能起而挑战明廷的例子，但李自成早年生活的记载通常充满了矛盾，也往往不可信。但对其出生年份，大多数人认为是万历三十四年（1606）；这一年，我们前面已经提到且随后也会提到，是一位教派首领刘天绪（他也以李姓著称）死亡的年份。李自成出生于陕西省西北部延安府米脂县城西一百公里的李继迁寨。李自成及追随他的寨民自称是西夏王室后裔，而后者的祖先是唐末随着黄巢农民军的脚步到达这一地区的。这一说法并没有被验证过，而且似乎是后来农民军在陕西坐大后才出现。我们可以猜测这种皇室血统的背景可以在其后来与满洲统治者的竞争中增强声势，后者爱新觉罗家族也牵强地宣称与建立金朝的女真皇室有渊源关系。[1]

不论其祖先地位如何，原名李鸿基的李自成降生在一个贫民家庭。其家三代务农，一些成员可能为当地官府养马。李鸿基的哥哥比他大二十岁，生了一个叫李过的儿子，与李鸿基同年，两人一起长大，据一些早期的记载，李家的家境足以维持二人在乡村小学里读几年书。另据记载，李家家境贫寒，以至于1616年饥荒时要把他送到寺庙以求生。这或许是明代的开国之君朱元璋的阴影。李可能略通文墨，但或许不如朱元璋。据说他十二岁时成为一个回民寡妇的牧童。[2]

李鸿基在十多岁时，就有了超越现状的雄心。据称他姿貌雄伟，体魄健壮，精于骑射。据说，有一次他和朋友在一处关帝庙玩耍时，曾单手举起了香炉。这或许是借鉴了明朝早期的叛乱者刘通的经历。显然，他后来改名"自成"，取其"完全依靠自己"之意。据说，十六岁时，他和李过在延安一个将校手下学习兵法。两年后两人都结婚成了家。在父亲死后，李自成曾在酿酒作坊、铁匠铺和农场里求生。根据一些记载，他向本地一个姓艾的地主借过钱却无力偿还。他因此前往延安，去寻找更好的生计。在天启七年（1627），他在米脂的一个驿站做了驿员。在之后的两年里，他传送信件，护送官员，挣回每天两分的收入。[3]

尽管这些有关李自成早年的记录貌似合理，有关他转向叛乱的故事内容则可能反映了作者的态度，这与反映的实际情况分量一样多。根据清初米脂县的县志记载，李自成的上级指控他造成驿马死亡和丢失信件。根据清初的吴伟业和计六奇对明末农民军首领通常饱含轻蔑与浪漫色彩的记载，李有次返家时，还曾将妻子捉奸在床。他将该男子赶跑后，杀死了妻子，并因杀人被系于狱中。根据最被认可的记载，李自成因为崇祯三年（1630）皇帝裁汰驿站以减省开支的政策而丢掉了在驿站的差事。尽管现实可能比字面记载更具讽刺意味，但这个记载强调了明末朝廷无力为其职员发薪的状况。无论如何，李自成丢掉了官府的工作，无力支付先前从地主那里借钱生出的利息，更别说本金了。[4]这至少是商丘被农民军掳掠的书生郑廉，因与其久处而有相当了解后，写下的历史；虽然这些记录常常与其他记录相矛盾。无论其文笔的真实性如何，这个记载暗示了明末社会贫富差距正日益扩大，以及社会上普罗大众中日益滋长的仇恨。

根据为清初豫东北地区状况提供一览的郑廉的记载，不能向艾地主还账，最终导致李自成和本地一些无赖青年交结，并和官府发生了冲突。不悦的债主首先劝说县令将李自成戴枷示众，断水断食。当其他失业的驿卒偷偷给李自成食物时，艾地主的仆人呵斥了他们并加重了枷锁。这群人于是聚集起来，打破了枷锁，救走了李自成，将他带出了镇子。李自成和他的队伍退入山中并击败了追来的官兵。第二天，他们在林中突然鼓噪大叫，令一个官员惊吓落马，官兵丢盔弃甲，无序逃窜。我们可以想见，这是对晚明军队无能的又一次嘲讽。某个晚上李自成突然率人袭击了市镇，赢得了数千名饥民的支持。他于是率众将此地席卷一空。十天之内，他们与其他农民军联合，打出了闯将的旗号，组成了纪律严明的队伍。[5]由此，一个过去的国家小职员，在裁员之苦和本地精英盘剥之下，率领饥民起而反抗朝廷的统治。

根据郑廉的记载，李自成和侄子李过率兵投靠规模更大的队伍。当那伙人投降明廷后，李自成选择了离开，转投他人。崇祯四年（1631），当新兴的农民军被明廷军队击败后，李氏自立门户，自称"八大王"。在随后的两年里，李自成出现于闯王高迎祥在豫北的队伍中。一些资料显示他攻占了怀庆的修武县，杀死了县令。另一个农民军首领死后，李自成兼并了他两万人的队伍，将自己麾下扩充至三万人。崇祯六年晚期李自成随着高迎祥南渡黄河，但一年后他们返回了陕西，直至崇祯八年。

李自成在陕北取得胜利并扩军至七万人，不过随着其队伍的扩张，他开始怀疑部分成员不忠。据说他斥责了与其妻子厮混的部将高杰。最终，李的怀疑使高与其部属投降了明廷。崇祯九年（1636），在巡抚洪承畴的压力下，李自成带领队伍进入河南。高迎祥死后，他继续据守。他率军穿行于陕西东南边境的群山中以避开明朝孙传庭的军队。崇祯十二年，他在陕西东部遭遇失败，据说他的妻妾都在此战中身亡。他与几名近侍逃入商洛的群山中。已经投降明朝的农民军首领张献忠和罗汝才劝说他投降，但被拒绝。他显然通过群山掩映，避开官军的注意而得以生存。据说他演练了兵法，还学习率领平民起义成功推翻秦朝、建立汉朝的刘邦的传奇历史。

在崇祯十二年（1639）夏，张献忠再次起兵反叛，李自成利用官军分兵之机，打破了封锁。但他很快又陷入了困境，他的近侍刘宗敏劝他投降以求生。根据一个传说，某次李自成请刘宗敏占卜。如果不利，刘宗敏要砍下李自成的头颅投降。但是占卜结果有利，因此刘宗敏反而杀死了自己的妻妾，誓死跟从李自成与明廷战斗到底。崇祯十三年末，李自成和刘宗敏以及另外 50 人从陕西的群山中走出，准备直入中原。[6]

河南首胜

　　跟着事先派遣的先遣探马，李自成率领其小股人马于崇祯十三年（1640）12月末进入中原。[7] 在之后的一个月里，他横穿豫西南十余县，包括南阳府的淅川，河南府的嵩县、登封、渑池、陕州、灵宝和卢氏。农民军所到之处，吸引了饱受饥荒和瘟疫肆虐之苦的大批流民。据郑廉所说："既入豫，如虎出柙，遂不可制……饥民从者日众。"[8] 在临近县城，本地匪寇如李际遇等可能带来竞争——但也可能是合作。

　　李自成的主要支持者来自乡村民众，但他也赢得了一位当地精英牛金星的支持，后者很快成为他的主要幕僚（谋主）。根据墓志铭的记载，牛金星来自河南中部汝州宝丰县一个传承悠久的教师家庭。他的一位祖先曾做过山东鲁王的"纪善"（正七品）。尽管品级较低，但这样的职位使家族有能力聘请教师教养晚辈。因此牛金星得以在天启七年（1627）中举并在临近的鲁山县任教。同时，据称他也学习天文占卜和兵法。[9]

　　牛金星已婚并育有一子牛佺。他长大后，牛金星为他安排了一门与王士俊女儿的婚姻。王士俊是天启四年（1624）举人，崇祯四年的进士。他来自府治祥符县并在京师任职部员，因此牛金星可能是为了仕进而安排了这门亲事。如果如此，他将非常失望。据牛的一位僚属，后来进北京的一位农民军回忆，王家有"闺门丑事"发生。显然王士俊将自己的一位侄女纳为小妾，牛金星喝醉后将此不伦之事抖出。王士俊得知牛金星的轻率言行后非常愤怒。在另一件事中，牛金星酒醉后冲撞了宝丰县令的一名衙役，当然也就得罪了宝丰县令。牛佺的妻子死后，她的父亲向宝丰县令施压，以漏税和"抢掠十八名妇女"为名逮捕牛金星。

牛金星也可能在饥荒时与县令争论过谷物的价格，但是关于这次争论的日期和细节都没有记载。不论原因如何，县令努力向省里的教谕进言，让他剥夺了牛金星的功名。随后他逮捕了牛金星，控告他触犯多条律法，将其下狱。[10]

郑廉称，牛金星通过叫周生的朋友向县令请求原谅。县令显然生出恻隐之心，告诉周他可能努力通过兰阳的进士梁云构去调停其和王士俊之间的矛盾。以某种奇怪的计策，周代替牛坐牢，让牛出去托请梁搭救。梁拒绝后，牛保持了对朋友的忠诚并返回宝丰的牢中。尽管王要求死刑，但县令还是宽大处理，将牛金星发配到了豫西的卢氏县。崇祯十三年（1640）12 月，一个卢氏本地的匪徒控制了这个有大量矿工的县。被明廷放逐而获得了反叛机会的牛金星大概在一个月后，当李自成路过该县时，投奔了他。据传说，牛金星通过一个已经参加了李自成农民军的狱友见到了李自成。据另一个记载，为他引荐的是一个已经做了李自成随从的本地郎中。如果第二个记载是正确的，那么它展示了一个社会中间阶层的人是如何为走投无路的精英和未来的民众领袖牵线搭桥的。[11]

当拥有了在乡村的基地以及一干精英的辅佐之后，李自成大胆地攻击了豫西的市镇。第一个目标是洛阳以西三十公里，在洛水岸边的宜阳。它在崇祯十四年（1641）1 月 31 日被占领。李自成杀了朝廷的县令，任命了自己的官员，给他留下了三千两白银以"赈济灾民，给民以太平"。李自成离开后，他任命的官员据说背叛了他，并将银两送给了驻扎在附近的明廷将领左良玉。但是李自成明确表达了为穷苦百姓建立政权的方略。这很快被传播为农民军"不杀平民，只杀官僚"。[12]

李自成随后移师西边五十公里的永宁。他于 2 月 1 日包围了永宁，炮轰城墙并在城门放火。[13] 他联系了城中两名同情自己的官员，使其减缓了防卫的势头长达五天，这使得农民军能武装入城。根据郑廉的描述，农民军遭遇了城中的官员、精英以及中间阶层一定程度的抵抗。县令拒绝交出印信，一个在家的官员与妻妾子女侄辈共十二人遇害。一个主簿、教师和百户拒不投降而被杀。由于农民军起兵的社会与政治方向，这些抵抗是可以预见的。然而，根据郑廉的描述，一些普通民众也抵制农民军政权。有一个例子是，当农民军试图带走一个平民家美貌的女儿，她拒不服从，咒骂农民军并几次跳下马背试图逃脱。农民军殴打她并挖出了她一只眼睛，但她仍不放弃抵抗。最后他们挖出了她的双眼，将她杀死。[14]郑廉评论说这位年轻女性的炽烈忠贞反映了古代圣王的影响。他也反映了明朝对强化妇女的忠贞、道德和自我牺牲精神的持续努力——且不提妇女反抗强暴的天然决心。

农民军对永宁抵抗的回应，是以其自己的道德标准对付明廷和当地精英的道德标准。根据方志记载，他们抓捕了藩王、官员、百余名地方精英以及地主，在府城西门外处死。同时，他们警告自己的人停止强奸和暴虐，以赢得当地民众的支持。李自成以正式接受高迎祥留下的闯王称号，来庆祝在永宁府的胜利。他以此显示了自己重复高迎祥在河南战斗的意图，还伴之以在这一中原省份建立持久统治的冀望。诚如郑廉所论，他采用这个新的称号，"盖不欲以万人敌自待也"，尽管他指挥队伍"纵横奔突"。或许意识到了这个评价过于积极，郑补充说，农民军"狂猘不可御矣"。不论是一个解放人民的英雄还是一个桀骜的禽兽，李自成控制了偃师、新安、宝丰、灵宝和卢氏等县的大约四十八个乡村。他扩军至大约十万人并准备进犯府治洛阳。[15]

李自成可能预计到了在洛阳会遇到顽强的抵抗，毕竟那里是富裕的福王的封地，也是明廷众多官吏的居住之所。在得知李自成最近的胜利和马上抵达的消息后，洛阳百姓和军队迅速动员起来保卫家园。到3月

1日，一位都督同知负责防守西门，知府组织南门的抵抗，县令负责东门，同知负责北门，地区指挥官和通判负责街巷巡逻。在农民军首先于河南境内占据的淅川，一位教师樊梦斗给福王写了封信，请求他出资争取民众支持帮助国家度过危机。樊梦斗明白自永乐朝以来，藩王被禁止积极参与政治、军事事务，但他举了前汉和后汉活跃的河间王和东平王的故事作为范例。[16]

同时，李自成可能希望得到洛阳当地社会精英的同情。这次是来自附近新安县的吕维祺，他是万历四十一年（1613）的进士。那些年，吕完全独立地积攒了一份忠于朝廷的履历。他早年在山东做推官，曾在那里帮助镇压白莲教起义，也贡献了部分薪水以赈济饥民。万历四十八年他在新安县建立书院，传播宋代程氏兄弟和明代孟化鲤的学说——他们生前主要都在洛阳地区活动。尽管忠于官方正统学说，但他反对朝廷在开封为权阉魏忠贤建造生祠的做法。他因此被排挤出北京，在1630年代于陪都南京做官。作为户部侍郎，他呼吁追缴欠税，这是对民众有多重含义的举措。当农民军于崇祯七年（1634）渡过黄河时，他呼吁免除河南这一"腹心之地"的苛捐杂税。如他所说，他的希望是富户不要变穷，贫民不要为叛。当农民军于次年占据明朝祖陵所在地凤阳时，他被认为应对此局面负责。他离职回到家乡洛阳，在那里建立了伊洛会的学社。在崇祯十年的饥荒中，他劝说福王开仓放粮，赈济灾民。在福王拒绝此请后，他使用自家的粮食继续赈济饥民。在宜阳和永宁陷落之后，吕再次劝说福王积极应对，这次是应巡抚李仙风的借兵之请。[17]同样，福王对此无动于衷。

当李自成在2月末抵达洛阳时，来自官员的阻力远不如当地士绅的抵抗力量强。驻扎在城外的军队因为无饷可发，因此也不被信任来围剿农民军。相反，他请求福王允许其带兵进城，福王拒绝了。当李自成 2 月 28 日抵达北门时，当地驻军发生哗变，他们绑架了负责防守的都督同知，开门投降。同日，农民军进城，控制了整个府衙。福王及其儿子逃出府邸并避难于迎恩寺。尽管儿子逃脱了，但福王被捉，与吕维祺一道被送往周公庙，这是一个适合在改朝换代时进行审判的地方。在路上，吕维祺请求福王勿忘自己的身份并有尊严地死去。然而，当福王见到李自成时，他泣不成声，祈求饶命。李自成斥责道："汝为亲王，富甲天下。当如此饥荒，不肯发分毫帑藏赈济百姓，汝奴才也。"令左右打他四十大板，枭首示众。轮到吕维祺时，李自成说："吕尚书今日请兵，明日请饷，欲杀我曹，今定何如？"吕维祺拒不下跪，亢声道："吾恨不能诛贼以贻君父忧，死岂所怖哉！"[18]如此，当一个卑琐的藩王投降求饶时，本地士大夫却慨然抗命。二人俱死于农民军之手。

无论李自成在洛阳受到了何种挫折，他的政治胜利是其从匪帮到反叛朝廷的力量转变的关键一步。他充分利用形势，宣称："王侯贵人剥穷民，视其冻馁，吾故杀之，以为若曹。"他打开王府府库，拿出十万担粮食赈济民众。据郑廉记载：

> 远近饥民荷旗而往，应之者如流水，日夜不绝，一呼百应，而其势燎原不可扑。[19]

根据一些记载，农民军将福王的血和鹿血混入酒中，取其谐音，命名"福禄酒"以飨庶民。无论如何，农民军如今是幸运而繁盛的，因为他们从福王府库中缴获了数十万两白银。洛阳的胜利赋予农民军横扫河南府的声威。根据郑廉的观点："自是而后，所过无坚城，所遇无劲敌。"

事实上，郑廉在其记载中夸张了农民军的势力。即使在洛阳，也有几位地方乡绅加入到吕维祺的行列，以身殉国。一位天启四年（1624）的举人面朝北方，自缢而死；刘宗敏的一位同窗拒绝了其提供的职位而被杀，据说他是被烧红的烙铁猛插入喉咙而死。农民军并不控制自己对精英阶层的怒火。一位来自苏州的药材商人劝说抓住他的叛匪归附明廷时被劈死。几位妇女，包括一位举人的母亲，一位生员的妻子甚至还有一位 14 岁的小女孩都宁死而不受辱。[20] 这些抵抗者可能属于少数例外，而对于妇女来说，她们的选择可能更多地出于个人而非政治倾向的考虑。但他们在某种程度上反映了对明廷持续的忠诚和对农民军的反抗。

洛阳的胜利者们没有人手去治理和防御所占据的地区。由于不信任原来明朝的官员，也无法赢得原来地方精英的支持，农民军任命了明朝一位小吏在此征兵和戍守。他们也选择了本地两名生员来协助管理民政。尽管这些任命是可以理解的，但对底层和缺乏经验的人的任命被证明会导致效率低下。[21] 两星期后的 3 月 20 日，包括陈永福在内的两名明军参将受巡抚李仙风之命，带领三千人来收复洛阳。由于农民军主力已经离开，农民军所署官员只能集齐 500 人进行防御。与之前不同的是，这些新招募者领取着每月五两银子的优厚报酬，无疑是来自于福王的府库。但与之前的守城者无异，他们同样缺乏为声称所效力的政权赴死的意愿。经过最初的抵抗，他们被迫打开城门，让官军进入。守城的农民军首领和大约十余名属下被立即处死。过去投降或被捉的明朝官员受到了惩罚。据郑廉的记载，过去的被民众藏起来的知府在惩处决定下来前被重新扶上了原位。[22]

尽管李自成占据洛阳的时间不长，但它与张献忠占领襄阳相呼应，使明廷踌躇顿挫。崇祯皇帝对自己未能保护叔叔福王而痛加自责。士大夫则由于自己对朝廷的忠诚度不够，也自责不已，同时对吕维祺的精神饱含敬意。出身当地的史学家郑廉从这灾难而责备福王，说："王之为人，性鄙吝而酷嗜货财，守国二十余年，无一事可称者。"但郑廉相信，事情有着更深的根源，所有的病根都要归因于秦朝开始的过分专制。他认为汉代和唐代在平衡中央和地方关系方面，要胜过永乐朝及以后的朝代。由于不愿意相信和接受藩王可以像两汉的河间王和东平王一样忠勇能干，明廷对藩王们的监视太严了。其结果便是福王和襄王"袖手旁观"地任李自成和张献忠夺权。最后，郑廉认为，明廷应该与藩王分享权威，而不是任其跌落为"外藩"。[23]

首围开封

在夺取洛阳后，李自成兵发豫中的汝州。从 3 月 9 日开始，李自成发起了猛攻。县令誓死抵抗。然而，3 月 14 日，忽有强风令火势在城墙上蔓延，守城者惶恐逃散。农民军攻下了汝州，杀死了县令。郑廉记载有三位妇女因不屈从农民军而自杀，但他并未提到男性的伤亡情况。农民军显然没有在汝州建立政权，而是挥兵东击郏县。当地县令最近与一位地方上的豪强达成交易。他们打开城门，佯装要投降欢迎农民军。当李自成发现他们实际是想趁机袭击自己的队伍后，就将县令等人悉数逮捕并处死。他任命手下一位将领为县令并带兵继续追击。[24]

受这些胜利的鼓舞，同时发觉省内的官军被派去收复洛阳之际，李自成于 3 月 22 日大胆出兵，北攻省会。农民军集结了三千骑兵和三万步卒，但他们在开封将面对的抵抗要远远强于洛阳。近在北宋仍为全国京都的开封，仍保留着金代留下的坚固城墙。更重要的是，开封的藩王周王吸取了在洛阳的叔叔的教训，宣布要散资财以守城。事实上，他拿出了数十万两白银奖励守城者，包括斩获每个农民军的首级将得到 50 两的奖励，身体的其他部分 30 两，每个受伤的俘虏 10 两。开封的回应可谓群情高涨。郑廉记录说："百姓挈弓矢刀槊登城者如归市。"开封的许多官员也投身于守城之中。巡按高名衡和推官黄澍、守道苏壮负责守西门。左布政使梁炳守东门，右布政使蔡懋德守曹门，知府吴士讲守南门，管河同知桑开第守北门。[25]

一些当地的精英、小吏和生员们也披甲迎战。根据保留了一部相关日记的白愚的记载，参与守城的本地精英中的杰出分子包括牛金星的前亲家王士俊，以及天启五年（1625）的进士、曾任职户科给事中的刘昌。[26]周王府的一位管家率领八百名勇士登城守卫。与李光殿一样的生员们也团结起来，守卫这座希望有朝一日能在此中举的城市。

在3月22日，一队扮作明军的农民军先锋从洛阳返回，进入开封，但当农民军主力几天后到达时，他们遇到的是紧闭的城门和斗志昂扬的守城者。围攻的头两天，农民军在守城者如雨而下的矢石瓦片中遭受了重创。为掩护自己，他们在墙基上挖洞掩蔽。一位有魄力的生员在城墙上建造凸出的平台，以便弓箭手可以射击掩体中的农民军。当一个农民军举着醒目的红色盾牌出现在城墙上时，一位恰好是出自皇族的儒生请命以绳索系身，下城搏斗，最终他将敌人击退并取其首级返还；他并不是藏在城墙后面苟安。[27]

在3月26日，才能出众的副将陈永福率兵从洛阳赶回。经过激烈的战斗并损失了几员战将后，陈永福率部从水门入城。第二天，李自成到城下检视前线形势时，被箭射中左颊。虽然受了点儿惊吓，但由于箭镞如火柴般小，伤口只有两英寸左右，李自成很快便痊愈了。然而伤势使他左眼失明，并获得了"独眼李"的绰号。由于李自成穿着和下属类似，他的敌人可能难以将他辨识出来。大量的守城者在城上放箭无数。但是当副将陈永福听说李自成中箭后，马上将功劳归于在军中任低级将校的儿子，这样就可以请求为其升职。但很快就有传言称是陈永福射中了李自成的眼睛。再一次，如同崇祯八年（1635）的荥阳大会一样，一件小事最终成了对双方都具有象征意义的大事。正如久远的刘邦和晚近的高迎祥，伟大的农民军首领都中过箭伤。[28]虽然最终这有助于增加李自成的领袖魅力，但受伤之事很快被解读为攻击省城的时机还不够成熟。此外，据称杨文岳和左良玉率领的增援大军也已经上路。第二天，也就是3月28日，农民军停止了对开封的围攻。

在不能攻取开封的情况下，李自成将注意力转向了小一些的城镇（见地图5.1）。离开开封的第一天，他驱驰120公里，抵达开封府西部边缘的穷县密县。当地的县令决心抵抗，只是防守孱弱，最终李自成击败了他并将其杀死。如同以往，李自成对杀死反对自己的县令毫无愧疚。但他和他的谋主牛金星仍然致力于争取明廷其他府县官员。当他们向西进入登封以后，遇到了一个曾经镇压过本地叛乱的县令，他率领乡勇坚决守城。听说他来自陕西后，李自成邀请他投降并加入自己的队伍。县令拒绝了他，但李仍然坚持派使劝降，直到他坚持顽抗，李自成才抓获了他，并将他处死。[29]

李自成也致力于招募本地叛匪和强人。李际遇是登封的勇士，曾经读过书，但几次应考都落了榜。他归而务农，纠集矿工，与一位教民领导饥民们一起暴动。暴动被镇压，他的妻儿和教派首领都被处死，唯他本人得以逃脱。后来他在临近的禹州招徕当地人参军，在登封玉寨自守。李际遇联合了伊水下游不远处嵩县的强人后，东击巩县和荥阳，北上宜阳和新安。他与一些武装集团搁置争议联合对敌，成为一些人心中勇敢的英雄，但在另一些人眼中，则是无情的匪徒。崇祯十四年（1641）早春，李自成与李际遇联合，由此赢得了中原数个县的矿工、饥民和教民的支持。[30]

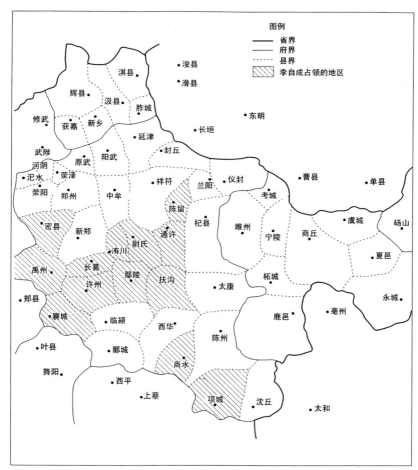

地图 5.1　1641 年李自成两次围攻开封期间所占领的州县

　　此时朝廷重新部署河南的官员，以求巩固其在该省的实际统治。当巡抚李仙风从洛阳回到开封时，周王拒绝打开城门。监察御史高名衡弹劾李仙风令洛阳陷落。被朝廷罢职并待罪的李仙风最终在郑州自杀。巡抚之职由高名衡代任。陈永福因光复洛阳和守卫开封有功而被擢升总兵。他的儿子陈德被提升为万户。由于襄阳陷于张献忠之手，杨嗣昌自杀，朝廷任命永城进士丁启睿作为新的最高统帅。[31] 鉴于丁启睿在山西平乱和护守河南的作为，朝廷无疑希望他领导开展新的有效防御。

陕西的农民军张献忠和罗汝才在河南南部南阳府的三个县和汝宁府的五个县接连取得胜利。张献忠的军队以狂暴闻名，但郑廉发现了一个可以作为解释的理由。郑廉的解释是：

> 献贼之妾美而善饮，一日醉驰，其马善走，从贼数十骑，莫有能及者也。至商城，犹未醒。逻者获之，捽入城。知县，儒者也，不知所处。从贼伏城下，乞甚哀，云："得生还，告将军，永不犯商境。"弗许。请赎以货，弗许。譬以祸福万端，卒弗许而杀之。贼怒，攻三日，克而屠之，无瞧类焉。或曰，是贼母也。献贼泣请万端，卒弗许，褫其衣使群僧辱诸堞上而杀之，投以尸。贼大怒，破其城，屠之三日而后去。[32]

尽管这个故事可能是出于杜撰，但它反映了一种观念，即不应该将农民军过火的行为全部归于其本身。

郑廉至少在这件事上对官员们有一点同情。他接着说道：

> 噫！守土者何人哉！失机会矣，独不效宋人待李继迁之母乎？不此之图，而以暴易暴，所为又甚于贼，破而屠之，宜哉！[33]

通过与李自成所谓的祖先李继迁的母亲在宋朝所经历的仁慈对比，郑廉认为这些晚明官员对待张献忠小妾的做法是毫无道理、不可思议以及适得其反的。

同时，李自成重返豫西，以恢复其对洛阳一带的影响力。他占据了洛河上游的卢氏县和与山西交界的灵宝县。随后他退入山中避暑，训练扩大的队伍。大概就在这一阶段，他招徕了侏儒卦师宋献策作为幕僚。像推荐了牛金星的郎中尚絅一样，宋献策在农民军中的背景和角色也模糊不清。根据一些史料记载，他的老家在永城县，曾经指出过李自成本人就是合当君临天下的"十八子"。由于永城有悠久的白莲教传统，因此宋献策的说法不论是字面上还是象征意义上都可能来源于此。由于李自成还没有到过归德府，因此宋献策一定是在外游历时开始为李自成效力的。无论如何，李自成据称颇信谶纬，并信用宋献策为二号军师。[34]

在崇祯十四年（1641）8月，李自成和罗汝才都因经历过胜利或失败走向了彼此的联合。在当月之初，李自成避开了从西开来的丁启睿，在南阳西部的淅川击败了左良玉。与此同时，张献忠和罗汝才攻取湖广的益阳失败，彼此反目成仇。不久之后，李自成前往南阳邓州，被驻扎在开封府许州的保定总兵杨文岳击败。结果是，当李自成和罗汝才在南阳的唐县相遇时，彼此都很困窘。他们很快决定合兵。罗比李年长，经验更多，野心也类似。他曾取了"曹操"的诨名，想追随那位在东汉末年崛起的乱世英雄，并且他的儿子最后通过宫廷政变取得了皇位。但罗汝才也尊重在河南取得胜利并署置本地官员的李自成。因此罗汝才可能甘居于李自成之下。这一新的联盟出兵攻打邓州，尽管没有拿下，但他们从新的团结中赢得了信心。此时，张献忠表现出了加入联盟的兴趣。罗汝才感到三方联盟可能于彼此无益，因此送给张献忠七百匹马，请他自谋出路。郑廉认为他这一足够聪明的做法足以配得上其"曹操"的诨名。[35]

在湖广进行了短暂的迂回后，李自成和罗汝才逼近开封府东南的贫困县项城。在那里，他们与陕西总督傅宗龙和保定总兵杨文岳率领的四万官军遭遇。在随后的战斗中，杨文岳自行撤退，使得傅宗龙孤军作战。傅宗龙很快被农民军围困，粮草断绝；他的军队最后瓦解，他本人也被生擒。在拒绝投降之后，他被带到镇中杀害。这是明朝重要将领首次被生擒；这对明廷威望是一次重大打击。农民军攻取项城并留驻了十日。[36]

在记述了农民军的这次胜利之后，郑廉表达了他对李自成的赞赏之意。他称赞李自成为明末农民军首领中最有英雄气质的一位，还坚称李自成是被贫困和失望逼反的。"如林中之鹿，釜中之鱼，笼中之兽"。以司马迁描述汉高祖的笔调，他继续说道：

> 智略不如高应登，骁捷不如罗汝才，权谲不如张献忠，而能为群贼冠者，虽目不识丁，而用人能尽所长……及得牛金星而用之，则鱼冲骇浪，鸦闪残阳，两凶相济，搏其翼而拼以飞，其势遂不可复禁。[37]

尽管失之于夸张，这种赞誉可能反映了李自成在河南北部居民心目中某种积极的印象。

随着农民军在豫东北挺进，有一个历史形象并不甚清晰的平民王国宁也敢于挑战朝廷的政策了。他回顾了家乡、地处卫辉邮驿干线要冲上的汲县人民所遭受的苦难。他笔下百姓相食与死亡的景象，堪与杨东明和王汉的记述相比。王国宁说，由于水旱蝗灾和近年流行的瘟疫，当地已经没有劳力可言了。他乞求免除本地的劳役，大军改道而行，以使像他这样幸免于难的人可以继续偷生。郑廉为后代保存了这份请愿书并解释道：

> 呜呼！世有言之甚庸而无奇，历数千百年，而理卒不可易者，

"民为邦本，本固邦宁"之说也。是言也，《诗》《书》诏之，学者传述之，士大夫称道之，即帝王亦饫闻之。……然而承平之王公卿士，或信或不信。至于乱世，则上与下直以此语为深讳。万一言及，则群然讙之，大笑以为迂，且坚塞两耳弗听也。[38]

郑廉不仅批评晚明朝廷不能免税赈灾，也谴责士绅富户拒绝与贫民分享财富，直到被四处流窜的盗匪逼迫无奈，才不得已而为之。他显然将明末汲县的这一请愿与商朝末年的情况相类比，他写道："吾等（明朝）虽非桀纣，万民已将其（农民军）奉为汤武。"[39]也就是说，尽管明末的统治者不像夏朝和商朝的末代君主那么暴虐，但时论已经认为李自成和罗汝才是与商朝和周朝开国君主一样的政权反叛者了。

攻下项城之后，李自成和罗汝才于崇祯十四年（1641）11月6日北进商水。根据郑廉的记载，他们遇到了由两位官员、一位致仕官员、两位太学生和两位生员组织的顽强抵抗。激战三天后城镇陷落。新近卸任的以及在任官员均战死，后者更是投井死，以"上报朝廷，下报百姓"。致仕在家的官员是一位曾在山西做县令的崇祯七年（1634）进士。尽管受到了来自山西的农民军的招诱，他还是慷慨赴死。农民军将他割喉。两位太学生和两位生员也全部死亡，其中至少一人是自杀。他还劝其儿子跟随自己自杀："为臣死忠，为子死孝。"[40]显然，有很多不同且有时是矛盾的"千古大义"。重要的是，我们没有了解到关于教谕的情况。或许他接受了农民军并帮助其创造历史，而非通过抵抗他们使自己名垂史册。

在接下来的两个月里，李自成和罗汝才控制了二十个州县，包括汝州府一县，南阳府九县，开封府十县。其中六个是在当地士绅生员等人抵抗至死后才沦陷的。汝州如此，南阳府的镇平、新野，开封府的鄢陵、洧川和陈留县的情况也是如此。在南阳府的泌阳县、开封府的尉氏县，人们整家自杀拒绝农民军。在南阳府的叶县和舞阳，抵抗是由曾与李自成、罗汝才并肩作战后来投降明廷的将领组织的。这两地的归正军士都与曾经的战友战斗至死。此等忠诚自然为二人赢得了明廷的追赠和祭祀。出人意料的是，他们赢得了郑廉的支持，认为他们的自我牺牲精神充分说明了"贼亦人也"的道理。他甚至补充说，如果朝廷采取更尊重些的态度，李自成和罗汝才也是可以被挽回的。[41]

在南阳的三处战场上，社会上大量的中层人士踊跃参与抵抗农民军。在南阳县，一个叫"猛如虎"的总兵和知县、教谕在唐王准备逃亡时抵抗住了农民军的进攻。最后他们都死于农民军之手。在内乡和邓州，一位生员鼓动其宗族捕杀农民军将领。非常合适地，这个家族被安置在赤眉堡，它是以公元1世纪推翻王莽新朝政权并开辟了后汉复兴道路的农民军的名字命名的。或许意识到这座堡垒被朝廷当作了文化中心，农民军将其夷为平地。在禹州，当地的叛军首领李好杀死了明廷将领并想要抢占他美貌的妻子。吕坤记载说那位妇女策略性地要求李好，只要他能以礼安葬前夫，便以身相许。结果，在前夫被安葬之后，此女随后便自缢而亡。[42]这些事件强化了藩王的庸碌以及农民军所具有的历史意识和妇女们贞烈、聪明的形象。

在崇祯十四年（1641）的11月，李自成和罗汝才返回开封，开始了夺取和据守县城的事务。他们的首要目标是开封府西南角的襄城县。当农民军逼近县城时，他们给县令最后通牒，要求其献出官印和骡子。农民军的军师牛金星可能还招徕了一个当地的生员耿应庚。县令鼓动生员们设计一个克敌的计划。生员们指出，当正德年间刘六和刘七逼近襄城时，当时的县令献礼以保平安。现在，当更强大的李自成农民军逼近时，县令理应效仿先例，甚至献出金钱以资助农民军。县令听从了众议，命令不得抵抗农民军。只有一个异议者张永祺，他厌恶地离开了县城。11 月 27 日，县城准备和平迎接农民军进城。[43]

农民军和平接收襄城的计划却节外生枝。根据郑廉的记载，当农民军抵达城郊时，一个生员李洁轩面见了他们并提出教他们如何获得政治上的合法性。据说农民军并没有耐心听他的话，甚至对他进行了肢体伤害。李洁轩声称："我以大义教汝，汝乃刃我，真贼也。"农民军一怒之下刺死了他。更糟的是，他们掠取了他的妻子，令其随军。她咒骂道："我李洁轩之妇也，岂忍耻事贼者。"农民军随后将她也杀了。农民军在宣称不会容忍任何抵抗之后却并没有进城，相反，他们离开了此地。一个多月之后的次年 1 月 4 日，他们重返此地并再度要求城中之人投降。如前所议，县令携带官印出城见农民军。由于听信了县令在投降的同时安排了很多卑鄙伎俩的传言，李自成在接受投降后，将其杀害。[44]

不论是出于误解还是背叛，更多的暴力加之于襄城头上。当城池陷落后，一位组织百姓守城的训导骂农民军为匪。农民军割下他的舌头泄愤。训导以手沾舌血，写下"罴贼"二字。农民军随后报复，杀死了此人，发现其尸体怀中有片纸，写着"厉鬼杀贼"。另外两位教官拜见了李自成，显然是想要重修旧好，平安归降。李自成问他们为何不早来时，他们面面相觑，无以应答。李自成还是把他们也杀了。看到如此事态，一个生员李光闾拿起了扇子和文天祥这位宋代宁可自杀也不投降蒙古的名臣的作品。随后李光闾投入学校的池塘自杀身亡。这一举动激发了后来的一首颂词："余无官守，而甘一死，非慕嘉名，聊存廉耻。"[45]显然农民军对襄城的要求，将比设想的更为复杂。它将同时留下重要的遗产。在使此地更加中立化之后，李自成和罗汝才离开，转向其他目标。

当农民军抵达许州时，卦师卜了一卦以测吉凶。崇祯十四年

（1641）12月，一位擅长算卦的学监警告将军队驻扎在当地的督师丁启睿，应率兵离开。几天之内，丁率兵前往开封和归德府。同时，该县城的另一位卦师预测县城会得到保全。于是，该县官民皆晏然不做防备。得知农民军到来时，他们只派了数十名骑兵前往抵抗。农民军轻易击溃并杀掉了他们，并于次年1月13日占领了此地。据郑廉记载，农民军杀掠殆尽，只留下了卦师的房屋。[46]或许这是为了感谢他过去的服务并鼓励他未来继续合作。

随后农民军进抵禹州，这是地处开封府西部，经济繁荣的县城。当地人口众多，极具战略价值，常常作为朝廷军队的驻扎之所。在这里，他们因为一位按察金事在南城墙指挥火炮防守而遭受了重大伤亡。攻城者们最终攀上西城墙，包抄了守城者，最终大举攻入县城。他们命令这位按察金事投降，遭到拒绝后，将他处死。他们还捕杀了居于城中的藩王延津王。但我们却没有找到任何有关其他官员抵抗的记录，更不要说地方精英、中间阶层或者百姓大众。尽管具有重要的政治和战略地位，禹州还是跟其他豫东北城镇一样，轻易地屈服于李自成日益增长的势力之下了。[47]

在东边的长葛县，当地官员和民众扮演了截然不同的角色。这里的县令投降了农民军，这是迄今为止极少数的几个案例之一。尽管郑廉称无从得知这位县令的名姓，但从县志的记载来看，他是来自陕西的举人。[48]从以前的案例来看，我们猜测农民军用同省之谊诱降了他。尽管他们最近才杀死了遵命并和解的襄城县"坏"县令，他们可能认为长葛县令是个"好"人，并放过了他。无论如何，一些长葛本地的杰出人士，例如教谕和生员，纷纷誓死抵抗。然而，没有县令及其下属的领导，抵抗显得徒劳。根据郑廉的描述，至少130人死于农民军攻占长葛的战斗。[49]

农民军在与祥符县交界的洧川、尉氏和陈留县，遭遇了同样激烈但徒劳的抵抗。但在临近的通许，他们遇到了不同的情况从而实现了和平接管。通许县令费曾谋是来自江西铅山一个著名士大夫家族的贡生。他40多天前才上任，表现出了当时许多其他县令所望尘莫及的非凡热情和勇气。当农民军到达时，他拾起兵器站在胸墙后指挥抵抗。然而，几天之后，尽管该地邻近开封，增援仍然没有赶到。他认为继续抵抗是愚蠢的，便召集父老说道："增援未到，官吏逃亡，无须再酿睢阳之屠。"这里再次用到了唐代张巡和许远在当时被称为商丘的睢阳抵抗安禄山的隐喻。由于认为官方的抵抗会对人民造成伤害，费曾谋收好官印，戴好乌纱，面朝北方跳入了井中。这一自杀终结了抵抗。次日，农民军和平入城。当费曾谋的尸体被发现时，据称与他在世时并无二致。出于对其忠贞的敬佩，农民军将费曾谋的尸体以礼安葬。通许人民由于费曾谋的自杀而得救，他们后来在其墓前私祀了他。[50]

农民军赢得了不同的胜利，也获得了民众不同程度的支持，还成功地在河南中南部许多县瓦解了朝廷的统治。他们击败了朝廷军队的多次进攻，随后开始署置官吏，对占领的地区施以管理。在这一过程中，李自成有了新的头衔"奉天征讨文武大将军"。[51]尽管这一头衔在显示其最终的起义目的时有些模糊，但他无疑已经准备好再次完成占据省会开封的艰巨任务了。

再围开封

对开封的第二次围困始于崇祯十五年（1642）1月21日，2月13日结束。持续的时间是第一次围困的三倍，但结果仍以失败告终。

在第一次围困开封后，祥符知县王燮组织社兵，守卫县城，抵御未来的进犯。他按省城八十四地方，立八十四社。每社社兵五十名，选择殷实有行节的生员二人担任社长和副社长作为领导。他要求城内的富裕人家选拔、供养并训练兵士。家财万贯以上者提供两到三名兵士。家产在千贯到两千贯之间者，出一到两名兵士。全部社兵有 4250 人，分为五个阵地。每人负责一门，由五人指挥负责整支部队。知县和本地富户出资，为 185 个里巷领袖每人提供一两白银和一匹丝绸。社长、社副各银一两，纱一端，总社银五两、缎一端，各送匾奖励。[52]

跟明朝军队的层次一样，开封地方的士兵处在军政和民政官员的统一指挥下。北门的指挥是祥符县令王燮，管河同知桑开第、周府承奉曹坤和乡绅张文光协守，南门由巡抚高名衡和总兵陈永福负责。曹门由知府、巡按御史任浚守卫，推官黄澍协守。东门由左布政使梁炳负责，都司谭国祯协守。西门由守道苏壮负责。在这些官员中，最有影响的当属巡抚高名衡和负责曹门及南门防御的陈永福了。扮演次要角色的是当地士绅中的领袖人物例如王士俊和刘昌。[53]

不同之处则在于，开封的防守军队还吸纳了藩王府、本地精英和生员们参加。北门是二等颍川郡王，南门是原武郡王之子；曹门是一位举人；东门是一些皇室成员和贡生；西门是一位生员。在第二次围攻开始不久，守卫曹门的举人被一位生员李光殿取代。光殿与其他负责八十四社的防卫重责的生员们，不仅对家乡心怀忠诚，对给他们提供薪俸与功名的朝廷，也怀有忠诚。[54]

尽管提升了组织构成，增强了防守力量，弥漫在官员和精英中的消极情绪，还是打消了他们能够战胜农民军的可能性。知府下令城外坚壁清野，给了农民军十足的自由活动空间。因此李自成和他的三万军队、三十万追随者得以在城北仅仅五公里的应城郡王府驻扎。罗汝才的部队数量不详，驻扎在南郊的繁塔寺，离城里更近。李自成和罗汝才可以在没有任何顾虑的情况下，在城外十公里处实施包围。开封府的这一防守策略的局限，在崇祯十五年（1642）1月23日得到了印证。当时，几名无畏的农民军将告示贴到了曹门上而没有被抓捕。[55]

结束围困的使命，首先落到了城外朝廷的军队身上。总督丁启睿率领的三千精锐紧随农民军到达。他们驻扎在北门外。李自成军队在1月24日进攻北门时，丁启睿的军队溃散并有很多人投降了农民军。丁启睿退入城中求生。农民军趁此机会占据了内城和外城之间的空间，一些农民军甚至攀上了内城门，随后被守城者驱逐。知府命令城中百姓抛掷火把以阻挡农民军前进。这使农民军和投降农民军的丁启睿军队都付出了巨大代价。同时，这些军队无法得到李自成的信任。因为担心他们成为"第五纵队"，李自成将他们集中起来杀掉了。当一位在河南西部投降李自成的农民军将领李狗皮无法执行命令时，李自成责打了他。李自成的疑心虽然在短期内严明了军队纪律，但在后来造成了麻烦。[56]

如果说丁启睿军队的溃散使战胜农民军变得毫无可能，开封军民守备的完善则使他们可能免于失败。把农民军驱离内城的守城者中包括一位叫李耀率领的回民部队。作为明军基层军官的李耀还有一个角色，便是领导主要来自开封城内穆斯林和犹太人的勇士。围困的第二天，农民军再次在城墙下挖掘掩体以躲避箭雨和飞石。周王府提供秸秆，官府提供高粱秆，供守城者放火，驱赶农民军。在1月26日，当农民军试图在城墙的西北角挖出大洞以攻入城时，城内民兵首当其冲。农民军很快被总督和总兵率领的官军击退。1月27日，官军用大炮轰击农民军，双方都伤亡惨重。[57]

农民军的围困加剧了城内社会结构中的紧张成分，这使得一些居民开始理解农民军的起因。1月28日，大火烧毁了城内三栋茅草房，使城市陷入了恐慌之中。据李光殿的战时日记显示，一个喝醉的房客不慎点着了房屋。然而，开封府判官黄澍怕这一事件被叛徒利用，以削弱防守力量，于是将该房客斩首示众，以儆效尤。第二天总督命令府里的推官率领主要由地主家族组成的房客队伍，前去协助城东北的防御。李光殿怀疑几百人是否足够。他建议拿出一千两白银另募勇士，每人一百文钱，四个馒头。御史赞同这一方案。许多本地精英包括进士刘昌和张文光出资招募这一部队。金钱总量可能超过了预期，因为据说一位生员就捐了五千两白银。同时李光殿和城中的富商大族每天提供一千个馒头，一个月超过了十万个。[58]

由于缺乏内应，农民军加紧了从外部的进攻。据开封市民、一份日记的作者白愚记载，当 1 月 30 日农历春节之时，农民军利用周王府资助城内守卫过节的时机，攻陷了东北部的城墙。在最激烈的一次战斗中，一些农民军登上了城楼但被守卫者杀死。尽管双方都遭受了重大伤亡，但这场战斗后来并没有出现在李光殿和周在浚的记载中。但是郑廉在记述其伤亡之惨烈时，称这一城防战甚至"虽张、许之守睢阳不如也"。[59]当用来衡量这次晚明开封抵抗李自成进攻的战役时，中唐抵抗安禄山的这次著名战役，再一次被提及。

对于白愚所描述的此次战役，其他记录者还提到了战场上对性的战术性运用。在其记载中，农民军剥光一些妇女（可能是俘虏）的衣服，把她们推向护城河，同时向城里咒骂。城墙上的守城者则向她们射箭。这还没完，守城者还强迫贫困的同样无助的和尚脱光衣服，将他们推向农民军，同时咒骂。农民军随后杀了这些和尚。据郑廉记载，这一做法被称为"阴门阵"对"阳门阵"。尽管他记载了这件事，但对此事的真实性表示怀疑。正如其所说："自蚩尤至黄巢时，吾所闻战多矣，然从不曾闻听此战法。"[60]

在接下来的一周内，农民军挖掘坑道以对付守城者。攻城者每想出一个方法，守城者都有应对策略。1 月 31 日，农民军在城外建起高楼，以便架炮攻城。城内的生员建起更高的炮楼，以便轰击农民军的炮楼。2 月 2 日，当农民军在城墙上挖出更多的洞来躲避风雪时，李光殿从每个当铺、每家富户收取 50 两白银，借此提供衣食，招募城内的民众，让他们从城上往下抛雪，把农民军困在掩体内。当农民军挖得更深后，城上的居民从顶上挖开，扔下火把来应对。当农民军在曹门下面挖开一个巨大的洞以求攻入城中时，御史提出两千两白银的重赏，征求应对之法。城中一个居民用一种木材、粉和水的混合物阻挡了农民军，他也因此获得了奖赏。[61]

由于记录都来自明廷方面，他们当然能够提供更多更有利于防守方的资料记录。例如，2 月 6 日，御史派 500 人从水门出击，突袭了农民军大营，带回 783 个首级。第二天，由于补给渐少，周王府献出木材，李光殿发动里坊居民收集了更多，一个生员从私人手中低价买回很多。李光殿在他的日记里承认了一些错误。他还揭示了在守城者中，由于战术以及政治、社会问题分歧在不断加大。李光殿的一个车夫偷了一匹马，被农民军抓住之后，成功逃回。李光殿允许其进城，还打消了他可能是农民军细作的念头。然而，这个车夫还是被捕，并且在李光殿还来不及干涉的情况下，将他以细作之名处死了。

守城一方虽然承认了一些小的过失，但他们显然将更大的过失推给了攻城的农民军一方。据记载，2 月 8 日，李自成将一些攻城未果的自己人斩首。两天后他组织了一次猛烈的攻城，但被高喊着"忠臣不惧一死！"的陈永福率兵击退。第二天农民军在城墙的东北角挖了一个大洞，放置了几十担的炸药。经受住了爆炸的坚固城墙向农民军营垒倾斜，爆炸没有摧毁城墙，反而使炸起的碎片落到了农民军队伍中。这引起了较大的伤亡，使幸存者狂躁不安。由于这些失误，农民军在第二次围攻开封过程中，造成了己方三万人死亡和三千多人受伤。[62]

再次围攻开封受挫，反映了农民军攻城技术上的不足，李自成和罗汝才因宣传造势的能力不足以及火器杀伤力上的劣势受到损失。由于被鼓励去探寻御敌守城的非凡方法，一个本地指挥官在历史记载中发现了元末埋在城南门的两门大炮。据说当负责当地施工的劳工发现这两门大炮时，上面刻着明代开国谋士刘基的名字。这一消息被布告城内外，并被解读为明代开国者的英灵与守城者同在。当然这个发现也说明明朝曾有发达的军事技术能在必要时捍卫自己的王朝。据白愚的记载，开封城内还有一门葡萄牙制造的大炮，可以在农民军距离城池一点五公里的范围内，有效杀伤农民军。[63]明代早期的大炮象征了他们与过去的联系，而西方的大炮则象征了他们与外部世界的联系。在时间和空间上，他们似乎都更胜农民军一筹。

守城者也充分利用了外部赶来的援兵。早在 1 月 31 日，他们就宣称保定总兵杨文岳正率兵赶来。虽然这没能愚弄农民军，但却增强了守城者的决心。三天后，开封的官员说服左良玉率兵从临颍北进至杞县，进入了可以援救开封的范围。尽管狡猾的左良玉拒绝进一步进军，宣称他的军队孱弱，不足以对抗李自成的农民军，但是开封的官员利用这一消息震慑了农民军，使他们放弃了继续围攻。农民军已经了解到不必担心左良玉，但他们因为害怕杨文岳的威胁而在四天后结束了围攻。他们也因为对城墙东北角的错误爆破而遭受了伤亡。2 月 13 日，李自成和罗汝才集合队伍向西南方开去。[64]

第二次围攻开封失败后，李自成专注于将左良玉逐出这一区域并巩固对开封府外围县城的控制。他路过朱仙镇，在那里休养伤员，随后向南穿过西华县境。左良玉以其一贯的谨慎已经离开了杞县，向南撤退，以防备李自成的军队。李自成在开封府南部边缘的郾城与左良玉军队相遇，将其包围。杨文岳和率兵在附近的丁启睿匆忙撤退，以免与李自成军队纠缠。李自成由此得以将左良玉围困十八天，随后由于西部出现了严重威胁才解围而去。[65]

在总督傅宗龙于崇祯十四年（1641）死后，朝廷任命另一位陕西籍官员汪乔年接任，镇压李自成的农民军。为了表达他对李自成的厌恶，他下令米脂县令找到并掘开了李自成的祖坟。然后他带领三万人马由潼关进入河南。当他抵达洛阳时，收到了左良玉从郾城发来寻求增援的请求。于是他留下一万步兵在后，率领两万骑兵驰援郾城。李自成得知汪乔年来后，放了左良玉，率兵西击。如李自成所料，左良玉没有配合夹攻而是掉头向南撤退。[66]

襄城的张永祺是李自成开往开封的路上唯一自发抵抗的士绅。当他的意见被县令忽视后，他退出了该城，但仍然关注着这场防御战。听说汪乔年在迎击李自成的路上后，他邀请汪一起守卫襄城。汪乔年接受了邀请，于崇祯十五年（1642）3月2日进入襄城，之后很快将该城打造成了一个打击李自成的基地。他将他的三名属下布置在前哨，且东出约20公里，迎击从郾城开来的李自成大军。然而，当他的军队望到李自成大军时却陷入恐慌，以致溃不成军。李自成因此得以加速开往襄城。在那里，他联合了南阳的李好，此人成了李自成的一个低阶的盟友。[67]这预示着襄城将有一次大的遭遇战。

汪乔年弹压了城中所有妥协的论调，倾其所有奖励参与抵抗的官员，指导他们与百姓密切合作。四面的城墙由四位总兵和四位生员分别把守：何谦、张和声、井良田和张琇。汪乔年和一位助手在两位当地生员刘汉臣和耿应张的辅助下，带兵迎击李自成主力。3月15日，农民军开始攻城。像在开封一样，他们挖掘城墙，填入火药和很长的导火线。然而，城墙不如开封的坚固，炸药也填装得更为讲究，结果城墙被炸塌。汪乔年誓言战斗到死并威胁杀掉任何主张逃跑的人。3月17日，当农民军已经进入街巷后，他仍坚持抵抗，亲手杀死三个农民军和两个试图逃跑的手下。当气力用尽后，汪乔年北向叩拜并徒劳地试图自刭。结果，他被抓获并带去见李自成。[68]

由于此前曾和襄城达成协议使其中立，李自成对此后明廷重新赢回襄城，还将其变成了负隅顽抗的基地颇为恼火。他尤其痛恨虽有抵抗之勇却挖其祖坟的汪乔年。当汪乔年拒绝下跪并声称死后将变成厉鬼消灭李自成后，李将其舌头割下并拉到城外杀死。李自成也迁怒于当地士绅张永祺和生员们，尤其是先前组织权力和平交接这次却领导抵抗的六个人。李自成还下令捉拿张永祺，听说其已经逃走后，处死了其亲近之人，包括九个家人。李自成还把生员们召集起来，将参与抵抗的人的鼻子和耳朵割掉。这一严厉的处罚很快就被传为砍掉手脚并致人死命。人们也很快普遍相信襄城的190名生员都遭受了这样的命运，甚至全城都被试以刀斧。[69]

最近读到的一份材料显示，士林领袖张永祺事实上被罗汝才捉住了。根据一个故事描述，在他将被处死时，一个巨大的雷暴降临使其逃脱。据另一个故事记载，张永祺用某种方式隐去了自己的身份并劝说看守的罗汝才士兵将其释放。当然，重要的信息是他逃脱了农民军的抓捕，这也在某种程度上，暗示了包括他家人在内的其他人被杀的原因。张永祺的逃脱也显示了农民军对襄城控制的脆弱和它所处的环境。在最积极抵抗的六个生员中，我们得知汪乔年的助手之一、县城防御的领袖刘汉臣得以逃脱，而他的两个儿子被割了耳鼻。另一个抵抗者耿应张的命运未知，但他有至少两名亲属活到了明朝灭亡。

在一份后来列出的襄城守卫战的名单中，六位生员只有刘汉臣被列入了。当地修史者费了好大的精力，才整理出包括被残害者在内的当地的生员名单。最后，这个名单只列出了 56 个名字，而非 190 个。奇怪的是，名单中没有列入六个守城的士林领袖的名字，虽然他们的亲属族人有不少都名列其中。在书中收录了这个名单的郑廉显然对 134 个受害者的失录感到非常失望。但他从历史上没有被记录的其他人物，例如"睢阳三十六将"的遭遇中，也还能找到慰藉。对郑廉来说，知道河南是晚明叛乱中受害最深的省份，襄城是受害最深的县城，而生员们是处境最为委屈的群体就够了。[70]

李自成和罗汝才对攻占城镇显示了比统治城镇更大的兴趣。他们仅在襄城待了两天，就继续往西，去重新征服那些回归到明朝统治下的县城。3 月 21 日，他们到了郏县，当地县令李贞佐已经组织民众修起了坚固的防御工事。农民军抓住了李贞佐，将其处死。李自成对乡勇领袖杀死以前驻扎在县里的农民军将领的做法格外愤怒。据称，他将此人倒挂在城南的一棵树上直至其身亡。[71]

农民军随后进军临近的宝丰县，这是牛金星的家乡。农民军首领张献忠在前一年曾经攻克宝丰县，还杀死了身为皇室成员、贡士出身的县令。随后，明廷夺回县城并任命了新的县令张人龙。李自成和牛金星率兵攻陷了县城并抓住这位曾把牛金星发配到卢氏县的新任县令。据说牛金星质问他为何如此苛待庶民。随后张县令拿出牛佺的前岳父王士俊和另一个来自兰阳的梁云构的两封信，信中要求将他和他的儿子处以死刑。他的意思似乎是自己比牛金星的姻亲和同僚更为宽宏。但李自成和牛金星对继续守卫明朝的官员没有耐心，他们迅速将其处死。[72]

3 月下旬和 4 月上旬，李自成和罗汝才继续保持了对汝州、汝宁和开封府所辖的一些县的控制。他们占据了牛金星曾经执教的汝州鲁山县，以及曾与当地的豪强李际遇达成交易的登封。然后他们向东南迁回，夺取汝宁府北部的上蔡。知县自刭而亡，以避免血战和不可避免的失败。随后他们继续北击开封府的西华县，当地县令自溺而死以免百姓涂炭。4月8日，农民军抵达陈州，当地县令和监军鼓动百姓誓死抵抗。监军关永杰自称蜀汉大将、武圣关羽之后，对百姓坚称："务战死，不得妄动。"一个当地士绅和另一位在家的官员也誓死抵抗，绝不屈从。但一些学者和民众呼吁官府投降农民军，他们说："今不能开关，明日当为血池矣。"农民军攻城时受到抵抗，不得不烧掉北门，从南墙挖了大洞攻入城内，当时为4月11日。后来双方甚至进行了巷战。农民军杀死了县令、监军以及在家的官员和许多其他居民。在最终控制县城前，农民军自己也遭受了重大伤亡。[73]

因此，在崇祯十五年（1642），农民军在河南中部遇到了许多不同的情况。朝廷和希望推翻它的民众之间的矛盾是公开的，只是缓慢或偶发。不论和平还是暴力，无论是哪个县乡，只要李自成和罗汝才逼近，便唾手可得。

与袁时中的联合

此时，李自成和罗汝才与已经在豫东北活跃了一年多的另一位农民军首领袁时中取得了联系。袁时中出生于与河南卫辉府淇县交界的北直隶南部大名府滑县中的一个平民家庭。他自称乡野村夫，但他的家族似乎拥有地产。由于崇祯十三年（1640）的饥荒和瘟疫，他开始成为开州的一伙武装的头目，官府文件将其称为匪徒。他在崇祯十三年曾被捕，获释后，率领一大批饥民进入清丰县和滑县，并成为官府所称的"大盗"。在滑县，他击败了被县令派来作战的本地乡勇。他的队伍发展到了几千人，还占据了开州和浚县的大片土地。自崇祯十三年岁末，袁时中在河南彰德府的磁州被击败。12月，他再次率万人攻打开州，但被朝廷从真定派来的将领击败。接下来的一个月，他三次被真定总兵、大名府推官和滑县县令李岩的联军击败。在次年 2 月，他率兵南渡封冻的黄河，前往人口稀少的贫困县归德府考城。[74]

　　袁时中到达豫东北的时间与李自成进入豫西的时间恰好一致。在与"一条龙"等饥民首领的竞争中，袁时中很快赢得了豫东北士绅和中间阶层的好感。正如后来郑廉写道的："开州贼袁时中，由考城渡河而南，往来梁、宋之间，不杀人，不掠妇女，亦群盗中之一奇也。"[75] 如果他确实来自一个有一定地位的家庭，那就恰好能解释他从一开始就对土地所有者采取了一些保障措施。正如佐藤文俊所指出的，他已经通过俘虏或劝说，获得了一个生员的合作。[76]

　　随后，他在商丘俘虏了一位来自名门望族的学者田生。感受了田的才学后，他询问田生的职业。由于担心学者的身份暴露，会危及生命，田生坚称自己只是个书商。袁时中并不相信，但微笑着请田生落座。随后田生的一个仆人说道："渠宦家子弟，多珠宝衣服骡马，拷之可悉得。"袁时中并未作答。随后仆人责备田生往日对民众的盘剥。袁时中只是微笑着看着田生。田生大惊失色，张口结舌。然后袁时中转而问仆人，他何以得知。仆人答道："我为其家奴最久，故知之悉。"袁时中怒道："若欲我杀而主也，我虽贼，不容汝。"袁时中随后命令手下斩杀仆人并分尸。然后他礼待田生如初。当田生向他请求一副棺材以安葬仆人时，他答应了要求并赞赏道："长者也。"在复述了这个故事之后，郑廉写道："嗟夫！贼固不容叛臣哉。"这一故事清楚地显示出袁时中可能挑战明廷并发动民众，但他并不会触动对他以及像郑廉这样的书生来说很自然的社会等级制度。[77]

　　从崇祯十四年（1641）4 月到 6 月，当李自成占据他在豫西的第一座县城时，袁时中向东南移动，进入南直隶。4 月份他攻打颍州府霍丘，然后进入徐州府的萧县，捕获县令后离开。到了 6 月，他的队伍据说已经多达十万人，活跃于凤、泗地区。随后他从蒙城的宿州和亳州的矿工中得到了更大的支持。其人数可能增至 20 万，凤阳震动。很快袁时中进入亳州与宦官卢九德、总督朱大典和总兵刘良佐的联军相遇。明军装备了大炮，袁时中遭遇大败。袁时中先是诈降，然后率领几百骑兵逃脱。在随后的几个月里，他与张献忠以及凤阳颍州太和县本地的叛匪合作。[78]

袁时中通过诈降和结盟，在河南和南直隶的交界地带重建了自己的武装。崇祯十五年（1642）3 月初，他重新开始了对朝廷的进攻。他的队伍出现在汝宁府，他亲领一军，攻打归德府南部的鹿邑。他围攻该城八日，却没能攻克。随后他北攻同处归德府的柘城，这次攻克了外城。但他围攻了两周之后，仍没能彻底攻克。3 月 23 日，他攻打宁陵，在四门点火，但依然没有攻克。很快，他的骑兵出现在了黄河边的考城县，那是他一年多前首次进入河南的地方。在河南暂有所得后，他可能考虑过河返回家乡。然而，恰在此时，他听说李自成和罗汝才已经攻占了包括陈州在内的河南中部若干县城。于是他决定留在河南并西进与其联合。[79]

袁时中与李自成结盟的时间与地点都值得注意。一些清初的史学家，例如谈迁，将此事记载为发生在 5 月；吴伟业则没有标出时日。然而，最近的研究表明此事应该发生在 4 月中旬。至于地点，原来的一些观点，例如彭孙贻认为是在"陈蔡之间"。这一表达是相当模糊的：它可以指颍水谷地的陈州和上蔡之间的区域。事实上，最近有学者认为此事应该发生在太康县，在陈州之北，而非之南。尽管在技术上说不够准确，但"陈蔡之间"的说法具有隐喻的重要性。他象征了《论语》中孔子在陈国和蔡国之间陷入困境的情形。尽管此说的原意比较模糊，但这一隐喻暗示了袁时中直到同意和李自成与罗汝才合作，才摆脱了困境。王兴亚曾经极力暗示，袁时中并非陷于困境才和李自成合作的。他认为袁时中当时可能已经有了 20 万人马。但这个数字即使是对于崇祯十四年（1641）夏天在南直隶处于强盛期的袁时中来说，可能也显得夸张了。一些资料显示他当时只有十万人。由于当时他已经在南直隶被击败，以致难以在河南的任何一个县立足。情况似乎很清楚，袁时中从一开始，就是联盟中弱势的一方。如郑廉所说："李自成自称'老府'，罗贼号'曹营'，而呼袁贼为'小袁营'，视若部曲。"袁在联盟中的低级地位，从其部伍的绰号中清晰可见。[80]

但是，李自成、罗汝才和袁时中都为联盟贡献了力量。李自成和罗汝才从民众中崛起，并且成功地在民众中发起了动员。他们纵横数省，攻城掠县。袁时中在豫东北士大夫阶层和中间阶层中的良好声誉给了他很大帮助，此外他还得益于跟官府交往时的娴熟技巧，以及建立新政权的兴趣。通过合作，他们可能实现孤军奋战难以达到的战绩。

联盟的优势在农民军 4 月 18 日攻取太康时得以印证。李自成攻击东门和西门，罗汝才攻打南门，袁时中突袭北门。当地组织防御的县令，刚从商丘来任，他此前还曾在陕西任过职。农民军用大炮轰开城墙，于 4 月 21 日攻入城中。李自成杀死了那位不配合的县令，但对曾"为陕西好官"的士大夫有所礼遇；他甚至可以饶恕那些愿意投降的人。但在遭拒后，最终还是杀了他。其家人与县令的家人共二十多人，也都自杀身亡。[81] 尽管农民军不断赦免当地士绅，但却无法强迫他们接受自己。

从太康县向东北，农民军进入了睢州。这里一度是明朝的驻军之所。在这里，农民军付出了更大的努力去争取广泛的支持。但此事由于县令的出逃和他下属为了避免在投降和被杀中做选择的两难，变得简单了。但李梦辰这位出身睢州的天启七年（1627）进士在听说农民军占据了豫东北的多个县城后，从北京返家组织抵抗。他召集亲属宣布："吾宗世受国恩，义当与城共存亡，有遁城者，吾必手刃之。"尽管听到这番誓词的仅是些近亲，但他的言行显然激励并威慑其他人也留下来奋战。

当农民军于 4 月 20 日抵达时，李梦辰正在城墙上和他的侄子一起督战。农民军破南门而入。在派出的先锋中，有一人背地里与李梦辰的部下勾结上了。在了解到李梦辰的相貌后，农民军宣称："固闻公名，至营无害也。"李梦辰拒不接受，准备跳城自杀。当他被抓住后，被带去见罗汝才。他拒绝下跪，罗汝才问他，意欲何为。李梦辰答说："朝廷大臣，惟欲死耳。"罗汝才回答："无庸也。"随后他对李的侄子说："速同卒往卫李公家。"当意识到自己的侄子已经是农民军的一员后，李喝道："何语彼之亲也？"罗汝才的谋主随后设宴招待李梦辰，向他说明参加农民军的好处。梦辰大怒，摔碎酒杯。罗汝才的谋主叹息而去。当夜，罗汝才命人对李梦辰严加看管，宣布第二天将送其回家。就在当夜，李梦辰自己了结了性命。他的侄子试图劝解他，说家族和县城都需要他，叛匪可以周旋。但李梦辰十分固执。他告诉侄子照顾好祖母，还留下了自己的方巾作为纪念，随后用它自缢而亡。当罗汝才听说此事后，他下令处死了李梦辰那些拒绝归降的追随者。同时他命令李的侄子带尸体回乡厚葬，以争取民心。[82]

袁时中与本地另一个精英分子唐铉有更多成功的合作。唐是崇祯十年（1637）进士，曾在袁时中活跃的北直隶开州做过县令。事实上，唐恰好是那个曾在崇祯十三年逮捕过袁时中，但因其承诺不再行为不轨，又将他释放了的县令。唐赠给他大量金钱作为礼物，希望他以后置身事外。睢州陷落时，唐正好在家中守丧。袁时中迅速派人将其带到了营帐。他非但没有要求唐下跪，反而自跪于地，声音哽咽道："时中今竟做贼矣！""实惭负公。"袁时中不仅没有取他恩人的性命，反且劝他不要自杀。事实上，唐显然与农民军合作了，因为郑廉记载道："州人依而得免者甚众。"无论如何，唐在睢州陷落期间幸免了。他继续为明廷效力并被派往北直隶，死于抗击清兵。[83] 因此，袁时中显然在赢取文人支持方面帮助了李自成。

尽管农民军致力于社会改革，但他们显然没有试图打击被高名衡称为长期欺凌邻里的楚家，他们也没有追究传言恶贯满盈的张家。进而言之，楚家和张家都没有试图保卫明朝和抵抗农民军。李梦辰之外，只有两位当地精英分子，其中包括一位居乡的官员和一位教师——据地方志记载，他们死于抵抗农民军。[84] 至少在睢州，农民军对争取精英支持的兴趣，要大于发动群众惩治精英的骄恣。反之，精英们的表现也更意在自保，而非保卫明廷。

两天后的 4 月 22 日，农民军到达附近的宁陵县。县令不在任，小吏们也不知所踪，甚至临时负责县城事务的一位教师也逃跑了。南城指挥防御的任务留给了一位来自怀庆府而担任当地教师的贡生。当农民军从西门入城时，人们将此人火速带往安全地点，以求保障他的安全。然而这位教师并不贪生。他找了个借口躲进一座寺庙，在那里自缢而亡。[85] 城中的抵抗，也随之崩溃。没有进士死于这场保卫战，只有一个举人死于明末。

农民军进入宁陵时，只有少数精英分子和中间阶层人士在进行抵抗。其中的杰出人士叫吕贞知，吕坤的八世孙。他是贡生，曾在宝丰和郾城担任教师，在汝宁府担任教授。时论将其比作北宋著名的儒士胡瑗。他与军民合力修复城墙，发誓若城池陷落必将赴死。他被抓到后拒绝投降。由于其祖先的名望，据说农民军"重"其"亮节"而将其释放。但他坚守誓言，自缢而亡。将吕坤与宋代儒生相比较的事例也见于他处。一个在宁陵照看母亲的吕坤门生之子死于农民军之手，一个被比作北宋儒士的教师后来死于归德府。[86]

两位身为普通学者的宁陵人也参与了抵抗农民军。一个曾听过吕坤讲学的教师卢宗泰致力于刻苦攻读，尽管他从未获得功名。当袁时中进攻宁陵时，卢献出了几十担粮食供给守城的乡勇。当李自成和他的盟友到来时，他也上城协防，却发现人们几乎逃光了。他返回家中准备自杀，却被一个仆人劝阻了。当李自成的军队拿着剑前来催粮时，卢宗泰大声责骂，坚决予以拒绝。农民军大怒，将其绑在树上，乱箭射死。他的传记将其比作中唐时代率兵抵抗安禄山叛军的著名书法家颜真卿。这一方面可能存在于史家的头脑中，另一方面可能激励着历史人物本身。李学恕是一位对历史有极大热情的书生，他的父亲是位贡生，他本人欣赏为了理想而与安禄山叛军对抗的颜真卿。在万历朝，李学恕曾出资修复城墙，还为此被当地官员奖赏了一顶官帽。李自成来时，据说他咒骂农民军并因以死节。[87]

家族的政治和经济利益，影响着宁陵一些精英家族对叛乱的态度。乔氏是当地的名门望族，也有人在朝廷里任职。他们有理由害怕农民军的胜利。在明末，当本地匪寇领着一群人攻打县城时，读过孙子和吴起兵法的书生乔宏杞，率领着二十多人抓到了匪寇，并将其处以死刑。李自成到达时，乔宏杞恰好离乡，正在京师与刘理顺学习，后者出身杞县。但乔的亲属们都在家。例如，乔生陪着从城里来的教师，劝阻他自杀。乔氏家族的男性可能认为李自成太可能取得成功了，因此抵抗是没有理由的，所以没有一人名列杰出的抵抗者之列。然而，他们的个人情感可能由两个乔氏女性和一个嫁到乔家的女性表达了出来。这三人占到了宁陵县抵抗叛匪死节的妇女的一半。[88]

如果说农民军的支持者主要是穷人，反对者主要来自富人的话，无论如何定义的阶层利益，都不总是农民军政策和民众反应的决定因素。例如，苗家并没有引起宁陵的农民军更多的注意。苗家可是当地最贪婪的地主，但也没有明显的反对农民军的行动记载。农民军再一次表现出了对保住实力比实现社会公正更大的兴趣，苗氏也更在意保护家族利益而非维护王朝的存续。事实上，根据苗氏族谱记载，苗家族侄苗恒沦被农民军抓获，被裹挟而去，随后返回。这说明有不少地方精英从叛乱中幸存下来，而非全然与幸存者郑廉的观察一致。这一事件也暗示，年轻一代更愿意跟从农民军而老一代则更倾向于对抗，两者之间存在代际差异。[89]

综上所述，李自成从陕西起兵，后在中原河南发展成为一支基础广泛的农民军领袖。他从当地失意的精英如牛金星者和中间阶层如宋献策者，以及受到饥荒和瘟疫之苦的民众中得到了支持。在他们的帮助下，他攻城略县，摧灭藩府，围攻省城。他第一次攻打开封失败后，据说与陕西农民军首领罗汝才联合，在开封府的众多县里追击敌军和当地精英。第二次攻打开封失败后，他与北直隶农民军袁时中部联合，攻取了开封和归德的更多县城。因此，到了崇祯十五年（1642）春天，他控制的根据地更多了，然后他出发去攻打归德府城、杞县县城乃至第三次出击开封。

在对中原省份河南的角逐中，农民军、他们的对手以及史家们借用或暗指了一些历史事件，并用不同的方式来诠释它们时而卓异时而趋同的行为模式。重要的是，许多例子来自长期以来对明朝及其支持者十分重要的汉代。李自成最初将自己称为汉朝的布衣建国者刘邦。与刘邦一样，李自成受了箭伤，这有助于增加其领袖魅力；他还展示了自己善于用人的能力，这有可能帮助吸引了文人的支持。其他人，例如史学家，可能更多地将他比作项羽，那个推翻了秦朝却因为过度使用武力而耽误了大事的人。因为李自成制造了襄城那样的大屠杀。一个观点认为，福王应该像精力充沛的汉代藩王那样，参与保卫洛阳，另一位地方史学家则指责福王没有听从建议。那些认为明朝即将灭亡的人从《三国志》中得到了启发。罗汝才给自己起了"曹操"的绰号，后者保卫了后汉，但也安排了自己的儿子终结了汉朝；一位自认为是为蜀汉死节的关羽的后代，在与农民军的对阵中，也为了朝廷慷慨赴死。

尽管汉朝的范式在很多人脑中很重要，但在李自成及其追随者心中，越来越倾向于将唐朝视为其时代的榜样。李自成的政治野心，据说是受到了新版本的"十八子"谶言的鼓舞，而后者曾激励一千多年前的李渊建立了唐朝。李自成像唐朝的建立者那样，喜欢建立假想的亲密关系，以吸引地方强人如李际遇、李洁轩，以及寻求李梦辰这样地方官的合作。那些仍然忠于明廷的人，将中唐时代对安禄山叛乱的镇压，当作其应对李自成起义的行动指南。一个县令将中唐时代张巡镇守睢阳时生灵涂炭的历史，当作其以自杀换取一城百姓免遭杀戮的理由；一个书生以颜真卿倾力抵抗安禄山叛军的事迹鼓舞自己与李自成农民军对抗；一个当地史学家将明朝的第二次开封保卫战比作唐代张巡守卫睢阳的战斗。

对唐代榜样持续增长的兴趣和不同方式的解读，并没有排斥对之后历朝的注意。一位当地文人以文天祥誓死抵抗蒙元的事迹来解释他宁死不降农民军的行为；一位当地史学家以宋朝对李继迁的母亲的做法，批评明廷对农民军首领小妾的错误处理；甚至最近的历史也被联系起来，例如襄城一位书生以朝廷对刘六、刘七的处理来为对李自成的处理寻求依据。但对于那些希望挑战明廷权威并以同样合法性和新的秩序来取代它的人来说，唐代的历史是最得其心的，尽管对其解读是多种多样且有争议的。

第六章　豫东北的僵局（1642）

在崇祯十五年（1642）4 月底，李自成在豫东北的四个县，向朝廷宣战；这四个县都兼具文化意义和现实意义。首当其冲的是商丘，这个曾经是西周推翻商王室的地方，当时有几个晚明的重要家族于此定居。第二个是夏邑，这个以传说中的夏朝命名，在晚明则受控于当地的一个精英家族。第三个是据称有夏王室后裔曾被周朝封于此地的杞县，明朝的地方精英与民间宗教于此艰难共存。第四个是曾作过后梁和北宋都城的开封，作为省会城市，它已经经历了起义军的两次围攻（见地图 6.1）。总体来说，这些城镇自然将三代（夏、商、周）所造就的文化中心原型地位以及历代政治变革，包括汉、唐、后梁、宋诸朝在此基础上产生的新变化，带入人们的思想。明廷、农民军和当地百姓在某种程度上，是通过附会历史故事，并做出不同解读，来表达其不同的利益和愿望。

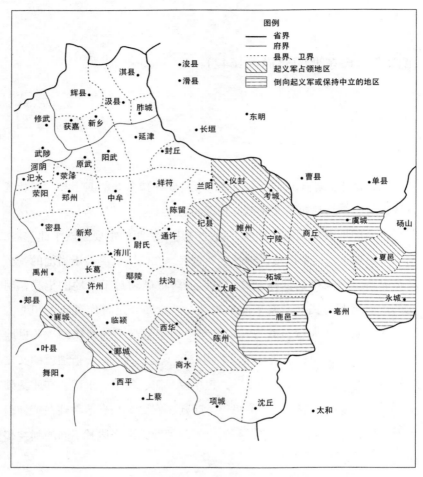

地图 6.1　起义军第二、三次围攻开封期间豫东北形势图

商丘之战

　　崇祯十五年（1642）春天，商丘陷入了朝廷和地方士绅利益的拉锯战之中。根据当地历史学家郑廉的记载，争端发生的原因是"当是时，

承平日久，士大夫恭于晏安，相习为江左风流"。像东晋时候的士大夫一样，商丘的精英家族安于享乐，对即将到来的疾风暴雨熟视无睹。他们派手下去威胁地方官，于是引发了强力镇压，以将法令推行。就在这年的年初，归德知府借着下属与当地学者发生冲突的机会，逮捕了其中的六人，剥夺其功名。其他的学者则在孔庙哀泣，甚至上告知府衙门，申诉冤情。归德府判官通过说服知府惩罚他的下属，来解决这个危机，但文人们反而更加肆无忌惮。据郑廉说，他们的所作所为甚至危害到了城镇的安全与团结。[1]

三十七岁的商丘县令梁以樟是北直隶顺天府人，进士出身，上一年才到任。他试图通过执行军法来结束当地的争端。他曾令本地士绅生员一同协助守城，让拥有进士头衔的致仕官员宋权防守南门。但梁以樟在巡查时却发现，宋权竟然擅离职守。梁以樟于是将其逮捕，以违纪处置。宋权虽然表面上承认了过错，但梁以樟并未因此放过他。随后，宋权与雪苑社的成员密谋了一次群起抗议。当地的生员，包括侯方域在内，聚集在吴伯裔家，决定在 4 月 13 日县令上庙时集体陈情。结果，梁以樟因病取消了上庙的计划，这些生员也推迟了陈情之举。但是，在郑廉的笔下，商丘知县和文人们仍然"俨如敌国矣"。[2]

陈州陷落后，知县前往知府处汇报，商讨商丘的御敌事宜。当时，有超过一百名生员聚集在知府门外，要求释放宋权。当晚，知县动员了包括侯性在内的支持者，一起骑马去面见知府，请求庇护。这一对抗的结果是，"矢如雨下，诸生中伤者累累也"。一位名叫何广的生员被飞矢射中额头而殒命。众人解散，知县这才得以坐着轿子返回。当夜，他派侯性等人前往开封，汇报事件经过。第二天，被当地生员塑造出的社会公论站在了悲伤的何广家一边。结果是，梁以樟被迫释放宋权。他随后将其软禁在茅草屋中，反省其轻率的作为。与此同时，太康县被起义军攻下，睢州也受到攻打。[3]

当起义军逼近商丘时，县令梁以樟承担起了守城的职责。尽管喝醉了酒，但他还是穿戴整齐，铠甲鲜明，持弓按剑，在马上率领着一批忠勇之士。他曾经在宁陵击败匪寇，追击捕获后，将其带回商丘，在闹市问斩。由于知府无用，他与曾帮助镇压徐鸿儒的山东举人、同知颜则孔合作御敌。在李自成攻下宁陵后，他请求判官和颜则孔帮助他在商丘誓死抵抗。他说：

> 贼势锐甚，旦夕至，众无所统，号令不专，莫能守，虽共死无以塞责。昔张、许守睢阳，号令专，故能久也。唯公裁之。[4]

梁以樟的这番话提到了中唐商丘抵抗叛军的旧事。众人说："城守重任，某等且才弱，不能胜也，惟大尹是听。"拥梁以樟为首，结成守城同盟。

由于没有藩王，官员也很少，商丘的抵抗依赖的是军官、士绅和生员们。根据郑廉的记载，梁以樟作为总指挥，按时巡查，"如睢阳故事"。同知颜则孔率工部郎中沈试守西门（见地图6.2）。[5]进士出身的东林党人周士朴在一位都指挥使的配合下守卫西南门。进士出身、被重新安排任务的宋权在另一位指挥使的配合下负责南门。推官王世琇和雪苑社的举人徐作霖守东门。两位指挥合作守东南门。官生田国赖在指挥贾之琯的协助下守北门，其他则领导十人一组的居民巡查城墙。城中居民也被发动起来准备投石机、弓弩、矛枪和衣食。玩忽职守之人被惩罚，初犯则罚刀弓火药等物以备战，再犯则加一等，三次犯过则驱逐其家属于城外。[6]

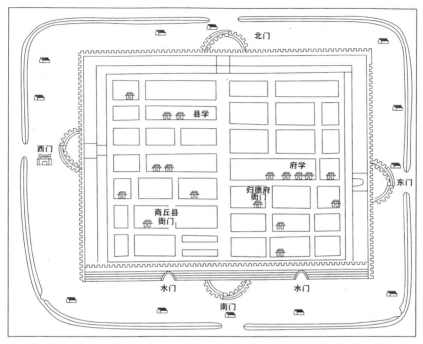

地图 6.2　归德府城图

4 月 23 日，守城的人似乎得到了外部两支援兵的援助。第一支由七百名骑兵、一千名步兵组成，由代知府颜则孔的老相识、副总兵张舆带领。第二支由南阳豪强李好率领的数百人组成，据说李好曾被陈永福派往开封辅助防御。梁以樟当时正竭尽全力寻求可能的援助力量，他当然欢迎这两支队伍的加入。他将张舆的队伍安排在西城墙，李好的队伍安排在北城墙。第二天，很多人从乡间涌入城中，寻求庇护。城门随后被土包封死。到了夜间，数万起义军包围了县城。李自成在西南，罗汝才在北，袁时中在东北。

农民军在发现县令并不会与他们谈判之后，迅即展开了进攻。他们用投石机抛出巨石，在其前进的路上砸出大坑。步兵携剑带盾攀爬内城，挖掉砖石，在洞中塞入炸药。炸药爆炸后，将城墙炸开，还引燃了木质建筑。尽管梁知县按剑督战，军法严明，很多守城者还是被震慑，失去了斗志。守城的主要压力其实是由张舆承担的，他的军队训练有素，毫无惧色。

第二天的大雨使守军士气低落，农民军援梯登城时，他们也没能及时反应。根据郑廉的记载，一个长着虬须和红发的农民军士兵突然出现在东北角城墙上。或许想到了虬须奇人帮助建立唐朝的故事，守城者们惊慌失措。只有张舆勇于上前，以长矛挑之。然而，当虬须人落地后，据说连大地都震动了，这更大地震慑了守城者。当另一个义军士兵登上南边几步远的女墙时，守卫之人逃散了。无畏的张舆再一次冲向缺口，但这次孤独无助的他没有抓住农民军。突然，李好手下的一名军士换了衣服，喊起了与农民军一样的口号："城已攻陷！"或许对这拙劣之举感到不堪，郑廉并未公开承认日益变得明显的事实：李好的队伍无疑是假借其名——他们名为官军，实则与农民军结盟。郑廉隐晦地指出："城遂陷！"[7]

由于县令梁以樟曾经命令全力以赴地进行抵抗，许多人已经在守城战中战死，更多的人也将接踵而亡。然而，梁以樟本人却在城池陷落后，将官印扔进井中，从一道水门溜走了。事实上，梁以樟一路逃到南直隶的淮安，直到被当地守将史可法认出并逮捕。史可法将其送回北方并令其着白衣，在与农民军对阵时列于阵前效死以赎罪。[8]同时，县令的逃跑使得商丘无人领导。这无疑降低了他们对明朝的忠诚，无论这忠诚还剩下多少。

商丘人的伤亡可能永远无法得知，但其数量无疑是很大的。军政官员首先战死。府丞颜则孔在战场摔倒并被砍死，他的妻子和两个女儿在衙门内自缢而亡。推官王世琇被农民军抓获，但拒绝投降。当三位城中百姓指出他是个好官，请求替他去死时，农民军将这三人与王世琇一并处死了。王的妻子因返回娘家而免祸；最终，她自杀以殉丈夫和朝廷。甚至连懦弱的县令梁以樟的妻子，也在要求仆人烧毁自己的房屋后，在其中自缢身死。张舆在被捕前奋力拼杀。农民军欣赏他的勇敢并促其归降。但张提醒他们说，自己的兄弟是朝中名将，绝不可能投降"匪寇"。他最终也被斩首。其他在战事中的伤亡包括三位府衙的吏员、四位教师、十位都指挥使等人。[9]

许多的地方精英在为保护商丘的战事中，也付出了生命。其中最突出的是周士朴。此人是进士出身，曾任工部尚书，在战事中负责西南门防卫。根据方志记载，至少五名周氏的族人，包括一位举人、两位贡生和两位生员——都是周士朴的同代人——死于战斗。周的妻妾都自溺而亡。[10]

担任西门防卫的沈试只是一位在工部任小职的贡生。他也是帝师沈鲤的后人。尽管沈鲤的后人中出人头地的不多，但富裕的家境却得以延续。因此沈家自然成了匪寇觊觎的目标。这家的伤亡包括一位贡生和一位花钱买来太学生功名的人；此外还包括十位列于方志的生员和十几名位列族谱的家族成员。至少七位沈家的媳妇和五位嫁出去的女子死于此难。[11]

侯氏一家也在崇祯十五年（1642）损失了许多丁口，包括曾受恩典得到贡生的功名，给当地学校捐过一千两白银，买来皇家苑囿差事的侯执中。侯执中的四个儿子、一个孙子、两个侄子以及他们的儿子和一个侄子，都死于此难。[12]在侯执蒲一支，受害者包括两个儿子、一个孙子和许多妇女。侯执蒲的遗孀田夫人，年近八旬，拒绝逃离并咒骂农民军，结果被杀。侯执蒲的一个表妹，嫁给了一个当地的生员；此人前年去世了。他们的女儿嫁给了一个远房表兄侯朂（改名侯忾），此人是与侯恂和侯恪同父异母的兄弟。李好的遗孀被农民军抓到并被要求为他们磨麦子。她拒绝了，说自己不知道该如何磨麦子。当农民军挥舞利刃以示恐吓时，她竟称："即能亦不为贼磨！"随后农民军将其绑赴一个囚禁着其他俘虏的营地。她在那里见到了女婿侯朂，但他没认出她，显然是由于害怕彼此相认而暴露了都来自富贵之家的事实。但农民军要求她指认侯朂时，她说："不识也。何问？"农民军随后将她绑到树上，乱箭射死。她那嫁给侯朂和侯恕的两个女儿，为了照顾田夫人，都拒绝逃走。两人也一同被杀。侯朂的小妾和侯方域最年长的哥哥侯方来的遗孀，也都死于同年之难。[13]

侯恪的长子，同是雪苑社成员的侯方镇也死于崇祯十五年（1642）农民军攻占商丘之役。雪苑社的其他成员也有死难。那位举人出身，屡考进士不第，曾祖护同乡张渭的徐作霖，据说"骂贼死"。至于张渭，据目击者称，被农民军重伤面部，但他一手托着下巴，一手抹着胡须上流下的鲜血，毫无惧色。最后他被从背后攻击致死。雪苑社的第三个成员，来自富裕之家的生员刘伯愚跳井身亡。最后，根据目睹了其死亡的来自太康县的同学孔尚达描述，崇祯九年（1636）考中举人但在崇祯十三年考进士不第的刘格的外甥吴伯裔，也死于商丘的战斗。[14]对于雪苑社这四人来说，徐作霖在崇祯十三年的预言一语成谶。

商丘陷落造成的死亡总数可能很大。根据方志记载崇祯十五年（1642）有十万到二十万人死于城中。康熙三十三年（1694）的一位县令在城墙东边的乱葬墓里，发现了一千多具尸骸。他认为这就是崇祯十五年的死难者，但他不知道死亡是由农民军还是官军造成的。[15]平民很可能因为缺乏防卫能力而大量死亡。然而，据估计万历元年（1573）商丘县的人口至少有二十五万。这一数字后来随着人口的自然增长和难民的涌入而有所增加。但显然农民军的进驻不至于造成百分之五十的人口死亡。甚至被农民军视为囚禁对象的沈氏和侯氏家族也只失去了百分之几的人口。

康熙四十四年（1705）版的县志认为是农民军的"残酷"，导致了商丘几百人甚至几千人的大屠杀。他们将李自成的军队比作公元前260年长平之战后坑杀四十万降卒的秦军。[16] 商丘历史学家郑廉提供了一些农民军残忍的生动事例。

郑廉也提供了另外两个非常可信 —— 或者说更为自相矛盾的解释，来说明当时大屠杀的情形。首先，最初下令抵抗到死但随后却逃之夭夭的县令的举动，令城中百姓受到强烈的打击，认为继续抵抗已经没有意义。成百的居民准备逃走但被农民军抓住并投入一个被农民军骑兵环伺的营地，郑廉写道：

> 众皆蒲伏延颈以待僇，未有一人敢离次者。角声起，剑槊齐施，亦未有乱行而奔窜者，粗率就死，终不敢枝梧。须臾间，俘累数万众，皆殭伏而死，尸相枕藉如陵阜。[17]

这描述的可能是民众受到恐吓的效果。根据自己的经历，他补充说："屠城时，予年十五，在曹营，见杀人甚众，皆莫敢枝梧。"在有些情况下，俘虏们并没有意识到自己的命运将是死亡，等意识到了，为时已晚。另一些情况下，即使是生员们也怕冒犯叛匪而保持缄默。如郑廉所说："其铮铮然骂贼而死者，不多见也。"

郑廉对开封大规模伤亡的第二个解释是很多人勇敢 —— 甚至是因为抵抗的鲁莽而引起了农民军的愤怒。郑廉说，即便是尚未享受薪俸的年轻生员也责骂农民军，然后被砍倒。他本人见到很多妇女因拒绝投降或抵抗强暴，而付出了生命的代价。其中一位年轻妇女拒绝被一个农民军士兵带走，换来了被路过的一个军士砍头的结果。另一个拒绝被带走的妇女和其三岁的孩子一起被杀。第三个妇女抵抗轮奸而伤到了一个施暴者，结果被毫不留情地残酷折磨至死。郑廉以其对抵抗致死的妇女不人道地称赞，结束了他冗长的陈述。如他所说："民之秉彝，各受于天，固无分于贵贱愚贤也。"他还特别强调，男女之别亦在此列。[18]

郑廉此处提到的"天性"，当然包括对匪寇的抵抗行为。但在那些疾呼抵抗乃至身死于叛匪之手的人中，却有人未能为保护城池贡献丝毫力量，这是十分奇怪的。当然，县令的浮夸和虚伪为瓦解城中的抵抗，降低朝廷在百姓心中的地位起了很大的作用。但同样遭受了伤亡的当地精英阶层，也极力避免在朝廷、农民军和慷慨赴死之间做选择。其中的一些人很显然，至少在某种特定的情况和时间下容忍了农民军的统治。

侯氏家族的一些人就是很好的例子。他们选择了介于消极接受和勇敢抵抗之间的处理之道。尽管侯氏在晚明享有财富和地位，但家族中最为杰出的人物侯恂，却是在监狱里度过了他生命的最后六年。他的族叔侯执中长期避离科举功名，甘于清贫的学者生活。侯执中以慈善家闻名，但他显然对守城之事毫无贡献。事实上，根据他的传记记载，当农民军攻入商丘时，他骑着驴出城北门而去。其他士大夫们也类似，纷纷以绳索垂下城墙，出走避祸。尽管这是可以理解的，这一策略既非英雄主义，成功的概率也不高。侯执中最终还是被抓住，带到农民军营中。拒绝屈服后，他被杀害。

侯恂的侄子侯方岩率"死士"突袭李自成的军营，去营救家族成员，最终他活了下来，讲述了这个故事。然而他的兄弟侯方镇，显然没有在守城中扮演任何杰出的角色。事实上，根据他的传记，在城池陷落后，他"不知所往"，只是随后从农民军中回来的人说他"骂贼死矣"。[19]正如侯执中的例子，历史记录中并没有提供任何侯方镇被俘和随后被杀的细节。

另外两名生员徒劳地试图与农民军相处。杨右文家世不错，本人也是位优秀的马夫。他被农民军抓住之后，被当作兄弟一样对待。他与他们饮酒猜拳，但他犯了个错误——赢得太频繁了。下一轮，一个农民军用自己的脑袋做赌注和他赌，他当然拒绝，但最终也只能被迫同意。输了之后，他试图反悔，但结果由不得他，此人还是被砍了头。据说长得环眼虬须，体丰硕而貌雄杰的崔植槐，被农民军误认为是从开封开来救援商丘的陈永福。他不承认自己就是把李自成眼睛射瞎的陈永福，却说："我崔植槐秀才也。虽非陈镇，亦非碌碌俗下人。"通过吹嘘自己的地位，崔可能试图给农民军留下深刻印象；或许他甚至想为农民军效力。但是农民军首领说："勿论是否，磔之耳。"在郑廉的记载中，他暗示说，如果此人不被当作陈永福，他应该能幸存下来。[20]

归德府的官吏对农民军的回应也不相同。一位主簿并没有被分配到守城的职责，但他仍然在街头巷战，直到被农民军抓捕。他厉声斥责，直到被杀。郑廉评价说此人的道德远远高于那些"匿草间而乞哀求活者"。然而一个县里的吏员积极与农民军配合，指认政府官员和学者，包括后来被杀的吴伯裔。此人迎合讨好的努力最终也是枉然，他成了告密者中最初被杀的一员。[21]

商丘精英阶层和一些中间阶层的人士，虽然被赋予了守城的任务，仍然想方设法保住性命。最有名的例子是被任命负责南门的居家士大夫宋权。地方志和郑廉的史书都没有提到宋权在农民军进城后的作为，只有在记载更详细的宋氏族谱中，我们才发现了如下的惊人记载：崇祯十五年（1642），农民军攻占归德，派员守卫其宅，宣称"吾晋人欲公之报前恩"。数千人因以避难于此。[22]尽管读后对此记述的背景感到有些吃惊，但这个故事却明显有意为宋氏家族的历史和农民军的行为模式，提供了可供思考的信息。宋权祖父的堂弟宋纁也在嘉靖三十二年（1553）师尚诏起义中，成为家族和邻里的避难所。据说宋权在山西做县令的五年是一个"明镜高悬"的清官，后来返回那里做了按察副使。因此他是按照农民军的标准首先要争取的"好官"。农民军似乎也意识到了宋权与下令坚决抵抗的商丘县令之间的矛盾。因此他与农民军言和并且其本人和下属没有受到伤害，也就不显奇怪了。得益于农民军对他的了解，他得以带着娘亲从被包围的县城脱身，渡过黄河，前往安全的山东曹县安家。

尽管只有一份史料提到了宋权和商丘的农民军有过非同寻常的交易，这是一部族谱。但其不大可能为本家族的杰出成员，虚构一种与试图建立新政权却最终失败的社会运动之间的关系。更重要的是，来自其他方面的史料信息与此族谱的记载吻合。死于崇祯十五年（1642）的商丘县的宋氏四男一女，属于宋氏的另一分支；另外的两男一女，则根本没有出现在宋氏族谱上。宋廉最后列出的死于商丘保卫战的男女，也没有宋氏族谱上出现的人。[23]

侯氏家族的一些人死于崇祯十五年（1642），但是更多的人得以幸存。侯鼎是侯恂和侯恪的同父异母弟弟，侯方镇和侯方岩的叔叔。他曾是南京国子监的学生，被寄希望在县城保卫战中出力。但恰恰相反，正如在与其岳母相遇时的表现一样，他把精力都花在自保上。事实上，侯鼎最终得以幸存，而他的家人，包括同父异母的兄弟侯慮与侯恕、父亲的第一个妻子田氏，自己的妻子刘氏、妾何氏，以及岳母侯氏都因战事而亡。他是侯氏家族第九代男性中唯一幸存的，本来被认为应该负责援助雪苑社的。然而，他所做的，却可能起到劝说他们与农民军首脑合作的作用。[24]

通过某种方式，雪苑社中的一个年轻成员从商丘之战中幸存了下来。吴伯彻曾被农民军强行授官，他拒绝道："汝以我为官，诚误！即非官，岂从汝作贼耶！"这一回应近似以前，尽管这一"厉声"回应一般导致杀头，但也许态度尚可，以至于农民军仍对伯彻寄予希望。据方志的记载，最终"两贼疾驱之去，不知所终"。雪苑社的另一成员贾开宗也像其领袖侯方域一样，度过了农民军占领商丘的那个秋天。[25]

夏邑和其他县

与商丘相比，邻近的夏邑向农民军投降，逃过了他们的怒火。根据郑廉的记载，农民军只派了百余名骑兵到夏邑，他们"不杀人，不堕城"，而是"呼其士民数十人赉其县印诣贼上之"。于是，县城没有丝毫抵抗就投降了。之后，李自成还为居民举办了一次聚会。很显然，他仍对商丘没必要的屠杀耿耿于怀，李自成在客人面前责备手下将领，说："汝不奉吾令而扰害小民，上不忠，下不慈。"随后，他下令将罪人斩首，接着却若无其事地继续宴饮。这一突然执法令其麾下惨然色变。李自成随后再次向夏邑的学者和百姓表明了自己的好意，并馈赠了几头牛。十天后，他率众西去。[26]

郑廉是这一记录的唯一来源。因此，其真实性也引起过怀疑。这可能仅仅是一个谣传，以消解农民军在商丘大屠杀中造成的恶劣公众影响，同时表明自己已经从中吸取了教训。农民军可能通过传播这个故事，来为自己约束部队寻找合理性，或者是展示那位曾宣称不杀百姓的袁时中的良好影响。当然，也可能是郑廉意识到亲眼所见的夏邑被和平接管的史实被其他史著忽视，故有此举。夏邑县和归德府的地方志记载了上溯到刘六、刘七反叛的故事，以及晚至崇祯十四年（1641）民众对地方民乱的抵抗。如果崇祯十五年发生了农民军的进攻和民众的抵抗，那它们肯定会被记载。另外，明末清初的方志并不记载农民军对城池的和平接管，因此此事失载，也并不奇怪。[27]

如果夏邑对李自成和平投降，那肯定或多或少地与当地的精英人物彭舜龄的立场有关。尽管在晚明时期的科举中，夏邑的乡试成绩列于府中九县的第四，会试成绩的第五（见附录 B 和附录 C），但此地在明代并没有出过多少精英。在这一人口稀少的县城内，少数的精英集团——张氏、王氏、郭氏、贾氏和彭氏——最常出现在中榜名单里。其中，彭氏家族的影响力最大，有一支极为突出。

夏邑的彭氏在嘉靖年间有一对父子中了举人后，开始跨入精英阶层的行列；那位儿子后来在万历朝做了官。家族中有两位孙辈中了进士，在朝为官，后来还进了县志。但在下一代中，家族的运势陡然跌落。贡生彭尧谕据说因为坚持写汉唐文体而非朝廷欣赏的宋代文体而乡试落榜。他没得官位，但创作诗文，借以批评增税等国家弊政。他的侄子彭舜龄虽然也是贡生，却在归德府的文人圈子里享有盛名，这圈子包括商丘的沈鲤、侯恂、侯方域，永城的练国事等人。尽管保有田产，彭氏家族却不擅长持护自己的功名和官位，他们通过文学手段表达自己的尴尬和对朝廷的批判。在商丘遭难时，他们可能更容易与农民军和解，或许希望保护城镇并提高自己的地位。在没有强有力的县令的情况下，他们可能决定了夏邑对农民军的态度。[28]无论如何，他们安然度过了农民军占领的时期并在不久的将来在政治上被委以重任。

在占据商丘之前，农民军便攻打过考城，并摧毁了那里的官府建筑，惩治了生员，发放了赈灾的粮食（见地图 6.3）。但是当时的记载和晚近的研究都没有对农民军在府内其他县的活动记录，例如虞城、柘城、鹿邑和永城。[29]或许他们设想自己在商丘的胜利至少可以让其他一些县保持中立。但至少在永城，情况并非如此。

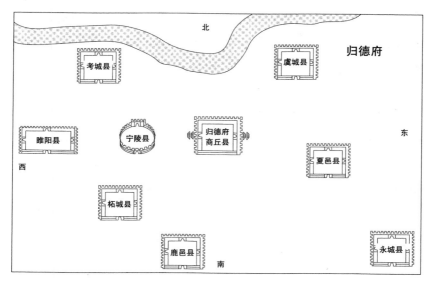

地图 6.3　归德府各县分布示意图

在攻占了商丘和夏邑之后，李自成将注意力转向开封府辖下重要的城镇。4月底，他进至横跨黄河两岸的仪封县。绝大多数官员、地方精英以及大量百姓已经逃往黄河北岸。当地一个贡生率领乡勇缮治城池并以礧石抗击农民军。据其传记记载，书生担心存于县衙的官印和文书流失，决意死战到底。据其传记称，他的英勇抵抗挽救了县衙免于毁坏；如果当地其他精英能够提供支援，甚至城池也可以保得住。方志也记载了一个农民军试图强暴一个正在哺育婴儿的妇女，但最后将母子一同杀死的事。[30] 除此之外，这一县城似乎以很少的伤亡就沦陷于农民军之手。

杞县陷落

向西南挺进之后，农民军在人烟稠密，也更为富庶的杞县遭遇了更激烈的抵抗。一些强硬的县令与当地精英合作修缮城池，组织乡勇抵御了发生在崇祯八年（1635）、十一年和十三年等前期的叛乱。在 1 月和 2 月第二次围攻开封的时候，这座县城曾经被明将左良玉作为基地。然而，左良玉南撤后，尽管前面做了诸多准备，当地官员和精英仍然决定大开城门，迎降农民军。4 月初，崇祯十四年到任的北直隶出身的进士县令吕翕如得知农民军逼近附近的陈州，就疑虑过杞县是否能抵抗得住进攻。他咨询当地精英中的领袖人物孟绍虞，后者显然表示同意。因此，吕和孟放弃了采取任何保卫措施，而是联合策划了"合汴"之策。根据这个计划，县令会前往省城开封（简称汴）策动一场涵盖整个地区的防卫战。这个计划的动议最初是出自县令还是孟绍虞，虽然详情已无法考究，但它可能跟孟氏家族与开封之间联系紧密有关（见第二章）。[31]

吕翕如和孟绍虞担心由县令主持其事会引发上级的反感，因此孟绍虞要求儿子、崇祯十二年（1639）的举人孟冏骃前往开封，劝说巡抚高名衡召县令入汴。[32] 孟冏骃于是邀请据说书法被高名衡欣赏的何胤光同赴此任。据何胤光的传记称，胤光对此犹疑不定——这也有足够的理由——担心这个计划是为了县令的逃避。但他最终陪同前去了，或许因为他认为县令对守卫县城没有任何作用，或者因为他将此视为清理县城官场以及与农民军交易的绝好机会。在开封，他和孟冏骃拜见了巡按御史苏京。这是一位出身南直隶安东卫的崇祯九年进士。在崇祯十一年至十四年任杞县县令期间，苏京在到任当年镇压十八子起义和崇祯十三年赈灾放粮中赢得了尊重。[33] 他同意了孟冏骃和何胤光的计划，命令县令即刻赶赴开封。4 月 9 日，在临近的陈州被围的情况下，吕翕如出城，赶赴省城开封。无论县令和当地精英是出于何种动机，县令的离开导致了很多居民逃离。他们将此视为不会再有抵抗农民军的努力的表征，事后证明，事实确实如此。[34]

无论杞县联合开封的策略最初是出于何种目的，其最终的结果就是四周后的 5 月 10 日，突然对李自成开门投降，城池被和平接管。根据县志记载，"自成入杞，堕城一昼夜乃去"。此前和之后，当然有人员伤亡。但县志却将这一状况归因于"流寇"。他们被用夸张的语调，描述为"草寇乘机入城，焚掠一空"。可惜的是，县志并没有明确指出"草寇"的身份，也没有指出特定的受害人。如果留意到县志里有关袁时中的记载，我们即可发现所谓的"草寇"指的就是他的人。县志以同样模糊的笔触记载了十位在崇祯朝死于与农民军的冲突的人物。列出名单的都是生员，分别来自九个姓氏，其中两人为孟氏。他们的名字显示，他们分别属于孟氏的第九和第十代，分别与孟绍虞和孟冏骃同代；但他们的名字却在现存的族谱中失载，这或许是因为他们来自非常远的支脉。[35]

其他的族谱显示农民军占据杞县期间，很少有人丧命。例如，对于何氏家族来说，据载只有三位男性死于崇祯十五年（1642）。其中两名是第八代的生员，是何胤光父亲何东升很远支的堂兄弟。他们被袁时中抓到后，因为拒绝其所授任的官职而被杀。第三个何胤轸是何胤光稍近些的堂兄弟，也是位生员。何胤光显然在农民军到达前，就带父亲和弟弟离开了县城，这也宣示了"合汴"的计划是如何将其家族中更勇敢（或怯懦）成员的逃跑行为合法化的。这一计划将其他人留下受苦（或者享福）了。在杞县的其他精英集团中，侯氏第九代和第十代后裔有如此多的人逃离此地，以至于族谱的作者公开承认了其记录的缺失。在被记录的人中，有不少人都在年轻时或无故死亡，但只有一人在不明的时间和地点被农民军杀死。另外，第十代人中的三人被农民军掳走：一人再未归来；一人回来后在陕西以军功扬名；第三位回来后在科举考试中高中，随后在清朝为官。[36]

杞县人对农民军的态度不仅因社会阶层和代际差异而有不同，也因城镇甚至乡村的不同而存在差异。如同崇祯八年（1635）和崇祯十四年一样，流寇和农民军倾向于在乡村找到自己的位置，在某种意义上，他们代表着乡村地区的贫苦民众与城镇富人的对抗。因此，到了崇祯十五年开始在豫东北地区夺取城镇的时候，他们或许已经占据了大量乡村地区。但无论如何，他们的控制是很不完善的，而且他们在一些境况较好的乡村，也持续遇到抵抗。

举个杞县东北部的例子来看。秦氏是在西肥村颇有势力的大族。与此地其他人无异，他们在明初从山西移民而来，历经整个王朝，到明末已经繁衍出至少一个繁盛的支系。在第九代人中，举人出身的秦梦熊曾在北京担任户部郎官，后在山西担任督粮道；在当地，他被作为良吏立传。在家乡，他有在亲友中慷慨赠予的名声，但也仅此而已。他和儿子建构了名为"西肥寨"的堡垒并与县令合作，抵御了崇祯八年（1635）和十一年的匪患。在崇祯十三年的饥荒中，秦氏帮助将本地农民军驱逐出境。在崇祯十五年，当许多人逃亡黄河北岸而不是与农民军对抗时，秦梦熊留在家中守护财产。他被农民军抓住，拒绝投降，随后被杀。他的忠诚被朝廷认可，被恤赠太常寺少卿。[37]

当西肥寨的秦氏在相对孤立的情况下奋力抵抗农民军的时候，他们的邻里，青龙岗的李氏可能正在低调而默契地支援着农民军队伍。如第二章所述，其族内的李钺一支曾在第八代出了著名官员，第九代出了学者，但第十代只有生员、教师、画家和嫁入高门的女儿。由于在本地没有精英人物，李氏很快又回到了他们刚刚从中崛起的平民阶层。到了明末的第九代和第十代人中，三位男性成员离开了该地，四人失踪，两人早亡，十八人无后。关于其他人的信息则因为骚乱而缺失。一些人可能逃离以避免冲突，一些人可能被杀害，另一些人则可能参加了农民军。根据杞县口传的历史，李自成在青龙岗驻扎了军队并吸引了一些当地李氏族人加入，这如果不是有相似的目标，则可能是因为共同的姓氏，才吸引到这些人。尽管青龙岗李氏参加农民军的事仍有待历史记载予以证明，一些当地居民相信这一地区的秦氏和李氏后来再未通婚，究其原因，可能就是他们在晚明叛乱中，分属彼此敌对的阵营。[38]

尽管杞县东北部的争夺显示了精英中仍保留着对朝廷的忠诚，也显示了大众对李自成可能接受的态度，但仍有两位中层人士努力保持着某种政治上的中间地位。孟绍虞的同父异母兄弟孟绍谦中过崇祯三年（1630）的武举，在农民军到达后，似乎对县城产生过相当可观的影响。这一时期同样活跃的是苏更生，他是一位因博闻强记而在乡学生中小有名气的儒学世家之后。根据县志中更生的传记记载，李自成一到县城，就召集三十位生员征求他们的意见。更生大胆断言明朝气数未尽，他建议李自成回归行伍，帮助国家平叛。他进一步强调，李自成应该学习中唐时最初跟随黄巢对唐作战，但后来归降的朱温的故事。唐朝将其封为梁王，治府于开封，以资褒赏。梁最终在唐朝禅让的情况下，继承了大统。这将使李自成在开封成功拥有一份中等的基业。但这意味着短期内对明朝的归降，从长远看，其建立全国性政权的理想也无法实现。据说李自成对这种"失败者"的建议，十分恼怒，当时就想杀了他。[39]

李自成最后饶了他性命并将其作为文人阶层拥戴自己的又一象征，但不再使其咨议，而继续独用牛金星为谋主。或许是由于牛金星的建议，李自成决定再次攻打开封，对抗朝廷，而该城被牛金星的亲家王士俊等人如此坚定地守卫着。作为孤立开封行动的一部分，李自成派出数百骑兵东向夺取兰阳县。据说牛金星参与了这次行动。他命农民军包围了士大夫梁云构的家，后者便是在他与王士俊的争端中拒绝救他的人。发现它已经被遗弃后，牛金星命令将其焚为平地。他饶过了县城其他部分，或许是希望这样有助于开封战役。[40]

此时，回到开封的袁时中突然拒绝了一起攻打开封。据郑廉回忆，袁时中自始便对位居李自成和罗汝才之下，身为小头目而怀恨在心。随着时间推移，他开始认为自己的属下只是被当作前线的炮灰而遭受了不合理的更大伤亡。另外，据说朝廷将领杨文岳要求袁时中与李自成保持距离，还许诺以招安作为奖赏。以情愿妥协著称的袁时中，可能也留意到苏更生谨慎精详，而获得了政治上的胜利；尤其是当其与李自成坚持再攻防卫坚固的省城而面临重大伤亡做对比时，更是如此。不论袁时中的理由如何，在联合攻取杞县的几天之后，袁时中便于夜间集结起自己的队伍，匆忙向东而去。原本对袁时中协助攻取开封抱以厚望的李自成自然怒不可遏，警惕之心也随之而来。他立即率领包括苏更生和杞县其他生员的队伍追赶袁时中。目标显然是将其带回来，或是惩罚他的不辞而别。李自成不可能在柘城或者鹿邑追上袁时中，但是最后他派自己的侄子李过，将其追到了亳州。李自成同时利用这次战役，加强了自己在归德府南部和南直隶的影响。他的军队驱逐了柘城的县令，迫使鹿邑县令自杀，亳州县令也被抓回斩首。[41]

虽然李自成不可能迎回昔日的盟友袁时中，后者仍率百名骑兵在逃，但李自成及其属下仍在努力招揽豫东北的文人。在柘城，当地一个名叫陈天晴的生员落入李自成手下绰号"琉璃滑"的副将手中。当后者得知陈是读书人时，他透露说自己也是来自读书人的"良民"家庭。他解释说，自己反叛朝廷，无法脱身，是因为自洛阳陷落后，没有招安赦令。他警告陈天晴说，逃跑无疑是危险的，因为再次被农民军碰到，会被杀头。他劝他留下来等待更好的机遇，并且保证，如果天晴执意要走，他绝不阻拦。从这个例子来看，当时可能仍为俘虏的郑廉暗示说其实有许多好人也加入了农民军的行列。[42]这一评价当然将其羁留匪中的经历合理化了。但这也揭示了一些农民军首领也接受过一定的教育，但因为朝廷没有给出可信的招安赦令，或没有保证脱离农民军后的安全，而继续留在农民军中。

李自成也赢得了汝州伊阳县强人沈万登的联盟，后者显然认为农民军的前途要比朝廷的未来更为明朗。李自成和罗汝才毕竟据有归德府和开封府多县，还自夸有十万久经战阵的步兵、三万骑兵，以及数十万的支持者。因此他们再次将注意力转移到进攻省城开封上来，试图以此作为他们推翻朝廷的立足之地。[43]

三围开封

崇祯十五年（1642）5 月 29 日，李自成和罗汝才将军队推进到开封城外。由于两次攻城失败，他们预料到此次的防守一定更为顽强，于是采取了将其与外援隔绝的新战术。白愚在日记中写到，农民军的战略是迫使城中居民挨饿 —— 就像周初的殷商遗民伯夷和叔齐饿死在首阳山一样。尽管这一类比非常牵强，但一个守城者将晚明比作晚商，明显是不太吉利的。李自成的主力驻扎于距离主城墙十公里，环城大坝以西的阎李寨，占据了大约方圆 7.5 公里的地方。罗汝才及其麾下驻扎在横地铺（见地图 6.4）。[44]

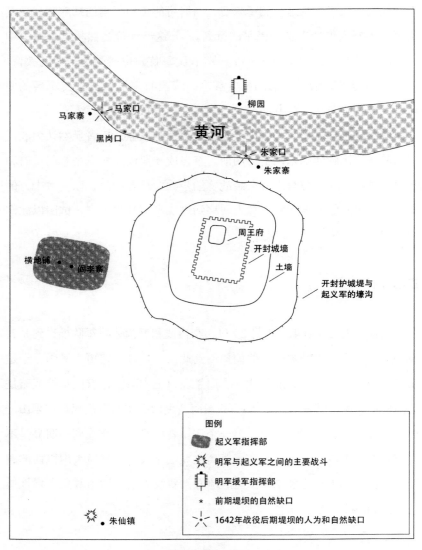

地图 6.4　第三次围攻开封形势示意图

在城中，巡抚高名衡和推官黄澍已经囤积了不少粮食和兵器，为敌人持久围城做好了准备。起初他们希望组织一次突击，派出三队人马在农民军安顿之前发起冲击。然而，这些军队被打得大败，一周后就退守城中。后来开封的防守，就更趋于消极了。[45]

同时，农民军不仅建起了自己的补给系统，还通过收割城外的麦田断绝了守城者的粮食供应。当城中居民出城，尽可能多地搜集粮食的时候，他们与农民军发生了小规模的冲突。总之，双方都尽量避免正面接触，因为攻守双方都坚信长久坚持的做法，最后己方一定会胜利。6月15日，一个曾任职商丘县的监生从农民军营地回程途中被农民军捉住，最后逃回。他被知府认出，将其迎入城中。这一来自当地精英群体中的重要人物所提供的敌营内部的详细线索，据说加强了守城者成功守卫开封的信心。[46]

开封城的消极抵抗，使农民军可以分兵推翻西边诸县的明朝政权，收紧了对朝廷的绞索。6月初，他们攻打了长期靠当地乡勇自卫的郑州。这次当地的防御失败了，县令试图割喉自杀。据县志记载，平民们制止了他并护送其到达黄河北岸。过河时，县令试图投河自尽，但再次被救。抵达原武县后，县令遇到了很多从郑州来的难民，他很快在照料难民中找到了生存的意义。同时，在郑州城内，主簿、两位士绅、几位生员、一位当地卫所的教习和几位妇女都宁死而未降。尽管受到持续抵抗，农民军仍安之若素，他们大概从明廷统治严密的地区移兵前往荥阳、荥泽和新郑（见地图6.1）。一位生员在荥阳大骂农民军是"猪狗"而被杀。新郑县令拒不投降而自杀。然而，在荥泽，可能抵抗农民军的官员和百姓已经逃往河对岸了。[47]因此，李自成的军队将此三县全部占领，极大地降低了从这一地区支援开封的可能性。

受农民军对开封的再度进犯，以及在邻近城镇的不断胜利的影响，朝廷命令官军前往开封，以解除对此地的围困。朝廷从山西派出了总兵许定国，此人出身太康县，因此理所应当对守卫开封有特殊的渴望。但当许定国的军队在沁水沿岸遭遇农民军时，他们迅速瓦解，随后撤退。朝廷还命令总督丁启睿、保定总兵杨文岳、总兵左良玉等当时镇守豫中的将领率部北赴开封解围。得知这一消息后，李自成下令焚烧开封周边所有的麦田。6 月 12 日，他从朱仙镇率领三千骑兵，向南迎击明军。[48]

在朱仙镇战斗中，李自成展示了他在战略和战术上的才能。通过从开封撤退，他为自己最强大的对手开封总兵陈永福，打开了突袭其营地并收集辎重的道路。李自成的这次挫折无法避免，但他最终使陈永福没能前进一步，保住了自己的后方。他伪造了一封左良玉的书信，用箭射入开封城内。信上说城中守军应该待在城内，将与李自成的战斗交给他（左良玉）的军队。巡抚高名衡和其他官员可能中计，也可能将其作为逃避追击李自成军队责任的机会。无论如何，他们没有发兵攻打农民军。确保后方无虞后，李自成从朱仙镇占据高处地势，迫使数量更大而缓慢的明军进入临近的低谷和沼泽地中。在确信本方军力的情况下，他们切断了明军的供水以及撤退的道路。然后，他们趁敌军立足未稳，发起了进攻。

在六天伤亡惨重的战斗后，明军将领中开始有了分歧。从归德府永城赶来的丁启睿，希望援救开封的守军。但他手下没有足够的军队，他对军事也不熟悉。左良玉兵强马壮，习知兵事，但如前所述，他仍逡巡不进。他不愿再次使自己的军队陷入缺粮少水的困境。他也对自己的部分骑兵被编入丁启睿部，自己的实力无从提升而感到懊恼。因此，6 月 19 日晚，他拔营率军退往湖广襄阳。由此，丁启睿和杨文岳的军队也瓦解了；丁退往汝宁，杨退往归德。[49]

农民军在朱仙镇的胜利是其迈向颠覆朝廷在豫东北权威的重要一步。数千朝廷士兵带着兵器和战马加入农民军的队伍。6 月 25 日，李自成从开封城郊返回，命牛金星起草一份新的告示促城中投降。射入城中的告示以"奉天倡义营文武大将军李示"的名义写道：

> 仰在城文武官吏军民人等知悉，照得丁启睿、左良玉俱被本营
> 杀败，奔走四散，黄河以北援兵俱绝。尔等游鱼釜中，岂能常活，
> 可即开门投降，一概赦罪，文武官员，照旧录用，断不再杀一人，
> 以干天和。倘罪孽尊深，仍旧延抗，本营虽好生恶杀，将置尔等于
> 河鱼腹中矣。慎毋沉迷，自怡后悔。[50]

从其风格来看，李自成的告示相当乏味。它主要依靠简单的承诺、威胁和对历史事件进行类比，试图动摇守城者的意志。当时可能仍然是俘虏的郑廉，后来以激烈的语调，抨击它为"妖言岂能转移"。但郑廉也把丁启睿在朱仙镇的轻率之举，与秦末起义军领袖项羽与后来汉代的建立者刘邦之间的巨鹿之战相比。[51] 鉴于李自成有时自我定位为刘邦，郑廉以前也将刘和李做过对比。这回他似乎再次暗示，豫东北的很多百姓已经开始认为李自成是另一位天命所归的有力量的领袖。

开封的守城者并没有针对李自成的告示给予任何答复，但朝廷通过将丁启睿和杨文岳革职下狱，表达了从中接受教训的警示意识。朝廷还应在开封的周王的请求，任命了原来祥符县令王燮、河内县的王汉和杞县的苏京为军中的监察御史。他们首先要面对的问题，就是如何处置从朱仙镇逃走的三位将领。朝廷很快决定将丁启睿下狱，将杨文岳革职。事实上，丁启睿回到了家乡永城并苟且偷生，可能实际上并没有被监禁。杨文岳则继续以谈判的方式，与农民军对峙。[52]

为了对付狡猾的左良玉，朝廷想到了曾经提携过他的侯恂。侯恂此刻仍在狱中，但他的儿子们从未停止过营救。崇祯十四年（1641）10

月，偏爱东林党和复社成员的周延儒成为京师的内阁首辅大臣。次年，出生于和商丘一河之隔的山东曹县的总兵刘泽清参加到营救侯恂的活动中。刘和侯氏的关系可谓爱恨交加，但他现在呼吁释放侯恂。6 月 13 日，朝廷最终释放了侯恂，任命其为御史、兵部侍郎，总督诸路剿匪大军。[53]

在晚明政坛，类似侯恂这样从囚徒到总督的升迁经历并不鲜见。许多官员经历了这样剧烈极端的命运起伏，其中包括刚刚经历了从总督到软禁在家的丁启睿。朝廷有很多理由在此刻赋予侯恂如此重要的任务。作为商丘本地人，他的家人已经有数人死于农民军之手，侯恂对朝廷尽忠，对李自成部则没有丝毫怜悯之心。作为许定国和刘泽清等将领的举荐人，侯恂应该能够获得他们的辅佐，以解开封被围之急。他还曾举荐过左良玉，也便有可能将这位极具天赋但难以捉摸的将领拉回到中央朝廷和官僚系统的管控之下。此外，作为曾任商丘县令、现任陕西总督孙传庭的旧相识，侯恂可能帮助朝廷劝说孙传庭援助开封。[54]

侯恂作为新任总督，身边的部队只有驻扎于黄河北岸柳园的少数亲兵，此地之前是太康伯张国纪的府邸。（见地图 6.4）当认识到需要依靠朝廷的力量，以清晰的战略来部署部队，才能抵抗农民军时，侯恂提交了一份命名为"论流贼形势奏"的备忘录。开篇他就交代了农民军的来历，其攻掠所得，为河南十之七八的情况，以及当地藩王疾呼求援的危机。侯恂认为，这些事件已经尖锐地影响了这一地区的形势。他写道：

　　然自他日言之，中原为天下腹心；自今日言之，乃糜破之区耳。自藩王言之，维城固重；自天下安危大计言之，维城当不急于社稷。臣为诸道统帅，身任平贼，岂可言舍汴不援。但臣所统七镇，合之不过数万之卒，而四镇尚未到也，凭何而前？无论轻身非长子之义，亦使群贼望之测其虚实，玩易朝廷矣。[55]

与左良玉的观点一样，侯恂也认为朝廷在中原的军力，不足以解决时局的问题。

然而，与左良玉不同的是，侯恂仍在寻求可能为朝廷挽回局势的大胆政治方略。他注意到农民军中有大量为生存而抢掠，但不做长期积储的饥民。他们长于流动却不占据疆域，也不耕垦谋生。侯恂认为他们中的许多人对叛乱抱有矛盾的态度；他们希望避免作战，渴望能最终回归乡野。农民军首领李自成和罗汝才之间存在矛盾，都希望掌权，而此时袁时中已经离开。侯恂建议通过谈判，利用他们之间的矛盾，设想通过长期的政治改良，而非指望简单的军事胜利来解决问题。

随后侯恂提出放弃中原的策略，围以强兵，令农民军被困毙其中。他说：

> 故为今计，苟有确见，莫若以河南委之，令保定巡抚杨进、山东抚臣王永吉北护河，凤阳抚臣马士英、淮徐抚臣史可法南遏贼冲，而以秦陕督臣孙传庭塞潼关，臣率左良玉固荆、襄，凡此所以断其奔逸之路也。[56]

侯恂解释说，在饥荒肆虐的中原，大量农民军很快就会发现自己和马匹因补给不足而难以存活。同时，以襄阳为基地，侯恂可以调动湖广的资源来养兵，同时可能控制左良玉的军队，使之与孙传庭部协作。

从某种程度上说，侯恂的计划只是总督杨嗣昌提出的在中原叛匪已经坐大的地区，以现有兵力实施包围的计划的翻版。然而，与杨嗣昌早些时候的建议不同的是，侯恂已经认识到手中没有足够精锐的军队组织进攻，也无力击溃农民军。在引起反思的讨论中，侯恂的儿子侯方域建议对违令而救援开封失败的许定国施以严惩。他也呼吁调动河南其他地区的乡勇，合击李自成部。然而，侯恂对此，均予拒绝。他在更大范围内，将开封作为重点，试图将农民军困在河南，使其山穷水尽，最终就范。事实上，侯恂虽然最终以河南为目的，但在策略上，却倾向于暂时将其放手。正如他所说：

> 舍此不图，而欲急已溃之中原，失可扼之险要，蛇豕肆衅，恐其祸有不止于藩王者。此社稷之忧，而非小小成败计也。[57]

毫无疑问，侯恂为了保全朝廷，竟然建议放弃自己的家乡，这令朝廷十分吃惊。

当然，这一战略也有问题。如果农民军在客观上，被允许围攻开封，甚至夺下该城，他们可能利用其文化、政治和经济资源强化对中原的控制，自命受天命代明。如果开封坚守而农民军受到饥饿威胁，他们可能从西或北部突围，进而直逼北京，也就不会去争夺侯恂防守严密的襄阳了。朝廷一定担心侯恂提出的与诸多农民军首领谈判的建议，会导致河南效仿匪寇，进而以牺牲朝廷和李自成的代价而使河南受益。最后，尽管侯恂提出了牺牲家乡保卫明朝的方略，但他也将自己从危险的豫东北前线抽身而撤退到相对安全的湖广行省。尽管尚不能得知朝廷明确的考虑，但怀疑的态度却从未对侯恂的建议给予答复中透露了出来。如果朝廷答复了这件事，它可能认为豫东北太重要，不能在严重破坏侯恂所声称要保卫的"社稷"的情况下，就拱手让给农民军。

由于开封不愿谈判，朝廷也无法提供救援，农民军收紧了包围圈。他们将前线向前推进，挖了一条很宽的护城河以便控制城内外的交通

（见地图 6.4）。而城中每石小麦的价格从四分之一两涨到了半两白银，干草的价格从 200 文涨到了 400 文。在此压力下，社会矛盾明显加剧。推官黄澍不愿承认涨价是由于货物短缺引起的，将一个哄抬物价的谷商斩首示众。由于价格持续上涨，官府允许百姓出城寻找食物。据说一些人借此机会与农民军建立了联系。一个在周王府做事的妇女出城寻找食物时被捉。她显然将城中的情况告诉了农民军，也同意返回后鼓动其他妇女出城。据说农民军给了她总重 40 盎司的四个金锭和总重 100 盎司的十个银锭，作为预付的报偿。她回城后被抓，控以勾结农民军，被斩首示众。城中的其他人可能试图积极支持农民军。据称一个铁匠打制了数百枚箭头偷送至农民军中。当他在城门口被拘时，他将农民军称为"天兵老爷"。尽管这一报道可能来自屈打成招，但它可能不完全出自杜撰，因为从其内容看，对士气的伤害无疑巨大。此人被控同情匪寇，钉死在城门上，之后被暴徒分尸。在另一事件中，当官军被派出驱逐农民军时叛变了。官府于是关闭城门，禁止任何人以任何目的出城。[58]

在紧张的官员和动摇的民众中间，部分贵族、社会精英和中层合力维持着城池的守御。生员李光殿被拔擢为贡生，肩负着收集和分配粮食的任务。他以市价从囤粮者手中购买粮食，以相同的价格卖给贫民，以此减少投机者的暴利，为更多的民众提供粮食。在此前被围困时组成的民兵，此刻被重新组织起来，以《左传》中的名字分为五个团。他们包括一个由两位举人领导的"中权"，两个生员领导的"后劲"，两位有勋爵者指挥的"前茅"，另两位负责"右翼"，"左翼"由一个从徽州和杭州来的南方商人负责。据说，包括了当地豪强的民兵总数，达到了万人之众。[59]

7 月 22 日，似乎为了提醒他们为朝廷尽忠，推官黄澍带领民壮向武圣关羽献祭。黄澍为记录在案的兵士们，按照级别，分发了特殊的徽章和武器。31 日，军队在北城操练。两天后，他们在东城墙附近，成功地反击了农民军的进攻，斩首四十一，捕获十二人；缴获马匹、帐篷以及军械若干。他们估计农民军战死总数大约有三百人，于是宣告胜利。次日，他们再度出城，又斩获两百余名农民军士。在这场行动中，一名生员阵亡，一些开封居民死于对农民军第三次围攻的反击战中。[60]

此时，山东总督刘泽清从柳园大本营出发，率领数千军卒渡过黄河，开进到距离开封城八里的范围内。御史王燮率领余部渡河至南岸，希望当地的一位豪强之人能从北部的杞县率领三千乡勇帮助解围。然而，8 月 9 日，农民军突袭了行进中的官兵。由于乡勇的增援未能实现，刘泽清和王燮都十分恐慌，率军退回黄河北岸。此后，他们仅致力于增强北岸防线来防止任何农民军进往北京。[61]解围的希望变得比以前更加渺茫。

乡约的首领李光殿还没有放弃。8 月 10 日，借用《孙子兵法》中的办法，他建议制造装甲马车，以保卫从城池到黄河南岸的走廊。这一举措使得明军可以不必据守整个南岸，就能过河支援城市。这种四轮马车的设计实际上类似坦克：八尺长，八尺高，覆以三寸厚的木板。有五六个小孔，方便士兵从中向外伺机放箭。马车还将装备麻席和水桶以防备火矢。它们由四名士兵牵拉，另载八人操纵火器，车上装备一门小炮和四挺短铳。李光殿估计，需要 2400 辆这样的马车，才能兼顾城墙东北角和西北角到黄河的两线。这一建议显然得到了推官黄某的鼎力支持，他估计这项工程仅靠社兵就能完成。在这一暂时的支持下，李光殿投身于马车的建造中。[62]

到了 8 月 26 日，李光殿和他的人已经聚集了足够的马车接受上级检阅。大多数官员似乎支持这个主意，但巡抚高名衡和总兵陈永福则表示怀疑。高名衡怀疑通往河堤的路是否足够平整以承载如此重的马车，而陈永福只是笑而不语。当李光殿向高名衡保证地形不是问题时，高名衡接着问，车上大炮的射程是否可以阻止进犯的农民军。李光殿解释说，城上的大炮射程五公里，可以保护走廊前段，河堤上的大炮射程一点五公里，保护走廊最后一段。高名衡指出，孙传庭指挥的援军正从西来，来自京师的救援补给正在黄河北岸，也会在两周内到达，因此马车的部署应该推迟。这无疑被认为是对此方案在事实上的否决，黄澍愤然离场，高声说道："莫若尽焚其车，跳入火中，做厉鬼以杀贼。"当知府吴士讲试图抚慰黄澍，说两周并非漫长得无法等待，黄澍回答说，两周之后，开封城内将无人有力量执行此一任务。另外，他坚信两月内也不会有救援来。当高名衡离席之际，他听到了黄澍的抗议，但并未改变初衷。结果是，这一计划事实上被取消了。李光殿在日记中写道："竭二十昼夜之力，尽成画饼矣。"[63]

有关装甲马车计划的争议持续了两周，而后人关于其重要性的争论则将持续两个世纪。郑廉批评李光殿的计划，认为这是不可行的"古法"，因为"时移势易，不同久矣"。郑廉指出，如果高名衡同意此法，每驾马车将需要十二个人，也即总共需要28800人，其中一些人将出自陈永福的部队。即使黄澍和李光殿可以独立承担这项使命，一旦这些军队被部署到黄河南岸，他们也难以指挥。郑廉还指出，农民军在第二次围攻中，以石击卵般摧毁了曹门；在第三次围攻中，更是摧枯拉朽般就拿下了朱仙镇。他们当然可以摧毁这种沿走廊稀疏地部署的马车。得益于后见之明，郑廉将李光殿社兵和李自成军队的对垒比作羊入虎口；他将朝廷部署在黄河北岸的军队比作螳臂当车。如果这项计划被付诸实施，他怀疑谁将愿意自赴死地。这一批判的立场为纪昀所共有，后者是18世纪清代官修的《四库全书》的总编纂官。他指出晚明"时非三代"，将李光殿与中唐时期河南的一位学者房琯相比，"恐终为房琯之续"，后者镇压叛匪的计划曾带来灾难性后果。[64]

其他的观察者则比较矛盾，甚至有些人欣赏这个计划。康熙二十七年（1688）在杞县阅读了李光殿日记抄本的周斯盛认为，汴梁的生死关乎天下。援引历史经验来阐发自己立场的周斯盛，将李光殿比作在唐末英勇抵抗庞勋叛乱的杜慆。对李光殿的日记，周斯盛写道："读是编者，可以知其人而伤其志矣。"道光六年（1826），另一位学者在云南见到李光殿的一位后人时，为其新镌日记题写序言。他说，即使高名衡支持这项计划，也无法保证其能成功平叛。但是，他补充说，高名衡拒不尝试这个计划就太胆怯了，因为"饥而死，何如战而死！"最后，光绪二十四年，这部日记的另一份序言作者，在注意到李光殿的提议从未付诸实施后，反对纪昀将其比作房琯的失败。他说，即使李光殿的计划被认为有所欠缺，但结果也不会比后来发生的事更糟。[65]

在崇祯十五年（1642）的9月，开封的情况事实上成了晚明国家与社会关系的一个缩影。在否决了外部的保障来源后，巡抚开始主持缩小了的内部资源分配。他通过要求奉献、购买和征用等方式发动吏员、士兵和社兵从囤积粮食的家户中搜集粮食。粮食被用来给了贵族、官员和士兵，而不是中层百姓和普罗大众。正如有人在日记中记述的，兵士们有肉吃，贫民却在挨饿。在日益增长的危机中，权力的滥用日益普遍。官府四下派员搜集财物，对抵抗的民户则施以抢劫。身强者杀死体弱者，上交尸体，以冒领赏钱。食物价格飞涨——野菜的价格从五十钱涨到五百钱——食物的定义也扩展到几乎所有东西。起初，人们吃莲藕的种子、茶叶和长在树上的野蘑菇。接着，人们开始吃沼泽中的草、牡丹的根、松果和树皮。一些人为了延续生命开始以每斤800文的价格购买昆虫、蜣螂和被委婉地称为金鱼的活红虫吃。下一步就是皮革、马粪、观音土和泥巴等减缓饥饿但加速死亡的东西。因为不愿饿死，一些人开始杀人吃肉。对农民军首级的奖赏，被不加鉴别地支付，凡是人头，就能领钱；每个头颅的价值开始是三两白银，后来成了四两。到了月中，每天有数百人饿死，波及了百分之七十的百姓。开始时，街道上满是尸体，后来只剩下骨架和毛发。人们因为害怕被邻居杀死吃掉而不敢出门。最后，作为人们绝望到顶点的标志，人们开始吃自己的家人。因此曾经在1580—1590年代发生在河南乡村的灾难，仅仅在半个多世纪后就发生在省城开封了。[66]

到了崇祯十五年（1642）10月，尽管来得缓慢，但对开封百姓而言的大灾难，终将到来——只是来得更加突然和猛烈。如第一章所述，在晚明，国家尚能基本管控大坝，将黄河控制在其东向入海的河道里。结果是不断有小的渗漏，其中包括1636年发生在开封西北十五公里远的一处，但没有大的决堤。然而，1642年7月后，由于农民军控制当地，黄河南岸的堤坝已经无法修缮。更为不祥的是，早在7月25日，农民军就威胁城中居民要以水灌城。然而，农民军坚信用饥饿的办法能迫使城中百姓屈服，因此也没有将此威胁付诸实施。到了8月，因外援断绝而绝望的守城者，决定利用洪水对付城外的农民军。根据身在其中的白愚记载，这个主意是城中百姓提出的。他写道：

> 汴人熟知河势，见往岁黑罡上流遇决，即自贼营一路而下，适当其要。密禀巡抚高名衡，随差谍者潜渡河北，书约巡按严云京举事。果使卜从善大营架舟南岸，据一昼夜。贼觉之，领兵冲散。逆贼恨甚，亦于朱家寨顶冲河口，直对北门挖掘小河一道，引水灌汴。幸未大涨，止引细流至城下，深才三四尺，随溢随落，竟不为害；反将周城海河灌平，民得网鱼充饥。贼之马步不能近城一步。[67]

是"开封百姓"发起了使用这一战术的严肃讨论，其中更有可能还包括当地的藩王和地方精英，但最初是朝廷官员们将其付诸实施的。但农民军很快就采用了这个主意。他们掘开了朱家寨的堤坝，引导出一条支流，南向灌城。但他们仅仅将护城河的水位提高了三四英尺，而且讽刺的是，他们为城中饥民提供了鱼类作为食物。[68]

这些无效的短期行动，在夏季行将结束时，可能对堤坝造成了足够的破坏，以致当秋天的季风到来后，带来了灾难性的决堤。估计朝廷和农民军在初秋时，都曾尝试用河水取胜。根据《明史·高名衡传》记载，以黄河攻击农民军的决定，受到了周王的支持。这位藩王最近加固了王府院墙，从而认为他们将毫无疑问地能在城里经受住任何洪水的袭击。根据此说，当明军掘开开封北面朱家寨的堤坝后，农民军随即在上游十公里处的马家寨掘开堤坝。根据最近的研究，这些行动可能在双方都越来越绝望的 9 月或 10 月份被实施。不论这些事件的确切日期及双方的具体责任如何，双方似乎都试图利用黄河水为自己的目的服务，以致酿成大祸。剩下的就交给了大自然。在 9 月和 10 月份，大雨既至，且雨势比平常更大。在 10 月 7 日午夜，朱家寨千米堤坝决口，马家寨决口五百米。决口之水轰鸣着裹挟着一切，冲向开封城。两股河水很快汇成一股，形成狂暴的洪流，冲入开封北城墙。[69]

尽管双方都想着掘开堤坝，对此结果也都负有共同的责任，但显然没有人预计到——更别说有意地——城市整体上所遭受的破坏程度。早期资料和最近的研究都表明，最后的灾难一定程度上属于自然灾害。当大雨冲毁堤坝并在 10 月 8 日冲向城市时，一些城外的农民军见其来势，很快拔营南撤，但其余的数万人则被困在城北，最终溺水而亡。10 月 9 日，洪水冲毁城墙，冲入街道；幸存者报告说其声音如数万洪钟齐鸣。到了 10 月 10 日，整个城市被一条向东南汇入涡水的大河所淹没，水位增高了五十英尺。据可能听说了幸存者报告的郑廉记载：

> 肖然波中可见者，惟钟、鼓两楼及各王府屋脊、相国寺顶、周府紫金城、上方寺铁塔而已。[70]

人们可能会看到侯甿和侯恂驾着二十多艘船在往返搜救着周王及其仆属。其他官员，如高名衡和黄澍等，将一些居民救上船。但幸存于第一次洪水的绝大多数人不得不依靠漂浮的碎片，维持在浪涛之上，寻找到安全的地方。无论是当时的记载，还是晚近的研究，最好的估计是大约百分之十到百分之二十的人口死于农民军的围困，余下的百分之七十到百分之八十的人死于洪水。据估计开封第三次被围困前的人口大约有37万，大约5万人死于饥饿，24万人死于洪水。因此，从这两大劫难中幸存的人，可能仅有八万人。

开封城被淹的根本原因和这样的结果自然引发了众多议论。郑廉将其第三次围攻开封的残酷无情，归因于李自成因自己眼睛射伤以及前两次围攻开封时农民军遭受的重大伤亡并因此与陈永福结下的个人仇怨。郑廉宣称农民军军营中甚至有呼吁毁灭开封城的歌谣：

> 攻的开封破，不留人一个，就是扫帚头，也得刀三剁。[71]

以同样的思路，人们可能会猜测牛金星和他原来的亲家王士俊之间的仇恨，也导致了农民军对开封不遗余力的进攻。但郑廉相信，李自成希望占据开封，将此作为核心，正如刘邦将丰沛作为自己反秦建汉的早期中心一样。如果是这样，那灌城的举动令人联想起秦军的战术，这对占据城池来说，实际并不适宜。最后，李自成和罗汝才因开封的荒残，不得不另寻别处，作为其推翻明朝的基地。

同时，朝廷试图通过升官封赏而将此事件装扮得光辉显耀。它将高名衡擢为兵部侍郎，赏银四十两；以王汉为河南巡抚；将黄澍升为御史；将总兵陈永福连升两级并赏银三十两；将知府吴士讲升一级并赏银二十两，同时将其调出省外。但朝廷也就谁该为掘开河堤并导致开封城被毁负责，陷入了长期的争论。由于权势之家完全推卸了责任，也没有证据表明农民军该负此责任，于是焦点便集中在了高名衡、黄澍和严云京身上。[72]

如果农民军可以因为摧毁了明廷在河南统治的中心而宣告胜利，朝廷则可以因为防止农民军将开封据为基地而欢欣鼓舞，开封城和豫东北的百姓则要对结果表示不满了。可以肯定的是，在江南度过了围困开封的那个夏天的祥符县进士周亮工，同意他的河南同乡士大夫王铎的意见"汴之守与昔睢阳事势相等，江南安枕，咸汴之功"。也即，堪与中唐睢阳保卫战相比的誓死抵抗，对开封而言是值得的，因为它使长江下游的城市免遭农民军的蹂躏。或许他因自己的儿子周在浚在城中逃过了劫难，还记下了日记，而更乐于讴歌这场倾尽全力的守卫战。但另一位曾参与开封保卫战，且差点因此送命的祥符进士刘昌，则加入了对采纳此一主意的巡按御史严云京的批评。来自祥符县的另一位进士王紫绶写下了长诗来纪念开封在长期被围和突如其来的水灾中所经受的苦难。[73]郑廉在相当程度上依赖这一叙事来讲自己的故事，认为朝廷和农民军对这场大灾难，负有共同的责任。

被称为守卫开封的英雄的李光殿，因为组织乡勇守卫开封而获得太学生的身份；据称他利用造马车的木材建造了船只。在灾难过后，他因为对保卫战的贡献而被黄澍举荐，出任县令。光殿显然从未想过能得到这样的任用，相反，他避地江南，在那里伤心地向儿子口述了自己的日记。最后，他承认了自己所为，是"古今未有之苦，古今未有之厄也"。他最后的绝望之言是"今汴梁已成泽国，夫复何言"[74]。

一些社会中层和普通大众将开封毁城的责任，更多地推向朝廷而不是农民军。撰写《如梦录》的一位无名小吏就曾经历了这场恐怖的围困和洪水。他在自己著作的前言中，痛斥试图利用河水抵抗农民军的官员和地方精英们。一些居民被农民军救出但随后被朝廷的军队杀死。他们发现批评朝廷也不难，其中的一些人不仅为农民军开脱甚至还加入了他们的行列。[75]然而，在豫东北大多数人眼里，第三次围困开封对朝廷和农民军而言，都算不上胜利。它更像是当地百姓的一场灾难，以及在对统治中原之气运的争夺中的一个僵局。

总之，李自成利用了明朝官员和当地精英之间的矛盾，将农民军渗透进商丘，随后轻易夺取了该城，但他没能阻止对当地百姓的大屠杀，这令他失去了来自民众的广泛支持。他显然从中吸取了教训，通过与临近的夏邑官员谈判，赢得了一个和平的结果。他也利用了县令和当地精英的失误，粉碎了杞县的抵抗，此外还利用当地精英中的一个小吏、生员和一些民众，在当地建立了自己的统治。尽管没有昔日盟友袁时中的协助，李自成在谋主牛金星的鼓励下，仍然发动了对开封的第三次围攻。他以数十万人陷入饥荒和洪灾为代价，成功地对城市实施了封锁，摧毁了朝廷的统治。尽管李自成沉重地打击了朝廷在豫东北的权威，但也没能在当地建立自己的统治。

在这一时期，河南省完全赢得了它战略重地的名声。李自成和他来自杞县的谋主，以及明军和它来自商丘的统帅间的唯一的焦点问题，就是何时和怎样在这一地区建立和维持统治以确保其政体的合法性和长久。即使在这一地区的社会和经济地位接近谷底时，豫东北地区仍保持了其文化和政治中心地位。

在对中原的争夺中，李自成和他的对手持续引用了大量历史上的先例。一位朝廷的叛将派出形似"虬髯客"的下属时，他当然清楚其所为暗示了什么 —— 后者是一位协助建立唐朝的文学英雄，他对商丘而言，无疑有震慑作用。商丘县令在号召抵抗李自成时，同样运用了中唐拼死包围睢阳抵抗安禄山的张巡的例子，以求得反击的合力。唐末朱温的例子也被杞县的一个生员用来提醒李自成建立带有正统性的政权，以最终取代大明王朝。然而，农民军领袖坚持第三次进攻开封，却没有借助于任何历史上的例子，这在赢得百姓支持上，无疑缺乏了力度。无论多么牵强，这都给记录当时情形的日记作者们留下了类比的空间：情愿忍受饥饿，以为朝廷尽忠的数十万开封百姓；以及宁死不食周粟的两位殷商遗民。

后来的历史学家，包括一些外来者，也以历史类比的方式谈论崇祯十五年（1642）所发生诸事的意义。在叙述商丘大屠杀时，县志的编纂者们因农民军起源于陕西（秦），而将其在商丘的暴行与当年秦国名将白起在争夺中原时屠杀数十万战俘相提并论。然而，商丘的一位历史学家提到开封因饥荒和水灾遭受的灾难时认为，李自成的农民军并非有意为害，因为他们想将开封作为像刘邦初起反秦时的丰沛之地一样的政治基地。《四库全书》的总编纂官纪昀则将李光殿不成功的装甲马车计划，与中唐一位战略家同样不成功的计划类比。但另有人则赞赏地将李光殿比作晚唐一位成功抵御农民军的领袖。凡此种种将明末农民军与唐朝事例做比的史观，越来越多地形塑着历史的发展和史学叙事。

第七章 大顺的崛起（1643—1644）

在崇祯十六年（1643）初，中原陷入了僵局，李自成从豫东北的开封撤出，将指挥部改设在了湖广西北的襄阳。在那里，他招徕学者，设立了基本的行政机构，还在湖广和河南任命了地方官。他采取种种措施，以赢得群众的广泛支持，消除来自其他起义队伍的竞争，此外还发展了与夏邑和开封士大夫的联系——后者日后成为其成败起伏的标志。在当年晚些时候，他回师河南，击退了陕西孙传庭派来的明军主力，随后移师西进，开回故里陕西。他在陕西夺取了起兵以来的第一个省会城市西安，并在那里正式建立了地区性政权。怀着明显的建国野心，他开科取士，在河南北部选任官吏。随后，他在崇祯十七年4月经山西、北直隶，攻占了京师。随后的几个星期里，李自成在首都推行改革，将势力范围扩展到归德府和中原大部分地区。

尽管他所取得的胜利从后事之明的角度看，可以说是对朝廷的致命打击，但他仍克制着没有自称天子。这显然是为了安抚在首都的前明官员和附近的明朝将领。但是在错过与东北崛起的满清贵族的交易后，他面临的是富有且颇具实力的京师官员的抵抗；此外，他没能赢得明军将领吴三桂的支持。6月3日，他还是登上了皇帝的宝座，宣告大顺王朝建立。但就在次日，他被迫撤离京城，远走西安。在明、顺和清三方对统治中国的角逐中，明和顺都失败出局了，清朝统治者取法先例，逐渐崛起为赢家。但那已是另一个故事了。

就在袁时中第三次围攻开封的前夜，他与李自成在杞县不辞而别，随后只率领少数骑兵，向东遁走。此后，由于受到朝廷可能招安的诱惑，他重返归德府。据郑廉记载："时中虽脱，无所往，但徘徊归、亳、永、蒙间，以招安为名，不杀人、掠财聚众而已。"事实上，在一次明显有意在明朝官员和百姓中保持声誉的行动中，他击败了一股以李振海为首的地方流寇，将其驱逐出境。[1]

同时，以夏邑为基地，统率着上千人部队的杨文岳同意招安袁时中，条件是只要对方同意投降，并配合镇压李自成。当袁时中在崇祯十五年（1642）9 月前往夏邑商讨条件时，他意识到杨文岳的军队并不精锐，便犹豫起来。袁时中日益增长的实力也与出身永城武举、在名义上隶属杨文岳的真定总兵刘超日渐对立（详见第三章）。因为怒其失信，袁时中将杨文岳派来的使者 —— 夏邑县令抓了起来，公然处以车裂。杨文岳率兵营救不幸的县令，把袁时中赶到了亳州。到 10 月，明军将领黄得功和刘良佐击败袁时中，迫使其再度逃入深山（见地图 7.1）。[2]

在开封被攻陷之后，袁时中与朝廷的矛盾更大了。尽管他与南直隶颍州的地方武装首领、生员出身的李栩艰难地达成了休战协定，但他对仍忠于明朝的人却越来越怀疑。袁时中的部将，曾经在过去与李栩的战斗中受损的李奎，公然要求除掉此人。袁时中最后采用了经典的老办法 —— 设宴款待李栩，将他灌醉，然后将他杀掉。[3]通过这些手段，袁时中在明朝和李自成之间，保持了政治上的平衡。

同时，总兵刘超开始在永城扩大自己的影响。由于对自己在贵州当差所受的待遇不满，在京师又求告无门，他返回了永城，担任地方军事统帅。但他很快就遇到了更大的麻烦。据说，他试图效仿商丘的梁县令，借严密控制当地的居民来抗御农民军。当一位当地举人乔明旃的亲

地图 7.1　大顺军从开封至襄阳行军图

戚抗命出城后，他威胁要将其严惩。当地的一位进士魏景琦拦下了此事，随后却取而代之，成了地方的军事指挥。刘超的怨恨潜滋慢长。在第三次围困开封时，他受命率领六千经过精心挑选的乡勇解省城之围，同时他被任命为真定总兵。对此，永城的地方精英们又一次投了反对票，他们认为他不能胜任。所以，他既没有履任新职，也没去救援开封。与此同时，刘超与袁时中也逐渐有了矛盾，阻碍了官方将他带回朝廷阵营的努力。在崇祯十五年（1642）11月，刘超因自身无能，以私通叛匪之名遭到弹劾。由于刘超对袁时中怀有敌意，朝廷却与袁时中暗中联络，这一结局无疑具有讽刺意味。[4]

当刘超得知，就是魏、乔两家在背后推动这一新的指控后，他被彻底激怒了。刘超先是带人赶赴魏家，将他和二十九名亲属悉数杀死。然后赶到乔家，也将其灭门。考虑到如此滥杀会招致朝廷严惩，刘超向曾经在朝为官的练国事求助。国事斥责了他，告诉他满门抄斩的结局难以避免，但练国事或是因为怜悯，或由于恐惧，未敢对刘超有任何个人的敌对态度。刘超随后拜访了恰好准备由永城前往南京的侯方域，寻求他的建议。侯要求刘超主动请缨，捍卫朝廷，投靠此刻仍任总督的父亲侯恂。侯方域的这些提议，刘超并未接受。但刘超并没有为难侯方域，允许他前往南京。刘超还咨询过凤阳总兵马士英的意见，此人建议他杀匪赎罪，然后依照正常的法律审判程序等待结果。刘超也并未理会马士英的建议，显然他出于跟练国事的亲密关系，以及在马士英的家乡贵州省的作为，而相当自信，认为朝廷会对他免于惩罚。[5]

崇祯十五年（1642）岁末，在一次显然是为了在开封惨败后夺回对其控制权的行动中，朝廷委派了一批新任官员。曾经的县令和御史王翰此刻已经官任一省的最高长官巡抚。过去的杞县县令和监军苏京为巡按御史。曾经在北直隶滑县县令任上驱逐袁时中有功，被考虑提拔入京出任部堂官员的李岩，此时被任命为开封知府。开封河务的一位官员桑开第被任命为归德府知府。[6]

提议放弃河南以拯救朝廷的总督侯恂，在计划被搁置之后，移师至黄河北岸的封丘。他很快率领着以梁、宋间流寇和不法者组成的队伍，移军三百里，到了曹县。那里是刘泽清的家乡。侯恂与刘泽清的关系一直不稳定。侯的首席顾问邱磊及其无序的军队，很快就和刘泽清及其同样训练无素的下属闹翻了。当刘泽清派手下生员面见侯恂，责问其部下的抢掠行为时，侯恂十分恼怒，还责打了其中一人。刘泽清报复的方式是派人夜袭侯恂的营垒，并将其驱赶到了东边一百里的单县。侯恂很快就以救援开封不力和抢掠山东，被周王和刘泽清弹劾。侯恂的助手邱磊，被押送淮安处死。[7]

由于朝廷在豫东北发力，李自成和罗汝才离开了这一地区，向南移动。他们沿途将影响扩展到了许多州县，包括开封府的汜水和长葛、河南府的孟津和巩县、汝州府的郏县和宝丰县、汝宁府的西平和遂平（参见地图 7.1）。在 11 月，当陕西总兵孙传庭终于率军进入豫西后，他们仅仅在南阳被农民军击退过。12 月，李自成和罗汝才赢得了包括贺一龙在内的三股农民军队伍的支持。年末，农民军攻打汝宁府的府治汝阳，杀死了总兵杨文岳，俘虏了崇王朱由樻。崇祯十六年（1643）的上半年，他们南进至汝宁、南阳，随后入湖广。[8]

奠基：襄阳／襄京

与开封不同，襄阳并非省城，更别说是某个前朝的都城了。但它是南北交通线上一个众所周知的战略重镇，它还是发源于河南南部的众多支流汇入汉水的商贸集散地——汉水最后东南汇入扬子江。该镇在近年已经多次易手，但最近六个月以来，一直在左良玉手中。尽管该地并不难于防守，但左良玉还是一如此前，并不愿为了防守而损兵折将。他在李自成到达前，匆忙撤往九江。身在南京的侯方域致信左良玉，恳请他效仿维系唐朝国脉的郭子仪和李光弼阻挡安禄山那样，抵抗李自成农民军，保护明朝国运。左良玉答以会整肃军纪，但拒绝率部抵挡李自成。农民军因此得以在崇祯十六年（1643）1月23日，不费吹灰之力进城——据说，他们是被百姓以酒肉相迎入城的。[9]

2月20日，农民军占据了承天。湖广巡抚拒绝投降，农民军非常草率地将其处死。他们同一天俘获的巡按御史李振声，则是另一番境遇了。李振声曾经在河南郾城做过县令并镇压了当地一次叛乱（见第四章）。但他是出自李自成故乡陕北米脂的一位进士。承天陷落后，李振声既没有誓死抵抗，也没有自杀。他相信自己符合农民军争取拉拢的标准。[10]

李自成争取李振声，表明他既渴望争取到明朝士大夫的支持，也体现了所遇到的障碍。据目击者记录，当李振声被押到李自成面前时，李自成指出他们姓氏相同且同出一县。李自成尊称这位前明朝官员为"李御史"和"兄长"。李振声并未同声附和，相反却称他怎么可能跟随这些从陕西肆虐到湖广，即将被官军镇压的叛匪为伍。李自成笑道："大兄误矣！"他对这位俘虏以好酒款待，但李振声将酒泼在地上，要求慷慨赴死。李自成命令将李振声严加看管，以免出不测。[11]

对李振声也有酒食款待，但他喝醉后就会高声咒骂农民军。当他听说李自成在求仙问卜要组建政权时，声称自己绝不投身叛匪苟活于世，并要求面见匪首。李自成以为李振声将要给自己政权建设出谋划策，于是摆宴奏乐款待。但令李自成吃惊的是，李振声大论忠诚与叛乱之别，宣称自己此次即为授首而来。李自成显然被冒犯了，但他仅仅是再一次微笑着警告了自己的俘虏。李振声坚称自己绝不叛明，仅求一死，但李自成仅将其严密囚禁"俨如敌国"。直到有传言称李振声已经秘密与明朝将领建立了联系，李自成才放弃了争取他的希望。愤懑之下，他下令将李振声带至城外处死。据目击者称，李振声死得颇有英雄气概，称自己不像河南士人牛金星和孔尚达，为惜一己之发肤而参加叛乱。但谣言称李振声投降了农民军，在进入北京后，还成了兵部侍郎。农民军可能鼓励这种谣言，将其作为争取其他文人的一种努力。尽管这一消息本身是错误的，但这一传言仍被历史学家广泛接受，将其作为农民军与原来明朝官员精英之间的联系日益紧密的证据。[12]

尽管对李振声之死的描述可能被篡改，相关的言论却准确暗示了李自成在争取包括豫东北若干文人在内的文人阶层上的成功。除了牛金星之外，还有一位来自太康县的 64 岁的孔子后裔孔尚达。孔尚达与崇祯十三年（1640）提出"均田制"改革的孔尚钺是同辈人物。他在崇祯十二年中举，与商丘的吴伯裔是同年；他也目睹了后者死于农民军之手。与吴伯裔不同的是，孔尚达活了下来，后来出现在襄阳的农民军阵营里。如今我们缺乏足够的证据分析他此举的动机、活动的具体情形和后来的命运。还有两位生员，归德的助教田氏和开封的张虞机，他们都出现在农民军在襄阳的大本营里，被农民军任命为湖广的德安和荆州知府。[13]

商丘的陈明圣是另一位目睹了李振声在襄阳的传奇并将之告诉郑廉的生员。陈明圣在商丘战役时被一个叫金刚的农民军俘获。骄傲、强健而健谈的陈明圣据说在襄阳的农民军阵营中找到了一个厨子的职位。即便金刚于崇祯十六年（1643）在河南战死，他仍然待在那，还获得了提拔，当了谋士。只是在厌倦了军队首领间的争斗后，他于次年离开了农民军阵营，回到老家。[14]

在争取精英阶层和中间阶层的努力之外，在襄阳的农民军还争取到了普通民众的支持。他们夺取黄州府的黄陂县后，试图通过传布民谣"扑灭官军，天下太平"来鼓动民众对官军恣肆的仇恨。他们在崇祯十四年（1641）宣布对所有投降的人免税；十五年，免掉了一些地区一半的赋税，另一些地区三年免征；十六年，他们鼓励传布一些包括俚俗内容的小调来宣传这些政策。例如，人们被鼓励唱诵：

> 穿他娘，
> 吃他娘，
> 打开大门迎闯王，
> 闯王来了不纳粮。

另一个民谣唱道：

> 杀猪羊，
> 备酒浆，
> 打开城门迎闯王，
> 闯王来了不纳粮。

这些"流行"歌谣的起源和时间难以考证，但它们在崇祯十六年（1643）曾大量出现并广为传播。总的来说，它们反映了农民军为赢得大众的同情，采取了多样化的手段，可见民众并非完全爆发式地自愿支持叛乱运动。[15]

李自成的手下在崇祯十四年（1641）通过"劫富济贫"的口号表明了自己的基本社会理念。尽管他们没有推行明确的重新分配土地的政策，但却被认为在一定程度上，改善了豫东北地区的民生。例如，崇祯十五年，陈留和睢州许多富裕阶层的家庭四下逃散，将其地产留给了没有理由或条件离开的贫苦邻居。在鄢陵、西华、宁陵、商丘和鹿邑，通常由本地精英和地主掌管的学校、寺院、神祠的土地落入了小土地所有者和佃农手中。尽管农民军没有公开鼓励贫民反对富人，但鄢陵的佃农利用社会纷乱勒索地主。结果，许多地主被杀或被迫逃亡，财产易手。到了明末起义的末期，临颍百分之十九的土地和西华百分之三十七的土地已经无主或者撂荒。根据一份生员的日记来看，崇祯十六年处于农民军强大影响下的杞县的仆役和佃户，在处理与自己相关的事务时，表现出新的自信。在襄阳，农民军为贫户提供了耕牛和粮种，为无地的民户分发粮食。这样的土地转让和赈济手段可能导致了崇祯十六年农民军实行"均田"政策的谣传。[16]

从襄阳出发，李自成号召贫困的百姓摧毁那些代表地方精英和富裕阶层的文化标志。在万历朝，当地官员和精英曾经树立了许多表彰文人和贞妇的牌坊，吕坤等有识之士警告说，这将对民众造成沉重的负担。然而，这样的诫训并没有得到重视，这些工程被持续地建造和修缮。到了明朝末年，禹州有超过一百座牌坊，商丘有七十多座。在地方战乱中，许多被摧毁，有些是被农民军当作显然无必要的开销而毁坏，有些则是被官军拆掉用其材料修建防御工事。例如在崇祯十四年（1641），农民军毁掉了陈留的孔庙。次年，他们把开封府的两个县和归德府三个县中的寺庙、学校和牌坊夷为平地。十六年，李自成正式下令对这类机构展开"总攻"。在这一命令之下，郾城的一座被知县李振声保留的孔庙，连同开封府四个县的神祠和牌坊，被一同捣毁。这些攻击可能受到一些社会中层人士的欢迎，后者憎恶精英们以此积累和永贮自己的财富。他们可能完全疏远了一些以其子女参与到当地寺院和神祠的精神生活为荣的当地精英、中间阶层和普通民众。重要的是，投靠农民军的丞相牛金星竭力保护家乡的孔庙，连李自成也下令不许破坏其家乡的寺院。精英和普通人都倾向于维护自己家乡的这类机构，而将其破坏偶像的行为施加在外地。然而，是一个本地的农民军而非李自成，在崇祯十七年（1644）左右破坏了考城的一个寺院。[17]

在破坏旧秩序的同时，叛乱者也在建立新的象征。李自成采用了一个更加抬高自己的名号"奉天倡义文武大元帅"，罗汝才则冠以"代天抚民威德大将军"的名号。此时，李自成也可能开始用一个新的头衔——"新顺王"。"顺"的名号可能暗示了唐末的年号"大顺"；"王"的名号显然反映了建立基业的初期设想。牛金星担任了丞相，这是一个从秦朝开始而在明代被废止的职位。他的儿子牛佺被任命为农民军的襄阳知府。李自成的同乡刘宗敏被任命为军队的副统帅。[18]

在崇祯十六年（1643）3 月和 4 月，农民军开始建立一个以明朝官僚系统为基础，同时也采纳新名号的系统，其中显然是借鉴了唐代。他们建立了自唐代以来即成为标准的六部设置，只是换了新名称。跟当时的政府一样，他们建立了地方军民机构，但与唐朝一样，将之命名为守捉使。他们在明朝的经验下任命知府，但名称是唐朝的。他们将地方长官的名称，从明朝的"知"换为唐朝的"牧"。另一项从唐朝历史中得到提示的例子是，他们将县级长官从明朝的"知"，换为唐朝的"令"。农民军在禹州、汝宁、襄阳、荆州和承天建立了五个卫所，此举继承了明朝的军事制度。他们以唐朝部队的官名来命名第一和第三级的军官，以汉朝部队的官名来命名第四和第五级军官。[19]

农民军同时也更改了地名来庆祝成功，借此彰显其必胜的决心。他们将襄阳更名为襄京，以显示其作为都城的新功能；还将襄阳府更名为"倡义"（顾名思义，为首倡公义），这是一个已经被嵌入李自成名号中的概念。他们将起初用来纪念明朝一位藩王即位的承天，改名为扬武，以象征农民军在军事上的成功。他们将德安府改名安乐，将快乐置于道德之上。他们将云梦县升为府，称之为"固"，以表达对政权长治久安的希望。[20]

基于各种因素，农民军更换了河南一些地方的名称和地位。他们将禹州（即原来因陶器闻名的钧州）更名为部分同音的均平（和平而平等），以表达其平等的精神。他们通过将州升为府的方式，对一些城镇居民早期的支持予以表彰。在明显是意在取代被毁坏的开封府政治中心地位的努力中，他们给了均平府至少二十七个下辖县。他们将宝丰（意为珍贵丰足，得名于宋代大量出产的铁）改名为更简单的宝县。农民军政府将其升级为州，可能为了荣宠从该地走出的牛金星。同样是学唐朝，他们将县名可以追溯到宋代的尉氏县减称为尉县，并将其升格为州。他们将得名于唐代的沈丘更名为沈平，既保持了与唐代的联系，也增加了和平与平等的价值。

在我们如今称为襄京的时期，农民军也任命了地方官员，其中半数被派往河南。在河南的官员队伍中，又有半数被派往豫东北地区，显示了它仍是发展中的农民军基地的重要一部分（见地图 7.2）。他们建立了六个府，其中一半在河南，其中的均平府在东北地区。他们给十九个州派了知州，其中十个在河南，四个在豫东北。他们建了六十五个县，其中三十八个在河南，十四个在豫东北。[21] 由此，尽管他们没有夺取开封和临近的几个县，但在开封府西南的十八个县里，农民军都建立了政权。

早些年，农民军在河南曾经任命当地人管理宜阳和洛阳的事务，但到了崇祯十六年（1643），他们掌控了足够的土地以征调外县和外省的人来服务。其中被派到河南的十三个人来历可查，他们有十二人来自湖广，一人来自浙江——当然，湖广人占的比例高，说明农民军仍然在相当程度上将其视为发展的基地。关于农民军在豫东北的官员的信息更加有限，但在来历已知的五个人中，四个（在均平府和陈州）来自外省并且只有一位来自省内。在已知的崇祯十四年到十六年间被派到河南的十九名官员中，一人是进士，九人是举人，两人是太学生，七人是普通生员。在已知的被派往豫东北的四人中，一人是举人，三人是生员。许多农民军官员的职名

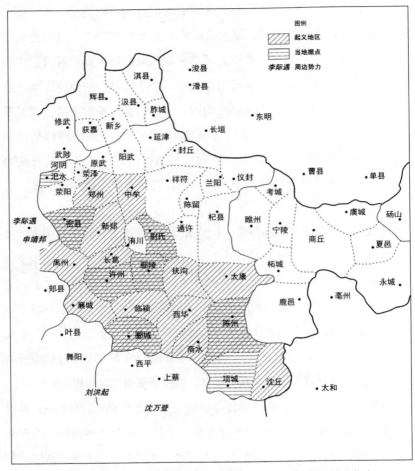

地图 7.2　开封府州县图，包括起义地区、当地据点和周边势力

与政府的职官十分接近，但仍有生员出身的人在均平担任要职，这说明农民军队伍十分缺乏社会精英的支持，他们希望有更多的来自社会中间阶层的人加入到管理层中来。对另一些官员，我们不了解其背景，也不知道其名姓，他们也可能来自普通人家，是普罗大众中的一员。最后，被派往豫东北的农民军的三位官员被捕——其中一人被本地精英劝服归正，另一

人可能早至崇祯十六年 11 月就被俘获 ——显示了他们曾被朝廷视为重要威胁，但与此同时，他们自身的力量又十分薄弱。[22]

　　尽管李自成崇祯十六年（1643）中期在襄京草创政权，他仍继续在黄河和长江之间的地区与其他农民军互较短长。在南方，张献忠已经在武昌建立了政权。尽管李自成曾与其合作，迟至崇祯十六年还给他发了贺信，但仍然将其视为竞争对手，无法做到联合抗明。另外，李自成与曾经的志同道合者罗汝才也疏远了。李总是比罗更精于战略，判断也更清醒，对在中原兴建基业也更执着专注。据说罗汝才更有军事天赋，也更沉溺饮酒，一心只想着快些攻取北京。在前一年里，他们两人彼此取长补短，虽然屡有分歧，但视对抗朝廷为共同的任务。然而在第三次围攻开封时，李自成得知罗汝才接到了巡抚高名衡的赦免令。此后他开始对罗汝才心生怀疑。据说李自成也嫉妒罗汝才与贺一龙的关系密切，两人在农民军进军湖广途中建立了联系。这种担忧在永历七年（1653）3月，李自成听说罗汝才与左良玉建立了秘密联系后，更为深切了。尽管李自成知道左良玉对农民军没有实际的威胁，也未掌握罗汝才投靠朝廷的证据，但他仍然在备战陕西的孙传庭之时，对之心生疑虑。在 4 月底，李自成邀请罗汝才与贺一龙赴宴，无情地处死了他们，以防止自己阵营内任何可能发生的分裂。[23]

　　李自成暗杀罗汝才与贺一龙，在历史上和文献上都留下了复杂的影响。一方面，他可以吸纳很多昔日的盟友，扩大自己的队伍。另一方面，其中一些人逃到东边的左良玉和西边的孙传庭那里寻求庇护，从而增强了李自成对手的实力。通过这些杀戮，李自成表明他有成为新一代统治者所必备的冷酷，但也使追随者们更多地关注自身利益。曾做过罗汝才俘虏的商丘历史学家郑廉，虽然承认李自成在农民军起义过程中的贡献，但谴责他的反复无常。他暗示，罗汝才虽有曹操的绰号，但其实更像吕布——他被历史上真实的曹操处死了。罗汝才相信"匪不杀匪"的传言一点意义都没有，郑廉也没有为原来的主人洒多少泪。中国当代的历史学家对李自成批评更多，对罗汝才则怀有偏爱。即便是那些认识到李自成有"一山不容二虎"需求的人，也批评他过于敏感而"反复无常"（也就是说，官员和精英们致力于使农民军内部相互猜疑）以及他处理可疑的竞争者和对手时的"小农方式"（暴力）。[24]

巩固了对襄京的个人控制后，李自成有机会与刘超联盟——此人是与当地精英关于县城防务问题发生争端后发动兵变的那位永城将领。如前所论，刘超利用与本地其他精英的联系，延缓了遭到的惩罚。然而在崇祯十六年（1643）2月，新任河南巡抚王汉决定从其在怀庆的指挥部，率兵镇压刘超的兵变。王汉是河南省内权威最高和公认为实干的官员。当他到达永城后，原来隐匿刘超的一些当地精英打开了城门。王汉于是登上城墙，宣谕城内的百姓，要放弃支持刘超。然而，刘超显然对这一刻早有准备，他的手下突袭，杀死了王汉。巡抚被杀之事在省内掀起了轩然大波。刘超知道一旦被俘，就只有死路一条，反而更加无畏。他直接控制了永城所有的军队，对违抗者格杀勿论。[25]

根据郑廉的记载，刘超也考虑过率军西进，与李自成联合，共同对抗朝廷。如果李自成此时接应刘超，他就能够确保有一个新的重要盟友。然而，李自成全神贯注于在襄京内部消灭可疑的对手，错失了这次良机。关于刘超，据说他患了足疾，不能骑马。无论如何，在永城和汝宁之间东南流向的宽阔的黄河，即第三次开封之围中被掘开的黄河口，使得从任何一方都不可能横渡（见地图 7.1）。刘超与他的队伍也显然相信，留守本县将使他们占据抗击朝廷进一步攻打的有利先机。最后，刘超并没有与李自成汇合。

面对在河南省内对自己权威的最大挑战，朝廷决定一劳永逸地镇压刘超的叛乱。朝廷命令陈永福及其子陈德在开封阻击李自成，长期在当地为官并富有经验的监军卢九德，以及以淮河流域为基地的马士英的部下指挥使黄得功，与刘良佐一道合兵永城，粉碎了这场军事行动。朝廷也给了在开封的总兵马士英可以在谈判中便宜行事的特权，以换取刘超归降。在谈判中，刘超质问，为何强寇袁时中能被获许逍遥法外，长期为患，自己却屡被朝廷剿击。马士英回答说，刘超是朝廷命官，比袁时中的责任更大，但他暗示刘超，在永城恢复法制后，他可能被赦免。作为最后的策略，刘超要求练国事和丁魁楚写下保证书，确保他免于追究。马士英收到了信，将其赦免，劝他接受条件投降。然而，当刘超走出永城大门缴械时，黄得功将军谴责其为"叛乱官员"，从背后突袭，切断了他的喉管。或许为了掩饰这次失信——当然是作为刘超背叛的回应——朝廷官报中称刘超被抓，押赴北京受审，因叛乱于崇祯十六年（1643）7月26日被斩首。[26]

李自成忽视了与刘超结盟的机会，丧失了将势力扩展到归德的机会后，他可能仍旧尝试与袁时中弥合关系，以试图控制开封。由于不再可能在开封与归德之间自由纵横，袁时中在杞县南部的集镇中安顿下来。根据郑廉的记载，他继续戒止杀人放火，并"专务募士积粮，以收人心"[27]，三位来自杞县的生员在为他出谋划策，被他奉为上宾。尽管郑廉报告说他们观看星象，劝说袁时中离开此地，农民军则将他们视作辅弼，将其聘为指挥和参议。袁时中随后聘请另一位当地人"余龙门"作为谋士，请他为其建立一支一万到两万人的军队。然而，仅有两千骑兵的他，还是不足以与李自成对抗。

自从李自成杀死了曾给袁时中赦免的杨文岳后，袁时中就不再信任李自成了。于是，他继续与朝廷谈判。崇祯十六年（1643）1月，据说一个生员曾经诱骗袁时中投降朝廷。当满族军队在当年蹂躏山东时，据说袁时中也率兵参与保卫鲁王。尽管这些事件的真实性受到怀疑，但袁时中显然仍然试图取悦朝廷，或许只是为了保证自己能得以生存。曾经帮助巡抚王汉镇压刘超的袁时中，现在自告奋勇地帮助巡按御史苏京将刘超绳之以法，为王汉复仇。然而，在讨论的过程中，袁时中透露出想要北渡黄河的愿望，由于这条路上并没有和刘超遭遇的可能性，苏京怀疑袁时中只是想要避开他所畏惧的李自成，而没有真正帮助镇压刘超的意图。但苏京还是许诺，如果袁时中能捉拿和李自成结盟的强寇李际遇，或者捕获李自成的下一个使者，将其交给朝廷，就会得到赦免。[28]

　　李自成不断派人来争取袁时中，这样袁时中就有了讨价还价的充足筹码。当李自成的下一个使者，来自扶沟县的生员抵达时，袁时中迅速将其逮捕并交给了苏京，此人被斩首。怒于其背叛的李自成派遣数百名骑兵北向威慑袁时中。袁时中的人杀死一人，俘获三人。他向苏京报捷，自称"平匪之人"。李自成了解到袁时中的不逊后，派出一支更为庞大的军队包围了他的营地。或许因为袁时中还没有上交李际遇，也或许苏的承诺从一开始就很空泛，袁时中向苏寻求援助却逐渐没了下文。袁的卦师当时宣告卦象不吉。但袁时中拒绝认输，而是率军投入战斗。遭遇失败后，他率数百骑兵退至围镇北。他和亲信最终被李自成的军队包围并遭到全歼。他手下大约万人——可以说是不少的——投降李自成，加入了其军队。其他人则投向了原杞县县令吕翕如和巡按御史苏京麾下。小袁营作为李自成此前在豫东北地区长期的主要盟军，此刻不复存在。[29]

　　李自成消灭袁时中所产生的后果非常复杂。它增强了李自成作为当地对朝廷最大威胁力量的地位。郑廉将袁时中比作项羽，他终结了秦王朝的统治，但在内战中输给了刘邦，这清晰地显示了李自成是从战阵中崛起。当代中国的历史学家对于袁时中反复和朝廷谈判，及其在苏京和李自成之间敌友不分的行为，少有同情。李自成和袁时中可能的再度联合，极大地困扰着朝廷，袁的死亡结束了这种威胁，加强了朝廷在这一地区的权威。佐藤文俊暗示说袁时中支持明军对抗满族军队，使他相比率领大众抗击国家政权的"激进"领袖李自成，在某种程度上，更代表了"民族英雄"。[30]无论他的终极历史地位是什么，袁时中的灭亡使得朝廷和李自成军成为短期内豫东北的主要争夺者。

　　尽管李自成未能与来自永城的一位中间阶层领袖和杞县的大众领袖联合，他似乎与夏邑的一位精英成员，甚至开封的一位官员建立了联系。如第六章所述，李自成在崇祯十五年（1642）没有战斗就占据了夏邑。他在面对碰巧是崇祯七年来自夏邑的进士、襄阳最后一任知府王崈庵时，也没有遇到什么抵抗。在一个叫彭遒龄的人身上，李自成与夏邑的积极关系得到加强。万历四十四年（1616）出生于鲁山县的彭遒龄，在十五岁时成为生员，与牛金星同窗。他崇祯七年曾中举，但被控"违反规则"。因此被列入候补名单，失去了得到功名和做官的资格。巡抚发现了他的天赋，建议授予他官职，但这一提议并没有得到上级的重视。崇祯十二年，他再次应举，再次被列入候补名单。与侯方域当年的情况相似，他的落榜可能是因为文体和政治观点不同，而非纯粹的实力不济，或个人疏忽。重要的是，类似的情形使得彭遒龄的叔叔、夏邑的彭尧谕也失去了中举的机会。[31]

　　在鲁山遭遇这些挫折后，彭遒龄搬到夏邑与叔叔彭尧谕和堂兄弟彭舜龄同住。当巡抚王汉在临近的永城县被刘超杀害后，他的灵柩经过夏邑。作为著名文人的彭尧谕作诗一首以赞其功，并致缅怀。这首诗被传抄一时。根据郑廉记载，有人改了诗中一字，使其似乎有同情刘超叛乱的意味。由于彭家跟进士出身、对刘超兵变颇为宽容的著名文人练国事关系很近，彭尧谕可能用其诗句对为朝廷而死的王汉、刘超表达赞赏，同时中伤朝廷。无论如何，参与镇压刘超和招安袁时中的巡按御史苏京以诽谤中伤罪，将彭尧谕及其侄子彭舜龄下狱。当彭遐龄向夏邑县令投诉时，他自己也被捕入监了。在此情形下，据说彭遐龄给自己昔日的老师牛金星写信求助。作为回报，他答应牛金星自己将倾力帮助他实现大业。牛金星将此事呈报李自成，后者欣喜不已，忙不迭地派出小队来解救彭氏三人。据说李自成随后邀请彭遐龄听戏，还给了他一个农民军中很高的职务。[32]

由于可能被认为是一个将豫东北文人阶层和没有成功建立持久政权的叛乱首领，两者联系起来的一个传奇，这些事件的时间和地点有些模糊不清了。彭家人可能被囚禁在夏邑并在那里被当时在襄京的李自成派出的军队营救，或者他们是被囚禁在怀庆，并在李自成军队以西安为基地时被释放。至于彭遐龄后来和李自成的关系，仅有的宽泛记载是难以置信的浪漫和传奇。据此，彭遐龄从未接受农民军官职。相反，他利用与昔日老师牛金星的关系将家人救出监狱后，试图刺杀他的恩主李自成。根据这个故事，大概在崇祯十六年（1643）岁末，当李自成准备渡河北进之际，他叫牛金星和彭遐龄到他的大帐饮酒。据说，彭遐龄曾这样恭维李自成：

> 时危矣！官吏皆贪污，祸生民。大王提百万师，崛起陇亩，攻城略地，所至辄克，必正天下也！ [33]

据称李自成听了十分高兴。当将李自成哄得失去警惕时，彭遐龄从袖口中抽出事先藏好的鞭子朝李自成打去。李自成大惊失色，摔倒在地，高喊："遐龄杀我！"牛金星和其他人进来救援，但彭遐龄成功逃脱。他骑着没有鞍鞯的马逃过边界，进入山西。他后来的活动史籍没有记载，但他显然逃脱了来自农民军和朝廷的追究。然而，由于其在明末的经历，他遭受了生理伤害或心理创伤。据其传记记载，他在永历四年（1650）去世时，年仅34岁。

尽管明显有传说的成分，但整体的叙述基本可被视为史实。无论如何，这个故事作为一个隐喻是别有意义的。夏邑的彭氏很有可能因为政治原因被囚禁；其中一个或多个人在夏邑、怀庆或其他什么地方被释放。彭遐龄在其最近的恩人李自成，以及昔日的老师牛金星麾下，待过一段时间。跟之前的苏更生一样，生员彭遐龄可能给了农民军首领一些建议，尽管在当时的情况下，不可能超越自称天子的需要。最后，这个故事显示了李自成赢取文人支持的价值，以及学者在农民军实力增强的情况下，对与其加强联系的兴趣。从历史叙事学的角度看，这个故事或许是为了突出与此前一段历史的相似性——出身陕西（秦）的李自成与逃过暗杀并于公元前221年统一天下的秦始皇的处境相似。不幸的是，关于彭的这个故事，它的起始日期已经无从得知了。实际的情况可能相当早，因为它暗示了李自成的对手们也将他比作残暴的秦始皇。更具讽刺意味的是，这一故事也可能吸引了那些因为一时的个人目的而加入农民军，当目的实现后就离开的文人。

如果说李自成与夏邑当地的精英阶层之间的联系仍然模糊不清，他与开封一位官员的联系就更不存在了——那个例子只能在相对而言更为晦涩的语境下理解。崇祯十六年（1643）巡抚王汉死于刘超之手，开启了新一轮的人事变动；除了少数的例外，这引起了朝廷在开封府权威的衰落。朝廷任命了一位新巡抚秦所式，但他像王汉一样，几乎肯定不会过于依赖开封，因为这座城市在相当程度上还是水淹泽国。事实上，秦所式的任期如此之短，以至于他的名字都没能出现在省志所载的巡抚名单上。[34]巡按御史苏京仍然待在衙门里，但他没在开封，而在西边的怀庆府。

新任开封知府李岩在其传记中被称为"劳驻蘨大梁"，并被提拔为开封、归德和河南粮务道按察副使。尽管有文献显示他曾被任命为开封知府，但没有信息表明他被提拔入提刑按察使司或证明他在这一时期的特定活动。事实上，李岩不可能被任命为这些职务，而是离开了。在崇祯十六年（1643）的 3 月 29 日，清军席卷了他的家乡山东莱阳并杀死了很多人，包括他的父亲李再白。李岩于是返家守孝。或许正是在此时，有个来自河南的李岩参加了李自成农民军的传言不胫而走。若是如此，这些传言可能首先在一些不熟悉李岩身份的人中间口传。后来，当这个设想中的农民军谋士的名字付诸纸面的时候，他的名字至少出现了五个汉字的版本，都是 YAN 的发音，只是声调不同：岩、严、炎、延、兖。[35]

关于一个曾经做过开封知府的莱阳人后来投靠李自成农民军的说法，几乎可以肯定是假的。或许仅仅是此种说法中的李岩与李自成有过交涉，要求他投降或者离开开封府地界，但没有证据表明他加入了起义运动。相反，他显然返回了莱阳守孝，而且很有可能按照惯例，丁忧了二十七个月。李岩在农民军夺取北京之后与其建立联系的可能性很小，也缺乏证据。很可能的情况是，如《莱阳县志》中他的传记所说："国变后隐居大李格庄，以吟咏自娱。"[36]

无论历史上那位确实做过开封知府的李岩与故事中辅佐李自成的李岩是何种关系，莱阳人李岩无疑是明朝在开封的最后一任知府。与此相似的是，被任命为归德知府的桑开第成了明朝最后一任归德知府。尽管桑的任期要比李岩长一些，但他对明朝的忠诚却值得怀疑，这透露出明朝政府与李自成农民军之间的分野在缩小。与此同时，崇祯十六年（1643）6 月 19 日，新任巡抚秦所式坦诚而略带夸张地向朝廷汇报了朝廷在河南省权威的衰落。他说"流寇"席卷五府，令八十个县化为废墟。他说，每过十天，农民军就攻下一座县城，而"本地匪寇"则控制着黄河南部区域。这些流寇包括李际遇、申靖邦和李好，每人手下有上万人的队伍和数千马匹。他们还包括李奎、刘洪礼，以及叛服不定的小袁营的人马。秦所式用来对付这些的只有两千军队，他手下的陈永福和卜从善各有四千人马。这些军队还在忙于镇压刘超的兵变和修理废毁的堤坝。由于洪水带来的浩劫，军队的给养匮乏。上缴赋税的人口减少了六成，严重降低了税收。在男丁跟随农民军或官军离去的情况下，妇女们艰难挣扎维持生计。官员被任命后也很少到职；相反，他们寻找避风港以观察事态的动向。河南早无天下腹心之象，秦所式吁请崇祯帝下发内帑，以解燃眉之急。据郑廉记载，皇帝仅仅叹息而未答复。后面两个月中，刘超和袁时中被消灭了，但时局未曾改善。9月2日，随着内阁首辅周延儒的倒台，总督侯恂被送回了大狱。[37]

由于李自成的影响上升，朝廷的势力衰弱，河南省的权势阶层忙于维护自己的利益，疏于镇压农民军。有些人因资助农民军而被划为"匪寇"。登封的李际遇在崇祯十四年（1641）与李自成结盟，汝宁府的沈万登次年参加了农民军，汝宁府的韩华美和其他村寨主也于崇祯十六年参与起事（见地图 7.2）。其他在开封府西南，例如许州和陈州，受朝廷封任的将领将农民军当作主要敌人。其他县的强人也各投依靠。在尉氏县，一个当地士绅组织了自卫力量，随后投降了李际遇。在密县，当地士绅和几个村寨中的普通群众反复与李际遇较量，这或许是因为他与李自成结盟，也可能因为当地的几对世仇。项城县堡垒村寨间的士绅、强人和宗族间的骑兵似乎陷入了混战。最后，项城的一个强人似乎"掠夺成性"（他"抢掠肆虐"），而另一个鄢陵的强人则重在防御（他致力于"耕田自卫"）。[38]

总之，豫东北的强人比巡抚秦所式所称的"本地匪寇"要复杂得多。但他们在富有、权势、团结并决心抵御一切外来者对自己的侵害上，却有共同之处。其目标的实践性及其在实现上的难度，都将在未来的几个月中显露出来。

建国：西安／长安

当李自成和张献忠在湖广安营扎寨时，朝廷试图做出一个有力的回应。朝廷为杀死农民军首领，捕获农民军追随者，以及解救农民军俘掠人口的人悬赏。捉到李自成的人封爵，奖白银一万两；捉到张献忠者，官位世袭，白银五千两。为稳定地方官员，朝廷宣布河南省内黄河以南的五个府三年内免征赋税。尽管朝廷再次抓捕了侯恂，但仍然依靠他的队伍遏制农民军。此外，朝廷还不断催促陕西巡抚孙传庭全力攻打河南的农民军首领。崇祯十六年（1643），朝廷重新任命了兵部尚书、七省总督。朝廷命令左良玉从九江进兵湖广，给张献忠施压；还任命祥符县出身的进士史可法为南京兵部尚书。[39]

孙传庭在崇祯十五年（1642）末在河南被农民军击败后，退回陕西，准备复仇。他从富有之家征集给养，从穷人家里拉丁。他开垦军屯，存储谷物，训练军队，整修器械。他甚至修造了两千辆类似李光殿在开封建造的配有火器的马车，区别仅在于是以马匹作为驱动的动力。除了可以运输重型兵械外，这种车还能横在路旁，用来阻挡敌军骑兵。8月份，孙传庭还没有准备好前往河南，但受到了不断催促启程的压力。朝廷已经失去了耐心，这令比左良玉更为认真负责的孙传庭很是尴尬。在北京，来自陕西的士大夫们更担心孙传庭对本省的催缴，而非他可能在河南遭遇的失败。他们因此怂恿朝廷威胁孙传庭，若再不启程，就将会被法办。最后陕西巡抚大摆宴席，以使孙传庭不得不歉疚而去。[40]

孙传庭对进入河南的保守态度可能因为在崇祯七年（1634）接到杞县刘理顺的一封信而更强烈；此人曾任东宫讲官。刘理顺写到，如果一个人真的了解"流寇"，他可以像宋朝平定杨么叛乱的岳飞一样，平定农民军。但刘氏承认，在保障军队给养、整合领导和权威、组织协调交流方面，存在许多困难。他指出，孙传庭的军队不仅关乎河南和湖广，而且事关天下安危，实在是机遇与风险并存。机会在于罗汝才的军队仍对其统帅被杀心存怨恨，而且有些农民军将领对自己所走的道路，也心存矛盾；风险则在于，本地的强人李际遇和申靖邦仍然潜伏在山中，给朝廷带来不少威胁。和以往一样，左良玉难以倚仗并且难以调遣。刘指出陕西当地的士绅已经看到了这些问题，但他们倾向于旁观孙传庭离开陕西。[41]

在另一封信中，刘理顺相对乐观一些。通过引用和朝廷及河南当地精英很接近的类比，他提醒孙传庭，中唐时代李光弼加入郭子仪的军队后，便能取得对安禄山的巨大胜利。他还提到最近对刘超兵变的镇压，并向孙氏保证可以依靠卜从善和陈永福的部队对付农民军。他们可能一起在河南抓住匪首。至于给养，孙传庭可能要依靠秋收。刘氏警告其"乡事不堪再误，其关于事机不小也"。[42]由此可见，豫东北最杰出的子孙，对孙传庭只能给出相对温和的鼓励，并建议对中原的农民军缓于兵事。

当了解到孙传庭准备进入河南后，李自成于崇祯十六年（1643）夏天再次杀回河南，在南阳府的邓州安营扎寨（见地图 7.3）。他将将领的家眷安顿在唐县，将军队部署在汝州的郏县和宝州（宝丰）。但是这些李自成大规模的防御转移，被朝廷在河南的官员以及孙传庭解读为其意在北向扩张。于是，在 9 月 13 日，孙传庭在关帝庙设祭，随后率军开赴河南。作为总督的他率领着农民军归降的将领高杰和来自中国东北的将领白广恩。他命令河南总兵卜从善和陈永福会师洛阳，命总兵左良玉北进至汝宁府，从背面对李自成施压。与河南巡抚秦所式和巡按御史苏京简单争论后，孙传庭赢得了卜从善和陈永福的支持，于是军队依计行

地图 7.3　1643 年大顺军从襄阳至西安行军图

事。至于左良玉，跟往常一样，仍然无所回应。[43]

李自成听说孙传庭的军队由潼关进入豫西后，便在襄城县西建了兵营。他的军队深沟高垒，寓骑兵于其后。在这些堡垒以东一里地的地方，还有二十座小土墙，分别由四名士兵把守，配备了弓箭刀矛以及小炮守卫。在完成了这些工程之后，李自成率轻骑西进，迎击孙传庭的前锋部队。李自成的战术显然是且战且退，使孙传庭军队轻敌冒进，引诱其进入自己控制的地盘。无论如何，事实也确实如此发展。在第一次交锋后，李自成退至洛阳南面的龙门关；孙传庭于 9 月 28 日占领了洛阳。孙传庭麾下的部分人支持在洛阳逗留，加强防御，囤积粮米，将其作为东进的稳固基地。然而，在朝廷严旨继续进军、争取更多胜利的情况下，孙传庭继续东进，将李自成的退却当作敌人的软弱，而非诱敌深入之计。[44]

李自成的后撤也有风险和代价。曾经在罗汝才麾下，如今已经投靠朝廷的一位将领，成功地劝降了李自成的一名部下。此人透露了农民军将领的家小在唐县的住所。孙传庭抵达汝州时，李自成以小部人马迎敌，在预先计划好的"失败"中，农民军损失了一员将领和一面军旗。孙传庭随后分兵去唐县，扫荡农民军的家眷。10 月 24 日，农民军再次被迫放弃牛金星的家乡宝州（宝丰），也没守住农民军高层的一个重要据点。结果，农民军政权下的县令及其僚属、几千兵卒以及民众全部失守。第二天，孙传庭进攻了邻近的郏县，农民军损伤惨重。李自成险些被俘，县城的粮道也被切断。[45]跟大多数的战略毫无二致，诱敌深入也是一把双刃剑。

然而，明军过度拉长了自己的补给线。攻打郏县时，开始下雨，洪水泛滥六天。整个地区变成一片泥泞泽国，运粮的士兵和马匹根本无法通行，更别说为孙传庭军队运输给养和军械的马车了。李自成收紧绞索，派出轻骑西出北上，切断倾盆大雨中运输的一切补给。孙传庭命令声名在外的宿将陈永福守卫郏县，自己则率兵试图突破包围圈。不愿西撤的孙传庭继续东进。然而，在襄城遇到了据垒自守的农民军的殊死抵抗，他只得回师西撤。误以为孙传庭此行是为逃逸的陈永福部下发生兵变并溃散。陈永福试图通过处死逃逸者而控制收拢队伍，但很快失控了。10月29日，孙传庭的后军也在汝州溃散。白广恩建议有序撤退，另寻可供坚守之地，但孙传庭和高杰仍要死战到底。11月3日，白广恩在陕西新招募的兵卒失序溃逃；孙传庭和高杰的军队很快也效仿。起初横在路边的马车挡住了路，减缓了撤退。清理了马车上的什物后，明军一天之内溃逃四百里。损兵折将大约四万人，辎重兵器折损数万件。[46]

　　农民军在河南中部郏县的胜利是其通往权力巅峰的重要一步。商丘历史学家郑廉将李自成诱敌深入、切断孙传庭过长的粮道的战术比作睿智的西汉太尉周亚夫平定吴楚七国之乱时所用的战术。将其记录大量地建立于其亲叔叔，时任孙传庭手下押粮官的郑之俊的第一手观察资料的郑廉，也提到郏县县志的一位作者，后者将能干的孙传庭遏阻农民军前进的失败当作"天命已失"的明确信号。事实上，郑廉将郏县的事件看作是抗击安禄山时河南北部相州的溃散，而非真正战败。然后，通过类比战国时期的战役，郑廉将孙传庭与李自成之间的争夺比作"两鼠斗于穴中"，不值得比作汉朝的柱石周亚夫。也就是说，尽管孙传庭的战败没能将大明王朝从李自成手中挽救回来（如同被从安禄山叛乱中挽救回来的唐朝一样），李自成最终也将被证明没有能力建立自己持久的统治秩序（如同周亚夫辅佐的汉朝）。尽管郑廉完全不同意清初杰出的历史学家谷应泰和吴伟业关于汝州战役日期的记载，他却完全认同他们以及其他历史学家的观点，认为这次对阵是明朝灭亡和农民军势力逐渐高涨的重要环节。[47]

　　更迅捷的是，李自成在河南对孙传庭的胜利，使其很快做出了西进西安的决定。根据一个众所周知的故事，李自成早在襄京会议否决了进军南京或北京的可能时，就已经做了这个决定。李自成可能也考虑过其他选择，但陕西是其家乡，而且西安曾作为李自成奉为自己建国模版的汉代和唐代的都城。但是，李自成也正在豫东北的均平府建立自己的基业。正如历史学家顾诚所言，进军西安的决定，不太可能在襄京的一次戏剧性的会议上做出，而更可能是在惊奇地发现孙传庭的军队在汝州彻底溃败之后做出的。[48]

　　李自成在孙传庭西退时一路追击。根据郑廉的记载，孙传庭首先北逃孟津，该地在黄河南岸，孙传庭眼见手下不断被杀，心力交瘁，准备投河自尽。幸得手下相救，并说服他继续迎击农民军。郑廉还记载了一个真实性不太高的故事，孙传庭到洛阳东部的偃师县的首阳山上，祭拜立志不食周粟而死的商朝遗民伯夷和叔齐。尽管对此高度存疑，但郑廉强调说，这象征了孙传庭为朝廷殉节的愿望。这位来自陕西的总督虽然并不情愿，但仍然不得不与农民军作战，郑廉也将这次事件与推翻秦朝建立汉朝的事件比较。他似乎相信，为了说明"明之亡于是乎决矣"，这样的历史类比是有必要的。事实上，孙传庭从孟津西逃至阌乡和潼关，并在那里与白广恩汇合。11 月 12 日，李自成夺取阌乡，四天后进攻潼关，孙传庭与其他抵抗者在此战死。高杰和白广恩继续向西逃。[49]

　　留下一名部下守卫潼关后，李自成继续向他的家乡省会西安前进。接下来的四天，他的军队攻下四城 —— 华阴、华州、渭南和临潼，途中几乎未曾遇到抵抗。渭南县令和他的兄弟们据城抵抗，但一个举人打开城门迎降。在商州和洛南附近的陕西巡抚听到了李自成进抵西安的消息时，返回省城，但无兵据守。虽然天气寒冷，但是当地的明朝藩王拒绝为官军资助棉衣。这激怒了当地将领，他写信给李自成，承诺里应外

合。当农民军在 11 月 21 日抵达城下时，他打开城门，率城投降。巡抚
和另外两名官员死节；藩王投降了李自成，随即被赦免。当地的精英、
中间阶层和普通百姓几乎没有任何抵抗。李自成入居逃亡藩王的王府，
在此安顿下来，治理他得到的第一个省城。[50]

　　李自成从西安的新据点派出下属前往接管本省的其他地方。一个部
将已经拿下了东南方的商州和洛南，另一位南进四川。刘宗敏追击朝廷
将领白广恩和陈永福向西进入甘肃，鼓励他们投降以自保。白广恩于是
请降，但陈永福拒不投降——他认为自己射瞎了李自成一只眼睛，不
会被他原谅。只有当李自成折箭为誓确保其无虞后，这位原来开封守
城的统帅才投降了农民军。事实上，与其他仅为谋生而投降的将领不
同，陈永福似乎早有归心。他很快成为农民军的重要将领。同时，李过
追击明将高杰北上延安，随后东入山西。11 月，李自成北上回到自己的
家乡米脂县，在那里监督修缮自家祖坟。他派李过率七万大军北上，扫
荡陕西边境。李过遇到了一些抵抗，例如在攻打榆林时，战斗持续了三
天，只有在用炸药轰开一段城墙后才拿下该城。然而，到了崇祯十六年
（1643）末，农民军控制了陕西，他们才开始进入临近的山西和河南省
黄河以北的地区。[51]

　　回到西安，李自成进一步采取措施，令其政权合法化。他戴上黄色
小帽，显示其领袖地位；此刻他被人们恭称为“万岁”，这是其提高政
治地位的信号。但他和他的手下仍然穿着蓝色的棉衣，借此强调其平民
出身；或许还由此象征是以水德推翻代表火德的明朝。（国号“顺”是
河流的属性，而国号“明”象征着太阳）。农民军将西安重新命名为长
安，取其长治久安之意。这明显是要重拾曾定都此地的汉唐的荣耀。他
们也将该城称作西都，旨在为别处建都留有余地。农民军还将同意合作
的秦王安置在由他全权负责的“新顺”府，这也容易让人想起唐朝时的

情形。他们还将米脂县和西安府都命名为"天保"，取其与唐朝时"天宝"的谐音。

长安的"顺"政权还有意无意地采取了其他措施，营造起唐朝的氛围。官员们骑在马上而非坐轿子，精英也须纳税，而不是非法避税。为了表示对妇女的尊重，农民军政权虽然不挑战缠足的习俗，但不鼓励纳妾或包括寡妇守节在内的单纯将妇女视作社会资产的行为。有一次，李自成的一个部将来求助，希望将一位死去的朋友的妻子赐给自己做妾，他知道这位寡妇非常有才华。李自成决定拿他杀一儆百，便以其对朋友不忠以及对女性不恭为由，将其处死。随后他表明了自己的意图，与明朝的象征主义保持一致，但可能向唐朝那样对妇女更为严肃的态度迈进了一步。[52]

崇祯十七年（1644）2月，农民军颁布了一套新的历法，借此表明自己的正朔。在攻下山西平阳后，农民军宣布他们已经解放了楚、豫、秦，正在准备平定晋和燕。当然这些代表湖广、河南、陕西、山西和北京的地名用的是古称，但他们通过这种方法，强调了自己的政权是承接了如汉朝一样受命于天的王朝正朔。2月8日，李自成将自己的名字部分地从成改成昪——取其升华之义，还接受了顺王的头衔。农民军也正式采用了"大顺"的国号和"永昌"的年号。侏儒占卜师宋献策被任命负责军事，举人出身的牛金星被任命为大学士。农民军重新确立了在襄京时建立的官僚系统，增加了不少从唐朝借鉴而来的官名。例如，草诏的机构被重新命名为翰林学士院，通政使司则根据唐时的情形，被重新命名为银台司。[53]

在西安的顺政权面临着对其在河南的势力的挑战。当地的权势阶层联合起来投向明朝，甚至在李自成离开当地前，就攻击其署置的县令。例如，在郏县的战役中，沈万登就背叛了李自成，转而与孙传庭联合。

随后他占据了汝宁并杀死了农民军的知府邓珫及其他人。李际遇名义上与李自成结盟，但他的态度飘摇不定，以至于明朝官员和当地士绅还希望用高官引诱他回去。李自成离开河南前往陕西后，刘洪起和他的一班曾经与李自成在西平并肩战斗的兄弟，便与左良玉建立了联系。他们杀死了汝州的一个农民军政权的官员，还密谋对抗南阳和开封的其他农民军官员。当时的一首小曲，恰好反映了人们关于刘洪起对农民军所产生的威胁的情形：

> 高点灯，多熬油，防备西平刘扁头。

崇祯十七年（1644）1月，以永城为根据地的丁启睿率军在开封府扶沟县俘杀了至少七十二名农民军官员。同时，李际遇率领原处于李自成控制下的八个营投降。为防止后方受敌，李自成派大将袁宗第从陕西进入河南南部。在这样的军事支持下，大顺政权又得以在宝州（宝丰）和内乡署置官吏。[54]

　　同时，大顺政权继续向北扩张。1644年1月，它派三百骑兵进入河南府西部并在阌乡、灵宝、陕州和渑池设置官吏（见地图7.3）。一路上，农民军喊着"杀一人如杀我父，辱一人如辱我母"的口号来宣传其严明的军纪。他们遭到将基地设在怀庆府孟县的河南巡抚秦所式的激烈抵抗。两个月后，农民军将领刘方亮率领数万大军进入怀庆府，逐走了明朝的知府，并俘获了一个藩王。怀庆府府治所在河内县知县拒绝投降而被杀害。总兵陈德和曾经在开封和郏县抵抗农民军的巡按御史苏京如今则投降了顺政权。[55]

　　由于陈德的父亲经常转换立场，他的投降并不令人吃惊，但苏京的情况就更复杂而有趣了。苏京是一个强硬派人物，他于崇祯十一年

（1638）镇压了杞县的"十八子"叛乱，惩处了商丘支持宋权的生员，关押了被控同情刘超兵变的夏邑彭氏，并且策动了袁时中与李自成致命的对峙。但根据郑廉记载，刘超不辨忠奸，在豫东北非常不受欢迎。[56] 如果这是真的，那么苏京加入农民军并不会提升后者在当地人民中的合法性。

农民军似乎觉察到了自己对苏京的处理欠妥。据郑廉记载，苏京嗜杀且笑里藏刀。一个来自商丘的叫汪濴的生员精通武术，做了苏京的首席保镖。当汪在苏京的生日宴会上写诗贺寿时，苏京的微笑使其震恐。他很快渡过黄河参加了农民军。后来汪去掉姓氏中的三点水，改姓"王"，成为后来名震农民军的"满天星"。当陈德和苏京投降后，陈德成为农民军将领，而根据王的描述，苏遭到农民军的蔑视。他们指责他一边残酷欺压人民，另一边则轻易地（或许是缓慢地）投降了大顺政权。根据郑廉与王的交谈记录下的内容，农民军强迫苏换上女人的衣服，脸上涂粉，头上插花，骑在骡子上，在怀庆府招摇过市。随后他们强迫他穿上衙门的皂服，担当仆役。这些羞辱苏京的行为当然反映了农民军自身的父权制和精英式的自我设定，以及赢取民心的用意。据说苏京从容地承受了这些，但与陈德等成为农民军积极的参与者不同的是，苏在农民军开动时成功找到机会溜走了。郑廉表达了一种相对平等的性别观念和令人吃惊的传统忠义观，将苏京与河内县一些宁死不服侍农民军的妇女做比较并贬斥了他。他以其最喜欢的"人生节义禀诸天者"观点总结，还加上了没有阶层和性别鸿沟的"固不在贵贱男女也"。[57]

顺军将领刘方亮留下了守御官和怀庆知府，河内、济源、修武、武陟、孟县、温县的县令（见地图7.3）。3月28日，他和陈永福向东北进至卫辉，夺取了获嘉、新乡、胙城、辉县和淇县。潞王朱常淓逃至江南。4 月 6 日，刘方亮和另一位农民军将领刘汝魁向东北进军，直达河南彰德和北直隶大名。[58]

以长安为基地，顺政权继续试图赢得学者的支持，但结果并不总是如人之意。例如，来自开封府西华县的举人李邕和就因与李自成同姓而倍感羞耻，遂将自己的姓改写为同音字"理"。新的姓氏可能具有了与宋学倡导的"理"（因而可能联想到忠义）相类比的意味。同时，他将自己的名字改为寒食，意味着一个不出仕的学者。当长安下令征召学者时，西华县的顺朝县令要求李应召。李使用了很多借口避免为顺朝服务，包括长期卧病在床。他的一个弟弟李安和也改了名字。他放弃了作为生员的特权以避免为大顺政权服务。最后，顺朝官员放弃了这些一心只服事一朝的学者。[59]

大顺的办法是征召他们自己的文人，以应付豫东北这样新征服地区的公务。在襄京时，他们下令地方守备官员在包括河南南部的南阳和汝宁在内的地区重新考校明朝生员，或者择取他们自己的生员。农民军在长安下令其府县官员举行低级别的科举，以选拔自己的生员，以备在都城举行高级科举后在新政权中任官。顺政权采用了明朝科举体系的基本建制，但在选拔和任命的过程中做了一些改革。他们放弃了高度形式化的八股文，因为这些文章被批评导致了晚明文人的程式化思维。相反，他们强调了改革者们推崇的策论。他们保留了对经义的考查但强调了对时务的应用。像以前的很多政权一样，它邀请人们评论明朝衰亡的教训，同时赞颂顺朝兴起的功业。新政权试图消除长期存在于官、吏之间的鸿沟并从成功的生员中任命二者。崇祯十七年（1644）1 月，顺朝吏部尚书在山西平阳的科举中实施了这些改革。当年 4 月被派往归德府的官员中就有这次考中的生员（见地图 7.4）。[60]

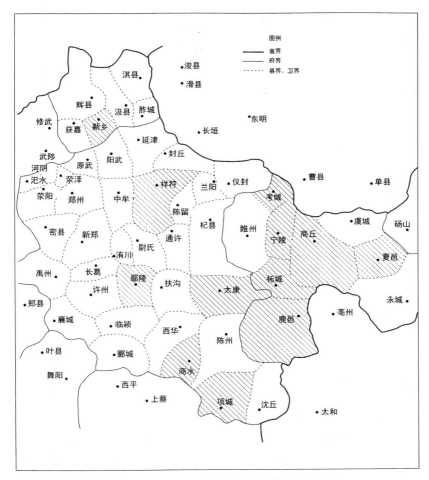

地图 7.4 1643—1644 年大顺政权所辖豫东北各县

　　目前保存的记录里，有大顺政权派往开封和卫辉的官员的名字，但没有记载其来历和受选拔的方式。关于顺朝的同知和派往归德府的九个县令中的六个，都有更详尽的记载，包括他们的名字、籍贯、地位，以及被委任的事件等。这些人都来自当时农民军统治中心的山西地区。事实上，六人中的四人都来自平阳府，四人中的三人来自蒲县，显示出顺政权科举选拔的范围局限在相对小的区域。六个县令中的五个比较年轻（二十多岁或三十出头），他们都通过了顺朝在平阳举行的科举考试。他们与同知一起于崇祯十七年（1644）4月被任命。按照惯例，科举功名高的（举人）被委以更高的职务（同知），科举功名低的（生员）被委以低职（县令）。对生员的使用，可能既反映了农民军在吸引精英阶层方面持续的困境，也反映了他们吸引中间阶层参与管理的取向。受任者们的年轻和低功名可能使他们更有活力、灵活而对大众富有同情心，但他们在经验上的相对缺乏几乎完全降低了应付挑战的能力。他们赴任，大概要花一个月，而且他们不会在任上待太久。

推翻大明：北京

李自成虽然重视自己家乡的省会西安并以汉唐时代的名字长安命名，但他意识到北京才是过去两个朝代的都城。为巩固顺政权，即便不是为了代替明朝，李自成也不得不拿下在北京的明朝统治中心。某种程度上说，兆头良好。大顺政权已经将自己的统治扩展到中原大部地区，而朝廷则被东北崛起的满族的挑战所牵绊。农民军的备忘录是这样的，李自成在崇祯十七年（1644）2月接到了清朝新任摄政王多尔衮的来信，表示愿意配合他从明朝手中夺取中原。[61]但李自成忽视了清朝的动议，因此失去了获取一个对抗明朝的有力盟友的机会，却使其建立新的王朝增添了一个劲敌。

在永昌朝的第二个月（1644年3月到4月初），大顺军分兵两路进取北京（见地图7.5）。第一路在李自成的率领下，进抵山西省城太原。曾在河南任职的山西巡抚蔡懋德和来自郑州的按察副使毛文炳都在守城中战死。但原来的农民军将领高杰没有为明朝殉葬而是逃跑了，当地的明朝藩王和知府在 3 月 16 日投降了农民军。太原的胜利使得农民军在与明朝的谈判中更有优势，也使其坚信了自己天命所归。十天后，李自成不费一战便占据了忻州。他在代州尤其是宁武关遭遇了抵抗。事实上，他的军队遭到的阻击如此严重，以至于他考虑退回西安休整。然而，正在此时，明朝的大同总兵姜瓖投降了。4 月 7 日，李自成派李过和刘宗敏前往接收这个城镇，只遇到了敷衍了事的抵抗。[62]

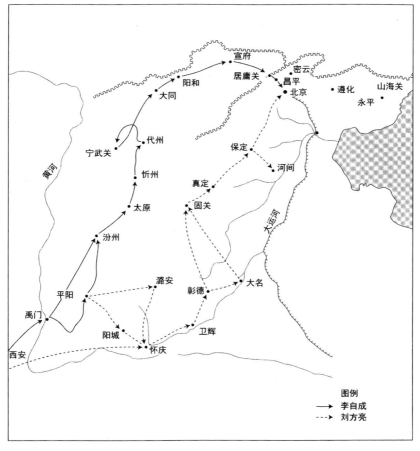

地图 7.5　1644 年春季大顺军进军北京

与此同时，第二路大顺军队在刘方亮的带领下从河南北上固关，并于 3 月 24 日拿下该地，随后在 3 月 31 日拿下了真定。一支劲旅于 4 月 5 日拿下了大名府，另一部队五天后拿下了河间府。这些军事胜利给大运河沿线增加了军事压力，使得朝廷没有勇气效仿东晋和南宋南渡迁都。[63] 这些突袭也保卫了大顺在豫东北刚刚建立的统治。

在接下来的两周，大顺军队迅速合围明朝的首都。在西北，李自成夺取阳和，守将姜瓖的弟弟姜瑄投降并参加了农民军。李自成随后进军宣府，遭遇了明朝将领、宦官杜勋——他很快就投降了。4 月 21 日，大顺军队抵达居庸关，在那里他们受到了明朝总兵唐通的欢迎。第二天农民军进入了昌平，当地经过兵变，官府的统治已经荡然无存。明朝的地方官自杀，大顺军为了羞辱明朝，焚烧了当地的十二座皇陵。在南路，刘方亮率兵攻打了北直隶的治所保定。两个月前山西出身的进士、大学士李建泰自告奋勇带兵南下阻挡农民军。他虽然拒绝了前往支援自己家乡的省会太原，但也没能守住北直隶的真定和河间。4 月，当农民军进抵北京之前最后一座主要城镇保定时，所有的目光都集中到了李建泰身上。[64]

崇祯皇帝挣扎着要从农民军手中拯救自己的都城。3 月 29 日，他下诏罪己，大赦农民军，这次甚至包括牛金星等农民军的早期支持者，而只排除了李自成。他许诺对任何取来农民军首领首级的人封通侯，这曾是秦朝国相李斯的封号。[65] 崇祯封唐通为"定西伯"、吴三桂为"平西伯"，与他人合力拱卫北京。唐通罔顾命令，投降了李自成。吴三桂则服从命令，于 4 月 19 日撤兵至山海关内。[66]

现在崇祯将领导守卫北京的重任交给了最近新任的兵部尚书张缙彦。张是来自新乡的进士，他在崇祯十四年（1641）李自成刚进入河南时对杨嗣昌的尖锐抨击，使他丢掉了御史的官职（见第二章）。崇祯十六年 11 月，张被召回朝廷，或许这是出于他会帮助朝廷维持在家乡河南统治的考虑。他首先在崇祯十七年被任命为兵部侍郎，随后被提拔为尚书。张缙彦履职那天，部内一位主事曾应遴上书哀叹贫富之间的鸿沟日益拉大。他特别指出当地士绅囤积的粮米只在西安留给了农民军，在莱阳留给了满族。他呼吁国家实行"均田"，使国家能恢复被士绅拿走的赋税并帮助耕种者们从地主手中得到土地。朝廷忽略了曾的动议，而且张本人也不可能决定这样的事务。[67] 但它浓缩了改革者们几十年来的情感，也是对正在挺进北京的农民军的某些要求的回应。

无论如何，张缙彦很快在处理农民军问题上失去了朝廷的信任。在一份奏折中，他描述了农民军造成的灾难和中原生计的艰辛，尖锐地提问他们的影响如何能被局限在一个地区。他派李建泰前往南直隶，处理农民军逼近的问题，但是，当建泰在真定失败后，张缙彦否定了一切。当崇祯了解到内幕，问张缙彦如何能如此隐瞒时，他回答说与其他腐败官员不同的是，他无法派出私人探员。4 月 13 日，张缙彦因为做出不可信的陈述而遭到尖锐的批驳；不顾细作的上报；保定兵变发生十天后仍然一无所知；并且，总的来说孱弱愚昧，而且缺乏任何长期规划。六天后，崇祯帝再次指责他没有任何御敌良方，张缙彦提出辞职。朝廷否决了他的辞呈，所以在 4 月 22 日昌平失陷时他仍然在任。据说张缙彦将失陷的城池归因于兵变的军队，而否认是失陷于农民军之手。[68] 尽管张缙彦仍然在兵部尚书任上，但他的行为强烈暗示了对农民军的同情，或至少他对抵御农民军前进的无能。

在最后的时日里，崇祯帝还依赖李国桢，这是一个与豫东北有松散联系的奇怪人物。作为襄城伯，他是明朝贵族序列中的一员——这是一个凭借祖先对明朝的贡献而享有世袭特权和可观财富的群体。与同类人一样，他缺乏祖先的才智。但他承袭了爵位并至少象征性地将自己与开封府这个曾经处于明朝和农民军激烈争夺的地区联系在了一起。尽管李国桢与河南的联系是象征性的，但河南历史学家郑廉将他当作一个"河南人"。4月8日，尽管缺乏任何成就，但他仍被任命为负责守卫北京的提督军务。像开封的李光殿一样，北京的李国桢也被希望组织一支民兵以帮助无用的官军抵抗农民军守卫京城。然而，与开封的官员不同的是，北京的官员不相信平民会忠实地守卫城池。结果是他们禁止百姓登城，以免其叛变或逃跑。他们只允许像李一样的贵族和张一样的官员登上城墙。当农民军于4月18日开始穿过城郊时，李国桢在城市西北角的西直门开府治事。朝廷大乱，只能关闭城门禁止人们出入。曾有加强外城防御的动议，但因怕削弱内城防御而被否决了。礼部一位主事指责李国桢毫无规划。[69]

由于对张缙彦这样的官员和李国桢这样的贵戚的怀疑，崇祯转向了宦官。3月29日，他任命了十名宦官监察北直隶和黄河北部河南地区的军队。张缙彦当场反对，认为这会分流正常任命的官员手中有限的资源，给宦官以干扰公务的借口，但他的意见无人重视。宦官杜勋在宣府的投降使这项政策的局限显露无遗。崇祯帝还希望宦官们能从嘉定伯周奎这样的富有贵族手中榨出钱来。这一努力在后者一毛不拔的坚持下失败了。4月16日，宦官王承恩接手北京防务，很快另一个宦官曹化淳也参与进来。一个多星期后，当五六十名农民军骑兵进抵城门之下时，宦官守卫者们向他们放火，烧死了二十多人。但是当农民军成队地攻向彰义门时，李国桢在城下的三个阵地崩溃了。这些人和他们的装备都加入了大顺军的行列。4月24日，当农民军点着城门要求投降时，剩余的守城者们逃离了岗位。[70]

同一天，大顺军开始为了和平交接权力与朝廷谈判。陈兵彰义门外，李自成由投降的秦王和晋王簇拥着，将投降的宦官杜勋和申芝秀送到城下，宦官王承恩和曹化淳前来接收。在这样的情形下，杜勋受到崇祯帝的接见。他显然劝崇祯帝放弃皇位，换取李自成许诺的赦免和优待。崇祯帝怒不可遏，他派张缙彦到城门上看看能做些什么。张从命并观察到宦官们在与农民军讨论着什么。据说他指责王承恩和曹化淳叛国，导致他们心生恼怒，拂袖而去。据记载，张缙彦本人很快也卷入了这场谈判。在这一过程中，大顺政权可能提出与明朝平分天下。一种说法是，他们要求朝廷提供一百万两白银以帮助朝廷抵抗清朝，然后返回他们在河南的根据地。这些记载可能反映了农民军实际上的建议或随后的设想，也可能二者兼而有之。[71] 无论何种选择，也不论张缙彦在与农民军的讨价还价中扮演何种角色，崇祯帝在当天傍晚表态拒绝任何妥协。随着他拔剑出鞘挥向女眷，完成了这一显示父权的无力的最后一举后，崇祯帝和一个忠心的太监逃出了皇宫。他们一起爬上煤山，吊死在了一棵树上。随着这一自缢，明朝在北京的统治走到了尾声。[72]

　　从崇祯十七年（1644）4 月 25 日到 6 月 4 日，顺政权统治了北京以及中原的大部分地区达四十天。[73] 其间的前半段，新政权似乎在壮大，赢得了居住在北京的豫东北人民的支持，并向归德府委派了官吏。

　　拿下北京后，李自成不得不面对如何处理崇祯遗骸这一敏感的政治难题。在这一事件上，他依赖张缙彦的新乡同乡、崇祯十三年（1640）的进士许作梅。他已经投降了农民军并被任命为顺朝礼部的一个行人。李自成命令许作梅偕死难的帝王及其配偶一起前往他的妃子在昌平的陵墓。在当地百姓出资举行的简约葬礼之后，崇祯帝及其皇后被尊敬地埋在粗劣的墓地里。李自成对明朝皇子们同样挂念，被封为宋王的朱慈烺，以及他的弟弟朱慈炯和朱慈焕，他们都获封王爵。尽管王子们很少到封地去，但大顺显然是有意将一个明朝后裔加封到与历史上第一个朝代商有关的地方。因此顺朝名义上也是带有寓意地重申了他们对待灭亡的明朝皇室后裔的盟誓，即根据"杞宋故事"以礼相待。[74]

农民军通过开放政权，寻求巩固在北京的广泛支持。李自成宣布杀害平民的士兵将被处死，丞相牛金星则教导士兵善待民众。几个杀害平民的士兵被斩首示众。观察到农民军权威的前明官员声称情况非常平和。当时肯定有一些偷盗事件，但许多传言声称的强奸则被证明查无实据。在一个短暂的不确定时期后，商铺也重新开业了。街上的民众带着"顺民"的标识，这意味着他们接受新政权的统治。据说李自成的穿着仍然很低调，以致很难与其他农民军将领区分。但是一些人会称他"万岁"，这无疑意味着政权的首脑。在占据明朝皇宫时，据说李自成向承天门（清代改名为天安门）匾额上射了一箭。牛金星称这是建立一个新王朝的好兆头。5月8日，牛金星、宋献策以及其他人开始要求李自成自称"天子"，他们建议5月22日举行登极典礼。但李自成表示反对。除了表示意料之中的谦逊之外，顺王可能感受到时机尚未成熟。已经赢得了许多前明官员和将领支持的他，显然希望与屯驻山海关的吴三桂达成某种协议。一旦此事达成，就将有充裕的时间来讨论政权的形态并建立一个有广泛基础的长治久安的王朝。[75]

可以确定的是，大顺并没有赢得都城内所有人的支持。在前明的官员中，有些人拒绝在任何后继王朝的统治下生活。其中最知名的就是曾在北京陪伴皇储的杞县刘理顺。农民军占领北京后，派员前往刘家，希望他效忠新朝。刘意识到现在李自成农民军已经超越了自己和同僚曾经拿来与其比较的安禄山的叛军或者黄巢的农民军，还要建立自己的新王朝。作为正统理学的一生倡导者，受到宋朝忠君思想的鼓舞，刘理顺决定效仿宁死不为蒙元效力的南宋孤忠文天祥。根据他的传记记载，其妻妾按照明朝忠妻贞女的做法首先自杀。然后刘提笔写下："孔孟之道在于人伦正道，文天祥已为之，吾何能不踵之？"随后他自缢而亡。刘的戏剧性行为之所以著名是因为作为一个来自已成为农民军重地的进士，他很有可能在新政权中获得高位。更重要的是，他的两个妻妾、两个儿子和几个仆人据说也都随他殉节。刘的自杀因而成为忠于朝廷之荣耀的最有戏剧性的表达之一。[76]

刘理顺与其妻妾自杀的意义非常明显，表明了宋朝的忠义观念和明朝妇女的贞节观念仍然发挥着作用。为了颂扬这些价值观，后来的清朝追谥刘理顺为"文烈"，划出七十亩土地作为他的祭田，祭祀牺牲的规格也做了明确规定。大顺不仅希望争取刘的支持，也表达了对这一中原伟大学者无畏之死的痛惜。通过这些行为，顺朝提醒人民他们牢记着自己早期在河南的崛起，尊重前明官员的功名，并仍然渴望尽力赢得他们的支持。刘理顺的一个儿子，崇祯三年（1630）考中举人的刘圣篯没有自杀，而且被顺朝保护了起来。因此他活过了顺朝统治的过渡期并携其四子在清朝回到父亲的墓地献祭。刘理顺自杀的重要性还在于他是一个例外，当时在北京的两千多名前明官员中，只有刘理顺等三十六名官员以自杀的方式向前朝表示忠诚。其他人，如崇祯十二年（1639）候补举人靳标策等人，只是通过拒绝为顺朝效命等不太激烈的方式向明朝尽忠。[77]

顺朝也拒绝了一些豫东北的人为其效命。贵族李国桢不仅投降了农民军，还试图取悦他们以保护自己的财产。当一名顺朝官员要求他交出一笔不小的财产时，他立即要求以一个新朝廷的官位作为交换。然而令他沮丧的是，其他的农民军将领已经没收了他的财产，他也不可能向顺朝提供他许诺的财产了。结果，他没能换来官位，而是与其他明朝贵族和官员一起被捕并处死了。评价这个事件时，郑廉略带戏谑地说，李国桢不可能用已经归属农民军的"阿堵物"取悦农民军了。作者还提到了西晋最后一任尚书王衍的妻子，据说她的财产全是不义之财，以至于她腐败的丈夫提到这些时，也用"阿堵物"这一新词来描述。[78]郑廉再一次将晚明和西晋做比较，那个时代由于精英阶层的腐朽，给一个边境上的少数民族最终建立统治敞开了大门。

张缙彦是另一个接受了顺朝统治，但被后者拒绝的前明官员。他在北京陷落于农民军前的所作所为，在宦官和明朝忠臣中颇多恶评；他抛弃职守，寻求在顺朝为官的行为，也遭到了农民军的蔑视。与李国桢一样，张缙彦后来也被索以重贿，但与李国桢不同的是，他逃过了抓捕和处死。他被允许回家，在北京盘桓数日后，溜到山西，随后转回了河南。[79]

尽管一直对使用无能和有争议的官员、贵族保持着警惕，顺朝还是欢迎另外几个来自河南的本地士绅精英支持自己的政权。丞相牛金星要求所有的前明官员焚烧自己的印信，邀请所有四品以下、希望任官的人毛遂自荐。牛将候选者分为三组：治罪者、归家者，以及值得在新政权任职者。在那些年逾九旬的前明官员中，有一些杰出的河南人因为与牛金星同乡，或者任职时的声誉良好而受益。何瑞征是前七子之一的何景明的后代，汝宁府信阳县进士，曾在明朝做过太子少傅。农民军进入北京时他立即投降。在牛金星的推荐下，他被授予顺朝礼部侍郎、弘文馆大学士。何瑞征将明朝的匾额从家门上取下，然后全家搬入了公衙，借此表达对新政权的支持。他还劝说方以智等学者归顺新朝，劝谏李自成践天子位，借此表示对新政权的热情。[80]

薛所蕴是另一个为新政权服务的杰出河南士大夫。薛是怀庆府孟县进士，他欣赏杞县举人何胤光的文章。农民军进入北京时，他是国子监司业；他在大顺朝继续担任这个职务。他"号召诸生，令多作文字，以待李闯幸学"来表达自己对新政权的积极介入。据说他还庇护了刘理顺的儿子，使这位因父亲抗议新政权而自杀闻名的年轻人活过了顺朝统治时期。根据一份早期的——怀有敌意，但可能是可靠的——目击者记录，薛的家人们"衣红紫绫绢衣，系银于腰露之，一如流贼"[81]。

牛金星与薛所蕴一道，吸引豫东北的其他士大夫加入顺政权。天启五年（1625）进士、祥符县的刘昌曾在开封府抵抗农民军的战斗中发挥了重要作用，他指责明军毁坏开封的罪行。尽管后来他返回北京任旧职，但李自成一入城他就投降了农民军。牛金星推荐他担任顺朝的鸿胪少卿。另一个与农民军和睦相处的河南士大夫是赵颖。此人是开封府项城人，天启七年举人、崇祯十六年进士。北京陷落时任翰林学士。作为牛金星的同乡兼同窗，他被任命为"直言"（御史），并在顺朝发挥了可观的影响。同为崇祯十六年（1643）进士、夏邑的王芥庵曾任襄阳知府，后来因为丢失襄阳被朝廷下狱。李自成抵达北京时，他被释放，据说后来他发现许多夏邑同乡都跪在正阳门外向顺朝求官，便加入了他们的行列。史可程是另一位崇祯十六年进士，曾任翰林学士。他这时也出现在顺朝的阵营中。来自祥符县的史可程是新政权的重要补充，因为他的堂兄弟史可法是明朝在江南的军事统帅。[82]

豫东北第五位在北京服务顺朝的精英人物是来自杞县的崇祯十二年（1639）的生员何胤光。他曾在崇祯十五年导致杞县陷落的"合汴"策中，发挥了关键性作用。崇祯十六年他考中进士，入翰林院。根据由其兄编写的家乡县志记载，农民军抵达城下时，他登上城墙，怒陈对敌方略。他可能这么做了，但即便如此，也没有引起任何回应。奇怪的是，甚至连这一对策的简略记述都没有。根据其他的资料，他投降了农民军并在顺朝担任一个很一般的职位。[83]

如果说何胤光代表了杞县对顺朝的认同，那么另外两个更为杰出的明朝士大夫则体现了商丘县对新政权的接受。曾劝说朝廷放弃豫东北而保全天下的侯恂在崇祯十六年（1643）末被再度囚禁。农民军进入北京后，他和其他这类政治犯被带到李自成面前。李自成对他们表示了同情，但把他们都交给刘宗敏审讯。由于侯恂官居四品以上，按规则不能在顺朝任官，但农民军对他予以例外。或许顺朝想像明朝一样，利用侯恂来对其难以驾驭的部下左良玉施加影响。在侯恂接受审讯的过程中，据说受到了他原来不起眼的仆人郭氏的强有力的支持，后者在他主人的危难时刻体现出了惊人的活力和忠诚。而审讯者据说是曾在夏邑彭氏家中做事的一位姓魏的仆人（全名不知）。魏显然在商丘陷落时加入了农民军，在进入北京前担任北直隶大名府的一名顺朝官员。魏监督了对李国桢的审讯和处死的过程。这时据说他给了侯恂两个选择：被处死或者在新朝中担任高官。[84]

由于侯恂的选择十分重要，顺朝似乎特意为吸引他设计了政策。他们把曾经是东林党支持者的豫东北人懿安太后（张娘娘）安全地送回了太康伯张国纪的府邸。尽管张娘娘拒绝同"叛匪"妥协并最终自杀，但侯恂仍然可能对农民军的这一姿态留下深刻印象，特别是他不久前还曾驻军于太康伯府邸。侯恂也一定对农民军将明朝太子封为宋王而表现出的对杞和宋的尊重印象深刻，无论此举是名义上的还是有着实际的价值。要知道，商丘是商代后裔建立的宋国所在地。至于在把崇祯及其皇后妥善安葬于昌平之事上，李自成听从了来自江南复社的一位杰出士大夫周钟的建议。根据此事，侯恂可能也认为，新的统治者也会一如既往地听从东林党和复社的建议。在加封前明太子为宋王的当天，顺朝宣布任命侯恂为兵部尚书。[85]

另一位商丘籍的顺朝高官是宋权。在商丘与农民军达成交易后，他被获准带老母渡过黄河，随后被朝廷任命为北直隶大名府的道台。随后，在崇祯十七年（1644）3月24日，他被擢升为都察院右佥都御史，巡抚顺天，驻守密云，北京也在其辖内（见地图7.5）。4月14日，他被转任到东部的遵化县。随后，北京陷落，顺朝开始任命本地官员掌管都城东边的地区。根据一份早期记载，此时宋权投降农民军并被任命为顺天镇抚使。其他早期记载并不见此事，可能是因为他们把注意力放在了北京城内，没有注意乡村，也可能人们对崛起的清朝（宋权最终将归顺的一方）带来的政治压力更为敏感。尽管有宋权的族叔宋勋在师尚诏起事时的行为，以及宋权自己对李自成攻打商丘时的行为，但是在北京归附顺朝是一个非常适时的决定。[86]

农民军也赢得了河南许多中间阶层和大众的支持。例如，据说来自祥符县的生员李肖宇出现在北京的顺朝官员序列中。一个只被标明"来自河南"的平民姚奇英处理着来自江南文人的问题。[87]

尽管这两个普通人的名字见于记载，但无疑有更多没有留名的普通人参与到了大顺政权的管理中。大顺试图通过降低在明末几十年中急剧增长的税收压力，以巩固在社会各阶层中的地位。即便是明朝，也在它最后的时日里，免除了河南境内黄河以南部分地区的额外税赋。顺朝则在其从湖广到北京进军的过程中，实施了更为剧烈的减税和免税措施。顺朝不向平民征税，而是向那些以国家和群众为代价富起来的人征税。

在北京的刘宗敏向贵族、宦官和官员们施加压力，要求他们"追赃助饷"。[88]以其所能向富户索取大量"贡奉"——强迫支付的委婉说法——在中国并不是个罕见的主意。事实上，当农民军开往北京时，朝廷自己也曾向官员索取财物以供养军队。但崇祯皇帝开了一个不好的先例，那就是拒绝承认自己也有小金库。他的岳父，嘉定伯周奎同样吝啬，据估计他的财产不下一百万两白银，却只拿出了一万两千两。太康伯张国纪相对慷慨一些，拿出了两万两，但这相对于他的总财产来说也只是很小一部分。一些聚敛了巨额财富的宦官也不愿拿出钱来与国家分享。一个被证明财产超过三十万两白银的宦官只拿出了一万两。官员们则拿出的更少，从几十两到几百两不等。因此在北京陷落于农民军前，朝廷只筹集到了大约二十万两白银。[89]

由于在北京外拥有强大的政治支持，民众中也有可观的支持者，农民军政权决意更进一步。从皇家资产入手，根据早期日记记载，他们获得了三千七百万两白银和一百五十万两黄金。随后他们征用了无论如何都注定要灭亡的整个皇族的财产。随后，顺朝又瞄准了外戚中的高等贵族。周奎被迫拿出了六十万两白银；张国纪死前也交出了大抵相同的数目。顺朝随后开始追索勋贵，包括像李国桢这样的特殊人物，他们无意间许诺拿出比实际能力更多的财富。富有的宦官也被课以重赋，可能达到其财产的一半。但一小部分宦官因为权力交接时所起的作用而被奖赏，其他一些则被要求离开北京，另谋生路。其目标是将宦官的总数限制在一千以内，这是在中国历史上王朝初创时期频繁发生的事。官员们也被根据其财富和收入而课税。大学士每人十万两；锦衣卫高官三万到七万两；给事中、御史及吏部的官员三万到五万两；翰林学士一万到两万两；其他低级官员一千两或更少。新政权也瞄准了富有的商人和大地主。

顺朝的方法既多样又有效。如果可能，这个数额可以自愿缴纳，必要的话强迫缴纳，只有在极端反抗的情况下，才使用拷打蹂躏。据《明史》记载，百分之七十的官员都自愿缴纳，只有百分之三十的人被施以惩罚，甚至死刑。据新近研究，顺政权获得了贵族、宦官、富商和地主们大约三成的财富，以及北京其他官员中大约两成的财物。在几周之内，他们一共搜集了大约七千万两白银，相当于晚明一年的全国赋税收入。[90]农民军由此可以较好地实现在国家、精英、中间阶层和大众间均分经济负担的许诺。同时他们获得了足够其与明、清对手角逐天下的资本。

对顺朝政权刻剥富人而不是向穷人征税的政策，自然会因时间、地点甚至参与者和观察者想法不同而各异。总的来说，经历过那个时期的早期日记记录者和当下的分析者，倾向于将其解释为重新分配晚明社会财富的合理政策。他们强调政策实施得相对非暴力而且只持续了一小段时间。然而，在南明、清初以及 20 世纪的一些历史学家则认为，这些政策是被错误发动而且在实施的过程中越来越泛滥成灾。

豫东北曾经实施了征用财产的政策，但关于其事件及观点的细节却有缺失，不过在一份记录中，仍然保留了一位参与者的实践以及一位观察者对此的简单评价。被朝廷囚禁的夏邑进士王芥庵后来被农民军释放并为顺朝服务，据说他在农民军手下过得很好，因为他手中没有财富可以被征用。但在顺朝灭亡他回到家乡夏邑后，他却表达了曾服事于一个违反他"原则"而向精英阶层求索无度的政权的懊悔。曾经记述过王芥庵的经历与观点的郑廉对其做了这样的评价，即那些服务于顺朝的人当然不应该因为曾与农民军为伍而被追究。郑由此推断说顺朝可能吸引那些并不富有的精英阶层。然而，郑廉指责顺朝用虐待的办法索取财富并强迫文人服从。例如，他谴责夏邑彭氏的仆人魏氏威胁用拶刑，强迫侯恂接受顺朝的官职。[91]

近来的研究显示大顺政权占领北京之后，也表现了类似的两难。顾诚辩解说这个政策无论多么不完善，仍然是扭转晚明社会财富过度集中的一个合理努力。但顾诚也认为刘宗敏过度搜求财富，聚敛了太多的赋税。同样，谢承仁也指出收税的最初意图是合理的，李自成也很快制止了刘宗敏的过度搜求。但他承认个人复仇的因素掺入了政策的执行，例如决定占据吴三桂父亲吴襄的宅邸。绝大多数学者同意，这是导致强大的明朝将军吴三桂反对顺的致命错误。[92]总的来说，如果顺朝能够建立长久的统治，他们可能会通过修改历史，为自己最初的过度搜求财富以建立可行的国家和更加公正的社会之举正名。由于他们没有长期保住政权，其事业的历史便不受其控制了。因此处在其他政权下的历史学家就可以随便下结论说，他们过分地没收财富并最终导致了争夺天下的失败。

在北京的短暂统治期间，顺朝执行了其他几项改革，事关领导方式、官府名称、征发方式，以及土地政策。李自成及其随从仍然过着简朴的生活，拒绝最终令明朝权威滑落的招摇之举。牛金星象征性地祭祀了起自陇亩而俭朴的明朝开国皇帝的牌位，但毁掉了其他明朝统治者的牌位。据说，李自成本人乐于国事，按时朝见幕僚制定国策，并询问乡间官吏耆老以知民间疾苦。因此，江南一位学者带着赞赏的口吻将李自成比作汉代开国皇帝刘邦。顺朝继续参考唐制，命名地方官署，例如，称巡抚为节度使，将知府称为刺史。为扭转宋明时代过分重文轻武的局面，顺朝将武职置于文职之上。在文官科举方面，它减轻了明代对进士的过分重视并提高了举人和生员的地位。在北京通过牛金星考核的70位举人中，50人被直接委以官职。顺朝顺天府认证的全部150名生员在当年秋天计划进行的乡试之前，都被授予了职务。为继承唐太宗的精神，据说李自成将都城的一块匾额"敬天法祖"改为"敬天爱民"。尽管顺朝从未正式实行哪怕阶段性的可与唐朝相比的重新分配土地的政策，但它容许将土地分给佃农和无地的农民，并欢迎前明的官员支持其施行这样的政策。[93]

大顺政权从北京的新指挥部里进一步巩固了在中原的权威。4月30日，大顺将军刘方亮在保定检阅了李建泰的降军。在天津和其他北直隶东部地区，也都有农民军政权建立。一个叫郭陞的将领率军屯驻在山东的官衙内。一个叫董学礼的将领沿大运河进入安徽，一个叫吕比周的将领从商丘进入淮河流域。投降农民军的原杞县县令黎玉田，被派往四川树立大顺的旗帜。5 月初时，顺朝可以向河北、山东、河南等省份派驻官员，而无须同时派出防卫力量，这表明了农民军政权在这些省份被广泛接受的程度。顺朝还发动重要人物去吸引他们亲戚和下属的支持。丞相牛金星让吴襄给自己驻扎在山海关的儿子吴三桂写信。翰林学士史可程给自己的堂兄弟、驻扎在淮河流域的史可法写信。兵部尚书侯恂可能致力于招徕自己原来的下属，仍然在长江中游统帅可观的军队的左良玉。总之，到 5 月中旬，通过武力和劝诱，顺朝已经在中原大部分地区建立了统治。[94]

从豫东北的可查记录中可以看到顺朝在地方的统治状况和规模。在组织农民军向北京挺进失败后，最后一任河南巡抚秦所式"弃官"消失了。到崇祯十七年（1644）3 月，苏京麾下的商丘生员汪濬，改头换面，接手了河南巡抚的公务。随后汪与朝廷决裂，以"满天星"的身份加入了农民军。汪并不像刘宗敏和白广恩一样在商丘有"旧仇"，但他在梁-宋地区崛起为农民军的一员主要将领。例如，他带领一百骑兵前往山东曹县"收印"，并与"县令"会晤。据说汪善待当地精英，来去秋毫无犯。提供这份记录的当地历史学家郑廉显然对汪非常了解，形容他身材高大，善于演讲，有一只残疾的耳朵。像此前的袁时中一样，汪似乎被本地的精英和中间阶层接纳为一个可以与更加外部的李自成力量抗衡的力量。然而，与李自成一样，汪似乎也招致了李自成的侄子、"一只虎"李过的反感。李过最后以再熟悉不过的情节杀死了他，随后接管了他的军队。[95]

尽管有本地出身、更具教养的汪濬的竞争，顺朝派往豫东北的地方官，似乎仍然执行源自北京的更为平民主义的政策。根据郑廉的记载，明朝官员和绝大多数地方精英早在 4 月初北京陷落时，就已经逃离了豫东北的城镇。许多人试图藏身乡村，一些人被杀，尽管并没有人报告这些事。顺朝官员于 5 月 16 日抵达时，只有少数吏员仍在办公，他们并未进行抵抗。例如，在归德府：

> 诸伪官皆前日士人也，下车即追比助饷。凡有身家，莫不破碎。衣冠之族，骚然不得安生，甚则具五刑而死者比比也。[96]

起初人们将过分残暴的行径，归因于在归德的顺朝最高官员同知贾士美。但很快，据记载，顺朝的将领在邻近的北直隶的长垣和顺天，也开始提出同样的索求。事实上，顺朝的地方官吏似乎保持了最初的许诺，代表大众以让中间阶层和精英付出代价的方式进行统治。从早期日记作者和当代历史学家共同的观点看，顺朝官员相对循实而且"不敢欺压百姓"。如历史学家顾诚所言："各地建立的大顺政权颇有一番新兴振作的气象，是得到贫苦群众，以至于中小地主拥护的。"[97]

同时，在北京，李自成扫除了巩固政权的最后一个障碍，宣布自己为新任天子。由于拒绝了与满族谈判，他现在集中精力确保吴三桂的投降。他可能因为陕西的白广恩和北直隶的唐通的投降，认为这是个不太困难的任务。无论如何，现在为李自成出谋划策的前明官员，肯定在尽力促成与吴三桂的和解。当刘宗敏于 4 月 30 日强占了吴襄的宅邸后，李自成立刻认识到了这个错误，并派牛金星前往赢回吴襄的信任。当吴三桂引兵而来已经明显不是为了仅仅求得父亲被释放之后，李自成否决了牛金星，决定亲自率兵东进给吴三桂施加压力。为表明其决心，他仍然拒绝了官员们对他登极的请求。他还随身带了前明的皇子秦王和晋王，还有吴襄。这些人都是他与吴三桂关于新政权的谈判中的重要砝码。

然而，吴三桂仍然不愿意与被他视为草寇的李自成妥协。感觉到自己手下的四万明军可能不敌李自成手下的六万农民军，吴三桂邀请关外拥军八万军队的多尔衮"联合""入主中原"。满族尊重顺朝军队，因为他们实现了入主北京。因此他们调集了最精锐的骑兵参战。李自成则不明智地将自己的最精锐部队留在了北京。因此他倚赖新近投降的明军来与吴三桂交锋。5月25日，他包围了吴三桂的部分军队，并要求进行严肃的谈判。由于没有回应，他要求被包围的军队投降。5月27日，明、清联军进攻李自成军。他们造成了大量伤亡，击伤了刘宗敏，并迫使李自成逃亡。第二天，李自成军队在永平府遭遇了第二场败绩。为了报复，李自成处死了吴襄，因此打消了与吴三桂交涉的可能。回到北京后的6月3日，李自成最终称帝。然而，由于意识到自己不可能抵挡多尔衮和吴三桂的联军，马上命令向西都长安（西安）撤退。李自成可能希望，如果不能将其作为全国的都城，至少将其作为一个地区性政权的都城。但这也实现不了。回首往事，李自成拒绝与多尔衮谈判，以及没有赢得吴三桂的支持，应该是其没能取代明朝建立长期王朝的主要原因。[98]

　　总之，从1643—1644年，李自成崛起于豫东北，主要经历了三个阶段。在第一个阶段，他离开河南，在湖广建立了早期政权。他在那里接见来自各阶层的支持者，采取平等主义的政策，消灭竞争对手，联系归德府和开封府的学者与官员，在开封府西南部的县署置官员。在第二个阶段，李自成返回河南，击败了明朝最后一支和自己对抗的主力军队。他在陕西建立了地区性政权，以此为基地与中原的乡勇作战，同时在卫辉任命官员。在最后一个阶段，他率军北进京师，给了明朝致命一击。他征用前明官员及精英、中间阶层以及群众；征用富有的贵族、官员和精英的财富，还派员在归德府实行类似的改革。为表示谦逊并与仍忠于明朝的人留下交涉的余地，他没有宣称建立新的王朝，但显然已成为北京和豫东北的首要权威。

农民军将其成功归因于在中原河南的影响力，以及利用历史为自己树立权威的技巧。通过在襄京建立政权和在河南赢得胜利，他们有效地反击了其对手不断将其比作中唐的安禄山和晚唐的黄巢的行为。通过在西安建立地方性政权并向卫辉派遣官吏，他们打破了因地域关系和过度使用武力而被人比作短命的秦朝和元朝的状况。相反，他们以西汉的模式宣扬平民出身和大众支持，并用李自成的姓氏和流传的预言将自己的合法性建立在唐朝的影响之下。如唐朝建立者一样，李自成用自己的姓氏招徕同为李姓的士大夫；他采用唐朝的术语给官职和地方取名；也学唐朝把都城命名为长安，国号定为大顺；他还鼓励官员以唐朝的礼节行事。大顺赢得了来自豫东北士大夫的支持，并配合百姓要求平均土地的呼声，采取免税等政策，对晚明以来日益集中的社会财富实施了广泛重新分配。

最后，李自成被证明无法建立能够取代明朝的持久性王朝。这些反叛者显然有其固有的弱点以至于难以巩固其到手的天下。他们对豫东北的控制总是受到挑战，而且他们始终长于攻城夺地而非建立稳固的统治。与刘邦不同的是，他不善于用人，最终杀死了曾帮助他取代明朝对中原控制的罗汝才、袁时中和汪濬。与唐朝建立者不同的是，李自成没有充分利用其精英支持者刘昌、侯恂和宋权，这些人都帮助他稳固了在北京的统治。他表面谦逊的推迟称帝并没能掩饰他与张献忠、多尔衮以及吴三桂分享权力的勉强——这肯定是个弱点。他对北京的贵族、精英、官僚们搜求财富的行为具有政治上的正义性和经济上的必要性，但他容许其过度使用，疏离了一些本可以帮助他抵抗清朝的人物。农民军在襄阳和西安建立政权把他们推向了胜利，但其夺取并掌控开封及北京的失败则预示了其最后的失败。当然，如果忠于明朝的人和清朝的建立者不是那么娴于利用历史惯例提高自己受命的合法性的话，大顺政权可能会成功。因此顺朝的衰落必须与明亡清兴的议题一起讨论。[99]

结　论　大势已去，何所谓"中"？

在向外扩张的旋体上旋转呀旋转，

猎鹰再也听不见主人的呼唤。

一切都四散了，再也保不住中心，

世界上到处弥漫着一片混乱，

血色迷糊的潮流奔腾汹涌，

到处把纯真的礼仪淹没其中；

优秀的人们信心尽失，

坏蛋们则充满了炽烈的狂热。

——W. B. 叶芝《第二次降临》1919 年 7 月

建国伊始，肇锡嘉名，实维中华。

中华之义，果何居乎？

中者，宅中位正之谓也。

吾辈青年之大任，

不仅以于空间能致中华为天下之中而遂足，

并当于时间而谛时中之旨也。

旷观世界之历史，古往今来，变迁何极！

——李大钊《青春》1916 年 10 月

今天的中国，一如四千年来，经常用"中国"来称呼自己的国家并用"革命"来形容改朝换代。在本书中，我讨论了中央的观念与变革的行为之间的互动，通过这些古老但仍在使用的词汇，来解释中国历史的特定模式。以"中原"（中部的平原）或"中华"（中部的繁华之地）为根基，中国这一政治体周而复始地演化着来自中原地区的政治形态或经验，并将之形塑于绵延而下的时间长河中，辐射四域八方，达至天下。

更特别的是，我曾提到，"中州"（地处中央的省份）首先在半传说时代的夏朝，便已作为文化中心出现，在商代更成为政治中心。它也是成周代殷商，这个历史上第一个可被证实的朝代变更的发生地。之后，此地在与其他因社会、经济力量而崛起的地区竞争中，一直在文化与政治上，保持着起源与文化更生的代表性地位。纵观两千年的历史进程，这一在明朝就被称为河南的地方，已经被广泛认为是文化渊薮之区，而成了风云际会和四方征战之地。

在明代，河南东北部因为涌现了例如杞和宋等具有象征意义的县，以及过去的都城、如今的省会开封一样的地方，它们一直保持了其在省内的中心地位。在此地，无论是从属于哪个阶层，包括官、士绅、妇女和各种中间阶层的人们，还有那些犹太人以及其他的普罗大众，都常常回顾历史，在时空的漫漫长河中找寻他们的位置，而后施加影响。随着时间的推移，人们逐渐达成了心照不宣的共识，那就是汉朝是能够为他们自己的时代提供最有价值的经验的范例。举例来说，官员吸取汉朝的经验整治黄河，学者参考汉朝的经验讨论天下问题和土地改革，妇女以发源于汉代的方式获得旌表，生员以西汉和东汉的先辈自道，犹太人将其祖先到达中国的事件追溯到汉朝，起义军则为民众许诺将回到一个更切实的汉朝以取代明朝。对于这些经过选择的汉代经验及对它们的诠释而言，豫东北的人们以一种汉代"话语"的方式参与其中。他们以这套话语表达其时代关切，反过来说，其所思所想也受到这套话语的形塑。

但幅员辽阔又根基深厚的明朝并不因为受汉代的影响，而排除其他的可选择模式。事实上，明代人善于通过回顾此前的历朝往事，来处理当下和规划未来。举例来说，明朝政府继承了前代元朝的一些官职设计，那些社会精英延续并发展了宋代的哲学，写诗则取法唐代。生员的生活方式好晋风，叛军则借助宋、唐旧事说话。在晚明，李自成的起义军占领河南之后，人们将其比作唐中叶的一次重大叛乱和晚唐的一股流寇。李自成及其幕僚则借用一个流传已久的唐代李氏得天下的预言作为回应。在中原地区，他们得到了来自前明官员、社会精英和广大民众的支持。于是得以先后在西安、襄阳和北京建立大顺政权，其影响逐渐扩大至整个中原大部地区。总的来说，这一起义引起了当时的人们对汉唐之际历史演变的关注；同时，也得益于从汉至唐的历史叙事，进而推进了明朝的灭亡。

我们不妨用叶芝诗中说的"一切都四散了"来形容 17 世纪早期的明朝，当然，以之连带指称其取法的汉代模式，也最合适不过了。正如收录张缙彦奏疏集子的序言所暗指的汉代故实与明朝现实："折衷百氏，取裁六艺，亦何至受变于古今，支怠于叔季也！"或者如侯方域一位雪苑社的朋友在崇祯十三年（1640）所说："天下将乱，无人可救。"即使明朝丧失了其灵活性，也没有忠臣可以倚靠，中原也并非很快就岌岌可危。借用唐朝模式，大顺政权凭借顽强的生命力，于崇祯十七年在北京宣告了统治，虽然只有几个星期。因此当大顺政权赢得来自官员、社会精英、中间阶层和普罗大众的支持，以重建社会秩序、进行社会和经济改革之时，可以说在崇祯十七年中国中心性仍然存在，能确保国家的稳定——一如此前的诸多事例所示。

因此，欧洲诗人叶芝在诗中就唤醒俄国革命和调侃法西斯主义所饱含的苦涩悲观主义情绪，并不适用于豫东北大顺政权的崛起和明朝的灭亡。更合适的是李大钊所持的批判性乐观主义。在他与其他同志一道创建共产党的五年前，李大钊从"并当于时间而谛时中之旨也"质疑"中心"的意义。李大钊提到的"中华"，即盛开在中央的花朵之意，是一个循着中原地区而产生并超越于其他所有文化的概念。

几个世纪以来，中华是一个能对政治、社会、经济等力量施以影响，同时也反过来受其影响的既独立又多变的概念。河南因被视为国家的心腹之地，其与中华的联系相比其他地方，就更显紧密。因此，河南也比其他地方更多地被视为整个国家的代表。恰如上文所述，如果说中国有碎片化的特点并由此展现出国家整体的话，那么进一步的研究则显示，我们谈的河南的特点在中国的其他地方也得到了展现。[1]

中国自居于世界之中的主张，虽然已经无法确定是否为李大钊所接受，但肯定为西方人所抵制，尤其近年来，在中国也丧失了市场。具代表性的批评意见认为，中国在过去的几百年中，伴随着欧美的兴起，再寻求中心地位的做法变得非常不合时宜，尽管此举在以前有其合理性的一面。但近年来，中外学者出于各种不同的原因，都反对欧美中心论，对中国中心主义的观点的容忍度却越来越高。美国学者反对曾经一度不可怀疑的"冲击-反应"模式，希望出现一种以中国为中心的中国史研究视角并继续采纳将西方帝国主义视作现代化重要基础的分析思路，但不再继续使用"前现代"（early modern）的概念去类比明清中国，以避免出现将其理解为当面对发生在欧美国家的那种变革时，毫无动作的情形。[2]另一些人通过对清代怀柔远人的分析，以及通过对中国从中心看周边这一研究取向的预期，去感知中国经验的普遍适用性。[3]那些美国霸权的守卫者，部分中国的移民，以及支持中国"说不"的人，尽管视角不同、反应各异，都预料到了中国在当今时代，一定有其应有的地位。[4]

不同的"后-"理论（后现代主义、后结构主义、后殖民主义）以及女性主义都将有助于对西方经验的去中心化，同时有助于开展对东亚和世界其他地区进行更敏锐的研究。他们发现了从所谓"启蒙"到现在，权力在形塑知识的生产和再生产的过程中的角色，对东方主义或欧美国家通过控制知识生产和传播来控制亚洲的问题也有批评。他们呼吁停止寻找超越时空的文化现象，也反对总是持二元论的观点去分析传统与现代、封建主义与资本主义、东方与西方、男性和女性、我者与他者这样的二元问题。他们也质疑普世主义的中心议题、主导者叙事和对普世主义为时尚早的推定。他们强调关注对话语的多元释义（百家争鸣）和那些并不占主导的叙事，因为后者代表的是处于从属地位的性别、阶层以及种族（例如贱民研究）的声音。[5]

尽管多数批判理论在消解那些尚无法确定的正统马克思主义者或现代化主义者方面更有价值，但我仍然认为其中一些人拒绝承认任何中心。这又走得太远了。一位研究者认为中国中心主义的取径相当于探索如何维护中国的本质；她呼吁解构类似"社区"的集中主义或整体上的封闭性。另有一些人则反对自 1911 年以来居于主流地位的中央化的叙述史学，呼吁一个没有秩序中心的世界，寻求揭示藏在现代理性之中的对权力的欲望，试图以代表并不居于中心地位的人的立场，实现对认识论和道德主题的去中心化。[6]一些移民海外的顶尖华裔学者认为，对中心性的诉求等同于对优越性的要求，因此对二者都持反对意见。[7]

当代一些对中心性批判的观点似乎太笼统了。正如我已经提到过的，中心性可能发生在不同的情境下——地理的、文化的、政治的、社会的、经济的，等等。那些能在不止一个领域建立中心地位的，或能持续性超越其他领域的区域，就可能成为凌驾于其他中心区之上的核心中心。中心性也可以与同源但不同义的"优越性、霸权以及中央集权制"等概念相区别。也可以再进一步，认为中心性也有不同的类型，既有存在于一种文化中的，也有跨文化的。例如，在中国文化中，孔子信徒认为能吸引人的"德"与道家认为能赋予人力量的"虚"不同，这二者都与法家思想中的"势"有别。事实上，在中国流行的中心和边缘的观念，与欧洲在过去两百年间声称其具有普适性的看法，两者截然不同。[8]

中心性也并不必然就意味着封闭。一位颇具慧眼的历史学家注意到"新儒家本身就是各种关系的中心，绝非个人思想和感受的封闭世界"。另一位社会历史学家用问题颇多的词"帝国"来描述从早期到公元 1600 年的中国政权，承认其"开放"的特点，认为其在保持世界上中心性意图的同时，也善于接受外部影响。[9] 持续的"中心的权力"（Arnheim 语）使得即使是具批判性的理论家，也考虑将类似"中心的"概念引入其研究，同时也将有关边缘的主题引入到有关中心问题的讨论中。一些理论家似乎在呼吁终结二元论的同时，继续使用有明显分歧并带有目的论色彩的词汇，例如"前现代""晚期资本主义""西方及其他"——这无疑显得有些矛盾。即使是二元论，也因为类型和功能的不同而有区别：阴和阳、内与外，它们在不同的环境下有不同的作用。这种对立的特点，也必须与"光明和黑暗"等摩尼教的概念以及西方思想中"有和无"的概念相区别。[10]

中国对于中心性的思考尤其突出并显现出持续性，但也并不是唯一的。有许多西方社会科学家强调，在不同的语境下，中心的意义尤其重要。爱德华·希尔斯（Edward Shils）就通过对西方经验的观察，指出"社会必然有一个中心……这是价值观与信仰存在的表现"。拉丁美洲专家吕威·史特劳斯（Claude Levi-Strauss）认为，文化作为真实的存在并能够衍生出新的内容，必须要明确其独特性，甚至其优越性。熟悉亚洲问题的马丁·布伯（Martin Buber）指出，"社区的本质"就是其"拥有一个中心"，无论它是否明确。克利福德·格尔茨（Clifford Geertz）和其他东南亚问题的专家发现"示范意义的中心"往往具有某种"感召力"。塞缪尔·亨廷顿（Samuel Huntington）在分析预期会到来的文明冲突时指出，即使是居于支配地位的中心，也可能在考虑到减少世界"不稳定性"的时候，欢迎其他"居支配地位的中心"存在。[11]

在进行中国史研究时，人们需要回避欧洲中心主义，但不一定就是中国中心主义；要防止目的论，但也不必就是主体论（或者过往经验的堆累）；可以对帝国的概念提出疑问，但不必就是政体（polity 是一个宽泛到足以涵盖文化国家的词汇）。照皮埃尔·布迪厄（Pierre Bourdieu）的看法，我们必须寻求超越"决定论与自由、限制性与创造力、自觉与不自觉，或者个人与社会之间通常出现的二律背反"。[12]需要强调的是人性与结构、观念与社会经济力量，以及历史学与历史本身。也即，当对历史理论的研究在进行过程中渐入佳境时，人民的视角绝对不能忽视。正如菲立普·费尔南德斯-阿莫斯图（Felipe Fernandez-Armesto）曾指出的，历史在发生的过程中受事件的影响，要小于来自人们运作于其中的结构性影响，虽然后者时而瑰丽离奇，时而失真致误。事实上，由于所有的事情都必然存在于其发生的时间和空间之内，而且没有任何权力之源能够孑然独立于历史之外，要想界定一个政治体制是空想甚至错误的，即使不是全无可能，也是非常困难的。这恰如安伯托·艾柯（Umberto Eco）所说："错误的传说首先是传说，此外，如神话一样，传说一般都有其感染力。"[13]无论是在何种原则下，没有任何一位中国历史的严肃学习者可以承担忽略中心所本该具有的重要意义的责任，因为无论是中国历史的扮演者还是观察者，都会一如既往地赋予中心的观念以非常重要的地位。

正如上文所示，在豫东北，形形色色的人们都认为历史是一个可以提供经验和范例的文化资源，人们不仅可以借此保持现状，还能推动变革。从人们所见、所言及所行中频频出现的过往的经验角度，即可知我们需要一种历史发展的理论，能将所有这些言行都考虑在内。如果当地以及其他地区的人们能达成共识，认为明朝与汉朝之间有极为相似之处，并且明朝的反叛者是通过模仿唐代建立了一个体系，并成功地推翻了明朝的话，我们便很可能需要继续推敲这种内在的相似性，在更大的中国历史范畴内，意味着什么。通过此个案的一步一步推敲，我们是时候该转而提出一种适合中国历史的理论，来囊括在漫长的历史长河中，类似不断发生并再现的历史叙事。[14]

一个办法是更新并修正晚清学者梁启超（1873—1929）的观点，他的看法曾经被充分关注，但有时却很可惜地被误解了。在 20 世纪初，梁启超将中国历史分成三个文化纪元。如果沿用他所用的名称，对他的阶段划分做些调整，以将最近的发现和发生的事件考虑在内的话，我们或许可以得到如下的三个纪元：第一，"在中国的中国"，从最初的古史时代到汉代；第二，"在亚洲的中国"，从魏晋南北朝到明朝；第三，"在世界的中国"，从清初到当下。[15]这些阶段的划分是基于本研究所指出的，历史上中国的国家组织（polity）都是从地处中原的一个中心发端，逐渐将周边囊括其中，直至亚洲，最后是全球。据此，汉代是中国历史上第一阶段中最后出现的国家组织，明代是第二阶段中最后出现的国家组织。有趣的是唐代对于明朝而言具有相当的吸引力，那么随之而来的疑问是，唐代在上述所划分阶段里的第二阶段中扮演了何种角色，它在第一阶段中是否还有前驱先路者？

沿着这一的思路，汉代伟大的史学家司马迁的世界观便被引入了我们的视线。司马迁建立了一套基于夏、商、周"三代"之上的史学理论，该理论后来被许多早期的史学家视为典范。[16]按照司马迁的观点，三代之兴，有其特殊的力量为基础；其衰，也是因为有相互关联的弱点存在。在三代终结之后，又开始了新的轮回，汉代扮演了夏的角色，如此种种。这一历史思想体现在汉代的五德始终说（土、木、金、火、水）。[17]尽管有这些历史循环中的原型存在，但意识到中国历史上所有重要的王朝都可能存在着某种特性，并且能意识到这些特性以显而易见的方式不断重复出现的问题，并不能说就是很大的进步。本诸后见之明，我们有可能将汉、明两朝以及唐代与大顺政权联系起来吗？

　　也许我们将梁启超、司马迁、五德说的观点结合起来，借此将中国历史上的政权组织进行分类，分析它们随着历史的变迁所呈现的及再现的特点。回顾中国从远古时代到明朝的历史，我们发现大体上有五种形态的政治组织或阶段，它们先后依序出现。更值得留意的是，这五个阶段出现的先后顺序竟然完全一致。为了定义这些政治组织或阶段各自明确且可以互为补充的特点，我们可以暂且做这样的描述：（1）首先，由一个统一的王朝，将此前无组织、彼此分裂且互相竞争的民众，统一于一个政权之下，就像第一纪元里的商朝和第二纪元中的隋朝。（2）之后，一种出自精英阶层社会改造者之手的社会秩序建立了起来，贵族或出身贵族的社会精英寻求利用从前朝延续下来的理想建设一个能长治久安的政权组织。第一纪元中的周朝和第二纪元中的唐朝就是这样的例子。（3）随之而来的是文化上的冲突和社会的失序，在此阶段，旧的理想和组织机构受到质疑，邦国林立，彼此争胜，春秋战国和五代十国便是其代表。（4）接着是专制中央集权兴起，统治者文武兼施，各种措施被广泛运用来重建社会秩序。虽然这一阶段的政权组织维持的时间不长，但统辖的领土广，产生的影响也深远。秦朝和元朝便是最具代表性的例子。（5）最后一个阶段是带有普遍的平民主义色彩的政权组织出

现，其奠基者多为平民，对占人口大多数的百姓的想法与利益也十分关
心，例如汉、明两朝便是如此。[18]

无论我们对中国历史上政权组织和历史阶段的特点与特性存在何
种争论，这一大的范式在中国四千年的历史上，都显示了其顽强的生命
力。它考虑到了连续政权间的相似性和区别所在，也意识到了当代中国
的种种心态，以及历史上曾经起到过形塑作用的种种诠释。但问题是，
这一模式是否能对从晚明到当今社会的历史，于我们有所启发？尽管这
一问题于此无法详论，必有待今后深入探讨，但目前的工作恰恰可以提
供给我们一个初步的了解。

从晚明到当今社会，虽然中间出现了张居正试图以商朝的伊尹为榜
样，建立一个强大的政权组织，以应对内外矛盾，但除此之外，中国并
未出现一个统一于皇室的邦国。[19]或许此时的中国已经足够完整统一，
并不需要类似的邦国。但从这一范式持续增长的势头，加速变革的幅
度，以及中国历史第二纪元中不断扩张的疆域等角度看，大顺政权似乎
试图以某种相当不同的统治模式代替晚明。大顺尽管并不具有持久性，
但它为建立一个以周代和唐代为模式的王朝扫清了道路。[20]当清朝在
20 世纪初走到尽头时，它被一个共和政体和军阀统治所取代，后者也很
快被新文化运动和五四运动弄得风雨飘摇。尽管这些政权和事件在某种
程度上是新发生的，但仍能令人想起政治失序、文化危机的春秋战国和
五代及宋辽金时期。随着一个更加强力的民国在 1927 年建立，紧随着
专制主义中央集权国家而来的平等主义，并没有重现；而后者是我们在
中国历史的早期和中期阶段中可见的。

类似的特异现象或变化对于我提出的这一模式本身，其实并无矛盾
之处，相反，能够有助于说明这一理论跟其他的理论一样，并非对历史进
程的直接描述，而是一种模式或具启发性的工具 —— 当我们在 21 世纪伊

始来观察中国历史的延续与变革时，所设计的一种最具涵盖性的模式。那些不能为之所囊括的例子也可以做这样的解释：正经历着超越以往的发展速度的中国，同时也在超越着"强劲发展"的过去，并在文化、政治、社会和经济等领域，创造着以往未曾经历过的新模式。如果这一范式因为前四千年的历史描述过于相似而显得缺乏真实性，那么过去的三个世纪历史的不规则性，就能够说服那些深信历史不可化约的人了。[21]

我建议将中国历史的这一深层结构的基本动力，视作史蒂芬·古尔德（Stephen Jay Gould）曾经指出的"时间之箭与时间之圆"的一种表现，也即历史的复杂综合，而非简单的螺旋式发展。[22]在两个大的时代跨度中纵览中国历史上五种政治形态的出现与再现，或者更合适一点儿说是建构与重构，能让我们更集中地关注来自时间、空间、个人及事件中的新鲜元素，而不至于将历史的发展都理解成与后先一致的、无意义的循环往复。史学史是最能整合历史发展延续性和变化的力量，它强调包含各种历史的元素，以及职业史家立足现实需要并关照未来的眼光，对历史进行的诠释与再诠释。[23]如果用更为抽象的词汇描述，我们应该说历史事件之链与史学陈述之链相互缠绕，构成了包含中国历史基因的双螺旋结构。[24]由于历史可以被设想为螺旋式地从中心绕出，在复制之前模式的同时，以加速的脚步在更大的空间内拓展了边缘，中国历史的结构甚至可能被当作一个聚宝盆。通过完善这一隐喻，我们或许可以说从这一结构中不仅产生了充满活力的经济体的物质财富，也产生了一个至关重要文明的精神财富。[25]

这一有关中国历史的理论是否"有效"，部分取决于更深入的研究，包括对自17世纪以来的历史的研究。在这里无法对其进行深入讨论，但值得注意的是，最近许多关于近三个世纪的历史研究与此框架相符。颇具影响的中国大历史分析者黄仁宇先生不断将螺旋的概念使用于其作品中，将中国的过去与现在以及可能的将来联系起来。[26] 研究仪式、制度、法律、建筑以及边疆政策的专家已经注意到了周朝、唐朝和清朝之间的共鸣。20 世纪早期的研究也已经发现了周朝晚期、晚唐和晚清的军事家之间的紧密联系。他们也留意到了在共和民族主义者中，对汉代和明代的共同兴趣。在该领域内外的学者都注意到了战国、五代和宋辽金时期的中国与 20 世纪 30 年代末东亚的中国形势，有着非常类似的特点。也有人明确指出汉代、明代和中华人民共和国之间的重要同源性。[27]

　　这一理论或许可以帮助我们确切阐释其他学者提出的一些问题。它可以特别明确地针对"历史是如何在文化上被形塑的"，以及"文化的愿景是如何在历史中形塑的"，还比如历史上的模式是如何"被挑选用来解释未来"，以及各种"强劲的发展"是如何在中国历史上得以再现的。它也可以解释为什么我们发现中国历史上的"事件、人以及感情以余音绕梁的方式得以再现"。事实上，我认为晚近的中国历史经常以可解释的方式与过去的历史产生共鸣，例如当毛泽东认同朱元璋时，他心中想的也许是刘邦。中国历史的螺旋理论也能被研究当代中国对外关系政策的学者用来确定，历史上有哪些我们能记得住的历史，可以对当今的政策产生鲜活的影响。[28]

　　这一理论的生命力同时取决于它将在多大程度上能够与我们对李大钊所说的"世界的历史"——"从古到今的诸多变化"日益提升的理解相适应，并做出新的解释。正如中国的以及其他地区的学者已经开始质疑欧洲中心主义和目的论的讨论模式，而试图定义并确定一些他们敢于称之为世界历史"中心"的地方。例如在其他的一些著作或地方可见的，如果从对"文明"概念的狭义理解出发，一些观点会继续使用一种在想象中单线发展的、发源于美索不达米亚，并在 20 世纪末辐射至整个人类文明的"核心文明"。另外则有一些支持世界各地的不同文明是随着时间的推移，随着地域不同而发展出不同形态的观点。[29]

　　无论这些想法具有何种多样性或特殊性，我相信在我们能够再次切实思考中国或者其他任何地区，是否曾经是世界的中心或者在何种意义上成为这一中心以前，类似的模式都是必需的。刘易斯·芒福德（Lewis Mumford）在很多年前，曾就相关问题，做过这样的思考：

　　　　借用生态的思路，是整体赋予了部分以天性、功能和目的。尽管这一范式中的细节或许需要调整，某一部分需要修订，甚至改换以提供新的佐证，但引入整体以及将整体纳入时间的考量是非常重要的，即使是牺牲所用概念的准确性，也在所不惜，因为历时性转化的意义只能经历，无法度量。[30]

也即，我们头脑中世界历史的范式，有意识或无意识地，无可避免地在形塑我们对中国或者任何其他地区的历史的诠释。因此我们必须直面世界历史的范式，如果我们不是简单地如布迪厄所言，去"相信那些由于我们没有掌握了解其规则结构的方法，而被强加的预设性事实"。[31]

　　尽管我的知识和个人经验有限，但因为受到里顿·斯特拉奇（Lytton Strachey）有趣的说法的鼓励，即"无知是历史学家的首要品质，因为它在简化的同时，也有助于（问题的）清晰；在选择的同时，却有利于忽略"。[32] 在对中国的历史发展模式做了勇敢尝试后，我尝试着分析了从最早被记录的时代开始，直至当下，世界上存在过的有五种不同类型中心相继而起的历史发展模式。按照这种观点，世界五个地区中的每个——我们称作撒哈拉以南非洲、中东、东亚、欧洲和美洲，都为我们如今日益融合的全球文明，做出了重要而有特色、平等却又具普遍性的贡献。

　　非洲中部地区，应该是首要的，也许还是唯一的人类衍生之地。在那里，出现了最基本的性别角色，有了狩猎和采集经济，也诞生了与木、芦苇、兽骨及贝壳有关的技术和口头的、造像的、音乐的以及表演的艺术，这些普及并继续滋养遍及全球的"高等"而"流行"的文化形式。美索不达米亚显然最早产生农业、畜牧业、城市，以及陶器、石器、金属技术和商业、战车与文字系统，此外还包括国家、民族和帝国间的互动、竞争甚至战争。中国文明强调文化的延续性以及政治变革，而非侧重于社会和经济的转型。它专注于如何在居住于广阔疆域内的不同人群中，建立最大程度的和平、秩序和正义。它令这一中心性和改革更为概念化，其所设计的文字和青铜器也是如此；它有精致的礼仪和官僚系统，并发明了针灸和造纸术，还将佛教从印度传到了日本，制造了丝绸和瓷器，成了东亚的中心，并将指南针、印刷术、火药，以及大型船只技术传到了西方。在那时，欧洲已经通过文艺复兴重新发现了自己的古典遗产，通过宗教改革革新了宗教，并在启蒙运动中通过建立理性——实用的科学体系以及资本主义、民族主义、工业主义和帝国主义，拓宽了自己文化的范畴，最终发现了新世界的财富，并通过发展军事技术，在世界上其他地区建立了霸权。在最近一个世纪，建立在土著文化、国家和资源之上的美洲通过从其他地区吸收移民、新理念和制度，发展起了具有自己特色的工业、技术和军事力量，并借此成为新的世界中心。在此基础上，美利坚合众国将其经济和军事的优越性发展到了陆地、海洋和天空，成为全世界唯一自称并被广泛接受的超级大国。[33]

　　无论其内在价值是什么，这一世界历史的框架，可以使我们返回到有关晚明的河南，以及在当时世界上的中国这一问题上来。正如河南在晚明的中心地位存在争议性一样，明代的中国，无论是在其自己还是他者的眼中，其在当时世界里的中心地位，也存在类似的尴尬。但我要说的是，这二者的中心性地位更多的是从文化和政治角度看，而非从社会角度或经济角度来看的。无论如何，豫东北的人显然更关注借助历史典范来建立具有合法性的政权，而非努力实现社会转型或经济增长。如同中国的文化性格和历史所显示出的相似性一样，很多中国人试图在历史中寻找中心性并利用历史重新创造中心。在明朝，他们显然通过关于汉朝的定义建立中心性，而大顺政权则试图建立与唐朝的联系来恢复这种中心。在前者而言，他们利用汉朝的典范来维持或改革政治现状；对后者而言，他们利用唐朝的模式来撼动现存的政治秩序，同时指出了通向新秩序的道路。

作为一位研究中国历史的美国学者，在本书的最后，我想对中美关系的未来，谈一些简单的理论性思考。有理由相信，凡是关注中国日益增长的财富与影响力的中国人和美国人，都会回看中国西汉和明初的历史，借此判断 21 世纪的中国向世界展示其影响力的方式。观察家们期望通过理解秦朝和元朝，去判断当权威占据压倒性优势的时候，中国会发生什么。考虑到目前世界的飞速扩张 —— 如今人们的脚步已经离开地球，进入到了太空 —— 我们可能期望将中国仅仅视为在当前的国际秩序中（或动荡环境下）的一个国家，一如其在战国或者辽、宋、金时代里的角色。从中国人选择历史模式及其对世界开放的意愿上看，我们应该可以察觉周朝和唐朝那种精英改革和寰宇扩张模式的吸引力。

不管发生什么事，中国历史的模式显示出中国人会在 21 世纪的世界上扮演重要角色，而美国人会在其扮演角色的特定环境和所发挥的内容上，发挥重要影响。对历史模式的更深觉悟甚至可能促成一个更为积极的两国关系，这二者的结合，将会对我们所生存的世界产生巨大影响。但无论是中国人、美国人还是其他国家和地区的人，如果想要创造和维持一个更为和平、合理以及可持续的世界文明，将不得不借鉴世界上所有民族的智慧和经验。[34]

注　释

导　论　历史上的中州

［1］　山泉 1977：1：3；《河南画册》编辑委员会 1984：3：6。河南可耕地面积比全国的平均水平略高。"中州平原"一词的出现，要早于"中国北部平原"的说法，说明东周以来长江流域文化的阶段性发展。

［2］　Chi 1936：17-20；山泉 1977：14；Skinner 1977：211-49，map on 214-15；谭其骧 1982：I：20-21，26-27；林富瑞、陈代光 1983：20-21；Geelen and Twitchett 1974：xxiii；Loewe and Shaughnessy 1999：32。有关超地域模式的问题，参看 von Glahn 1987：xx-xxii，215-22；Heijdra 1994：9-11；Gates 1996：63-83。

［3］　Geelen and Twitchett 1974：xxi.

［4］　Herrmann 1964：9-10；Zhou 1972：17；黄以柱 1981：3；谭其骧 1982：I：7-10；林富瑞、陈代光 1983：14；《河南画册》编辑委员会 1984：6；水利电力部 1984：56；Loewe and Shaughnessy 1999：47-59，71-73，648-49。

［5］　Herrmann 1964：9；Chang Kwang-chih 1968：226；Wheatley 1971：10，20，30，75，114；Ho 1975；黄以柱 1981：3；谭其骧 1982：I：12-14；Keightley 1983；Kuang-chih Chang 1983：508；Sage 1992：219；Loewe and Shaughnessy 1999：108，269，275-77，281. Karl Wittfogel 将商都遗址跟两河流域的美索不达米亚文明以及埃及都城的遗址做了对比，参看 Chi 1936：28。有关 Wittfogel 其他关于中国的观点，参看 Lewis and Wigen 1997：94-96。有关对商都城的中心性、延展性和历史性等问题的不同看法，参看 Loewe and Shaughnessy 1999：124-231。

［6］　谭其骧 1982：I：16；黄以柱 1981：4-5；Ebrey 1996：31。对西周吸纳商对于中原地区发展基础的认识问题，参看 Loewe and Shaughnessy 1999：158，230；有关周王室的中心地位被楚承认的问题，参看 Loewe and Shaughnessy 1999：525。

［7］　黄以柱 1981：6；谭其骧 1982：I：33-34。关于黄河对于战国史的重要意义，参看 Loewe and Shaughnessy 1999：593，597。

［8］　Chi 1936：36；Herrmann 1964：18-19；谭其骧 1982：II：7-8；Sage 1992：2，119。

［9］　Chi 1936：85-86，92，93；Durand 1960：249；Herrmann 1964：22-23；竺可桢 1972：20-21；黄以柱 1981：7；谭其骧 1982：II：15-16，19-20；林富瑞、陈代光 1983：62-63；Twitchett and Loewe 1986：206-7，241，250-51；Sage 1992：88-91。有关河南在此阶段所具有的文化中心性以及相关的研究，参看 Wu Hong 1989：67。

［10］ Chi 1936：101-7；Herrmann 1964：25，28-33；Geelen and Twitchett 1974：x；黄以柱 1981：8；谭其骧 1982：III：3-8，35-38；谭其骧 1982：IV：3-4，7-28，46-49，61-62，65-66；Yang Hsuan-chih 1984：113-22，145-51，173-74，202-4，230；Ebrey 1996：104。

［11］ Chi 1936：116-21；Durand 1960：249；Herrmann 1964：36；Twitchett 1979：60，72；谭其骧 1983：V：3-6，15-16，17-18；林富瑞、陈代光 1983：68-70。

［12］ Chi 1936：116-21；Durand 1960：249；Herrmann 1964：36；Twitchett 1979：60，72；谭其骧 1982：V：3-6，15-16，17-18；林富瑞、陈代光 1983：68-70。

［13］ Chi 1936：131；Miyakawa 1954-55；Elvin 1973：Hermann 1964：41；谭其骧 1982：V：84-90；Ebrey 1996：135。

［14］ Durand 1960：249；Kracke 1975：66；Mei 1975：23；黄以柱 1981：9；谭其骧 1982：12-17；林富瑞、陈代光 1983：77-79；Chao Kang 1986：50。

［15］ Miyakawa 1954-55；Hartwell 1966，1967，1982；Shaba 1970；Laurence J. C. Ma 1971；Haeger 1975；McNeill 1982：ch. 2；Frank 1998：108。

［16］ Chi 1936：130；Mei 1975：30；黄以柱 1981：10；谭其骧 1982：VI：16-17，52-53。

［17］ Yao Shao-yu 1942-43：368；Chi 1936；Herrmann 1964：52；Pekins 1969：198；黄以柱 1981：10；谭其骧 1982：VII：5-6，34-35；林富瑞、陈代光 1983：78，80；Jin and Liu 1984：226；Chao Kang 1986：203。

［18］ 山泉 1977：2；Wakeman 1985：28-29；Brook 1998：36。

［19］ 省域的大小应该是基于构成各府的大小而定。参看官蔚蓝 1956：81-86。

［20］ Chi 1936：143-44；Van der Sprenkel 1953：312-13；竺可桢 1972：25-26；Ho 1959：258，264；Durand 1960：233-34，248-49；Pekins 1969：216；Elvin 1973：255；Mei 1975：52-53；Yim 1978：15-18；梁方仲 1980：218-21；黄以柱 1981：10；林富瑞、陈代光 1983：79-80；Cong 1985；Chao Kang 1986：37；Brook 1985：32；Brook 1998：28；Frank 1998：168，170；Lavely and Wong 1998：739；Mote 1999：745；Hansen 2000：411。考虑到近来对 1600 年中国人口的总体估计，Yim 对河南人口的统计尚属可信，但数字也可能因为地方官强调政绩而有所扩大，参看本书第一章的分析。

［21］ Van der Sprenkel 1953：312-13；梁方仲 1980：218-21；官蔚蓝 1956：80-86。

［22］ 田文镜、孙灏、阿思哈 1735：21-22；王毓铨 1965；Perkins 1969：16，222；Perkins 1985：11；王兴亚 1984a：37-42；Chao Kang 1986：81-85；顾诚 1986：193-213；顾诚 1990：200，204，207，216-17；Twitchett and Mote 1998：433。

［23］ 王毓铨 1936；黄仁宇 1974：35-36，164；梁方仲 1980：357-58，453-54；Skinner 1985：279；Chao Kang 1986：38-42；Perdue 1987：62-64；Goldstone 1991：368-75；Twitchett and Mote 1998：105。

［24］ Bourdieu 1990：54-55. 译按：译文参考布迪厄著，蒋梓骅译：《实践感》（南京：译林出版社，2003），第 82—83 页。

［25］ 对于这几个概念，参看 Goldstone 1991：36，46-47，54-60，346；Wong 1997：3，196，293。

第一章　国家

［1］ 张廷玉 1739：116：3557；张廷玉 1739：127：3769；Hucker 1958：8；Farmer 1976：76-79；顾诚 1982：92；Mote and Twitchett 1988：121；Tong 1991：174；苏晋子 1991：41；Andrew and Rapp

2000：22。

[2] 张廷玉 1739：116：3565-66；Farmer 1976：43-45；Goodrich and Fang 1976：350。参看本书第三章。

[3] 张廷玉 1739：116：3566-67；Goodrich and Fang 1976：353-54，380-81；T'ien 1988：2-3。

[4] Lo 1975：28；Mei 1975：59；苏晋子 1991：41-43。

[5] 王士性 1831：1：20a；Hucker 1958：8-9；Lo 1975：26-27；Mei 1975：61，62，66；顾诚 1982：97-98，100；Zhi 1990：122-25。总体上看，明清大族纳妾并无助于增加后代的繁衍数量，参看 Dardess 1996：90-91；James Lee 1997；Rawski 1998：129；Lee and Wang 1999：75-77。

[6] 张廷玉 1739：116：3568；顾炎武 1811：13：76a-77a；Lo 1975：26；Mei 1975：62-63；顾诚 1982：98-99，101；Tong 1991：175；Twitchett and Mote 1998：150；Rawski 1998：94。

[7] 王毓铨 1964：219-305；顾诚 1982：107-8；Tong 1991：172。

[8] 苏德荣 1984：25-35，39-40。

[9] 同上，45-48。

[10] 常茂徕 1825：4a-11b；Lo 1975：29；Mei 1975：37-39，44-45，64，179-94。周王府无疑拥有开封在清初统计的 528343 亩土地中的绝大多数。参看故宫博物院 1979：4：182-86。

[11] 苏德荣 1984：85-91。

[12] 同上，3，51-54，55-56，80-81，82-84。对儒学从孔子衍生的质疑，参看 Jensen 1997。

[13] 同上，9-10，13-18，25，52。有关将中国视为"开放帝国"的观点，参看 Waley Cohen 1999；Hansen 2000。与韩森的观点不同，我认为这种开放性源于明朝对国家文化向心力的重视，始终高于帝国的政治统治。

[14] 引自何乔远《名山藏》，也见引于 Mei 1975：63-64；参看苏德荣 1984：40-45，86-87。

[15] 张廷玉 1739：120：3749-50；Goodrich and Fang 1976：332-33。更具体地说，由于朱常洵的传记与他最糟糕藩王的形象高度一致，相关评价也更苛刻。这一问题虽然不在本研究考虑之内，但值得留意的是，同一份史料在给予福王严厉指责的同时，对潞王和周王却给予了相对公正的评价。

[16] Hucker 1985：70-78. 一般我会按贺凯的翻译，但在书中会用 ministry of troops 而不用 war；用 punishments 而不用 justice；用 departments 而不用 subprefectures；用 counties 而不用 districts。有关监察御史，参看 Hucker 1966 and 1969。

[17] 田文镜、孙灏、阿思哈 1735：54：27a-31b；田文镜、孙灏、阿思哈 1735：55；16b-19b；Hucker 1985：75-76。

[18] Goodrich and Fang 1976：1608；田文镜、孙灏、阿思哈 1735：54：22a；张廷玉 1739：170：4543-44；Ray Huang 1974：104；Twitchett and Mote 1998：488n 212。

[19] 张廷玉 1739：170：4545，4553；田文镜、孙灏、阿思哈 1735：54：22；Ray Huang 1974：255；Goodrich and Fang 1976：1609-11；Wolfgang Franke 1976。

[20] Van der Sprenkel 1961：308-15；Parsons 1969：181-84；Ho 1962：226-31；田文镜、孙灏、阿思哈 1735：31：7-9；54：33a。

[21] 田文镜、孙灏、阿思哈 1735：31：3a。

[22] Needham，Wang，and Lu 1971：IV.3：209 and facing map，fig. 859，table 69，242-43；Greer 1979：5：22；谭其骧 1982：IV：17-18；Mote and Twitchett 1988：39，40，46，59，60。

[23] 田文镜、孙灏、阿思哈 1735：14：1-2，9a，18a；Farmer 1976：44；Goodrich and Fang 1976：350；周魁一 1990：320-21，329。

〔24〕　田文镜、孙灏、阿思哈 1735：14：4b；张廷玉 1739：153：4204；Needham，Wang，and Lu 1971：313-19；Goodrich and Fang 1976：1224-25；Hoshi 1969：6-9；Mote and Twitchett 1988：252-53；周魁一 1990：321。

〔25〕　田文镜、孙灏、阿思哈 1735：14：6b-9a；Hoshi 1969：20；Hucker 1985：521；Mote and Twitchett 1988：311；周魁一 1990：323-24。

〔26〕　周魁一 1990：326-27。

〔27〕　田文镜、孙灏、阿思哈 1735：14：9a-13a；周魁一 1990：328-29；Hoshi 1969：23；Hucker 1985：224-25；Vermeer 1987：38。这一职务在设定之初名为总理河道，后来改为更正式的河道总督或总督河道。

〔28〕　田文镜、孙灏、阿思哈 1735：14：13a-14b；谭其骧 1982：VII：43，46，82-83；周魁一 1990：329-30。

〔29〕　田文镜、孙灏、阿思哈 1735：14：16a-18a；周魁一 1990：336-52；Goodrich and Fang 1976：1107-9；Vermeer 1987：44。一些学者对明朝没有发展海运表示遗憾，参看吴缉华 1961：346-48；Goodrich and Fang 1976：898-902。但 Vermeer 指出，在明代要面对比如今的欧洲远洋贸易更大的生命风险。参看 Vermeer 1987：43。

〔30〕　田文镜、孙灏、阿思哈 1735：14：20。

〔31〕　同上，21b-22b。

〔32〕　同上，23a。

〔33〕　同上，14：24a；32：118a；Needham，Wang，and Lu，1971：229；Goodrich and Fang 1976：1110-11；黄河水利委员会黄河志总编辑室 1986：69；Vermeer 1987：33，35，47，59；周魁一 1990：354，373-74。

〔34〕　田文镜、孙灏、阿思哈 1735：14：24a-26；Vermeer 1987：65。

〔35〕　明代官员分为九品，每品两等，参看 Hucker 1958：11。

〔36〕　Ray Huang 1974：26-29，46-48；梁方仲 1980：357-58；Dardess 1996：140。

〔37〕　朱璇、周玑 1788：7：1a-2a，15b，22a；顾炎武 1811：50：23b。

〔38〕　朱璇、周玑 1788：7：22b；顾炎武 1811：50：24b。有关黄册的研究，参看韦庆远 1961。

〔39〕　朱璇、周玑 1788：21：10b。另一版本谓均地为均税，同上，22b；另一版本称均田，参看顾炎武 1811：50：24b。由于税的基础是土地，这些名词所指其实一致，也即根据土地的数量来缴税。很显然，他们并不建议均平土地的拥有数量，除非是为了减少税收欺诈或收入不平等而导致的持有土地不均。

〔40〕　朱璇、周玑 1788：21：10b；田文镜、孙灏、阿思哈 1735：33：4a-6b。

〔41〕　顾炎武 1811：50：20a，24；Ray Huang 1974：108。

〔42〕　顾炎武 1811：50：25a；Ray Huang 1974：98；Du forthcoming：8-9。

〔43〕　朱璇、周玑 1788：7：22b-23a；顾炎武 1811：50：25a-26b。还可参看 Wakeman 1985：I：97。

〔44〕　田文镜、孙灏、阿思哈 1735：55：21a；朱璇、周玑 1788：7：3a，6；Crawfprd 1970：376-79；Ray Huang 1974：110-11，300，329；Littrup 1981：ch. 5；Heijdra 1994：201-3；Du forthcoming：11。

〔45〕　郭松义 1983：220；Tong 1991：122。

〔46〕　Ray Huang 1974：308. 尽管博物馆对每亩平均附加费的估计为 0.009 两，要高于黄仁宇说

的 0.0035 两 —— 博物馆对辽饷（520 万两白银）的估计跟其他学者主张的 210 万两白银不同，剿饷和练饷的数字却是一致的，这使得博物馆的估算总数略高于其他学者的看法，而且事实上我们并不掌握其他人的具体算法。此外，博物馆的估数跟黄仁宇的看法一致，包括了盐税、商税和土地税。

［47］郭松义 1983：229。有关这一阶段通货膨胀和通货紧缩问题的研究，参看 Atwell 1986：229；Atwell 1990：675-77；Goldstone 1991：374；Von Glahn 1996：chs. 4-6。

［48］郭松义 1983：230-37。

［49］郭松义 1983：228；237-38；梁方仲 1980：378；Tong 1991：124。

［50］杜宝田，即出。

［51］Will and Wong 1991：10-11；Tong 1991：125-26；Brook 1998：192-93.

［52］田文镜、孙灏、阿思哈 1735：54：32a-45a；田文镜、孙灏、阿思哈 1735：55：17b-23a；Dunstan 1975：9，17，29；Yim 1978：1，3，25n14。有关 19 世纪的流行病的状况，参看 Benedict 1996。

［53］Yim 1978：4；Goodrich and Fang 1976：209.

［54］有关杨东明的问题，参看张廷玉 1739：241：14a；Goodrich and Fang 1976：209；关于这份奏疏，参看杨东明 1688：1a。

［55］杨东明 1688；刘益安 1982a：31；十分感谢卜正民教授帮助翻译此书的书名。

［56］杨东明 1688：35b-36a。

［57］杨东明 1688：2b-3a。

［58］同上，3。

［59］同上，4a，5a，6a，6b-8a。

［60］Yim 1978：19-20. 总数还包括来自其他身份不明的个人或团体的礼物或借贷。还可参看卜正民教授对万历皇帝的相关研究。卜正民认为万历皇帝此次勇于任事，部分是由于万历十六年大灾荒的记忆仍存，也在于杨东明绘图呈进之说，这一符合当时流行文学体裁的力量所致。

［61］钟化民 1595：8；张廷玉 1739：227：5971；Will 1990：12。

［62］钟化民 1595：1。

［63］同上，1，3。

［64］同上，9。

［65］同上，9-10。

［66］同上，10；Yim 1978；22。

［67］钟化民 1595：3-4，10。

［68］同上，5-6，7，11，12。

［69］同上，11，12，14。对于明末乡村手工业的衰落，参看 Bray 1997：ch.6。钟化民没有提到以棉花取代粮食作物造成饥荒的可能性。在 17 世纪 40 年代，那些意识到土地危机的地主们事实上鼓励佃农种粮而不是种棉。参看 Twitchett and Mote 1998：518。

［70］钟化民 1595：7-8。

［71］同上，14。

［72］同上，14。

［73］同上，15。

［74］同上，16。

［75］同上，16。

［76］ 张廷玉 1739：227：5972。这一陈奏包含十八张附图，可惜如今不存。

［77］ 钟化民 1595：5, 13。

［78］ 张廷玉 1739：227：5972；田文镜、孙灏、阿思哈 1735：54：43b。

［79］ Grimm 1969：130-31；Meskill 1982；Hucker 1985：173.

［80］ 刘德昌、叶沄 1705：3：68；张廷玉 1739：254：6563；陈锡辂、查岐昌 1754：4：1；陈锡辂、查岐昌 1754：21：11b；田文镜、孙灏、阿思哈 1735：32：2b-3b；田文镜、孙灏、阿思哈 1735：54：35b-46a；田文镜、孙灏、阿思哈 1735：55：19b-66a；Meskill 1982：8, 140。关于范仲淹，参看 James T. C. Liu 1957；Twitchett 1959。

［81］ 张廷玉 1739：254：6563-64。

［82］ 同上，6565；刘德昌、叶沄 1705：8：255。

［83］ 田文镜、孙灏、阿思哈 1735：31：51b-52a；田文镜、孙灏、阿思哈 1735：54：27a-32a, 39b, 40, 41a；张廷玉 1739：185：4909；谭其骧 1975：VII 82-83；李守孔 1968：38；赵俪生 1954：138-39。军事系统的问题将在第三章讨论；农民起义的问题，参看本书第四章。

［84］ Hucker 1985：534.

［85］ 田文镜、孙灏、阿思哈 1735：31：13a；54：47a。张廷玉 1739：261：6759-63。郑廉 1749：1：12；2：24, 29, 41-42；4：79-80。Parsons 1970：40-43, 54, 66。

［86］ 张廷玉 1739：250：6511；田文镜、孙灏、阿思哈 1735：31：42b；Goodrich and Fang 1976：1538-39；郭松义 1983：223；Wakeman 1985：141-42。

［87］ 郑廉 1749：2：22；岳廷楷、胡赞采、吕永辉 1903：11：5。

［88］ 刘德昌、叶沄 1705：5：141；孙居容 1986：1。

［89］ 张廷玉 1739：262：6785-89；孙居荣 1986：1。

［90］ Yang Lien-sheng 1969：13, 15. 其余四个员额没有入统计。

［91］ 田文镜、孙灏、阿思哈 1735：33, 34。这些是基于在万历元年（1573）至崇祯十七年（1644）间任县令的二十人的数据所做的估计。一般而言，为了获得更高职位，尽管不便明言，但他们更趋向于高效的行政，同时依托于枚卜制度，尤其是万历二十三年前，参看 Nimick 1999：42, 53。

［92］ 田文镜、孙灏、阿思哈 1735：33：1-78；34：12-37。

［93］ Van der Sprenkel 1961：334-35；Parsons 1969：204-5. 河南的考城县是个例外，这是一个相当贫困的县，县令中有29%来自于山东和睢州；睢州比较富裕，也没有什么地方官员来自山东。

［94］ 郑廉 1749：3：59-60；郭松义 1983：238-39。

［95］ 郑廉 1749：3：60。

［96］ 同上，3：60。王汉的这份奏疏，如今仅有其主旨有迹可循。

［97］ 郑廉 1749：2：22-23；田文镜、孙灏、阿思哈 1735：34：27a。

［98］ 田文镜、孙灏、阿思哈 1735：34：31-33；王丕煦、梁秉锟 1935：31；Van der Sprenkel 1961：335；Parsons 1969：188-95。

［99］ 谈迁 1653：99：5962。

［100］ 王丕煦、梁秉锟 1935：32：44；谈迁 1653：99：5962。根据宋氏在《河南省志》《明史》以及《莱阳县志》中的传记，他在归德时曾赴永城任职。参看田文镜、孙灏、阿思哈 1735：55：23b；张廷玉 1739：267：6879；王丕煦、梁秉锟 1935：33：15a。据《河南省志》《归德府志》和《永城县志》记载，他确曾到任永城。参看田文镜、孙灏、阿思哈 1735：33：67b；陈锡辂、查岐昌 1754：21：14a；岳廷楷、胡赞采、吕永辉 1903：3：12a；岳廷楷、胡赞采、吕永辉 1903：11：5b。

[101] 王丕煦、梁秉锟 1935：33：15a；张廷玉 1739：267：6879-80。

[102] 朱璇、周玑 1788：9：48。

[103] 文秉 清初 a：62；张廷玉 1739：32：51a。

[104] 文秉 清初 a：185；王丕煦、梁秉锟 1935：33。

第二章 精英

[1] 我对明代精英的界定，采用何炳棣的观点，见 Ho 1962：26-41。与之不同的是，我将居家的士大夫也包括其中，但不认为贡生以外的学生也属于精英一类。在正统十四年（1449）后，他们可以花银子购买身份，但之后在政府中任职的机会不大（对有关当时学生问题的分析，请参看本书第三章）。对有关"上流社会"（gentry）一词的用法以及其在明代所强调的以土地所有和地方活动为基本表现形式的精英地位，参看 Brook 1993 and 1998。对清代以来社会精英问题的分析，参看 Spence 1966：45，77-81；Esherick and Rankin 1990：1-24，305-45。对有关民国初年在河南东北、西北地区地方精英问题的分析，特别是在现代化范式里的讨论，参看 Zhang 2000。对王朝末年人口数量减少问题的分析，参看 Wakeman 1985：8；Heijdra 1994：21；Lavely and Wong 1998：738-39。

[2] Ho 1962：17，Ch. 5，227；Parsons 1969：184。

[3] 田文镜、孙灏、阿思哈 1735：45：12b-56a；梁方仲 1980：218-21。对全省比例的统计，是基于全省 339 人来进行计算的，这一统计基数比何炳棣的判断要稍微多些（Ho 1962：227）。如果用何炳棣的数字，开封的比例就要提升至 51%。

[4] 万历十三年（1585）和万历三十六年（1608）本的《祥符县志》如今不存，存于北京的顺治十八年（1661）本仅有三卷，存于哈佛大学的乾隆四年（1739）本因为印刷质量不佳并有缺页，以致无法阅读。我没能读到同治十年（1871）本，但估计该本即使有价值，关于明代的内容也不会太多，因为在光绪二十四年（1898）本中，明代的内容已经不在记录之列了。参看刘永之、耿瑞玲 1990；Shang 135-40。关于其传记，参看田文镜、孙灏、阿思哈 1735：57：59a-60a；以及沈传义、黄舒昺 1898：14：52b，91a；15：9b，10a。有关士家世统的概念，参看 Brook 1990：35。

[5] Parsons 1969：182-86，188-89，210。

[6] 纪黄中、王绩 1764：10：10a-11a。

[7] Goodrich and Fang 1976：510-13，814-45，877-81，941-45，1431-34；Yu 1997：91. 对发生在当时江西泰和县的类似转变，参看 Dardess 1996：2-3。

[8] Henderson 1984：159，160，197，214. 对邵雍观点的维护之说，参看 Wyatt 1996。

[9] 田文镜、孙灏、阿思哈 1735：57：68b-69a；张廷玉 1739：194：5156；纪黄中、王绩 1764：10：8a-9a；Goodrich and Fang 1976：844-45，1433；余英时 1976：87-156；Henderson 1984：139，145。

[10] 葛荣晋 1990：26-27，52，54-57，60-61，73-101，135，155，211-23。有关柳宗元的研究，参看陈若水 1992。

[11] 葛荣晋 1990：37，47，59，70，211，214-16。

[12] 同上，27，37，38，52，54，58，60，61-62，63，65，212，222，223。

[13] 同上，27，51，261，299，314。有关《河图》《洛书》的研究，参看 Robinet 1993。

[14] 田文镜、孙灏、阿思哈 1735：58：16a；萧济南、吕敬直 1911：8：188-89，236，247-51；9：304-5，330-331。Handlin 1975，1983；Goodrich and Fang 1976。

［15］ 萧济南、吕敬直 1911：8，210；Goodrich and Fang 1976：1006；吕思周 1986：1：23a，26a，43b-49b。

［16］ 萧济南、吕敬直 1911：6：152，158；郑涵 1985：4，5，6；吕思周 1986：1：25b，61a，70a。廉范、庆鸿的事迹，参看《后汉书》。

［17］ De Bary 1970：145-248；Handlin 1975；Goodrich and Fang 1976：1007；Li Mowry 1983；Handlin 1983：106-7，127，131，134，139，149-57；郑涵 1985：3，6-7，26；Rey Chow 1991：58-59；Bernhardt 1996：46；Brook 1998：153ff.。有关刘向和班昭女传之间的区别，以及汉代和明代对妇女看法的不同，参看 Raphals 1998。

［18］ 萧济南、吕敬直 1911：6：133，7：170-71，189；郑涵 1985：7-8，10，13；吕思周 1986：1：68a。嘉靖四十五年（1566）的地方志，今已不存，参看刘永之、耿瑞玲 1990：97-98；对于其自传的问题，参看 Wu Pei-yi 1990；有关学校藏书的发展，参看 Brook 1996。

［19］ 萧济南、吕敬直 1911：8：199；郑涵 1985：13，16-17，22。对张居正自视为伊尹的问题，参看 Ray Huang 1981：36。

［20］ 郑涵 1985：11，22；吕思周 1986：1：25b-26a，68b；沈显德、沈其曾 1987：45b，54b。

［21］ Handlin 1983：106；郑涵 1985：24，34；Twitchett and Mote 1998：488-89。

［22］ Handlin 1983：117-18，124；郑涵 1985：39，61-63，69。

［23］ 张廷玉 1739：226：5936-43；Goodrich and Fang 1976：208-11；郑涵 1985：91-104，110-11。

［24］ Handlin 1983：110；郑涵 1985：106-13，121-22，155。

［25］ 郑涵 1985：88-91，113，115，116-17，126-32，138-43，154，171-73。

［26］ Goodrich and Fang 1976：1009-10；Handlin 1983：120；郑涵 1985：4-5，114，117，118，134，148-50，166，168。关于管仲，参看 Rickett 1985。

［27］ Goodrich and Fang 1976：1008-9；Handlin 1983：218；黄宗羲 1987：218-20。关于吕氏对盛清高官陈宏谋的影响，参看 Rowe 2001。

［28］ Goodrich and Fang 1976：1546-47；Handlin 1983：ch.6；张廷玉 1739：241：6070。

［29］ 杨东明 1624：1：6b-9a，9b-11b；2：2，3b-9a。

［30］ 杨东明 1624：4：18b-22a，5。李淇、席庆云 1895：6：11a-12b，15a。

［31］ 杨东明 1624：1：1a-4b；3：1。李淇、席庆云 1985：3：10b，12b-13a；Hucker 1957：152；Goodrich and Fang 1976：1546。

［32］ Handlin 1983：67，68，76-78，82，83。

［33］ 田文镜、孙灏、阿思哈 1735：58：12b-27a。

［34］ 刘德昌、叶沄 1705：6：149，156-57，178-89；刘德昌、叶沄 1705：9：277；刘德昌、叶沄 1705：10：332；张廷玉 1739：217：5733；Shen 1986：1：41b，42b-43a，45；Shen 1986：3：5b。对于军户的问题，参看本书第三章。关于师尚诏起义，参看本书第四章。

［35］ 刘德昌、叶沄 1705：8：247-49；张廷玉 1739：213：5638；张廷玉 1739：217：5733；Crawford 1970：367-414；Goodrich and Fang 1976：53-61；刘永之、耿瑞玲 1990：525。

［36］ 张廷玉 1739：112：3477-78。建文帝的封号在万历二十三年（1595）得以恢复。对建文帝的重新评价，要等到大明王朝更迭之后才得以进行。Goodrich and Fang 1976：297，397；Elman 1997：78-80。

［37］ 刘德昌、叶沄 1705：12：39-97；张廷玉 1739：217：5735；Goodrich and Fang 1976：1180。

〔38〕刘德昌、叶沄 1705：8：249；张廷玉 1739：217：5735- 37；Goodrich and Fang 1976：768- 70，1181。

〔39〕应该说，如果沈誉不是因为在崇祯十五年（1642）因商丘被围而战死，恐怕他还不会得到侯方域的撰传褒奖。刘德昌、叶沄 1705：7：191-94；Shen 1986：1：45b，49b-50a，54a；何法周、王树林 1992：479-80。

〔40〕宋荦 1705：3：4b-5a；5：1a。刘德昌、叶沄 1705：6：158；8：254。对宋刘关系，有必要继续进行研究。对刘家的研究，参看本书第三章和第五章。

〔41〕宋荦 1705：5：1a。按：经原作者同意，此处意译。

〔42〕刘德昌、叶沄 1705：8：245。参见本书的第一章，于谦也有类似的主张。

〔43〕刘德昌、叶沄 1705：6：150；刘德昌、叶沄 1705：8：245；宋荦 1705：5：1-22；张廷玉 1739：224：5889；刘永之、耿瑞玲 1990：2：521。

〔44〕宋荦 1705：5：2b；刘永之、耿瑞玲 1990：2：80。

〔45〕刘德昌、叶沄 1705：8：245；张廷玉 1739：224：5889-90。对张氏的计划，参看 Crawford 1970，尤其是第 387—388 页；Ray Huang 1981：ch. 3；Mote and Twitchett 1988：518-32；Twitchett and Mote 1998：162-64，447-53，738-42。关于欧洲利用美洲银元控制亚洲经济的问题，参看 Frank 1998。

〔46〕宋荦 1705：5：2b-3a。

〔47〕刘德昌、叶沄 1705：8：234-35，238-40，245-46；刘德昌、叶沄 1705：12：397-98；宋荦 1705：5：3b-4a；张廷玉 1739：224：5890；Goodrich and Fang 1976：1312-14。

〔48〕刘德昌、叶沄 1705：7：192，198，220；刘德昌、叶沄 1705：8：246；刘德昌、叶沄 1705：10：340；宋荦 1705：5：4b，8a-9a，13。

〔49〕宋荦 1705：5：6a-10a；刘德昌、叶沄 1705：10：338。商丘有个姓田的大家族，但不能确定宋旸的妻子是否出自此田家。

〔50〕宋荦 1705：5：10a-12a；刘德昌、叶沄 1705：9：281。

〔51〕宋荦 1705：5：6；刘德昌、叶沄 1705：11：378。对明清时期寡妇与儿子的关系问题，参看 Hsiung 1994。

〔52〕宋荦 1705：6：1a-2a；刘德昌、叶沄 1705：11L 378-80。

〔53〕宋荦 1705：6：2a；刘德昌、叶沄 1705：8：262。

〔54〕宋荦 文康公遗集，卷下：3a-9a。据倪清茂（Nimick）的研究，在 16 世纪 70 年代，出身河南、先后任吏部尚书和大学士的高拱也曾提过在边防任高阶职务的要求。参看 Nimick 1999：53.55。

〔55〕宋荦 1705：5：14a；6：ab。

〔56〕侯方岳 1908：2 族谱图：1a-2a。

〔57〕侯方岳 1908：2 族谱图：2b-3a。刘德昌、叶沄 1705：6：178-81；7：220。

〔58〕刘德昌、叶沄 1705：10：338-39；侯方岳 1908：3 家传：1-3a。按：经原作者同意，此处意译。

〔59〕刘德昌、叶沄 1705：7：220；10：339。

〔60〕刘德昌、叶沄 1705：10：339。对此赞誉的另一种表达，参看侯方岳 1908：2 墓志铭：11a。

〔61〕侯方岳 1908：3 家传：2b。

〔62〕刘德昌、叶沄 1705：7：194；刘德昌、叶沄 1705：10：339；侯方岳 1908：3 家传：4a-5b，9a-10a。

［63］刘德昌、叶沄 1705：8：250；他也参加了杨东明组织的会社活动，参看杨东明 1624：1：11b。

［64］侯方岳 1908：3 家传：4a-5b。

［65］刘德昌、叶沄 1705：8：251。

［66］刘德昌、叶沄 1705：8：252；何法周、王树林 1992：574-75，589。

［67］刘德昌、叶沄 1705：6：151，161，255，256；侯方岳 1908：3 家传：11a-14b；刘永之、耿瑞玲 1990：2：522，525。

［68］刘德昌、叶沄 1705：11：257；Hucker 1957；Mammitzsch 1968。

［69］刘德昌、叶沄 1705：11：257；侯方岳 1908：3 家传：12b；何法周、王树林 1992：576。有关杨涟和魏忠贤，参看 Tsai 1996：1-6。

［70］方岳 1908：3 家传：16a。

［71］德昌、叶沄 1705：11：258；何法周、王树林 1992：577；关于复社，参看 Atwell 1975；Dennerline 1981；以及本书第三章。

［72］刘德昌、叶沄 1705：11：255；侯方岳 1908：2：28b；Hummel 1943-44：954-55；Goodrich and Fang 1976：1313；Mote and Twitchett 1988：59-94；何法周、王树林 1992：574，576，578-79。

［73］何法周、王树林 1992：578-79。

［74］刘德昌、叶沄 1705：11：255；侯方岳 1908：2 墓志铭：29b-30a；何法周、王树林 1992：181-210，582-84。有关侯氏在户部任职时对时局的看法，参看 Von Glahn 1996：168，198。

［75］杨东明 1624：4：20b；张廷玉 1739：260：6738-40；岳廷楷、胡赞采、吕永辉 1903：12：2a，6a，26a；岳廷楷、胡赞采、吕永辉 1903：19：2b-4b，9a-10a；岳廷楷、胡赞采、吕永辉 1903：21：2b-3a，6b-7a；岳廷楷、胡赞采、吕永辉 1903：22：3b，7。

［76］张廷玉 1739：260：6742；Hummel 1943-44：723；岳廷楷、胡赞采、吕永辉 1903：19：10b；岳廷楷、胡赞采、吕永辉 1903：12：25b-26a；岳廷楷、胡赞采、吕永辉 1903：22：4，7a。

［77］参看 Hummel 1943-44：723，该书中丁启睿名字的拼写有误。

［78］田文镜、孙灏、阿思哈 1735：57：59a-79a；58：12b-27a，66b-72a。

［79］参看朱璇、周玑 1788：10：5b-8a；朱璇、周玑 1788：14：12a，16a-17a，25b-26a，29b-30a；田文镜、孙灏、阿思哈 1735：57：72b。

［80］李畏三、李乐三 1749：序，一世，四世，七世，八世；朱璇、周玑 1788：10：1a-8a；朱璇、周玑 1788：11：5a；朱璇、周玑 1788：14：12a；管竭忠、张沐 1695：23：57；田文镜、孙灏、阿思哈 1735：57：71b。在晚明，这一李家只出了 3 名举人，而不是 11 名。参看刘永之、耿瑞玲 1990：2：467。此外，可以参考如下的研究：李肖胜 1986：53，以及李肖胜 1987b：40。

［81］李畏三、李乐三 1749：八世；朱璇、周玑 1788：10：6a，19a；朱璇、周玑 1788：14：12。

［82］李畏三、李乐三 1749：九世，十世；朱璇、周玑 1788：10：20a，22b。但这里具体指的是开封还是杞县，尚无法确定。

［83］李畏三、李乐三 1749：六世至十三世。在研究中，有误将生员身份视为有品级的例子，参看李肖胜 1986：53-56；李肖胜 1987b：49。

［84］关于侯氏的起源，参看侯世梅 1987：世系书：2-3。有观点认为，侯氏在南宋时发源于湖南，随后发展到南直隶的嘉定以及河南的开封，之后在杞县等地形成了三支，但家谱却表示此说缺乏足够的证据。关于侯于赵，参看侯世梅 1987，世系书：5；朱璇、周玑 1788：14：13b-15b；田文镜、孙灏、阿思哈 1735：57：71b；关于第八代的情况，参看侯世梅 1987：世系书：8-10；朱璇、周玑

1788：14：27b-28a，30b；朱璇、周玑 1788：16：9b-10a；关于第九、第十代的情况，参看侯世梅 1987：世系书：12-13。

［85］ 马超群 1780：一世、九世、十世；朱璇、周玑 1788：10：23b；朱璇、周玑 1788：14：34，35b-36a；朱璇、周玑 1788：15：6b-7a；朱璇、周玑 1788：17：8b。

［86］ 孟祥居 1990：4：1-2，4，124，138-39；朱璇、周玑 1788：14：32a-34a。

［87］ 孟祥居 1990：4：44-45；朱璇、周玑 1788：14：40；朱璇、周玑 1788：15：16b；刘永之、耿瑞玲 1990：468。

［88］ 文秉 清初 b：下 77a：2083；朱璇、周玑 1788：14：17；刘永之、耿瑞玲 1990：468。

［89］ 朱璇、周玑 1788：22：14b-16b。

［90］ 同上，14：19b-20a。

［91］ 朱璇、周玑 1788：2：15b；14：18a；17：39b-42a。

［92］ 同上，9：7b，48b-49a；23：8b-10a。王兴亚 1984a：270-71。

［93］ 朱璇、周玑 1788：10：8a，23a；14：18b；184a。孟祥居 1990：4：138，184，316。

［94］ 何心贞 1987：2：25-30。

［95］ 何心贞 1987：2：32b；朱璇、周玑 1788：15：4a-5a。

［96］ 何心贞 1987：2：31b，33b-34a，35a，38b；李继烈、何蓥光 1693：8：8b；朱璇、周玑 1788：11：7a；韩世勋、黎德芬 1920：8：13b-21a。

［97］ 朱璇、周玑 1788：10：23a；16：12a；王钟翰 1987：79：6543-44，6599-6600；何心贞 1987：2：34a。王铎在天启二年（1622）中进士，之后步入仕途，崇祯十一年（1638）任经筵讲官。薛所蕴是崇祯元年（1628）进士，在 17 世纪 40 年代累迁翰林院检讨和国子监司业。

［98］ 刘理顺 1658：世系：2b；刘怀忠 1986：序：6-9。

［99］ 刘理顺 1658：世系：3a。

［100］ 同上，12：26a-28a。

［101］ 同上，世系：4a；关于刘氏的诗文及交游，参看同上，卷 3-6；关于罗氏，参看同上，卷 11：15a-20a。

［102］ 同上，本传：1a；12：1a-11b；刘永之、耿瑞玲 1990：2：466。对礼的分析，参看 Graham 1989：286；Munro 1988：5。

［103］ 刘理顺 1658：本传：1b；世系：3；8：30a。张廷玉 1739：120：3657-58；266：6859。

［104］《论语》的原文是"克己复礼"。参看钱穆 1964：12/1：397。另一种翻译，参看 Lau 1979：12/1：112；Waley 1938：12/1：162。我倾向于用 Kongzi，而非拉丁文音译的 Confucius，借此提醒读者要厘清在 17 世纪耶稣会对传统儒学的解释所带来的一系列问题。参看 Jensen 1997。

［105］ 刘理顺 1658：本传：1b；1：20a-25a，29b-30a；2：28a-30a；关于薛瑄，参看张廷玉 1739：69：1689；Chan Wing-tsit 1970：29-38；Goodrich and Fang 1976：616-19。汤、武是商、周的建立者。

［106］ 刘理顺 1658：1：29a，30。

［107］ 同上，1：32b，33b；朝阳出版社编辑部 1979：110-11。

［108］ 刘理顺 1658：跋：2a；刘理顺 1658：本传：1b；刘理顺 1658：世系：3a；张廷玉 1739：253：6537-42；张廷玉 1739：266：6859；Hummel 1943-44：53；Goodrich and Fang 1976：1474-78。

［109］ 刘理顺 1658：1：13a-14a；关于这份奏疏的呈进时间，参看谈迁 1653：96：5833。

［110］ 刘理顺 1658：1：16a。

［111］ 同上，2：10a-12b；6：22b；7：20b；10：5b；11：35a；12：32a。Burton Watson 1968：2：92-104，481。

［112］ 关于王尊，参看刘理顺 1658：12：19b。关于寇恂，参看同上，7：10b。刘理顺在杞县的仕途，参看朱璇、周玑 1788：7：7b；9：48b。寇恂的名字后来被引入了格言，用来表示县令在群众中的满意度。关于申佳胤，参看刘理顺 1658：8：3a；朱璇、周玑 1788：12：19b。

［113］ 刘理顺 1658：1：33；8：9，12a；10：9a-10b。张缙彦、王兴亚 1987：2。

［114］ 赵开元、畅俊 1747：5，30-31；赵开元、畅俊 1747：33：1a；张时中 1870：旧序：1a；张时中 1870：上：16a；张时中 1870：中：1a，2a-3b；郭荃阶、郭庆云；1915；刘永之、耿瑞玲 1990：2：487-88。

［115］ 张时中 1870：上：13a，16。

［116］ 张时中 1870：中：2a-5a。

［117］ 张时中 1870：上：13；张时中 1870：中：2a-5a；张缙彦、王兴亚 1987：1，71；刘永之、耿瑞玲 1990：2：488。

［118］ 谈迁 1653：95：5809，5829；赵开元、畅俊 1747：33：1b；张廷玉 1739：257：6641；张缙彦、王兴亚 1987：1-2；王钟翰 1987：79：6621-22。

［119］ 张缙彦、王兴亚 1987：1-3。尽管旧序都没有成撰时间，但我确定为崇祯十六年（1643）是根据内证，包括张司马的头衔和跟满族有关的蒙字的使用，以及描述满清的歧义性用词都缺字。参看张缙彦 1643 多处。

［120］ 张缙彦、王兴亚 1987：1：6-8，13-14；2：62-63，65-66，72-76。

［121］ 同上，1：11-12，25-27；2：53-54。郑二阳是开封鄢陵人，关于他的奏疏，见谈迁 1653：96：5836，5837。

［122］ 张缙彦、王兴亚 1987：1：20；2：39-40，40-46。这几封文字似乎是针对杨嗣昌在崇祯十二年（1639）1 月兴起的在山东、河南养马之议。参看谈迁 1653：96：5831。

［123］ 张缙彦、王兴亚 1：9-10。

［124］ 同上，1：16。

［125］ 同上，1：16。

［126］ 同上，1：17。

［127］ 同上，2：66-67。

［128］ 同上，1：17-28，33-34；2：47。

［129］ 张缙彦、王兴亚 1987：2：51-52，58-59，60-61。税收增长的数额可能是指年度全国范围内的附加税，或是基于某些地区税额的增长。相关数据的比较，参看附录 A。

［130］ 同上，潘序：1-2；2：70-71，245-46。

［131］ 同上，李序：1。六艺是指礼、乐、射、御、书、数。

［132］ 同上，李序：1。

［133］ 同上，李序：2。

［134］ 同上，张序：1。

［135］ 有关这一问题的分析，参看 Chow Kai-wing，1994：18-19；不同的解释，参看 Brook 1998。

［136］ 张廷玉 1739：267：6883。因此，高名衡与张缙彦为同年关系，两人之后的仕途也非常类似。

［137］ 有关睢州在科举事业上的成就，参看本书附录 B 和 C。关于褚家的情况，参看马俊勇、高玉生 1987：5：138，151，161；刘永之、耿瑞玲 1990：2：532。

［138］ 李淇、席庆云 1895：5：4，8a-11a，13b-16a，18a-21b，23-24b；6：18a；7：3a，20b；8：11b- 15b；9：32a-35a，62b。刘永之、耿瑞玲 1990：2：528。有关晚明社会精英的生活方式问题，参看 Clunas 1991，1996。

［139］ 李淇、席庆云 1895：6：18a；8：75b- 79a，82a-84a。王兴亚 1989：108-10。

［140］ 李淇、席庆云 1895：6：16，18，19a，20b，23b；9：63a，65a。刘永之、耿瑞玲 1990：2：91，528。

［141］ 萧济南、吕敬直 1911：8：189，190，199，211；9：302-3。

［142］ 苗在贤、苗尤志 1987：1：20a，24b-25a，27a-29b；萧济南、吕敬直 1911：6：135。

［143］ 苗在贤、苗尤志 1987：1：32a-35b。

［144］ 谈迁 1653：95：5818。

［145］ 同上，95：5821。

［146］ 郑廉 1749：3：61-62。

［147］ 郑廉即认为苗文英对吕坤思想产生了很大影响。参看苗再贤、苗尤志 1987：1：23a。

［148］ 郑廉 1749：3：62-63。

［149］ 同上，3：63。

［150］ 同上，3：61。

［151］ 同上，3：61。

［152］ 同上，3：63。

［153］ 同上，3：63。

［154］ 这一认同，可以很明显地从这些家族第一代参加科举考试者，在洪武四年（1371）所做的答卷中获得认知。但之后又遭到了程朱理学拥护者的质疑。参看 Elman 2000：75-78，121。

第三章　　性别、阶层和种族

［1］ 将性别视为历史分析范畴者，可参看 Joan Scott 1996。

［2］ 明清史领域对妇女问题的前沿性研究，参看 Waltner 1981，1996；Waltner and Hsu 1997；Elvin 1984；Ebrey 1993a；Furth 1986，1987，1994，1998；Ko 1994；Mann 1997。

［3］ 对汉、明两朝妇女传记的同异问题，参看 Raphals 1998：21，Ch. 5；对明代家族法农民化的倾向，参看 Bernhardt 1996：57；1999。

［4］ 对儒家父权制的批评，参看 Mon 1999；Tung 2000；Yü 2001。关于在流行文化中对妇女的敌意，参看 Cole 1998；Cass 1999。

［5］ Li Yu-ning 1992；Lily Lee 1994；Wu Qingyun 1995；Widmer and Chang 1997；Chang and Saussy 1999；Lu 2001；Mann and Cheng 2001.

［6］ 张廷玉 1739：114：3542；常茂徕 1852：36b；Albert Chan 1982：18-19，152，377-78；Tong 1991：101：231；Wu Qingyun 1995：8；Hsieh 1999：32-33，37，50。关于明太祖朱元璋与皇后马氏，参看 Kutcher 1999：38-39。关于客氏与汉、明之间类似乳母的对比问题，参看 Cass 1999：54-55。对明朝帝后光顾寺庙对北京地区的影响，参看 Rawski 1998：ch.4。

［7］ 张廷玉 1739：114：3542；Hsieh 1999：42-43。

〔8〕 Lee and Wang 1999：47，61。

〔9〕 T'ien 1988：24-31；Ebrey 1993a：52；Ebrey 1993b：37-43，266-67，269；Ko 1994：148，156；Dardess 1996：82；Gate 1996：46-54；Brook 1998：97-98，163，当缠足成了男性欲的焦点后，女性的身体就转而成为繁衍后代的重心。Furth 1998：131，153；Cass 1999：104. 西方学者对缠足问题的看法，参看 Ebrey 1999。

〔10〕 Bernhardt 1999：4，40-45，47-48，62-67。

〔11〕 T'ien 1988：1，39，124-25；Ebrey 1993b：188-203；Bernhardt 1999：67；Hsieh 1999：44。

〔12〕 T'ien 1988：45，46，60-62，149-61；Bernhardt 1996：51；Yü 2001：338-47。

〔13〕 Leung 1993：3n4。

〔14〕 若果真如此，则抛开明代名医李时珍的评价不论，此举本身是不人道以及愚昧的。参看 Yü 2001：340。

〔15〕 T'ien 1988：ch. 5。

〔16〕 沈传义、黄舒昺 1898：卷 18。

〔17〕 T'ien 1988：39。

〔18〕 晚明以自杀表示恩爱的类似之举，参看 Li Mowry 1983。

〔19〕 参看 Ko 1994 passim；Bernhardt 1996：45；Bray 1997：chs. 5，6；Mann 1997：ch. 6；Brook 1998：202；Widmer and Chang 1997；Chang and Saussy 1999。

〔20〕 有关在同时代欧洲中产阶级中新兴的类似概念，参看 Williams 1976：45-48，60-69。

〔21〕 张廷玉 1739：69：1686；常茂徕 1852：58a；Ho 1962：177-81；Atwell 1975：338；Twitchett and Mote 1998：715。对晚明区域人口的估计，参看本书导言。

〔22〕 Ma Tai-loi 1975：12-18，22，25，27；Elman 2000：150。

〔23〕 此处的结论是基于《明史》，见张廷玉 1739：69：1686；Ma Tai-loi 1975：15；也基于地方志的资料，除了通许、洧川、延津、鄢城、荥阳等地方志不完整以致无法利用的地区。

〔24〕 Li，Wei，and Des Forges 1994：85-122。

〔25〕 何法周、王树林 1992：573。尽管侯方域不是具有特别代表性的生员，但由于其他生员的资料缺乏，只能用他来说明情况。

〔26〕 同上，234-35，576-77；刘德昌、叶沄 1705：9. 304-8。

〔27〕 Hummel 1943-44：587；Ray Huang 1970：418；何法周、王树林 1992：577。

〔28〕 何法周、王树林 1992：181-210，311-29，415-33。

〔29〕 同上，580，582。张安世是汉武帝时期的高官。李文饶（他更有影响的名字是李德裕）是唐武宗时期的宰相。关于陈子龙、夏允彝、吴伟业三人的传记，参看 Hummel 1943-44：102-3，882-83，896；and Atwell 1975。吴伟业在崇祯四年（1631）中进士。吴伯裔的传记在县志中被置于乡贤名单的头名。刘德昌、叶沄 1705：9：305。

〔30〕 何法周、王树林 1992：583，584。

〔31〕 同上，586。周瑜曾在赤壁之战中击败曹操；正因为王猛的建议未被重视，才有了苻坚在淝水之战的失败。

〔32〕 Hummel 1943-44：53，82-83，389-99；文秉 清初 b：下 74b；Atwell 1975：353-54；何法周、王树林 1992：586-87。

〔33〕 何法周、王树林 1992：361-75。有关侯方域所受的遭遇是次要和无意的看法，参看刘德昌、叶沄 1705：9：309；Hummel 1943-44：291。对清代的系列案件，参看 Pierre-Henri Durand

1992；关于卢杞，参看 Twitchett 1979：582-86。对当时其他有关科举考试的建议，包括一个有关河南巡抚的和另一个关于汉代之前史事的，参看 Elman 2000：214-19。

［34］ 何法周、王树林 1992：377，37。

［35］ 在崇祯十年（1637）的殿试中，复社成员占据了三甲，参看 Atwell 1975：350；以及 Den-nerline 1981：30-38。

［36］ 何法周、王树林 1992：588。

［37］ 同上，6，20-22，267-70，428，588。侯方域给社的命名，思路来源于《易经》《周礼》和唐朝李白的诗。他讽喻的对象是顾秉谦，此人是天启六年（1626）上疏将东林党人下狱的罪魁祸首。文秉 清初 b：下 70：2069。与汉类比的问题，参看刘德昌、叶沄 1705：9：308，310。

［38］ 何法周、王树林 1992：262-64。

［39］ 同上，以及第 114 页。

［40］ 同上，510-14。复社中的河南籍成员大概占社员总数的 1.2%—10% 左右。Atwell 1975：343；and Ono 1996：433.

［41］ 何法周、王树林 1992：1-5，588。关于宋权，参看本书第二章。

［42］ 同上，460-62，588。

［43］ 同上，53-58，235，460-62；刘德昌、叶沄 1705：8.258。

［44］ 何法周、王树林 1992：241，486-87；刘德昌、叶沄 1705：9：308。

［45］ 张廷玉 1739：288；何法周、王树林 1992：242-46。

［46］ 与阮氏的对比，参看刘德昌、叶沄 1705：9：310，311。关于阮氏的历史意义，参看 Holzman 1976：2。七贤都来自河南北部地区，但竹林的具体地点尚不明确。这或许能说明这一组织比较松散，而且是东晋建构的作为与西晋对比的产物。参看 Liu and Mather 1976：371-72。关于王导，参看同上，175；何法周、王树林 1992：62-65。关于贾氏和阮籍，参看同上，234-39。

［47］ 刘德昌、叶沄 1705：9：306；10：326-27。何法周、王树林 1992：243。关于马周，参看 Birch 1958：97-115。

［48］ 沈传义、黄舒昺 1898：4：7a-9b，24a，28，29a，58b；17：7b-8a，21b。William White 1966：III：158。李允莱 n.d.：dazong pai。

［49］ Elvin 1973：ch.15；Dennerline 1981：ch.3；Grove and Daniels 1984；Heijdra 1994：275，277，292-93。

［50］ 刘廷桂 1929：5：2。

［51］ 王兴亚 1982a：34。

［52］ Dietrich 1972：110-26；Nishijima 1984：19；傅衣凌 1984：120；Cong 1985：21-22；田文镜、孙灏、阿思哈 1735：19：6b；Heijdra 1994：294。

［53］ Nishijima 1984：45；马俊勇、高玉生 1987：1：7；朱璇、周玑 1788：8：6a；刘德昌、叶沄 1705：1：43。

［54］ 刘德昌、叶沄 1705：1：42-43。田文镜、孙灏、阿思哈 1735：27：7b；29：6b。Mei 1975：102。

［55］ Mei 1975：ch.4.

［56］ 张廷玉 1739：288；刘德昌、叶沄 1705：10：326-27。

［57］ 参看例如 Rawski 1991：85-88 的研究。对韦伯的批评，参看 Philip Huang 1991；对中国有关资本主义的整体分析以及在明代前后形成了强大的商业经济的观点，参看 Frank 1998。对明代的

当代财富观，参看 Brook 1998。

［58］　此处大体依照卜正民的翻译。参看 Brook 1981：192。

［59］　Tong 1991：151；Han 1991：130；Brook 1998：73-4；Twitchett and Mote 1998：684.

［60］　这些措施当然不足以预防饥饿。Brook 1998：190-94.

［61］　Li Mowry 1983：67-68；傅衣凌 1958：2：36；傅衣凌 1984：120；Whelan 1979；Tong 1991：146；Brook 1998：210；Twitchett and Mote 1998：506。

［62］　Zurndorfer 1989：233-34；何法周、王树林 1992：523。

［63］　其他的例子，参看 Brook 1998：128-29，143、213-17。

［64］　何法周、王树林 1992：523。

［65］　沈传义、黄舒昺 1898：16：25b-27a；17：17b-18a。

［66］　常茂徕 1852 多处；Mei 1975：72。

［67］　Mei 1975：75、76、106、110.

［68］　常茂徕 1852：20b，22a，23a，26b，27b，34a，38b，40a，51b；Mei 1975：111-12。其他地方例如徽州或山西的一些生意，可能是由类似的地方性组织管理，为旅客提供住处，但并没有找到开封在晚明也有类似组织的支持材料。Ho 1966：passim。

［69］　Hucker 1958：18；Watt 1972：14-16。吏的定义并不固定，一些低品级的官员也被包括在内。此外，吏在有品、无品之间的界限在一些情况下也不明确。对吏在清代的具体分析，参看 Reed 2000。

［70］　沈传义、黄舒昺 1898：3：21a；朱璇、周玑 1788：9：12b，20b-21a；岳廷楷、胡赞采、吕永辉 1903：3：15a；11：7a；田金祺、赵东阶 1928：3：13b，36b。

［71］　Mayfair Mei-hui Yang 1994；Littrup 1981：chs. 2-4；Hucker 1958：18；Albert Chan 1982：292；Ch' u 1962：38；何法周、王树林 1992：534。

［72］　何法周、王树林 1992：534-56。汉代的胥吏有机会进入官僚系统，但在唐宋时期就没有这种可能了。汉代的行政系统被明代开国君臣所继承，但永乐帝及其继任者们又将其搁置了。参看 Albert Chan 1982：26-28。

［73］　参看 Mei 1975：166-67。

［74］　常茂徕 1852：原序：1。

［75］　关于姜太公，参看同上，16b，33b，44b，45b，49a；Allan 1972-72；有关关羽的问题，参看常茂徕 1852：14a，16a，36b，39b；Duara 1988；Shelley Hsueh-lun Chang 1990：37-40；Luo and Roberts 1991：950-53；Wilson 1995：108-10。

［76］　关于张巡和许远，参看常茂徕 1852：53b-54a；Graff 1995。关于朱温和赵匡胤，参看常茂徕 1852：15b-16a，25a，35b。

［77］　关于周王，参看常茂徕 1852：4a，4b，6b，8a，9a，11a。关于其他建筑，参看同上，18，27a，36a，37b，41b，49，52a，53，55a。

［78］　同上，4b-5b；Shelley Hsueh-lun Chang 1990：20。

［79］　常茂徕 1852：20b，42a，47a，48b，53a。关于张中，参看 Chan Hok-lam 1973。

［80］　对于朱睦㮮，参看同上 26a，32b，34b，45b，56b，58b。关于谦和刘昌，参看同上，19b，27a，28a，30a，31a，39a，41b，46b；沈传义、黄舒昺 1898：4：7b，8，22b；管竭忠、张沐 1695：26：31a，37b；张廷玉 1739：186。到晚明，这一铁犀牛仍在城外东北角留存。关于左国玑、张平山、李梦阳，参看常茂徕 1852：33b，44b，45b，50b，55b，56；张廷玉 1739：288：7399-7400。

［81］ 常茂徕 1852：28，38a。关于泰山娘娘的问题，参看 Pomeranz 1997。

［82］ 常茂徕 1852：18a，19a，25a，37a，38b，50b。

［83］ 同上，522。

［84］ Hucker 1958：57-58；刘展 1992：411。

［85］ 常茂徕 1852：17b。田文镜、孙灏、阿思哈 1735：11：1a；31：50a-52a。

［86］ 常茂徕 1852：1b，16；陈锡辂、查岐昌 1754：13a-14a；谭其骧 1975：7：82-83；马俊勇、高玉生 1987：118；Hucker 1958：51-56。

［87］ Hucker 1958：62-63；马俊勇、高玉生 1987：118；刘展 1992：415-16。

［88］ 田文镜、孙灏、阿思哈 1735：52a；陈锡辂、查岐昌 1754：31：15a；沈传义、黄舒昺 1898：9：36b；Hucker 1958：57；马俊勇、高玉生 1987：427-28；刘展 1992：416-20，422-26，429-36。

［89］ 刘展 1992：439-45。

［90］ 同上，436-38，449-51，455-58；Albert Chan 1982：51-63。

［91］ 刘德昌、叶沄 1705：10：316。马俊勇、高玉生 1987：4：118；6：239。刘展 1992：434。

［92］ 马俊勇、高玉生 1987：4：118。朱璇、周玑 1788：16：22；18：4a。

［93］ 马俊勇、高玉生 1987：9：363；刘展 1992：444。

［94］ 常茂徕 1852：1a-2a，3b-4a，16b，29b，51。

［95］ 马俊勇、高玉生 1987：5：182-88；6：237。韩世勋、黎德芬 1920：8：1a，8b-9a；沈传义、黄舒昺 1898：4：61b-62a，63a；刘德昌、叶沄 1705：7：209-12；朱璇、周玑 1788：11：30b；岳廷楷、胡赞采、吕永辉 1903：24：3a；王修文、张庭馥 1923：10：57a；周秉彝、刘瑞璘 1931：9：48a，49a；张镇芳、施景舜 1914：4：49a；田金祺、赵东阶 1928：2：27b；萧济南、吕敬直 1911：8：236，244。

［96］ 马俊勇、高玉生 1987：4：118；6：237。刘德昌、叶沄 1705：7：211。

［97］ 刘廷桂 1929：3：2a，2b，4b；5：8a。

［98］ 岳廷楷、胡赞采、吕永辉 1903：37：1。

［99］ Needham, Wang, and Lu, and Ho 1970：269，270-74，380-81，392；Needham 1981：99；Loewe and Shaughnessy 1999：830.

［100］ 常茂徕 1852：20a，24a，25b，29b，30a，32a，39a，40a，42b，46a，50a，55a；管竭忠、张沐 1695：10：7a-12a。

［101］ 田文镜、孙灏、阿思哈 1735：71：1-17。

［102］ 管竭忠、张沐 1695：30：5a；沈传义、黄舒昺 1898：17：27。

［103］ 管竭忠、张沐 1695：30：5；沈传义、黄舒昺 1898：17：27b。

［104］ 管竭忠、张沐 1695：30：5b；常茂徕 1852：33b。沈传义、黄舒昺 1898：4：9a，29a；16：51b；17：27b-28a。

［105］ 田文镜、孙灏、阿思哈 1735：33：14b-16a；朱璇、周玑 1788：18：14b；沈传义、黄舒昺 1898：17：28a。

［106］ 常茂徕 1852：32b-33a；Dehergne 1957：45-46；Mei 1975：84-86，127-28，130-31。

［107］ William White 1966：II：11，37. 弘治二年的碑只列了十七个姓，但指出实际上有超过七十个。20 世纪学者的共识是七十是十七的误写。但这一看法近来也受到挑战，因为最初确实大约有七十家存在（只是可能并不是七十个姓），只是到了刻碑的时候，从七十家减少到了十七家。参看

魏千志 1997：29-31。中夏可能意指中国全境，但是古语无疑，解释得文雅一些，即指的是夏文化成为中心以及北宋都城所在的河南地区。对 998 年的分析，参看 Shapiro 1984：139-42；魏千志 1993b：38。Ni-wei 和 Levy 应该所指相同，ne 可能是中文口语中常用表示语气停顿的助词，或者表示反问。关于犹太教堂的问题，参看 William White 1966：II：11, 12, 21, 37；Leslie 1967b：159；魏千志 1993c：4-5。清真寺这一名称，后来广泛用于中国的其他穆斯林寺庙。

［108］ William White 1966：II：8-11, 12, 14-15, 24, 37；Leslie 1972：25；Plaks 1991, 1998.

［109］ Fang 1965：127, 128. 有关藩王日益衰落问题，参看本书第一章及上文有关胥吏的讨论。

［110］ 中文原文见 William White 1966：II：37；此处译文与 White 的不同，是参考了如下的研究：Fang 1965：126-27；Shapiro 1984：132。

［111］ Fang 1965.

［112］ Shapiro 1984：136-38. 一些医学专家认为周王必定参与其中，但李济贤并没有提供独立的证据表明安昌身处其中。

［113］ 有意思的是房氏的解释依靠《明实录》，并同情这位持不同政见的周王。显然他和中国人一样，一方面尊重王室的记录，另一方面也反感永乐皇帝的篡位之举。李氏尽管也对永乐皇帝表示了同情，但更多地是使用更为独立的原始资料。他显然更倾向于结合多种史料以及当前中国对永乐帝面向世界的开放姿态的认可，来探讨大家都关心的中国问题。也可参看魏千志 1993c：1-2。

［114］ Leslie 1966；1967a, 1967b；1971：5, Chao。赵诚的后人在康熙十八年立的碑暗示，赵诚可能因为其祖先的事迹而受到永乐帝的尊重。这为我们提供了对赵／安事件的另一种解释，但因为头绪太多，我们无法得出系统的结论。William White 1966：II：98.

［115］ William White 1966：II：13-14, 38；沈传义、黄舒昺 1898：4：18b, 44a；Leslie 1967b：156-57。

［116］ William White 1966：II：13, 14, 25, 27, 37, 38-39.

［117］ 陈垣 1923：23-24；William White 1966：II：47, 49；Leslie 1972：28-29。

［118］ 陈垣 1923：3, 6-9, 22；William White 1966：II：42-46, 51-54；Leslie 1972：5；魏千志 1993b：37；Farmer et al. 1988-89；Plaks 1991；Wilson 1995：57-58。

［119］ William White 1966：II：44-45, 46, 53-54.

［120］ Leslie 1966：8, 25；Leslie 1972：30.

［121］ 沈传义、黄舒昺 1898：4：18b；leslie 1967a：21-22, 24。考中举人，艾田成功地达到了一个世纪前艾俊的成就，他们可能属于同一个家族。Leslie 1966：table between 14 and 15. 关于艾田的官职和碑铭，参看陈垣 1923：36。关于跟利玛窦的联系问题，参看 Leslie 1966：19；1967：46。Pollak 1980：3-11。

［122］ William White 1966：I：11, 34, 35；Leslie 1972：35-36；Pollak 1980：xxi-xxiv.

［123］ Leslie 1967a：31. Leslie 1967b：158. 沈传义、黄舒昺 1898：4：28b；17：28。常茂徕 1852：35b。艾田有个儿子，名叫 Uzziel，还有一个侄子，名叫 Abdiel。陈垣 1923：36。Leslie 1966：Chart between 14 and 15；1967a：24-25。

第四章　大众

［1］ 吉德炜（David Keightley）认为"众"是指两三个人在白天劳作，也即民众被动员起来为商王服务，但他认为这批劳动者在"人"口整体数量上所占比例不高。故此，这里使用"众"的含

义，要比其初始含义有所扩充。参看 Keightley 1999：282-84。有关西方哲学对物质的冥想，参看 de Certeau 1984。

［2］ 匪徒与叛乱有很大差距——相对规模要小、更基层，政治性不强，更具主观性，更暴力，具有掠夺性，也更随意。这两个术语在下面的分析中都会出现，以反映当事者和后来者对史事的主客观判断。例如此前试图将中国历史上的革命与叛乱概念模式化的相关研究，参看 Des Forges 1979；Perry 1980。晚近的研究，参看 Little 1989；Weller and Guggenheim 1989；Wou 1994；Wasserstorm and Perry 1994。关于对明代起义具说服力的整体看法，参看 Tong 1991。值得留意的是，该研究主要基于省级文献。对反抗的模式化研究，参看 James C. Scott 1990。

［3］ 竺可桢 1972：25-26；Yao Shao-yu 1942-43：375；Tong 1991：46；Brook 1998：17-8。

［4］ 岳廷楷、胡赞采、吕永辉 1903：15：1；韩世勋、黎德芬 1920：9：2；Tong 1991：79，126；Seybolt 1996：1-2；Brook 1998：29，269n23。

［5］ 李守孔 1968：18，27-30；Seidel 1969-70；Bingham 1941；Suzuki 1974：92；Over-myer 1976：98-100；沈定平 1982：292；Shek 1990：92；Tong 1991，ch.5；Ter Haar 1992：114-30；Robinson 1995b：chs.1-3。

［6］ 张廷玉 1739：172：4596。石龙号称与当时官场上的权贵石亨有些联系。凌甲烺、吕应南、张嘉谋 1938：1：10b。无论是起事的义军还是前来镇压的官军，数字都是约数，甚至有所夸大。

［7］ 李守孔 1968：39；Overmyer 1976：101。

［8］ 张廷玉 1739：172：4596；Lai 1958：257-60。

［9］ 沈定平 1982：293；张廷玉 1739：178：4730；Lai 1958；Suzuki 1973：96。

［10］ 关于宦官的问题，参看 Mote and Twitchett 1988；Wang and Du 1989；许大龄、王天有 1991；Tsai 1996。关于行政效率日渐低下的问题，参看 Tong 1991：108，126-27，184；张显清 1992a；王兴亚 1993。

［11］ Mote and Twitchett 1988：403-12；Tong 1991：46，48，50，52.

［12］ Liu and Ye 1703：3：76；岳廷楷、胡赞采、吕永辉 1903：15：1；张廷玉 1739：185：4909；李守孔 1969：38。

［13］ 谷应泰 1658：45：665-66；赵俪生 1954：135；Robinson 1995b：1-16，187-206，252-54。

［14］ 刘德昌、叶沄 1705：3：84；岳廷楷、胡赞采、吕永辉 1903：15：1，2a；韩世勋、黎德芬 1920：9：17；Robinson 1995b：307-8。

［15］ 谷应泰 1658：671；赵俪生 1954：136；Robinson 1995b：326-31。

［16］ 谷应泰 1658：673；赵俪生 1954：137-38；管竭忠、张沐 1695：39：17，18b；Robinson 1995b：332-24。

［17］ 谷应泰 1658：673；赵俪生 1954：137-38；Goodrich and Fang 1976：1027-29。

［18］ 谷应泰 1658：674；Goodrich and Fang 1976：233-34；Robinson 1995b：335-36，342-43。

［19］ 谷应泰 1658：677；赵俪生 1954：138；Robinson 1995b：367-416。

［20］ 朱璿、周玑 1788：2：11b。这有可能是因为王堂暂停了他的反抗之举，也可能是他被吸收进了刘六、刘七的队伍；也可能有不止一人名叫王堂，更可能的是方志对嘉靖元年和正德元年记载的手写之误。

［21］ 刘德昌、叶沄 1705：3：84；岳廷楷、胡赞采、吕永辉 1903：15：2a；韩世勋、黎德芬 1920：9：17b；马俊勇、高玉生 1987：12：505；Robinson 1995b：461-62。

［22］ Robison 1995b：461-64.

[23] 在对长生问题的研究中，嘉靖帝曾被拿来跟汉武帝比较。参看 Albert Chan 1982：109。对严嵩和皇权的权力平衡问题，参看 Mote and Twichett 1998：486-87；Goodeich and Fang 1976；1586-91；张显清 1992a。

[24] 陈锡辂、查昌岐 1754：43：12b；岳廷楷、胡赞采、吕永辉 1903：152b；沈传义、黄舒昺 1898：23：7b；马俊勇、高玉生 1987：12：499。

[25] 陈锡辂、查昌岐 1754：31：10b；马俊勇、高玉生 1987：12：505。

[26] 韩世勋、黎德芬 1920：9：17b；岳廷楷、胡赞采、吕永辉 1903：15：2b。

[27] 马俊勇、高玉生 1987：12：505。

[28] 管竭忠、张沐 1695：39：17a-18a；王修文、张庭馥 1923：19：5b；马俊勇、高玉生 1987：12：505。

[29] 陈锡辂、查昌岐 1754：31：10b；马俊勇、高玉生 1987：12：505。

[30] 陈锡辂、查昌岐 1754：31：11；马俊勇、高玉生 1987：12：505；岳廷楷、胡赞采、吕永辉 1903：15：2b。

[31] 李福达之狱是被各方用来抹黑对方的政治事件，它使得在嘉靖四年之后，凡是被朝廷视为异端的叛乱，都被贴上了白莲教的标签。参看 Ter Haar 1992：155-72。16 世纪 50 年代，李福达在江南的宗教形象，参看同上，182-95。

[32] Shek 1980：320-23，346；沈定平 1982：295-97。

[33] 竺可桢 1972：26-31；Wakeman 1985：3-7；Atwell 1977，1990；Tong 1991：127。

[34] 参看第一章；Elvin 1973：310-12；Dunstan 1975：29。

[35] 张廷玉 1739：26：5937；李守孔 1968：43-44。

[36] 马俊勇、高玉生 1987：12：505。

[37] Shek 1980：245-48；沈定平 1982：297；Ter Haar 1992：216-17。

[38] 李守孔 1968：44；沈定平 1982：297；郑涵 1985：134，148-50；Ter Haar 1992；218-19。将这一事件与历史上秦末、东汉、后唐等时期的民众叛乱联系起来的观点，参看 Ter Haar 1992：213-15，222。

[39] 张廷玉 1739：257：6621；李守孔 1968：45；Goodrich and Fang 1976：587；Naquin 1987：228。有关吕菩萨的历史，参看 Li and Naquin 1988：135-36，141，144-45，147，149，156-58，168-73。

[40] Noguchi 1963：21：44，47；Goodrich and Fang 1976：588；Shek 1980：358-60.

[41] Shek 1980：361-67；李济贤 1982：272。

[42] 关于两者的联系，参看 Ter Haar 1992：222，226。

[43] 张廷玉 1739：207：6940；李守孔 1968：46。

[44] 郑廉 1749：1：23-24；李守孔 1968：46；马俊勇、高玉生 1987：12：506。关于李自成和罗汝才的记录表明，这份资料成于 1644—1949 年之间。

[45] 吴甡 晚明：5：6b-7a。有关吴氏的传记，参看 Goodrich and Fang 1976：1494-95。我非常感谢沈定平向我提供这些资料的复印件，也感谢 Blaine Gaustad 向我指出紫微星所指为何。紫微星是保护北极星——也即天子的星座。参看 Schafer 1977：47；Naquin 1981：189-90n 121。

[46] 吴甡 晚明：5：7。

[47] 同上，6：16b。

[48] 同上，6：33a-34b。

〔49〕　对此问题的假设和讨论，参看 Des Forges 1984 和本人正在进行的研究。

〔50〕　李文治 1948：1-51；李光涛 1965：1-32；Taniguchi 1969：99-108；Parsons 1970：1-32；顾诚 1984：27-64。

〔51〕　元默 康熙：1。为了避讳康熙皇帝的讳，玄后来被写成了元。

〔52〕　谷应泰 1658：75：1247-73；彭孙贻 清初：2：20-26；元默 康熙：1-15；郑廉 1749：2：30-31；柳义南 1983：50-52；顾诚 1984：53-60。

〔53〕　彭孙贻 清初：2：25-26；李文治 1948：20；Parsons 1970：27，31；Wang Chen-main 1999：ch.2。

〔54〕　郑廉 1749：2：31-34。

〔55〕　彭孙贻 清初：2：27；王兴亚 1984b：37-38；Parsons 1970：37，45。

〔56〕　周秉彝、刘瑞璘 1931：7：5b，58b；16：9a。彭孙贻 清初：2：27；郑廉 1749：2：40。

〔57〕　彭孙贻 清初：2：27-29；吴伟业 1674：2；李文治 1948：57-58；沈定平 1982：300；顾诚 1984：74。

〔58〕　吴伟业 1674：2：10b；张廷玉 1739：309：7；Parsons 1970：36-40。这一聚会之地荥阳，在西方的文献中一般被误读成荣阳。

〔59〕　王兴亚 1984a：32-47；顾诚 1984：71-76。

〔60〕　郑廉 1749：2：35-36；军队滥用"借头"之举后来变得非常普遍，以至于在崇祯十三年（1640），朝廷下令河南巡抚不必用敌人的头颅来表示战功。Albert Chan 1982：206-8.

〔61〕　郑廉 1749：2：36；关于社会上的盗贼问题，参看 Hobsbawm 1959，1969。

〔62〕　郑廉 1749：2：37；韩世勋、黎德芬 1920：9：18a。

〔63〕　郑廉 1749：2：36-37。

〔64〕　同上，39；刘德昌、叶沄 1705：4：104。

〔65〕　郑廉 1749：2：39。

〔66〕　同上；陈锡辂、查昌岐 1754：31：12a。马俊勇、高玉生 1987：5：150，162；6：208-9，212；12：50。

〔67〕　侵袭的细节，参看李文治 1948：207。零星的记录，也可参看岳廷楷、胡赞采、吕永辉 1903：15：3b；对杞县的侵扰，参看朱璿、周玑 1788：2：15b。郑廉严厉的评价，参看郑廉 1749：2：36。关于那几个号称扫地王的人，看看姚家积 1935：2.2：87-88；对扫地王在淮和凤阳的活动，参看谷应泰 1658：75：1272，1274-75；彭孙贻 清初：2：25，28。崇祯九年（1636）逮捕扫地王并将其处死的情况，参看姚家积 1935：2.2：87-88，对李靖在崇祯十三年被俘的分析，参看姚家积 1935：2.2：87-88。

〔68〕　郑廉 1749：2：40；李文治 1948：62，208。

〔69〕　郑廉 1749：2：40-44，48，51，57；张廷玉 1739：23：321；Dunstan 1975：56，58；Wakeman 1985：6；Goldstone 1991：374；Atwell 1982，1990：674-77。有关全球经济的疑惑，参看 Von Glahn 1996：5，139，237-45。对 17 世纪 30—40 年代中国银荒的整体性分析与强调，参看 Frank 1998：237-48；Twichett and Mote 1998：407-11。

〔70〕　郑廉 1749：43-44；陈锡辂、查昌岐 1754：3：12a；Parsons 1970：59，60-68，73。

〔71〕　郑廉 1749：2：46。

〔72〕　同上，47；李文治 1948：47。

〔73〕　郑廉 1749：3：55-56，Parsons 1970：71-83；Albert Chan 1982：196-97。

［74］ 郑廉 1749：3：60-61。

［75］ 同上，61。

［76］ 同上；王兴亚 1982b：3；Albert Chan 1982：225。

［77］ 郑廉 1749：3：60-61。

［78］ 同上，61。

［79］ 同上；王兴亚 1982b：3；Albert Chan 1982：225。

［80］ 郑廉 1749：3：57。

［81］ 同上，57-58；Tong 1991：83。宋江当然是明代小说《水浒传》中人物的绰号，指的是宋代一个起义者的正义面。关于晚明起义小说的社会影响，参看李文治 1948：196-97；Albert Chan 1982：397-400。

［82］ 郑廉 1749：3：58。

［83］ 同上，58-59。

［84］ 同上，64；朱璘、周玑 1788：2：16b；马俊勇、高玉生 1987：12：506。

［85］ 郑廉 1749：3：64；朱璘、周玑 1788：2：16b。参看 Dunstan 1975：13 关于许州的例子。

［86］ 王兴亚 1982a：5-6；从翰香 1985：23；Tong 1991：144，190；Heijdra 1994：88。

［87］ Mei 1975：76-80。我们知道地方上防火的人每天只能得到两分钱来果腹御寒。

［88］ 同上，77-79。

［89］ Albert Chan 1982：88；Tong 1991：189；Wang 1992：5；Heijdra 1994：147，273。

［90］ 何法周、王树林 1992：48。

第五章　中央省份的叛乱（1641—1642）

［1］ Mote 1999：1036, note 53；Elliott 2001：46，52，65.

［2］ 李文治 1948：97-98；Parsons 1970：19；沈定平 1982：297-98；柳义南 1983：6-8；李登弟 1986：7-10；谢承仁 1986：28。

［3］ 谢承仁 1986：29-30，34-35；柳义南 1983：14。

［4］ 柳义南 1983：28-32；谢承仁 1986：30-31。另一个流传更广但在时间上有些矛盾的故事，是李自成去甘肃参军和参加叛军都是在崇祯二年（1629）。

［5］ 郑廉 1749：3：54；柳义南 1983：32；顾诚 1984：36-37。

［6］ 李文治 1948：99-102；顾诚 1984：54，59，99；李登弟 1986：28，31-32。

［7］ 顾诚 1984：156-57；李登弟 1986：71。

［8］ 郑廉 1749：3：65；王兴亚 1984a：66-73。

［9］ 栾星 1982：147-52；栾星 1986：1-10，39-42，50-53。

［10］ 关于王士俊，参看沈传义、黄舒昺 1898：4：9a，28b；田文镜、孙灏、阿思哈 1735：34：103a。其中的分歧，参看赵士锦 1645？：17；郑廉 1749：3：67；栾星 1982：152-59；栾星 1986：15-17。

［11］ 郑廉 1749：3：66-67；栾星 1982：152-59；柳义南 1983：14；王兴亚 1984a：222-24；李登弟 1986：47；栾星 1986：10-17。

［12］ 郑廉 1749：3：66；王兴亚 1984a：19，192，212；顾诚 1984：130；谢承仁 1986：165。

［13］ 谢承仁 1986：165。大炮指的是明代常用的用火药推出各种炮弹的大体量武器。

［14］ 郑廉 1749：3：65-66。

［15］ 同上，66；顾诚 1984：130；谢承仁 1986：166；李登弟 1986：72。

［16］ 郑廉 1749：4：73。

［17］ 同上，2：33；4：73。Goodrich and Fang 1976：1014-16；顾诚 1984：133；谢承仁 1986：167。伊洛是以洛阳附近两条河的名字命名，后来因为生活在北宋洛阳附近的思想家程颐、程颢的影响，成了儒学的代表。

［18］ 郑廉 1749：4：73；顾诚 1984：133。

［19］ 郑廉 1749：4：74-75；Parsons 1970：81；Goodrich and Fang 1976：1014-16；顾诚 1984：134；谢承仁 1986：168。

［20］ 郑廉 1749：4：73-74。

［21］ 顾诚 1984：134；王兴亚 1984a：192-93，210。

［22］ 郑廉 1749：4：76；顾诚 1984：134-35；谢承仁 1986：189。

［23］ 郑廉 1749：4：74-75；顾诚 1984：134-35；谢承仁 1986：189。

［24］ 郑廉 1749：4：75；谢承仁 1986：189。

［25］ 李光殿 1644：1；郑廉 1749：4：77。

［26］ 白愚 1644：4。

［27］ 李光殿 1644：2；郑廉 1749：4：77；Parsons 1970：94。

［28］ 周在浚：《大梁守城记》：25-26；Burton Watson 1968：67。关于陈永福用箭射伤李自成眼睛这一故事的发端和传衍，参看柳义南 1983：177；顾诚 1984：137；谢承仁 1986：191；李登弟 1986：77。

［29］ 张廷玉 1739：293：7520；王兴亚 1984a：73。

［30］ 周在浚：《大梁守城记》：35-36；谢承仁 1986：192。李自成与李际遇共用一个姓氏。

［31］ 郑廉 1749：4：80-81，83；Xie 1986：192。关于丁氏背景，参看本书第二章。

［32］ 郑廉 1749：4：84。

［33］ 同上，85。

［34］ 沈定平 1982：301-2；柳义南 1983：171；李登弟 1986：79。准确的预言是"十八孩儿主神器"即第十八个孩子会掌管神器。参看润州葫芦道人 1645：5；西吴懒道人 1660s：4：9a-11a。计六奇 1671：17：29；23：653。吴伟业 1674：12；周在浚：《大梁守城记》：35-36；郑廉 1749：凡例一。

［35］ 郑廉 1749：4：86；谢承仁 1986：193-94。

［36］ 谢承仁 1986：217-19。

［37］ 郑廉 1749：4：87。

［38］ 同上，89。

［39］ 同上。关于李自成所说推动周武王攻打商都的分析，参看 Fong 1980：198，204。

［40］ 郑廉 1749：4：90-92；谢承仁 1986：219。

［41］ 郑廉 1749：4：92。顾诚认为反叛者罪有应得，参看顾诚 1984：139。

［42］ 郑廉 1749：4：91-94；谢承仁 1986：220-21。

［43］ 刘三和赵鐩奔赴襄城的事，参看本书第四章。谢承仁 1986：219-20。耿应庚最终拒绝了牛金星，去了南京。栾星 1982：150-51；栾星 1986：8-9。

［44］ 郑廉 1749：4：91；谢承仁 1986：221。

［45］ 郑廉 1749：5：106。

［46］　同上，4：90-91。

［47］　同上，95；柳义南 1983：173；谢承仁 1986：221。

［48］　田文镜、孙灏、阿思哈 1735：33：51b。

［49］　郑廉 1749：4：97。

［50］　同上，94-96。汉代公羊学派曾对春秋时期宋国因全面防御以至于人相食给予赞颂，这可能是明代士大夫关心睢阳抵抗及其类似结局的原因。更早些的例子，参看 Queen 1996：145-50。

［51］　王兴亚 1984a：5。

［52］　李光殿 1644：4；郑廉 1749：4：78；谢承仁 1986：189-90。

［53］　李光殿 1644：5。

［54］　同上，4-5；郑廉 1749：78。

［55］　郑廉 1749：4：98。

［56］　白愚 1644：12-13；周在浚：《大梁守城记》：51-52。郑廉认为李狗皮十分幸运，他没被责打至死。郑廉 1749：4：103。

［57］　李光殿 1644：5-6；周在浚：《大梁守城记》：31-32；郑廉 1749：4：98；Leslie 1972：37-38。

［58］　李光殿 1644：6-7；白愚 1644：20-21；周在浚：《大梁守城记》：31。

［59］　白愚 1644：19-20；李光殿 1644：7；周在浚：《大梁守城记》：49；郑廉 1749：5：103。

［60］　李光殿 1644：7；周在浚：《大梁守城记》：49；郑廉 1749：5：103。无论此前的历史如何，性的符号在晚清民众起义中被再次使用。Naquin 1981：101；Cohen 1977：129-32。

［61］　李光殿 1644：7-9；周在浚：《大梁守城记》：50；郑廉 1749：5：103-4。

［62］　白愚 1644：28；李光殿 1644：9-11；周在浚：《大梁守城记》：61-62；郑廉 1749：15：105。这些约数并不能鼓舞斗志，因为李自成大概也只有三万人左右；如果数字确定，也该包括那些追随他的非战斗力量。

［63］　白愚 1644：22-24；周在浚：《大梁守城记》：52-53；谢承仁 1986：197。这里没有提到大炮的来源，但在开封有两位耶稣会传教士，可能是他们带来了大炮。

［64］　白愚 1644：27；李光殿 1644：7，11；郑廉 1749：15：105；谢承仁 1986：198。

［65］　柳义南 1983：181-82；李登弟 1986：87；谢承仁 1986：222。

［66］　谢承仁 1986：222；李登弟 1986：89。

［67］　李登弟 1986：89；谢承仁 1986：223-26。

［68］　郑廉 1749：5：107-8。

［69］　同上，5：108；Parsons 1970：97。这可能受到司马迁《史记》对项羽在襄城屠杀的影响。可比性还来自于李自成攻占开封再次失利，项羽可能也经历过失败。跟项羽类似，李自成最后也没能建立自己的政权，历史学家倾向于将他的失败归结到过于残忍。Burton Watson 1968：186-87。严厉的惩罚当然不限于针对当时的反叛者，印第安人出于报复曾在卡利卡特杀死所有的西方商人，达伽马在1502年砍下八百多摩尔人的手、耳和鼻，将他们送给当地印度人做咖喱。参看 Wolpert 1997：136。

［70］　郑廉 1749：5：106-10。李敏修 1915：31：9a；34：11a-13a。柳义南 1983：226。"睢阳三十六将"指的是在唐代平定安禄山叛乱中，在商丘保卫战中战死的军官。

［71］　谢承仁 1986：226-27。

［72］　王兴亚 1984a：70，221。

［73］　郑廉 1749：5：110-12；谢承仁 1986：227。

［74］　王蒲园、马子宽 1932：武备，明清兵志：32b-33a；20：大事，纪事。Satō 1978：210-11，

219-23；Satō 1985：25-26, 34-39；王兴亚 1984a：318；Wakeman 1985：155n216。

［75］郑廉 1749：4：72。

［76］Satō 1985：26.

［77］郑廉 1749：4：72；Satō 1985：16。进一步的研究可能会揭示此人是否与侯恂的母亲田氏有关。

［78］王兴亚 1984a：320；Satō 1985：27。

［79］郑廉 1749：5：111；萧济南、吕敬直 1911：zhong：516；柳义南 1983：198；王兴亚 1984a：321-22；Satō 1985：27。

［80］"陈蔡之间"之说的源头，参看钱穆 1964：2：363；Lau 1979：106。关于结盟的时间、地点，参看柳义南 1983：198；王兴亚 1984a：321-22。关于小袁营的问题，参看郑廉 1749：5：111。此处的"小"和"老"指的是影响力度、受尊重的程度和年龄等因素。例如袁老山是对袁时中的一种敬意表示。参看魏千志 1993a；Li, Wei, and Des Forges 1994：107-8。

［81］郑廉 1749：5：112；刘益安 1982a：198；谢承仁 1986：227。

［82］郑廉 1749：113-14；张廷玉 1739：264：6825-26。

［83］郑廉 1749：114；马俊勇、高玉生 1987：6：211-12。

［84］郑廉 1749：5：114。马俊勇、高玉生 1987：6：239；12：506。

［85］郑廉 1749：5：114。萧济南、吕敬直 1911：6：135, 160；7：174。

［86］萧济南、吕敬直 1911：7：189, 199-200；9：306, 328。吕思周 1986：1：51b-52a。

［87］萧济南、吕敬直 1911：9：308-9。

［88］郑廉 1749：5：114；萧济南、吕敬直 1911：8：189, 199, 211, 214, 247, 251；10：382-84；乔方沂 1920：2：1a-2a；3：2b。

［89］苗在贤、苗尤志 1987：1：39a。关于农民军中的年轻人，参看王兴亚 1984a：121-29。关于年轻人在英、法和中国革命中的角色问题，参看 Goldstone 1991：137-38, 247-48；Saich and van de Ven 1995：183。

第六章　豫东北的僵局（1642）

［1］郑廉 1749：5：112；田文镜、孙灏、阿思哈 1735：32：3b, 51b。对晚明社会上层流行的晋代风气，参看本书第三章以及 Li Mowry 1983：19, 56, 61；Plaks 1987：153-54；Roy 1993：23, 430；Meskill 1994：45, 52, 139, 143, 173。

［2］郑廉 1749：5：112。

［3］同上，133。根据方志记载，侯性是侯恂一支中侯执介的养子。刘德昌、叶沄 1705：10：322。但侯氏的族谱却并未将他收录在内。侯方岳 1908：凡例：6.2a。

［4］郑廉 1749：5：115。

［5］陈锡辂、查昌岐 1754：卷首：1b-2a。

［6］郑廉 1749：5：11-16。刘德昌、叶沄 1705：6：151；7：192；8：252-53。此处的大炮是老式的，用炸药将炮筒里的石块或金属炸出。

［7］郑廉 1749：5：116。关于唐代虬须人的故事，看看周树人 1927：154-58；Edwards 1938：2：35-44。

［8］郑廉 1749：5：117。

［9］　同上，116-17。

［10］　刘德昌、叶沄 1705：4：104-5。

［11］　同上，4：106-7；沈显德、沈其昔 1987：1：53-54，57b-59a，60a-61b。沈氏家谱缺乏有关女性的信息，不足以补充方志的缺失。

［12］　刘德昌、叶沄 1705：10：339。

［13］　同上，4：107；11：370。方志中另两位姓侯的女性可能属于其他的支系。

［14］　刘德昌、叶沄 1705：9：304-6；10：327。徐作霖和一位江南的朋友文震孟都曾直言不讳地批评过晚明政府，他们将当时的朝臣跟汉武帝时的主父偃和汲黯对比。战死的四位刘姓是属于更重武事的另一支，他们普声称要模仿唐朝的张巡、许远二公平叛的旧例行事。参看刘廷桂 1929：5：8a-9a，24a-25a。关于张渭，还可参看何法周、王树林 192：30。

［15］　刘德昌、叶沄 1705：1：12，16，28。

［16］　同上，2：78-79；Burton Watson 1993：31。当然，李自成的军队来自陕西。关于长平之战，参看 Loewe and Shaughnessy 1999：68，640。

［17］　郑廉 1749：5：117-18。

［18］　同上，118-19。

［19］　刘德昌、叶沄 1705：8：258；10：339；郑廉 1749：5：117，119。

［20］　郑廉 1749：5：118。

［21］　同上，117，119。

［22］　同上，116-20；刘德昌、叶沄 1705：8：262；宋荦 1705：5：14。

［23］　郑廉 1749：5：118；宋荦 1705：5：14b。

［24］　刘德昌、叶沄 1705：9：309。

［25］　同上，305-9。

［26］　郑廉 1749：5：120。

［27］　陈锡辂、查昌岐 1754：24：25b；韩世勋、黎德芬 1920：6：9a-12a。

［28］　关于彭氏最初的地位，参看韩世勋、黎德芬 1920：8：54b；8 选举表下。关于彭尧谕和彭舜龄，参看同上，6：21-23b，19a-30a，36a；8：11a，16a，19，20b。关于有能力的县令缺乏的问题，参看同上，5：16a；5 循良传：6b。

［29］　柳义南 1983：198；王兴亚 1984a：324；谢承仁 1986：227；李登弟 1986：91；陈锡辂、查昌岐 1754：24：25a-26a；李淇、席庆云 1895：6：23b-24a；岳廷楷、胡赞采、吕永辉 1903：26：2a-3b。

［30］　纪黄中、王绩 1764：10：32-33a；卷末：3b。另有两名仪封本地的精英人士死于义军之手。参看郑廉 1749：5：121。

［31］　相关问题，参看本书第二章。

［32］　朱璘、周玑 1788：14：18。

［33］　同上，2：16b；9：48a。苏京在方志里被误写成山东人。田文镜、孙灏、阿思哈 1735：31：13a；33：6b。

［34］　刘益安 1982a：110；Li, Wei, and Des Forges 1994：88-89。

［35］　朱璘、周玑 1788：2：16b；13：16a；孟祥居 1990 多处。这些人也有可能在其他的时间和地点跟义军发生冲突。

［36］　因为孟祥居和马超群在研究中并没有相关死亡的信息，这里就不讨论这些支系了。参见

孟祥居 1990；马超群 1780。何心贞 1987：2：34b，36b，39a；侯世梅 1987：世系序：14-17。

[37] 管竭忠、张沐 1695：26：36a；朱璿、周玑 1788：21：61b-63b；秦富岭、秦兴仁 1952：1a，5b-6a，7b-8a，10b。

[38] 李允莱 n.d.：36a，38a-59a，87b，92b-97a，104b-6a，108a-10a；李肖胜 1987b：43-44。根据族谱，秦家一直续娶李氏，尽管可能不是青龙岗的李家。至少有一位李家第十四代的女子，嫁入秦家；此外还应考虑到李家的妻妾有许多并不以姓来指称。秦富岭、秦兴仁 1952：7a-59b；李允莱 n.d.：十四世。

[39] 关于孟绍谦，参看朱璿、周玑 1788：18：4b；李敏修 1915：31：7。这两条史料中，前者出自清人之手，将孟氏描述成了李自成和清廷的中间人；后者是民国成书，将孟氏视为杞县的义军。孟氏的名字在起义县令的名单中不存，可能是因为他在杞县的任命也不是正式的。李继烈、何彝光 1693：18：4b；朱璿、周玑 1788：18：4b；李敏修 1915：2a-3a；王兴亚 1984a：327-28。

[40] 郑廉 1749：5：121。

[41] 李光殿 1644：14；郑廉 1749：5：121-22；王兴亚 1984a：327-28。

[42] 郑廉 1749：5：122。

[43] 李光殿 1644：32；谢承仁 1986：201。

[44] 白愚 1644：35；李光殿 1644：15；郑廉 1749：5：124；谢承仁 1986：20。

[45] 白愚 1644：35-36；李登弟 1986：92。

[46] 李光殿 1644：16。

[47] 郑廉 1749：5：124-25；周秉彝、刘瑞璘 1931：7：58b。

[48] 李光殿 1644：15；柳义南 1983：186；李登弟 1986：92；谢承仁 1986：203。

[49] 白愚 1644：39；刘益安 1982a：81-82；柳义南 1983：186-87；李登弟 1986：92-93。

[50] 郑廉 1749：5：127。白愚的说法中包含了一个要切断黄河大堤的更确定的威胁。白愚 1644：41。目前很难判断哪种说法更早或更真实。

[51] 郑廉 1749：5：126。

[52] 同上，129；刘益安 1982a：81-82；柳义南 1983：187。

[53] 谈迁 1653：98：5930；刘德昌、叶沄 1705：8：255-56；郑廉 1749：5：127；Hummel 1943-44：531-32；Goodrich and Fang 1976：278。

[54] 刘益安 1982b：77-78；柳义南 1983：187；谢承仁 1986：203。

[55] 谈迁 1653：98：5937；郑廉 1749：5：128；何法周、王树林 1992：176。初稿据说出自侯方域之手，已然不存。下文根据这三则史料展开研究。

[56] 谈迁 1653：98：5937；郑廉 1749：5：128；何法周、王树林 1992：177。

[57] 郑廉 1749：5：129；何法周、王树林 1992：592。

[58] 白愚 1644：42-43，45；李光殿 1644：17-18；刘益安 1982b：83；谢承仁 1986：203。

[59] 李光殿 1644：18-20；郑廉 1749：6：129-33；刘益安 1982b：90。

[60] 李光殿 1644：20-22；郑廉 1749：6：1333。

[61] 李光殿 1644：22；郑廉 1749：6：134；谢承仁 1986：203。

[62] 李光殿 1644：22；郑廉 1749：6：134；李敏修 1915：31：8a-9b。

[63] 李光殿 1644：25-27；郑廉 1749：6：135-36。

[64] 李光殿 1644：41；郑廉 1749：6：136。

[65] 李光殿 1644：43-45，48-50，67-68。

［66］白愚 1644：47-50；李光殿 1644：27-28；郑廉 1749：6：136-37；刘益安 1982b：108。

［67］白愚 1644：46；谢承仁 1986：204。

［68］李光殿 1644：18；郑廉 1749：5：129。李光殿和郑廉将这次起义的时间判定得更早，到了 6 月，也没提到朝廷准备利用黄河来对付义军。中国的史家们则认为，义军并没有破坏黄河大堤造成后来黄河决口的大灾难。

［69］郑廉 1749：6：137-38；张廷玉 1739：276：6884-85；刘益安 1982b：112-19；柳义南 1983：203-4；王兴亚 1984：311-12；谢承仁 1986：205。

［70］李光殿可能预料到了灾难来临，从他的日记来看，他从 9 月 12 日就开始造船。李光殿 1644：29；刘益安 1982b：120。对此次灾难自然因素的描述，参看郑廉 1749：6：138；王兴亚 1984a：299，312。郑廉的描述，参看郑廉 1749：6：138。对死亡人数的估计，参看刘益安 1982b：111-25。

［71］郑廉 1749：6：138，140。

［72］同上，144；王兴亚 1984a：307；谢承仁 1986：206。严云京可能是最易受到攻击的，因为他曾负责切断堤坝，还曾被谣传说是臭名昭著的严嵩的后人。

［73］关于周氏，参看白愚 1644：2；周在浚：《大梁守城记》；郑廉 1749：6：139-40；刘益安 1982b。关于刘氏，参看管竭忠、张沐 1695：26：41b；刘益安 1982b：115-16；王兴亚 1984a：308。关于王氏，参看郑廉 1749：6：139-40。

［74］李光殿 1644：33；李畏三、李乐三 1749：史事；李敏修 1915：31；9b。

［75］常茂徕 1852：原序：1b-2b；刘益安 1982b：124；谢承仁 1986：206，216。

第七章　大顺的崛起（1643—1644）

［1］田文镜、孙灏、阿思哈 1735：32：3b；郑廉 1749：5：123；Satō 1985：28。

［2］郑廉 1749：6：134-35；韩世勋、黎德芬 1920：5：16a；王兴亚 1984a：331；Satō 1985：28-29。

［3］Pan and Wang 1752：8：71a；10：29b. Satō 1985：29.

［4］郑廉 1749：6：152。

［5］岳廷楷、胡赞采、吕永辉 1903：3：12b-13a；11：6a；19：5a-7a，10；37：1a-5b。王兴亚 1984a：331-32；Satō 1985：29-30；何法周、王树林 1992：593。

［6］田文镜、孙灏、阿思哈 1735：31：9b，13a；32：2b，3b。王丕煦、梁秉锟 1935：31：26a；王蒲园、马子宽 1932：24b。

［7］郑廉 1749：6：142-43；柳义南 1983：190。

［8］郑廉 1749：6：141-42；柳义南 1983：190-92；谢承仁 1986：262。

［9］郑廉 1749：6：147-49；柳义南 1983：193；何法周、王树林 1992：119-24。

［10］郑廉 1749：6：149-50；李登弟 1986：104。

［11］郑廉 1749：6：149。

［12］同上，149-50；柳义南 1983：207；顾诚 1984：165，177-78；李登弟 1986：104；谢承仁 1986：264。

［13］关于孔尚达，参看江练、高崧 1828：4：9b；Kong 1684：5：10b；"中央研究院" 1930-36：jia：972；郑廉 1749：6：150；关于田氏，参看柳义南 1983：201；关于张虞机，参看顾诚 1984：360。

［14］郑廉 1749：6：150-51。

［15］谈迁 1653：100：6027；计六奇 1671（1984）：19：356；彭孙贻 1670s：6；张廷玉 1739：263：6802；Shih 1967：374；Wang 1982：37-47，50；柳义南 1983：192，207；王兴亚 1984a：103；谢承仁 1986：277；李登弟 1986：104-6。

［16］王兴亚 1982a：11-15，16，17，18-21，24，109-12；Li, Wei, and Des Forges 1994：111。均平田土的说法只是出现在义军的口号里。参看查继佐 1670s：136：223；王守义 1962：97-112；刘重日 1962：116-30；Des Forges 1982：563；王兴亚 1982a：1，21，35；王兴亚 1984a：103。

［17］李光殿 1644：10；刘德昌、叶沄 1705：4：109-11；王兴亚 1984a：130-52。

［18］柳义南 1983：208，226-27；顾诚 1984：173，359；谢承仁 1986：274。

［19］柳义南 1983：210；王兴亚 1984a：193-98，203；顾诚 1984：172-73；Hucker 1985：28-37，210；谢承仁 1986：274-79。

［20］王兴亚 1984a：166-71。

［21］柳义南 1983：344-42；王兴亚 1984a：195-98。

［22］王兴亚 1984a：195-98，209；柳义南 1983：339-40；顾诚 1984：366-69，378-83。

［23］谢承仁 1986：270-72，283。

［24］关于暗杀的效果，参看王兴亚 1984a：333；顾诚 1984：171。郑氏的观点，参看郑廉 1749：7：156-57。新近的观点，参看柳义南 1983：210-11，227-28；顾诚 1984：162-71；谢承仁 1986：273；李登弟 1986：107。

［25］郑廉 1749：6：152；岳廷楷、胡赞采、吕永辉 1903：37：1，4。

［26］谈迁 1653：99：5979-80；郑廉 1749：6：153；岳廷楷、胡赞采、吕永辉 1903：37：5。

［27］郑廉 1749：6：141。

［28］Satō 1985：30-31；对袁时中投降的疑问，参看王兴亚 1984a：332。

［29］郑廉 1749：6：140-41；王兴亚 1984a：334-35；Satō 1985：31，33；谢承仁 1986：283。

［30］柳义南 1983：210-11；顾诚 1984：171-72；王兴亚 1984a：324；李登弟 1986：107；Satō 1985：34-39。袁时中跟地主阶级的关系已经有所揭示了，但对他曾反对过满人则有不少质疑，参看谢承仁 1986：283。

［31］田文镜、孙灏、阿思哈 1735：45：54a；李敏修 1915：31：1a。

［32］郑廉 1749：6：152；7：170。李敏修 1915：31：1b。

［33］李敏修 1915：31：1b。

［34］谈迁 1653：99：5973；田文镜、孙灏、阿思哈 1735：31：9b。

［35］顾炎武 清初：31a，91b；王丕煦、梁秉锟 1935：31：26b；顾诚 1978：63；Des Forges 1984：419；王兴亚 1984a：277。

［36］冯梦龙 1644：6：1-5；张廷玉 1739：265：6852-53；田文镜、孙灏、阿思哈 1735：32：2b，3b。王丕煦、梁秉锟 1935：31：26b，33：中：69a。Des Forges 1984：418-19。李岩的著作曾经被编辑成册，但如今不存。对李岩去世的时间，我们也无法断定。关于李岩生平中的时间定位问题，参看顾诚、栾星、王兴亚、戴福士以及李肖胜和秦新林的研究。

［37］谈迁 1653：99：5973-74，5985；郑廉 1749：6：158-159。侯恂被监禁的地点目前不得而知，但后来的事件表明应该是在北京无疑。关于周延儒倒台的事，参看 Wakeman 1985：1：146-156。

［38］陈连营 1987。

［39］柳义南 1983：213；顾诚 1984：199；谢承仁 1986：294。

［40］ 谢承仁 1986：294；李登弟 1986：1122。

［41］ 郑廉 1749：7：157-58。

［42］ 刘理顺 1658：9：3a-6b。

［43］ 柳义南 1983：211，213-14；谢承仁 1986：295-96。

［44］ 郑廉 1749：7：159-60；柳义南 1983：215；顾诚 1984：201；李登弟 1986：113；谢承仁 1986：296。

［45］ 柳义南 1983：215；谢承仁 1986：296-97。

［46］ 谢承仁 1986：297-298。

［47］ 郑廉 1749：161-64。

［48］ 顾诚 1984：203-4。跟崇祯八年（1635）荥阳大会的传说类似，关于进军襄阳的战略决策首先在清初江南的史学家中传播，辗转流传，直至如今。柳义南 1983：218；李登弟 1986：110；谢承仁 1986：281。

［49］ 郑廉 1749：7：161-65。在给孙传庭的挽联中，吴伟业提到了西汉建国，也提到了结束王莽统治、为刘秀建立东汉扫平道路的赤眉军。同上，167；谢承仁 1986：298-99。

［50］ 郑廉 1749：7：168；顾诚 1984：205；谢承仁 1986：299。

［51］ 柳义南 1983：219；谢承仁 1986：300-305。

［52］ 柳义南 1983：232；谢承仁 1986：300-302。对女性在唐朝享有更高地位观点的深入批评，参看 Tung 2000。

［53］ 顾诚 1984：109-10；Hucker 1985：184，265；谢承仁 1986：299。

［54］ 谈迁 1653：99：6005；柳义南 1983：219-20；顾诚 1984：207；王兴亚 1984a：199，208。

［55］ 谈迁 1653：100：6025；郑廉 1749：7：170；顾诚 1984：220；王兴亚 1984a：96；谢承仁 1986：303。

［56］ 郑廉 1749：7：170。

［57］ 同上。

［58］ 顾诚 1984：220；王兴亚 1984a：97-100，201；柳义南 1983：233，257。

［59］ 郑廉 1749：7：82；李敏修 1915：33：25；王兴亚 1984：156，208-10。

［60］ 关于八股文，参看 Nivison 1960；Elman 1994：115；关于大顺朝举行的科举考试，参看谈迁 1653：100：6026-27；王兴亚 1984a：97-98，161，202，211；柳义南 1983：232。因此，简单地认为义军根据明朝的模式进行了科举考试并不十分准确。参看 Elman 2000：219。

［61］ 柳义南 1983：233；李登弟 1986：124-25。

［62］ 谈迁 1653：100：6023，6027，6032；郑廉 1749：7：173；柳义南 1983：349；李登弟 1986：125-26；谢承仁 1986：324。

［63］ Wakeman 1979：47-49；顾诚 1984：234-35；谢承仁 1986：320-27。

［64］ 谈迁 1653：100：6035；郑廉 1749：7：173-74；柳义南 1983：236；李登弟 1986：123-124，126，128-30。

［65］ 这可能是朝着恢复明初被废除的丞相制度迈进的一项命令，其内容颇具讽刺性，因为这是将李自成视为一个专制而短暂的王位竞争者，跟同样从陕西征战天下的秦始皇一样。

［66］ 谈迁 1653：100：6034-36；郑廉 1749：172-73；顾诚 1984：222-23；李登弟 1986：128，130。

［67］ 谈迁 1653：100：5994，6013；曾应遴上书的全文见于《崇祯长编》：61-62。

［68］　谈迁 1653：100：6018，6027，6033，6039，6040。

［69］　谈迁 1653：100：6033，6034，6039；郑廉 1749：7：156，176。

［70］　谈迁 1653：100：6029，6036，6038，6041，6042-43；顾诚 1984：242。

［71］　刘理顺 1658：6：47；柳义南 1983：237；顾诚 1984：267n10；谢承仁 1986：399。

［72］　李登弟 1986：132。

［73］　Wakeman 1979：41-76；1985：ch.4.

［74］　谈迁 1653：100：6026；郑廉 1749：7：179；李敏修 1915：1：17a-20a；柳义南 1983：237；顾诚 1984：244，245，269n33。

［75］　柳义南 1983：232，243-44；顾诚 1984：252，268；Wakeman 1985：237，267；李登弟 1986：12，135-36；谢承仁 1986：312。

［76］　张廷玉 1739：266：6859-60；郑廉 1749：7：175。事实上，似乎只有一个小妾陪伴着他在北京，他的妻子在杞县的家中。栾星 1986：127-31。

［77］　杨士聪 1644：36；谈迁 1653：100：6079；刘理顺 1658：yiji；顾诚 1984：247；谢承仁 1986：344；刘怀忠、刘怀章 1986：2：4a。靳标策拒绝了大顺政权的职位，回到禹州的山区。管竭忠、张沐 1695：26：40；35：39b-40b。

［78］　谈迁 1653：100：6954；郑廉 1749：7：175-76。

［79］　钱𫘎 清初：59，76；谈迁 1653：100：6055；郑廉 1749：7：175。

［80］　杨士聪 1644：17b-18a，31b-32a；钱𫘎 清初：70，72；谈迁 1653：100：6055-60，6074，6078；王兴亚 1984a：236。方以智后来否认曾经在义军中任职。彭孙贻 1670s：10：1b；徐鼒 1861：213；李文治 1948：213；Peterson 1979：158n36。

［81］　杨士聪 1644：10b，17b；钱𫘎 清初：82；谈迁 1653：100：6056，6060；冯敏昌、仇汝瑚 1790：6 上，人物，下，刻工：2a；王钟翰 1987：79：6599-6600。

［82］　关于刘昌，参看钱𫘎 清初：82；沈传义、黄舒昺 1898：4：8b；柳义南 1983：355；王兴亚 1984a：308；王钟翰 1987：79：6595-97；关于赵颖，参看钱𫘎 清初：78；计六奇 1671：22：609；管竭忠、张沐 1695：23：34a；张镇芳、施景舜 1914：4：9b-10a。关于王齐庵，参看郑廉 1749：7：176。关于史可法，参看钱𫘎 清初：70；Wakeman 1985：280，381-82。

［83］　谈迁 1653：100：6056；计六奇 1671：22：43a；张廷玉 1739：275：7044。奇怪的是，相当依赖这些史料的钱𫘎，却没有提到何胤光曾经在农民军中任职。

［84］　谈迁 1653：100：6056；郑廉 1749：7：179；柳义南 1983：241；李登弟 1986：137；何法周、王树林 1992：483-84。

［85］　谈迁 1653：100：6057-60；钱𫘎 清初：73；张廷玉 1739：275：7044；徐鼒 1861：146；栾星 1986：131-37。

［86］　谈迁 1653：100：6027，6060；钱𫘎 清初：83；宋荦 1705：5：14b；刘德昌、叶沄 1705：8：262-63；李敏修 1915：1：1；王钟翰 1987：78：6484。

［87］　赵士锦 1645？：17；谈迁 1653：100：6076。

［88］　顾诚 1984：248。

［89］　太仓库显然已经空无一物。Parsons 1970：127；Wakeman 1979：44；1985：13-14. 但皇室的内帑无疑尚有余留。顾诚 1984：236-37。即便是忠于朝廷的人，当时也不愿澄清到底能提供多少资助。Struve 1993：11.

［90］　柳义南 1983：241-42；顾诚 1984：248，252-53；Wakeman 1985：289；谢承仁 1986：348。

〔91〕　郑廉 1749：7：176，179。

〔92〕　柳义南 1983：244；顾诚 1984：253-54，259；Wakeman 1985：290；谢承仁 1986：348，359。

〔93〕　柳义南 1983：240，243；顾诚 1984：249，251，254-57；Struve 1984：6；谢承仁 1986：356；李登弟 1986：138，141；也可参看 Brook 1998：224-44。

〔94〕　计六奇 1671：22：607；柳义南 1983：239，242；顾诚 1984：251-52。

〔95〕　谈迁 1653：100：6032；郑廉 1749：7：170-71。满天星是义军中流行的绰号。柳义南 1983：383，385。

〔96〕　郑廉 1749：7：179。

〔97〕　柳义南 1983：242；顾诚 1984：249-51。

〔98〕　柳义南 1983：244-46；顾诚 1984：257-65；李登弟 1986：142-45；谢承仁 1986：361-63。在忠于明朝的史学家，例如吴伟业眼中，李自成没能争取到吴三桂就有了浪漫主义的传奇色彩。参看 Hsi 1975；Wakeman 1985：292。

〔99〕　参看戴福士的相关研究。

结　论　大势已去，何所谓"中"？

〔1〕　Wang 1997: 284.

〔2〕　Cohen 1984；Marks 1985；Philip Huang 1991.

〔3〕　Link 1993；Hevia 1995；Spence 1999: xxi. 有关其他认真对待中国中心主义的研究，参看 Bernstein 1982；Mancall 1984；Hu 2000。

〔4〕　Bernstein and Munro 1997；Nathan and Ross 1997；Chen Jian 1994, 1995；Ci 1994；Tang 1996；宋强、张藏藏、乔边 1996；彭谦、杨明杰、徐德任 1996；宋强、张藏藏、乔边、汤正宇、古清生 1996. 有关将东亚视为中心的观点，参看 Cohen 2000。

〔5〕　Foucault 1972: 10；Said 1978, 1993: 14, 56. 有关中心的对象问题，参看 Hull 1975. 对于虚假的普遍主义的不同批评，参看 Paz 1985: 101；Miyoshi 1991: 2,42,56,72, 107；Huntington 1996: 20, 310-11. 关于女性主义，参看 Scott 1986；Wolf 1992；Mann 2000。

〔6〕　Rey, Chow 1991: 26, 29；Duara 1995: 6；Miyoshi 1991: 5,92,243；Chatterjee 1993: xi.

〔7〕　Tu 1991:12；Tu, Hejtmanek, and Wachman 1992: 47-48；Yv 1991a, 1991b, 1994.

〔8〕　Zheng 1999；Dirlik and Zhang 2000: chs.2-4；Des Forges and Xu 2001.

〔9〕　Tu 1985: 99, 114, 133；Hansen 2000. 对于将中心问题与民族主义、种族主义、中心化以及优越性混淆的看法，参看 Blum and Jensen 2002: xiv, 3-9, 12, 18, 23, 167-70, 174, 177, 181。

〔10〕　Arnheim 1988；Miyoshi 1991: 15, 17, 35, 92, 188, 215, 238；Rey Chow 1991: 27-29, 32, 35,61, 76, 82-83, 86；Jameson 1991 passim；Said 1993: xi, xxv, 79；Chatterjee 1993: 8；Duara 1995: 8, 27, 33, 78, 232, 234-35；Raphals 1998: chs.6, 7；Dirlik and Zhang 2000: introduction；Blum and Jenson 2002: xix, 10, 15, 17, 18, 43, 247, 272, 299, 305, 313, 324.

〔11〕　Wheatley 1971: 431；Shils 1975: 3-4；Tambiah 1976: 102-31；Levi-Strauss 1979: 20；Geertz 1980: 11-18, 1983: 122-23, 146；Gesick 1983b: 93；Errington 1983；Buber 1992: 98；Winichakul 1994: 22；Huntington 1996: 264.

〔12〕　Bourdieu 1990: 55.

〔13〕　Fernandez-Armesto 1995: 19；Eco 1998: 19.

［14］　在对一般理论的本质和必要性，以及任何特定理论的前提与局限问题的思考上，我最初的灵感来自如下的研究：Carr 1964: 13, 32；Moore 1967: 520-21；Horton 1970: 132；Bourdieu 1968: 695；and Thomas Kuhn 1970: 25。近来，我则得益于阅读如下的著作：White 1973, 1978；Feyerabend 1978；Trompf 1979；McNeil 1982a, 1986；Lynn Hunt 1989; and Goldstone 1991。

［15］　中国通史集论编辑小组 1972: 6-8；李四光和雷海宗也有类似的计划，参看 Meskill 1965: ch. 4；不同的三分法，见于 Tu Wei-ming 1987。我在梁启超看法上所做的调整是将 17 世纪视为第二阶段的结束，而不是他认为的 19 世纪。虽然有很多对梁启超思想的研究都提到了他的这一时段划分观点，但却从未有研究者将当代中国也纳入其中。近来的例子，参看 Duara 1995。

［16］　Burton · Watson 1968: 1: 118-19。同样，近来也有学者研究司马迁的史学观，但却没有认真地将他的这一颇具特色的看法视为分析早期中国史的基础。例如 Durrant 1995。

［17］　Hok-lam Chan 1984。

［18］　我提出这一观点是在 1979 年，在之后的研究中，我运用此观点进行了系列研究，参看戴福士 1987，1988，1993，1997。

［19］　Ray Huang 1981: 38；Mote 1999: 724-34。

［20］　参看戴福士的相关研究。

［21］　对过度相似的怀疑，参看 Tu 1985: 30-40；William McNeill personal communication of 22 March 1987；关于深化、模式以及范式的同异问题，参看 Thomas Kuhn 1970；Barbour 1976；Hayden White 1973, 1978；McNeill 1982a, 1986；Eco 1998。

［22］　Gould 1987。

［23］　Vaughn 1985。

［24］　James D. Watson 1968。

［25］　除了将螺旋与失控联系起来的一般看法以外，有研究者已经意识到将螺旋式的发展模式与持续性的、线性的以及周期性的发展模式视为一体。关于螺旋性的本然问题，参看 Stevens 1974: 81-91；Chaison 1987: 142。对于其在知识增长中的问题，参看 Mao 1965: 3: 117-22；Mote 1971: 4；Wakeman 1973: 231；Capra 1975: 5-6；Wang 1986: 193；Chvn-fang Yv 2001: 159。有学术性以及叙述技巧的，参看 Ching 1976: xiv, 181；Girardot 1983: 16；McNeill 1986: 25；Soja 1989: 136-44；Sakai 1997: xiv。在中国历史和史学理论范畴内的讨论，参看 Fan 1954-65: 1: 33；Chang Hao 1971: 172；Hong 1981: 109；Wu Hong 1989: 162, 219；Mayfair Yang 1994: 110；Ko 1994: 110。前言性的分析，参看 Lattimore 1962: 252-53。在印度宗教及历史领域的讨论，参看 Basham 1975: 86；Thapar 1996: 8, 39。在西方史学理论范畴内的讨论，参看 Hayden White 1973: 120-31, 173, 344, 418, 421；Braudel 1973: 244；Francois 1974；Leo Ou-fan Lee 1977: 179；Hayden White 1978: 60；Trompf 1979: chs. 1-2；Breisach 1983: 208, 241, 330；Schlesinger 1986: 24, 44。在世界史体系内的分析，参看 Frank and Gills 1993: 90, 122, 189。关于小资本积累的问题，参看 Gates 1996: 118。

［26］　Ray Huang 1988: 19, 23, 47, 56, 102, 264-66；也可参看 Huang 1999，但他并未用螺旋式的发展模式来分析更早的历史与史学理论。

［27］　Paz 1985: 89, 112；Spence 1999: 426；Bartlett 1990: 137-38, 270, 339nn2, 4；Philip Kuhn 1990: 85；Link 1993: 203-4；Duara 1995: 32-33, 187；Fernandez-Armesto 1995: 44, 147；Zito 1996: 80；Hevia 1996: 472；Howland 1996: 197, 200-201, 224-26；Crossley 1999: 133；Brook 1997: 400n25；Brook 1998: xvii；Millward 1998: 25；Mote 1999: xv。

［28］　Sahlins 1987: vii；Goldstone 1991: 54-60；Habermas 1994: 66；Spence 1999: xxiv；

Michael H · Hunt 1996: 26；Bernstein and Munro 1997: 188；Nathan and Ross 1997: 21；Andrew and Rapp 2000: 5. 从此角度的尝试，参看 Des Forges and Xu 2001。

［29］ 关于中国在追寻世界历史中心上的兴趣问题，参看中国史学会 1985: 127；关于中国在融入世界历史上的困难问题，参看 Littrup 1987, 1989；关于中国在世界历史上的地位的新近解释，参看 Adshead 1988；关于描述一个单一的中心文明或世界体系演变的尝试，参看 Frank and Gills 1993；关于世界区域的概念而不是洲的概念的价值，参看 Lewis and Wigen 1997。

［30］ Mumford 1970: 389.

［31］ Bourdieu 1968: 695. 中国中心论自 16 世纪以来，在一定程度上基于西方批判性的观点而被承认的问题，参看 Fernandez-Armesto 1995；Wong 1997；Frank 1998；Pomeranz 2000。

［32］ Cited in Carr 1964: 13；也可参考 McNeill 1986，他认为对细节的遗忘有助于研究世界史。

［33］ 关于非洲问题，我参考 Leakey and Lewin 1977；关于美索不达米亚问题，则依靠 Mumford 1966；关于中国问题，参看 Gernet 1985 and Ebrey 1996；关于欧洲的问题，参看 McNeil 1963, 1982, 1986；关于美国的问题，参看 Chomsky 1991 and Johnson 2000。

［34］ 对比美国对当今世界的看法，参看 Fukuyama 1992；and Chomsky 1994. 关于近来中国的看法，参看 Kim 1989；Dittmer and Kim 1993；郑永年 1999. 关于当代的中美关系以及亚洲和美国的关系，参看 Vogel 1997；Cumings 1999. 关于中国的西方文化特征问题以及美国的偏执，参看 Chen Xiaomei 1996；and Gertz 2000. 对中国年轻一代的看法，参看 Des Forges 1999；and Des Forges and Xu 2001. 关于环境的问题，参看 Marks 1998；Tucker and Berthrong 1998；Elvin and Liu 1998. 关于法国的视角，参看 Boublil 1997。

附录 A

估算所得之晚明时期土地和其他财产及日用品附加税

	明廷	河南	豫北
万历年间登记土地面积（亩）	（1578）600000000[a]	（1581）94949374[a]	（1581）开封：38576128[a,b,c] 杞县：2186179[f,g] 怀庆：5489792[c,d]
万历年间粮税（石）	（1578）26360000[a,b] 28360000[e] （天启）25790000[e] （崇祯）27170000[e]	（1578）2280759[a,b] （晚明）2751970[b]	（晚明）开封：807900[b,c] （1556）怀庆：330600[c,g]
万历年间银税（两）	27,000,000[a,b] （万历）88930000[e] （天启）55640000[e] （崇祯）17760000[e]		开封：270033[a,b,c] 杞县：74461[d,f]
估计附加税率 　每亩（以两计）	.0035[a,b] .009[e,h]	.0035[a,b] .009[e,h]	开封：.007[b] 怀庆：.007[b]
以两计之附加税额： 　辽饷（在1618年） 　辽饷（到1631年） 　剿饷1637 　练饷1639 总计（1631+1637+1639）	 2100000[a,b] 10000000[h1] 2800000[h] 7300000[h] 20100000[a,b,h]		

续表

以银两计之附加税： 辽饷 1618	$5200000^{e,h}$	$332323^{a,b}$	开封:（辽）$270033^{a,b,c}$； （剿）18861
+ 剿饷 1637=	7590000^{e}	854544^{e}	怀庆：（辽）38429^{g}
+ 练饷 1639=	24290000^{e}	667422^{b}	河内：（剿）24200^{g}
原税目外附加税估计增长 百分比	辽：$8^{a,b}$ 合计：$77^{a,b}$ 辽：6^{e} + 剿：14^{e} + 练：137^{e}		杞：（合计）$25^{d,f}$

注释：参见：a Ray Huang 1974:46, 163-64, 312, 329；b Liang 1980:358:377；c Cong 1985:11；d Du Baotian forthcoming:11；e 河南省博物馆 1984；f 田文镜、孙灏、阿思哈 1735:21；g 郑廉 1749:59；h 郭松义 1983:222-29。

1. 这一数据包括以 1618 年后关于土地的附加税率不断增长（从 0.0035 到 0.009）的结果，以及 1623 年后成为标准的从其他财产和商业活动中收取的 2292000 两白银。因此，到 1631 年辽饷的收入几乎增长到了其开始时的五倍。参见郭松义 1983:223,225。

明代豫东北举人数量及分布

地区	明代前期 （1370—1468） 31 场科举				明代中期 （1471—1570） 34 场科举				明代后期 （1573—1642） 24 场科举			
	中榜人数	平均每场科举中榜人数	在府中所占百分比	在府中排名	中榜人数	平均每场科举中榜人数	在府中所占百分比	在府中排名	中榜人数	平均每场科举中榜人数	在府中所占百分比	在府中排名
河南	2211	71.3			2480	72.9			1980	82.5		
豫东北	973				1203				921			
开封	744	24.0			854	25.1			548	22.8		
祥符	211	6.8	28	1	233	6.9	27	1	136	5.7	25	1
陈留	18	.6			25	.7			15	.6		
杞县	44	1.4	6	4	75	2.2	8.8	3	70	2.9	12.8	2
通许	26	.8			22	.7			7	.3		
太康	34	1.1	4.6	7	29	.9			36	1.5	6.6	4
尉氏	无数据											
洧川	22	.7			6	.2			6	.3		
鄢陵	21	.7			25	.7			14	.6		
扶沟	15	.5			30	.9	3.5	8	17	.7		
中牟	27	.9			18	.5			9	.4		

地区	明代前期（1370—1468）31场科举				明代中期（1471—1570）34场科举				明代后期（1573—1642）24场科举			
	中榜人数	平均每场科举中榜人数	在府中所占百分比	在府中排名	中榜人数	平均每场科举中榜人数	在府中所占百分比	在府中排名	中榜人数	平均每场科举中榜人数	在府中所占百分比	在府中排名
阳武	数据不全				数据不全				数据不全			
封丘	数据不全				数据不全				7	.3		
兰阳	39	1.3	5.2	5	38	1.1	4.4	6	22	.9	4.	6
仪封	37	1.2	5.	6b	39	1.2	4.6	5	6	.3		
原武	数据不全				数据不全				数据不全			
延津	13	.4			16	.5			17	.7	3.	7
陈州	17	.6			22	.7			38	1.6	6.9	3b
西华	9	.3			21	.6			23	.96	4.2	5
商水	7	.2			6	.2			3	.1		
项城	24	.8			6	.2			16	.7	2.9	8
沈丘	0				4	.12			1	.04		
许州	25	.8			24	.7			14	.58		
临颍	无数据											
襄城	53	1.7	7	3	42	1.24	4.9		4	数据不全		
鄢城	21	.68			16	.47			数据不全			
长葛	14	.45			7	.21			11	.46		
禹州	61	2.	8	2	78	2.3	9.1	2	38	1.6	6.9	3a
新郑	17	.55			19	.56			11	.46		
密县	9	.29			3	.09			7	.29		
郑州	30	.97	4	8	32	.94	3.7	7	13	.54		
荥阳	37	1.2	5	6a	10	.29			7	.29		
荥泽	14	.42			7	.21			3	.13		

地区	明代前期（1370—1468）31 场科举				明代中期（1471—1570）34 场科举				明代后期（1573—1642）24 场科举			
	中榜人数	平均每场科举中榜人数	在府中所占百分比	在府中排名	中榜人数	平均每场科举中榜人数	在府中所占百分比	在府中排名	中榜人数	平均每场科举中榜人数	在府中所占百分比	在府中排名
河阴	3	.10			7	.21			4	.17		
氾水	13	.42			10	.29			4	.17		
归德	160	5.2			184	5.4			293	12.2		
商丘	35	1.1	22	2	44	1.3	24	2	85	3.5	40	1
虞城	12	.39	8	4	9	.26			16	.7		
睢州	47	1.5	29	1	70	2.06	38	1	66	2.75	32	2
考城	8	.3			8	.24			11	.46		
柘城	11	.35			3	.09			11	.46		
宁陵	10	.32			15	.44			16	.67		
鹿邑	18	.58	11	3	9	.26			25	1.04		
夏邑	10	.32			19	.56	10	3	29	1.2	14	4
永城	9	.29			12?	.35?			5	.21		
新乡	23	.74	33	2	18	.53	11?	2	15	.63	19	2
获嘉	12	.39			15	.44			19	.99	24	1
淇县	15	.48	22	3	13?	.38?			5	.21		
辉县	10	.32			18	.53	11	3	13	.54	16	3

注释：对河南的统计数据是基于田文镜、孙灏、阿思哈 1735:46.1-7；开封府的数据是基于管竭忠、张沐 1695:23.41ff；归德府和虞城、考城、柘城、鹿邑、夏邑、永城县数据基于陈锡辂、查昌岐 1754：7.1-20；卫辉数据基于德昌、徐郎斋 1788:23.28a-29a，关于其他府县数据则都基于当地方志。在有些看似数据完整的地区，不同来源的资料其记载或有矛盾之处。字迹不清之处，其数字已标问号。

附录 C

明代豫东北贡士数量及地区分布

地区	明代前期 （1371—1469） 30 场科举			明代中期 （1472—1571） 34 场科举			明代后期 （1574—1643） 24 场科举		
	人数	每次科举 平均人数	百分比 / 府内排名	人数	每次科举 平均人数	百分比 / 府内排名	人数	每次科举 平均人数	百分比 / 府内排名
河南	339	11.30		700	20.59		643	26.79	
豫东北	170	5.70	50	308	9.00	44	303	12.60	47
开封	**140**	**4.66**	豫东北的 82%			豫东北的 75%			豫东北的 60%
祥符	35	1.06	25/1	58	1.70	25/1	39	1.62	39/1
陈留	1	.03		5	.15		7	.29	
杞县	5	.16		18	.53	8/3	29	1.21	16/2
通许	5	.16		4	.12		2	.08	
太康	5	.16		5	.15		10	.42	5/5
尉氏	1	.03		5	.15		2	.08	
洧川	2	.06		1	.03		1	.04	
鄢陵	3	.10		8	.24		7	.29	
扶沟	3	.10		12	.35	5/4	6	.25	
中牟	1	.10		3	.09		3	.13	
阳武	4	.13		2	.06		1	.04	

地区	明代前期（1371—1469）30 场科举			明代中期（1472—1571）34 场科举			明代后期（1574—1643）24 场科举		
	人数	每次科举平均人数	百分比/府内排名	人数	每次科举平均人数	百分比/府内排名	人数	每次科举平均人数	百分比/府内排名
封丘	3	.10		4	.12		2	.08	
兰阳	5	.16		10	.29	4/5	7	.29	
仪封	8	.27	6/3	9	.26	4/6	1	.04	
原武	5	.16		3	.09		3	.13	
延津	3	.10		9	.26	4/6	5	.21	
陈州	1	.03		7	.21		11	.46	6/4
西华	1	.03		2	.06		7	.29	
商水	3	.10		1	.03		0	0	
项城	6	.20		3	.09		7	.29	
沈丘	0	0		1	.03		0	0	
许州	6	.20		7	.21		3	.13	
临颍	1	.03		8	.24		0	0	
襄城	10	.33	7/2	5	.15		4	.17	
郾城	5	.16		4	.12		3	.13	
长葛	1	.16		0	0		2	.08	
禹州	5	.16		20	.59	9/2	12	.50	7/3
新郑	3	.10		3	.09		1	.04	
密县	1	.03		0	0		0	0	
郑州	3	.10		7	.21		5	.21	
荥阳	2	.06		2	.06		0	0	
荥泽	0	0		1	.03		0	0	
河阴	0	0		2	.06		0	0	
汜水	1	.03		1	.03		1	.04	

地区	明代前期 （1371—1469） 30 场科举			明代中期 （1472—1571） 34 场科举			明代后期 （1574—1643） 24 场科举		
	人数	每次科举 平均人数	百分比 / 府内排名	人数	每次科举 平均人数	百分比 / 府内排名	人数	每次科举 平均人数	百分比 / 府内排名
归德	20	.67	豫东北的 12%	42	1.24	豫东北的 13%	93	3.88	豫东北的 31%
商丘	0	0		6	.18	14/2	23	.96	25/1
虞城	0	0		2	.06		5	.21	5/6
睢州	7	.23	35/1	18	.53	43/1	16	.67	17/3
考城	1	.03		3	.09		1	.04	
柘城	1	.03		0	0		0	0	
宁陵	2	.06		4	.12	10/3	8	.33	13/4
鹿邑	3	.10	15/2	1	.03		4	.17	
夏邑	1	.03		3	.09		10	.42	11/5
永城	0	0		0	0		21	.88	23/2
卫辉	10	.33	豫东北的 6%	31	.91	豫东北的 12%	28	1.16	豫东北的 9%
汲县	4	.13	40/1	17	.50	55/1	3	.13	11/3
胙城	0	0		2	.06		3	.13	
新乡	2	.06	20/3	5	.15	16/2	6	.25	22/2
获嘉	1	.03		4	.12	13/3	11	.46	39/1
淇县	3	.10	30/2	1	.03		2	.08	
辉县	0	0		2.00	.06		3	.13	

注释：田文镜、孙灏、阿思哈 1735：45.12b-46a。

附录 D

河南省志中的乡贤传记

时期\地区	洪武	永乐	宣德	正统	景泰	天顺	成化	弘治	正德	嘉靖	隆庆	万历	天启	崇祯
祥符	9	2	2		1		3	2	1	3		5	1	
陈留							1	2			3			1
杞县				2						4		7		2
通许				2								1		
太康	2	2										1		
尉氏	1											2		
洧川		1										1		
鄢陵	2		1				2	1				3		
扶沟											1			
中牟											1	1		
阳武	2					1	1		1		1			
封丘	1													
兰阳	1	1	1										2	
仪封		1				1	1	1	2	2		1		
原武														
延津														
陈州	2											1		
西华	1											1		1

时期\地区	洪武	永乐	宣德	正统	景泰	天顺	成化	弘治	正德	嘉靖	隆庆	万历	天启	崇祯
商水														
项城									1					
沈丘														
许州	1													
临颖	2	1						1						
襄城	1				1								1	
郾城	1											1		
长葛														
禹州	2	2			1							1	1	
新郑							1		1	2				
密县		2												
郑州	1													
荥阳	1						1							
荥泽														
河阴	1													
汜水													1	
商丘	3	1				1	1		1	1		6	3	3
虞城												2		
睢州							1	1				2		1
考城	1													
柘城	1									1			1	
宁陵							1	1						
鹿邑	1	1											1	1
夏邑	2			1								2		
永城	1											2		
汲县	1					1	1	1		4		4		

时期 地区	洪武	永乐	宣德	正统	景泰	天顺	成化	弘治	正德	嘉靖	隆庆	万历	天启	崇祯
胙城	1													
新乡	1													
淇县	1													
辉县												1		1

注释：田文镜、孙灏、阿思哈 1735：57：59a-79a；58：12b-27a，66b-72a。短暂的建文朝和泰昌朝的人物活跃于之前和之后的朝廷，并被列入这些时期的人物中。嘉靖、隆庆和万历朝的部分因传记日期有缺漏而有所混淆。

附录 E

河南省志附传中所载明代豫东北 434 位妇女之结局

WL= 贞妇，WS= 殉夫贞妇，BS= 未婚殉夫，SR= 逼奸时殉节，CT= 刺股

	早期 1368—1464			中期 1465—1572				晚期 1573—1644			
	WL	WS	BS	WL	WS	BS	SR/CT	WL	WS	BS/SR	CT
祥符		11		7	11			2	4		1
陈留					3			3			
杞县	2			7	4	2	1	4	4	11	
通许	1			1			4		2	3	3
太康	2			9	2						
尉氏							4	1	7		2
洧川	1			1				1	3	1	
鄢陵	1			2						1	
扶沟	1									2	
中牟				1							
阳武	2			4	5			2			
封丘					1		3				
兰阳				2	1						
仪封				3	3				1		6
原武											

续表

	早期 1368—1464			中期 1465—1572				晚期 1573—1644			
	WL	WS	BS	WL	WS	BS	SR/CT	WL	WS	BS/SR	CT
延津							3				
陈州	3		1	1	2			1			
西华				5	4	1	9		7	1	
商水				1							
项城	1				1	2					
沈丘					1	2					
许州	1			1						1	
临颖											
襄城				5	1	1					
郾城	2				2						
长葛							1		4	6	2
禹州	1			3		1	2		2	2	
新郑		2		1		1	3				
密县	2	1		3							
郑州	2			6						6	
荥阳								1		2	
荥泽					1						
河阴											
汜水	1						1			1	
商丘	3	2		5	8		2	2	12	25	
虞城				2	1		1				
睢州				4	5		1				
考城				1	3					2	10
柘城				1	1		1				
宁陵				2	6				1		

	早期 1368—1464			中期 1465—1572				晚期 1573—1644			
	WL	WS	BS	WL	WS	BS	SR/CT	WL	WS	BS/SR	CT
鹿邑				1	1	1	1		2		
夏邑					2	1	1			1	
永城				1	2		1	1		6	
汲县	2			3				1	1		1
胙城	1			2							
新乡	1	1		2	1			3			
获嘉				1					2	1	4
淇县								1			
辉县				2	2				4		
总记	30	17	1	89	75	12	38 2	24	55	9 59	23

注释：田文镜、孙灏、阿思哈 1735: 卷 67-71。传记按照府县划分严格，但按照年号和年份并不严格。在明代的前三分之二阶段，被朝廷承认的妇女所处的年号和年份通常被给出，但后三分之一的时间多被忽略。

附录 F

明代豫东北儒学之士与贞洁烈妇人数最多与最少的府县

	儒学之士 （考取县、乡、会试功名者）		贞节烈妇 （府县方志列传者）	
开封府	1. 祥符	586	1. 祥符	38
	2. 禹州	144	2. 杞县	29
	3. 杞县	104	3. 西华	26
	32. 商水	16	32. 郾城	2
	33. 河阴	14	33. 商水	1
	34. 沈丘	5	34. 河阴	0
归德府	1. 睢州	192	1. 商丘	65
	2. 商丘	157	2. 考城	16
	3. 夏邑	58	3. 永城	11
	7. 虞城	37	7. 夏邑	5
	8. 考城	28	8. 虞城	4
	9. 柘城	25	9. 柘城	3
卫辉府	1. 汲县	145	1. 汲县	9
	2. 新乡	56	2. 获嘉	9
	3. 获嘉	46	3. 新乡	8
	4. 辉县	41	4. 辉县	8
	5. 淇县	33	5. 胙城	3
	6. 胙城	30	6. 淇县	1

注释：乡试功名见附录 B。贞烈传记见附录 E。

参考文献

Abrams, M. H. 1979. *The Norton Anthology of English Literature: Volume 2*. Fourth edition. New York: W. W. Norton and Co.

Adshead, S. A. M. 1988. *China in World History*. London: Macmillan.

Allan, Sarah. 1972-1973. "The Identities of Taigong Wang in Zhou and Han Literature." *Monumenta Serica* 30: 57-99.

Andrew, Anita M., and John A. Rapp. 2000. *Autocracy and China's Rebel Founding Emperors: Comparing Chairman Mao and Ming Taizu*. Boulder, Colorado: Rowman and Littlefield.

Arnheim, Rudolf 1988. *The Power of the Center: A Study of Composition in the Visual Arts: The New Version*. Berkeley: University of California Press.

Atwell, William S. 1975. "From Education to Politics: The Fushe." In William Theodore de Bary et al. *The Unfolding of Neo-Confucianism* (New York: Columbia University Press): 333-68.

——. 1977. "Notes on Silver, Foreign Trade, and the Late Ming Economy." *Ch'ing-shih wen-t'i* 8.3: 1-33.

——. 1982. "International Bullion Flows and the Chinese Economy circa 1530-1650." *Past and Present* 95: 68-90.

——. 1986. "Some Observations on the 'Seventeenth-Century Crisis' in China and Japan." *Journal of Asian Studies* 45.2: 223-44.

——. 1990. "A Seventeeth-Century 'General Crisis' in East Asia?" *Modern Asian Studies* 24.4: 661-82.

Bai, Yu 白愚. 1644. *Bianwei shijin lu* 汴围湿襟录 [Emotional record of the siege and flooding of Bian]. In Liu Yian 1982.

Barbour, Ian G. 1976. *Myths, Models, and Paradigms*. New York: Harper and Row.

Bartlett, Beatrice. 1990. *Monarchs and Ministers: The Grand Council in Mid-Ch'ing China, 1723-1820*. Berkeley: University of California Press.

Basham, A. L. 1975. *A Cultural History of India*. Oxford: Clarendon Press.

Benedict, Carol. 1996. "Framing Plague in China's Past." In Hershatter, Honig, Lipman, and Stross 1996: 27-41.

Bernhardt, Kathryn. 1996. "A Ming-Qing Transition in Chinese Women's History? The Perspective from Law." In Hershatter, Honig, Lipman, and Stross 1996: 42-58.

——. 1999. *Women and Property in China, 960-1949*. Standard: Stanford University Press.

Bernstein, Richard. 1982. *From the Center of the Earth: The Search for the Truth about China*. Boston: Little, Brown.

——, and Ross H. Munro. 1997. *The Coming Conflict with China*. New York: Knopf.

Bingham, Woodbridge. 1941. "The Rise of Li in a Ballad Prophecy." *Journal of the American Oriented Society* 61: 272-80.

Birch, Cyril. 1958. *Stories from a Ming Collection: Translations of Chinese Short Stories Published in the Seventeenth Century*. New York: Grove Press.

Blum, Susan D., and Lionel M. Jensen, eds. 2002. *China off Center: Mapping the Margins of the Middle Kingdom*. Honolulu: University of Hawaii Press.

Boublil, Alain. 1997. *Le Siècle des Chinois*. Monaco: Editions du Rocher.

Bourdieu, Pierre. 1968. "Structuralism and the Theory of Sociological Knowledge." *Social Research* 35.4: 681-706.

——. 1990. *The Logic of Practice*. Stanford: Stanford University Press. Translation of *Le sens pratique* (Paris: Éditions de Minuit, 1980).

Braudel, Fernand. 1973. *Capitalism and Material Life, 1400-1800*. London: George Weidenfeld and Nicolson Ltd. Translation of *Civilisation Matérielle et Capitalisme* (Paris: Librairie Armand Colin, 1967).

Bray, Francesca. 1997. *Technology and Gender: Fabrics of Power in Late Imperial China*. Berkeley: University of California Press.

Breisach, Ernst. 1983. *Historiography: Ancient, Medieval, and Modern*. Chicago: University of Chicago Press.

Brook, Timothy. 1981. "The Merchant Network in Sixteenth Century China: A Discussion and Translation of Zhang Han's 'On Merchants.'" *Journal of the Economic and Social History of the Orient* 24.2: 165-214.

——. 1985. "The Spatial Structure of Ming Local Administration." *Late Imperial China* 6.1: 1-55.

——. 1990. "Family Continuity and Cultural Hegemony: The Gentry of Ningbo, 1368-1911." In Esherick and Rankin 1990: 27-50.

——. 1993. *Praying for Power: Buddhism and the Formation of Gentry Society in Late Ming China*. Cambridge: Harvard University Press.

——. 1996. "Edifying Knowledge: The Building of School Libraries in Ming China." *Late Imperial China* 17.1: 93-119.

——. 1997. "At the Margin of Public Authority: The Ming State and Buddhism." In Huters et al., 1997: 161-81.

——. 1998. *The Confusions of Pleasure*. Berkeley: University of California Press.

——. Forthcoming. "Famished Bodies for the Emperor's Gaze: Yang Dongming's Representation of the 1594 Famine in Henan." Paper prepared for the workshop "Medicine in China: Techniques and Social History," Insititut des Hautes Études Chinoises, Collège de France, 17-19 June 2000.

Buber, Martin. 1992. *On Intersubjectivity and Cultural Creativity*. Edited and with an introduction by S. N. Eisenstadt. Chicago: Chicago University Press.

Capra, Fritjof. 1975. *The Tao of Physics*. New York: Bantam Books.

Carr, Edward H. 1964. *What is History?* New York: Knopf.

Cass, Victoria. 1999. *Dangerous Women: Warriors, Grannies, and Geishas of the Ming*. New York: Rowman and Littlefield.

Chaison, Eric. 1987. *The Life Era: Cosmic Selection and Conscious Evolution*. New York: The Atlantic Monthly Press.

Chan, Albert. 1982. *The Glory and Fall of the Ming Dynasty*. Norman: University of Oklahoma.

Chan, Hok-lam. 1973. "Chang Chung and his Prophecy: The Transmission of the Legend of an Early Ming Taoist." *Oriens Extremus* 15.1: 65-102.

——. 1984. *Legitimation in Imperial China: Discussions under the Jurchen-Chin Dynasty (1115-1234)*. Seattle: University of Washington Press.

Chan, Wing-tsit. 1970. "The Ch'eng-Chu School of the Early Ming." In de Bary 1970: 29-52.

——. 1982. "Chu Hsi and Yüan Neo-Confucianism." In Hok-lam Chan and William Theodore de Bary. *Yüan Thought: Chinese Thought and Religion Under the Mongols* (New York: Columbia University Press): 197-232.

Chang Hao. 1971. *Liang Ch'i-ch'ao and the Intellectual Transition in China, 1890-1907*. Cambridge: Havard University Press.

Chang, Kwang-chih. 1968. *The Archaeology of Ancient China*. New Haven: Yale University Press.

——. 1983. "Sandai Archaeology and the Formation of States in Ancient China: Processual Aspects of the Origins of Chinese Civilization." In David N. Keightley, ed. *The Origins of Chinese Civilization*(Berkeley: University of California Press), 495-523.

Chang, Kang-I Sun, and Haun Saussy. 1999. *Women Writers of Traditional China*. Stanford: Stanford University Press.

Chang Moulai 常茂徕. 1852. *Ru Meng Lu* 如梦录 [Record as from a Dream]. 1 juan. Kaifeng: Henan Shengli tushu guan; 1921 reprint.

Chang, Shelley Hsueh-lun. 1990. *History and Legend: Ideas and Images in the Ming Historical Novels*. Ann Arbor: University of Michigan Press.

Chao, Kang. 1986. *Man and Land in Chinese History: An Economic Analysis*. Stanford: Stanford University Press.

Chao Yang chubanshe bianjibu 朝阳出版社编辑部 1979. *Zhongguo lishi renwu cidian* 中国历史人物辞典 [Dictionary of Chinese historical personalities]. Hong Kong: Chao Yang chubanshe.

Chatterjee, Partha. 1993. *The Nation and Its Fragments: Colonial and Postcolonial Histories*. Princeton: Princeton University Press.

Chen, jian. 1994. *China's Road to the Korean War: The Making of the Sino-American Confrontation*. New York: Columbia University Press.

——. 1995. "China's Involvement in the Vietnam War, 1964-69." *China Quarterly* 142(June): 356-87.

Chen, Jo-shui. 1992. *Liu Tsung-yuan and Intellectual Change in T'ang China, 773-819*. Cambridge: Cambridge University Press.

Chen Lianying. 陈连营 1987. "Mingmo nongmin zhanzheng qijian Henan dizhu tuzhai shitan" 明末农民战争期间河南地主土寨试探 [A preliminary investigation of landlord forts in Henan during the farmers' wars of the late Ming]. Unpublished paper presented at Dierci quanguo Mingmo nongmin zhanzheng shi xueshu taolunhui 第二次全国明末农民战争史学术讨论会 [Second national scholarly convention on the farmers' wars at the end of the Ming].

Chen, Xiaomei. 1996. *Occidentalism: A Theory of Counter-Discourse on Post-Mao China*. Oxford: Rowman and Littlefield.

Chen Xilu 陈锡辂 and Zha Changqi 查昌岐, comps. 1754. Guide fuzhi 归德府志 [Gazetteer of Guide Prefecture]. 36 juan.

Chen Yuan 陈垣. 1923. "Kaifeng Yicileye jiao kao" 开封一赐乐业教考 [An examination of the Israelite religion of Kaifeng]. Shanghai: Shangwu yinshuguan, Dongfang wenku, 72.

Chi, Ch'ao-ting. 1936. *Key Economic Areas in Chinese History*. London: Allen&Unwin.

Ching, Julia. 1976. *To Acquire Wisedom, the Way of Wang Yang-ming*. New York: Columbia University Press.

Chomsky, Noam. 1994. *World Orders Old and New*. New York: Columbia University Press.

———. 1991. *Deterring Democracy*. London: Verso.

Chow, Kai-wing. 1994. *The Rise of Confucian Ritualism in Late Imperial China: Ethics, Classics, and Lineage Discourse*. Stanford: Stanford University Press.

Chow, Rey. 1991. *Women and Chinese Modernity*. Minneapolis: University of Minnesota Press.

Ch'ü, T'ung-tsu. 1962. *Local Government in China under the Ch'ing*. Cambridge: Harvard University Press.

Ci, Jiwei. 1994. *Dialectic of the Chinese Revolution: From Utopianism to Hedonism*. Stanford: Stanford University Press.

Clunas, Craig. 1991. *Superfluous Things: Material Culture and Social Status in Early Modern China*. Cambridge: Polity Press.

———. 1996. *Fruitful Sites: Garden Culture in Ming Dynasty China*. Durham: Duke University Press.

Cohen, Paul. 1984. *Discovering History in China: American Historical Writing on the Recent Chinese Past*. New York: Columbia University Press.

———. 1997. *History in Three Keys: The Boxes as Event, Experience, and Myth*. New York: Columbia University Press.

Cohen, Warren. 2000. *East Asia at the Center: Four Thousand Years of Engagement with the world*. New York: Columbia University Press.

Cole, Alan. 1998. *Mothers and Sons in Chinese Buddhism*. Stanford: Stanford University Press.

Cong Hanxiang 丛翰香. 1985. "Shisi shiji mo zhi shiliu shiji zhongguo Huabei pingyuan nongcun jingji fazhan de kaocha" 十四世纪末至十六世纪中国华北平原农村经济发展的考查 [An Investigation into the economic development of villages on the north China plain from the end of the fourteenth century to the middle of the sixteenth century]. A paper presented at the First International Conference on Ming History held at Huangshan, Anhui, 1-30.

Crawford, Robert. 1970. "Chang Chu-cheng's Confucian Legalism." In de Bary 1970: 367-414.

Crossley, Pamela Kyle. 1999. *A Translucent Mirror: History and Identity in Qing Imperial Ideology*. Berkeley: University of California Press.

Cumings, Bruce. 1999. *Parallax Visions: Making Sense of American-East Asian Relations at the End of the Century*. Durham: Duke University Press.

Dai Fushi(Roger Des Forges). 1987. "Zhongguo lishi leixing: yizhong luoxuan lilun" 中国历史

类型：一种螺旋理论 [The pattern of Chinese history: A spiral theory], Liu Dong 刘东 and

Xie Weihe 谢维和 , trans. *Zouxiang weilai* 走向未来 [Toward the future] 2.1(Mar.): 72-81.

Dardess, John W. 1996. *A Ming Society: T'ai-ho County, Kiangsi, Fourteenth to Seventeenth Centuries*.

Berkeley: University of California Press.

——. 2002. *Blood and History: The Donglin Faction and Its Repression, 1620-1624*. Honululu:

University of Hawaii Press.

de Bary, William Theodore, ed. 1970. *Self and Society in Ming Thought* (New York: Columbia University

Press).

de Certeau, Michel. 1984. *The Practice of Everyday Life*. Steven Rendall, trans. Berkeley: University of

California Press.

Dehergne, Joseph. 1957. "Les chrtientés de Chine de la période Ming (1581-1650)." Mounmenta Serica

16.1-136 plus map.

Dennerline, Jerry. 1981. *The Chia-ting Loyalists: Confucian Leadership and Social Change in

Seventeenth-Century China*. New Haven: Yale University Press.

Des Forges, Roger. 1979. "Rebellion and Revolution in Chinese History: Definitions, Theories, and

Hypotheses." Unpublished paper presented to the Workshop on Rebellion and Revolution in

North China, Late Ming to the Present, sponsored by American Council of Learned Societies,

held at the Fairbank Center, Harvard University.

——.1982. "The Story of Li Yen: Its Growth and Function from the Early Qing to the Present." *Harvard

Journal of Asiatic Studies* 42.2: 535-87.

——. 1984. "The Legend of Li Yen: Its Origins and Implications for the Study of the Ming-Ch'ing

Transition in Seventeenth Century China." *Journal of the American Oriental Society* 104.3:

411-36.

——. 1988. "Zhongguo jindai shi shi cong shenma shihou kaishi de?" 中国近代史是从什么时候开始

的? [When does recent Chinese history begin?] *Jindai Zhongguo shi yanjiu tongxun* 近代中国

史研究通讯 [Newsletter for Modern Chinese History] 6: 152-63.

——. 1993. "Democracy in Chinese History." In Roger Des Forges, Luo Ning, and Wu Yenbo, eds.

Chinese Democracy and the Crisis of 1989: Chinese and American Reflections (Albany: State

University of New York Press): 21-52.

——. 1997. "States, Societies, and Civil Societies in Chinese History." In Timothy Brook and Bernard

Frolic, eds. *China and Civil Society* (Armonk, N.Y.: M. E. Sharpe, Inc.): 68-95.

——. 1999. "The People's Republic of China and the United States of America: Which is the

Hegemon?" *The Literary Review of Canada*, 7.4: 9-13.

——. In process. "Toward Another Tang or Zhou? Views from the Central Plain During the Shunzhi

Reign (1644-1661)." Chapter for conference volume edited by Lynn Struve, titled *In the Mean-

time: Temporalities of the Ming-Qing Transition*.

——, and Luo Xu. 2001. "China as a Non-Hegemonic Superpower? The Uses of History Among the

China Can Say No Writers and Their Critics." Critical Asian Studies 33.4: 483-507.

Dietrich, Craig. 1972. "Cotton Culture and Manufacture in Early Ch'ing China." In W. E. Willmott, ed. *Ecomonic Organization in Chinese Society* (Stanford: Stanford University Press): 109-35.

Dirlik, Arif, and Xudong Zhang, eds. 2000. Postmodernism and China. Durham and London: Duke University Press.

Dittmer, Lowell, and Samuel S. Kim. 1993. *China's Quest for National Identity*. Ithaca: Cornell University Press.

Du, Baotian 杜宝田 . Forthcoming. " 'Jin qixian' de laili" 金杞县的来历 [The origins of the expression "Golden Qi county"]. Qi County: Qixian difang shizhi zongbian shi.

Duara, Prasenjit. 1988. "Superscribing Symbols: The Myth of Guandi, Chinese God of War." *Journal of Asian Studies* 47. 4: 778-95.

——. 1995. Rescuing History from the Nation: Questioning Narratives of Modern China. Chicago: University of Chicago Press.

Dunstan, Helen. 1975. "The Late Ming Epidemics: A preliminary Survey." *Ch'ing-shih wen-t'i* 3: 1-59.

Durand, John D. 1960. "The Population Statistics of China, A.D. 2-1953." *Population Studies* 13: 209-58.

Durand, Pierre-Henri. 1992. *Lettrés et pouvoirs: Un procès littéraire dans la chine impériale*. Paris: Éditions de l'École des Hautes Études en Sciences Sociales.

Durrant, Stephen W. 1995. *The Cloudy Mirror: Tension and Confict in the Writings of Sima Qian*. Albany: State University of New York Press.

Ebrey, Patricia. 1993a. *Chinese Civilization: A Sourcebook*. New York: The Free Press.

——. 1993b. *The Inner Quarters: Marriage and the Lives of Chinese Women in the Sung Period*. Berkeley: University of California Press.

——. 1996. *Cambridge Illustrated History of China*. Cambridge: Cambridge University Press.

——. 1999. "Gender and Sinology: Shifting Western Interpretations of Footbinding, 1300-1890." *Late Imperial China* 20. 2: 1-34.

Eco, Umberto. 1998. *Serendipities: Language and Lunacy*. William Weaver, trans. New York: Harcourt Brace and Co.

Edwards, E. D. 1938. *Chinese Prose Literature of the T'ang Period, A.D. 618-906*. 2 vols. London.

Elliott, Mark. 2001. *The Manchu Way: The Eight Banners and Ethnic Identity in Late Imperial China*. Stanford: Stanford University Press.

Elman, Benjamin A. 1994. "Changers in Confucian Civil Service Examinations from the Ming to the Ch'ing Dynasty." In Benjamin Elman and Alexander Woodside, eds. *Education and Society in Late Imperial China, 1600-1900* (Berkeley: University of California Press, 1994): 111-49.

——. 1997. "The Formation of 'Dao Learning' as Imperial Ideology During the early Ming Dynasty." In Huters et al. 1997: 58-82.

——. 2000. *A Cultural History of Civil Examinations in Late Imperial China*. Berkeley: University of California Press.

Elvin, Mark. 1973. *The Pattern of the Chinese Past*. Stanford: Stanford University Press.

——. 1984. "Female Virtue and the State in China." *Past and Present* 104: 111-52.

——, and Liu Ts'ui-jung, eds. 1998. *Sediments of Time: Environment and Society in Chinese History*.

Cambridge: Cambridge University Press.

Errington, Shelley. 1983. "The Place of Regalia in Luwu." In Gesick 1983: 194-241.

Esherick, Joseph and Mary Rankin 1990. *Chinese Local Elites and Patterns of Deminance*. Berkeley: University of California Press.

Fan Wenlan 范文澜. 1954-65. Zhongguo tongshi jianbian 中国通史简编 [A simplified edition of the comprehensive history of China]. 4 vols. Beijing: Renmin chubanshe.

Fang, Chaoying. 1965. "Notes on the Chinese Jews of Kaifeng." *Journal of the American Oriental Society* 85.2: 126-28.

Farmer, Edward L. 1976. *Early Ming Government: The Evolution of Dual Capitals*. Cambridge: Harvard University Press.

——. et al. 1988-89. "Symposium on Fifteenth-Century China." "Part One," *Ming Studies* 26 (fall 1988): 1-60; "Part Two," *Ming Studies* 27 (spring 1989): 1-66.

Feng Menglong 冯梦龙. 1644. Jiashen jishi 甲申纪事 [Record of 1644]. 14juan. Reprinted in Zheng zhenduo 郑振铎, ed. Xuanlan tang congshu, chuji 玄览堂丛书，初集 [Collectaneum of the Xuanlan Hall first series] (Shanghai, 1941) ce 107-18.

Feng Minchang 冯敏昌 and Chou Ruhu 仇汝瑚. 1790. *Meng xianzhi* 孟县志 [Gazetteer of Meng County]. 10 juan.

Fernández-Armesto, Felipe. 1995. *Millennium: A History of the Last Thousand Years*. New York: Scribner.

Feyerabend, Paul. 1978. *Against Method: Outline of an Anarchist Theory of Knowledge*. London: Verso.

Fong, Wen. 1980. The Great Bronze Age of China: An Exhibition from the People's Republic. New York: Knopf.

Foucault, Michel. 1972. *The Archaeology of Knowledge and The Discourse on Language*. New York: Harper and Row.

François, Martha Ellis. 1974. "Revolts in Late Medieval and Early Modern Europe: A Spiral Model." *Journal of Interdisciplinary History* 5: 19-43.

Frank, André Gunder. 1998. *ReOrient: Global Economy in the Asian Age*. Berkeley: University of California Press.

——, and Barry K. Gills, eds. 1993. *The World System: Five Hundred Years or Five Thousand?* London and New York: Routledge.

Franke, Wolfgang. 1976. "Historical Precedent or Accidental Repetition of Events? K'on Chun in 1004 and Yü Ch'ien in 1449." *Sung Studies in Memoriam Etienne Balazs*, ed. Francoise Aubin, ser. I, pt. 3 (Paris): 199-206.

Fu Yiling 傅衣凌. 1958. "Ming-Qing shidai Henan Wuan shangren kaolue" 明清时代河南武安商人考略 [Research on the merchants of Wuan, Henan in the Ming-Qing period]. Xueshu luntan 学术论坛 [Scholarly Discussions] 2: 36-38.

——. 1984. "Mingdai jingjishi shang de Shandong yu Henan" 明代经济史上的山东与河南 [Shandong and Henan in the Economic History of the Ming]. *Shehui kexue zhanxian* 社会科学战线 [Social Science Battlefront] 3: 119-27.

Fukuyama, Francis. 1992. *The End of History and the last Man*. New York: Avon Books.

Furth, Charlotte. 1986. "Blood, Body, and Gender: Medical Images of the Female Condition in China." *Chinese Science* 7: 53-65.

——. 1987. "Concepts of Pregnancy Childbirth, and Infancy in Ch'ing Dynasty China." *Journal of Asian Studies* 46.1: 7-35.

——. 1994. "Rethinking van Gulik: Sexuality and Reproduction in Traditional Chinese Medicine." In Christina K. Christina K. Gilmartin, Gail Hershatter, Lisa Rofel, and Tyrene White, eds. *Engendering China: Women, Culture, and the State* (Cambridge: Harvard University Press): 125-46.

——. 1998. A Flourishing Yin: Gender in China's Medical History, 960-1665. Berkeley: University Press).

Gates, Hill. 1996. *China's Motor: A Thousand Years of Petty Capitalism.* Ithaca: Cornell University Press.

Ge Rongjin 葛荣晋. 1990. *Wang Tingxiang he Mingdai qixue* 王廷相和明代气学 [Wang Tingxiang and the Study of Qi in the Ming Period]. Beijing: Zhonghua shuju.

Geelan, P. J. M., and D. C. Twitchett 1974. *The Times Atlas of China.* Edinburgh: John Bartholomew and Son Ltd.

Geertz, Clifford. 1980. *Negara: The Theatre State in Nineteenth-Century Bali.* Princeton: Princeton University Press.

——. 1983. *Local Knowledge: Further Essays in Interpretive Anthropology.* New York: Basic Books.

Gernet, Jacques. 1985. *A History of Chinese Civilization.* Cambridge: Cambridge University Press.

Gertz, Bill. 2000. *The China Threat: How the People's Republic Targets America.* Washington, D.C.: Regnery Publishing, Inc.

Gesick, Lorraine. 1983a. *Centers, Symbols, and Hierarchies: Essays on the Classical States of Southeast Asia.* New Haven: Yale University Southeast Asia Studies.

——. 1983b. "The Rise and Fall of King Taksin: A Drama of Buddhist Kingship." In *Gesick* 1983: 87-105.

Girardot, N. J. 1983. *Myth and Meaning in Early Taoism.* Berkeley: University of California Press.

Goldstone, Jack A. 1991. *Revolution and Rebellion in the Early Modern world.* Berkeley: University of California Press.

Goodrich, L. Carrington, and Chaoying Fang, eds. 1976. *Dictionary of Ming Biography, 1368-1644.* 2 vols. New York: Columbia University Press.

Gould, Stephen Jay. 1987. *Time's Arrow, Time's Cycle: Myth and Metaphor in the Discovery of Geological Time.* Cambridge: Harvard University Press.

Graff, David A. 1995. "Meritorious Cannibal: Chang Hsun's Defense of Sui-yang (757) and the Exaltation of Loyalty in an Age of Rebellion." In Association for Asian Studies, Inc. *Abstracts of the 1995 Annual Meeting* (April 6-9, 1995) (n.p.: no publisher): 33.

Graham, A. C. 1989. *Disputers of the Tao: Philosophical Argument in Ancient China.* La Salle, Illinois: Open Court.

Greer, Charles. 1979. *Water Management in the Yellow River Basin of China.* Austin: University of Texas.

Grimm, Tilemann. 1969. "Ming Education Intendants." In Hucker 1969: 129-48.

Grove, Linda, and Christian Daniels, eds. *State and Society in China: Japanese Perspectives on Ming-Qing Social and Economic History.* Tokyo: University of Tokyo Press, 1984.

Gu Cheng 顾诚. 1978. "Li Yan zhiyi" 李岩质疑 [Doubts about Li Yan]. *Lishi yanjiu* 历史研究 [Historical Research] 5: 62-75.

——. 1982. "Mingdai de zongshi" 明代的宗室 [The Royal Lineage of the Ming Period]. *MingQing shi guoji taolun hui lunwen ji* 明清史国际讨论会论文集 [Collected Papers of the International Ming-Qing History Conference]: 89-111.

——. 1984. *Mingmo nongmin zhanzhengshi* 明末农民战争史 [A history of the farmers' wars at the end of the Ming]. Beijing: Zhongguo shehui kexue chubanshe.

——. 1986. "Ming qianqi gengdi shu xintan" 明前期耕地数新探 [A new appraisal of the amount of land under cultivation in the early Ming]. *Zhongguo shehui kexue* 中国社会科学 [Chinese Social Sciences], 4: 193-213.

——. 1990. "New Observations on Farmland Statistics in the Earlier Period of the Ming Dynasty." *Social Sciences in China* (spring): 197-224.

Gugong bowuyuan MingQing dang'anbu 故宫博物院明清档案部 [The Ming-Qing Archives of the Palace Museum] 1979. *Qingdai dang'an shiliao congbian* 清代档案史料丛编 [Collected historical materials from the Qing archives] 4. Beijing: Zhonghua shuju.

Gu Yanwu 顾炎武. Early Qing. *Mingji shilu* 明季实录 [A true record of the late Ming]. 1 juan. In *Mingji baishi xubian*. Shanghai: Shangwu yinshuguan, 1912; reprinted, Taipei: Guangwen shuju, 1968.

——. 1811. *Tianxia junguo libing shu* 天下郡国利病书 [A Study of the Chief Characteristics of all Provinces under Heaven]. Preface 1662. Sibu congkan ed. 120 juan.

Gu Yingtai 谷应泰. 1658. *Mingshi jishi benmo* 明史纪事本末 [A topical history of the Ming]. 80 juan. Guangya shuju, 1887. Also consulted in the 1977 edition printed in Beijing by Zhonghua shuju, 4 vols.

Guan Jiezhong 管竭忠 and Zhang Mu 张沐. 1695. *Kaifeng fuzhi* 开封府志 [Gazetteer of Kaifeng Prefecture]. 40 juan.

Guan Weilan 官蔚蓝. 1956. *Zhonghua minguo xingzheng quhua ji tudi, renkou tongji biao* 中华民国行政区划及土地人口统计表 [Tables of Population and Land in the Administrative Regions of the Republic of China]. Taipei: Beikai chuban she.

Guo quanjie 郭荃阶 and Guo Qingyun 郭庆云. 1915. *Xinxiang Guoshi zupu* 新乡郭氏族谱 [Genealogy of the Guo lineage of Xinxiang]. 12 juan.

Guo Songyi 郭松义. 1983. "Mingmo sanxiang jiapai" 明末三饷加派 [The Three Tax Surcharges for Supplies at the End of the Ming]. In Zhongguo shehui kexue yuan lishi yanjiu suo Mingshi yanjiu shibian 中国社会科学院历史研究所明史研究室编 [Ming History Section, History Institute, Chinese Academy of Social Sciences, ed.], *Mingshi yanjiu luncong* 明史研究论丛 [Collected articles on research in Ming history] (Suzhou: Jiangsu renmin chubanshe) 2: 220-45.

Habermas, Jürgen. 1994. *The Past as Future.* (Interviewed by Michael Haller). Lincoln: University of Nebraska.

Haeger, John Winthrop, ed. 1975. *Crisis and Prosperity in Sung China.* Tucson: University of Arizona

Press.

Han Dacheng 韩大成. 1991. *Mingdai Chengshi Yanjiu* 明代城市研究 [A Study of Ming Cities]. Beijing: Zhongguo renmin daxue chubanshe.

Han Shixun 韩世勋 and Li Defen 黎德芬. 1920. *Xiayi xianzhi* 夏邑县志 [Gazetteer of Xiayi county]. 9 juan, head juan.

Handlin, Joanna F. 1975. "Lü K'un's New Audience: The Influence of Women's Literacy on Sixteenth-Century Thought." In Margery Wolf and Roxane Witke, eds., *Women in Chinese Society* (Stanford: Stanford University Press): 13-38.

———. 1983. *Action in Late Ming Thought: The Reorientation of Lü K'un and other Scholar-Officials.* Berkeley: University of California Press.

Hansen, Valerie. 2000. *The open Empire: A History of China to 1600.* New York: W. W. Norton.

Hartwell, Robert. 1966. "Markets, Technology, and the Structure of Enterprise in the Eleventh Century Chinese Iron and Steel Industry." *Journal of Economic History* 26: 29-58.

———. 1967. "A Cycle of Economic Change: Coal and Iron in Northeast China, 750-1350." *Journal of the Economic and Social History of the Orient* 10: 102-59.

———. 1982. "Demoraphic, Political, and Social Transformations of China, 750-1550." *Harvard Journal of Asiatic Studies* 42.2: 365-442.

He Fazhou 何法周 and Wang Shulin 王树林. 1992. *Hou Fangyu ji jiaojian* 侯方域集校笺 [Annotated edition of the writings of Hou Fangyu]. Zhengzhou: Zhongzhou guji chubanshe.

He Xinzhe 何心贞. 1987. *Heshi zupu* 何氏族谱 [Genealogy of the He lineage]. Originally 2 volumes(ben), plus charts.

Heijdra, Martinus Johanne. 1994. "The Socio-Economic Development of Ming Rural China(1368-1644): An Interpretation." Princeton University doctoral dissertation.

Henan huace bianji weiyuan hui "河南"画册编辑委员会 [Henan Map Editional Committee]. 1984. *Henan* 河南 [Henan]. N.p.: Henan huace bianji weiyuan hui.

Henan Provincial Museum. 1984. Exhibition of Surtaxes in Henan in the Late Ming, Part of the Permanent Exhibit on the History of Henan Province. Zhengzhou.

Henderson, John. 1984. *The Development and Decline of Chinese Cosmology.* New York: Columbia University Press.

Herrmann, Albert. 1964. *Historical and Commercial Atlas of China.* Taipei: Literature House, Ltd.; reprint.

Hershatter, Gail, Emily Honig, Jonathan N. Lipman, and Randall Stross, eds. 1996. *Remapping China: Fissures in Historical Terrain.* Stanford: Stanford University Press.

Hevia, James. 1995. *Cherishing Men from Afar: Qing Guest Ritual and the Maccartney Embassy of 1793.* Durham: Duke University Press.

———. 1996. "Imperial Guest Ritual." In *Lopez* 1996: 471-87.

Ho, Ping-ti. 1959. *Studies on the Population of China, 1368-1953.* Cambridge: Harvard University Press.

———. 1962. *The Ladder of Success in Imperial China, Aspects of Social Mobility, 1368-1911.* New York: John Wiley and Sons, Inc.

———. 何炳棣 1966. *Zhongguo huiguan shi lun* 中国会馆史论 [A Historical Survey of Landmanschaften in China]. Taibei: Xuesheng shuju.

———. 1975. *The Cradle of the East*. Chicago: University of Chicago Press.

Hobsbawm, Eric J. 1959. *Primitive Rebels: Studies in the Archaic Forms of Social Movement in the Nineteenth and Twentieth Centuries*. New York: Norton Press.

———. 1969. *Bandits*. New York: Delacorte Press.

Holzman, Donald. 1976. *Poetry and Politics: The Life and Works of Juan Chi, A.D. 210-263*. Cambridge: Cambridge University Press.

Hong Huanchun 洪焕椿. 1981. "Ming-Qing fengjian zhuanzhi zhengquan dui zibenzhuyimengya de zu'ai" 明清封建专制政权对资本主义萌芽的阻碍 [Ming and Qing feudal authoritarianism as an obstacle to the sprouts of capitalism]. *Lishi yanjiu* 历史研究 [Historical Research], Translation in *Social Sciences in China* 3: 193-219.

Horton, Robin. 1970. "African Traditional Thought and Western Science." In Bryan R Wilson, ed., *Rationality* (New York: Harper and Row): 131-71.

Hoshi, Ayao. 1969. The Ming Tribute Grain System. Mark Elvin, trans. Ann Arbor: The University of Michigan Center for Chinese Studies.

Hou Fangyue 侯方岳, 1908. Shangqiu Houshi jiacheng 商丘侯氏家乘 [Genealogy of the Hou Lineage of Shangqiu]. 5 juan.

Hou Shimei 侯世梅. 1987. *Houshi zupu* 侯氏族谱 [Genealogy of the Hou Lineage]. Not divided by juan.

Howland, D. R. 1996. *Borders of Chinese Civilization: Geography and History at Empire's End*. Durham and London: Duke University Press.

Hsi, Angela. 1975. "Wu San-kuei in 1644: A Reappraisal." *Journal of Asian Studies* 24.2: 443-53.

Hsieh, Bao Hua. 1999. "From Charwoman to Empress Dowager: Serving-Women in the Ming Palace." *Ming Studies* 42 (fall): 26-80.

Hsiung, Ping-chen. 1994. "Constructed Emotions: The Bond Between Mothers and Sons in Late Imperial China." *Late Imperial China* 15.1: 87-117.

Hu, Ying. 2000. *Tales of Translation: Composing the New Woman in China,1898-1918*. Stanford: Stanford University Press.

Huang, Philip. 1991. "The Paradigmatic Crisis in Chinese Studies: Paradoxes in Social and Economic History." *Modern China* 17-3: 299-341.

Huang, Ray. 1970. "Ni Yüan-lu: 'Realism' in a Neo-Confucian Scholar-Statesman." In de Bary 1970: 415-49.

———. 1974. *Taxation and Governmental Finance in Sixteenth-Century Ming China*. Cambridge: Cambridge University Press.

———. 1981. *1587: A Year of No Significance: The Ming Dynastyin Decline*. New Haven: Yale University Press.

———. 1988. *China: A Macro History*. Armonk, N. Y.: M. E. Sharpe, Inc.

———. 1999. *Broadening the Horizons of Chinese History: Discourses, Syntheses, and Comparisons*. Armonk, N. Y.: M. E. Sharpe, Inc.

Huang, Tsung-hsi. 1987. *The Records of Ming Scholars*. A selected translation edited by Julia Ching and

Chaoying Fang. Honolulu: University of Hawaii Press.

Huang Yizhu 黄以柱. 1981. "Henan chengzhen lishi dili chutan" 河南城镇历史地理初探 [A Preliminary Inquiry into the Historical Geography of the Towns of Henan]. *Shixue yuekan* 史学月刊 [Historical Monthly] 1: 1-13.

Huanghe shuili weiyuanhui Huanghe zhi zongbian jishi 黄河水利委员会黄河志总编辑室. 1986. Henan Huanghe zhi 河南黄河志 [Gazetteer of the Yellow River in Henan]. Zhengzhou: Huanghe shuili weiyuanhui.

Huber, Louisa G. Fitzgerald. 1983. "The Relationship of the Painted Pottery and Lung-shan Cultures." In David Keightley, ed. The Origins of Chinese Civilization (Berkeley: Universityof California Press): 177-216.

Hucker, Charles O. 1957. "The Tung-lin Movement of the Late Ming Period." In John K. Fair-bank, ed. *Chinese Thought and Institutions.* (Chicago: University of Chicago Press): 132-62.

——. 1958. "Governmental Organization of the Ming Dynasty." *Harvard Journal of Asiatic Studies* 21: 1-66; reprinted in John L. Bishop, ed. *Studies of Governmental Institutions in Chinese History* (Cambridge: Harvard University Press, 1968): 57-151.

——. 1966. *The Censorial System of Ming China.* Stanford: Stanford University Press.

——. 1969. *Chinese Government in Ming Times.* New York: Columbia University Press.

——. 1985. *A Dictionary of Official Titles in Imperial China.* Stanford: Stanford University Press.

Hull, David L. 1975. "Central Subjects and Historical Narratives." *History and Theory* 14: 253-74.

Hummel, Arthur. 1943-44. *Eminent Chinese of the Ch'ing Period, 1644-1912.* Washington: United States Government Printing Office.

Hunt, Lynn, ed. 1989. *The New Cultural History.* Berkeley: University of California Press.

Hunt, Michael H. 1996. *The Genesis of Chinese Communist Foreign Policy.* New York: Columbia University Press.

Huntington, Samuel. 1996. *The Clash of Civilizations and the Remaking of World Order.* New York: Simon and Schuster.

Huters, Theodore, R. Bin Wong, and Pauline Yu, eds. 1997. *Culture and State in Chinese History: Conventions, Accommodations, and Critiques.* Stanford: Stanford University Press.

Jameson, Frederic. 1991. *Postmodernism, Or, The Cultural Logic of Late Capitalism.* Durham: Duke University Press.

Jensen, Lionel. 1997. *Manufacturing Confucianism: Chinese Traditions and Universal Civilization.* Durham: Duke University Press.

Ji Huangzhong 纪黄中 and Wang Ji 王绩, 1764. *Yifeng xianzhi* 仪封县志 [Gazetteer of Yifeng County]. 12 juan, head and tail juan.

Ji Liuqi 计六奇. 1671. *Mingji beilue* 明季北略 [Outline record of the late Ming in the north]. 24 juan. In *ZhongGuo fanglue congshu* 中国方略丛书 [Collectanea on Chinese strategy]. 3 vols. (Taibei: Chengwen chuban she; reprint 1969). Another edition was published by Zhonghua shujü in Beijing in 1984; 2 vols.

Jiang Lian 江练 and Gao Song 高崧, 1828. *Taikang xianzhi* 太康县志 [Gazetteer of Taikang County]. 11 juan.

Jin Guantao 金观涛 and Liu Qingfeng 刘青峰 . 1984. *Xingsheng yu weiji: lun Zhongguo fengjianshehui de chaowending jiegou* 兴盛与危机：论中国封建社会的超稳定结构 [Prosperity and crisis: the hyper-stable structure of Chinese feudal society]. Changsha: Hunan renmin chubanshe.

Johnson, Chalmers. 2000. *Blowback: The Costs and Consequences of American Empire*. New York: Henry Holt and Co.

Kaifeng shi difang shizhi biancuan weiyuanhui 开封市地方史志编纂委员会. 1988. *Kaifeng jianzhi* 开封简志 [A Simplified Record of Kaifeng]. Kaifeng: Henan renmin chuban she.

Keightley, David N. 1983. *The Origins of Chinese Civilization*. Berkeley: University of California Press.

——. 1999. "The Shang: China's First Historical Dynasty." In Loewe and Shaughnessy 1999: 232-91.

Kim, Samuel S. 1989. *China and the World: New Directions in Chinese Foreign Relations*. Boulder, Colorado: Westview Press.

Ko, Dorothy. 1994. *Teachers of the Inner Chambers: Women and Culture in Seventeenth-Century China*. Stanford: Stanford University Press.

Kong Shangren 孔尚任 . 1684. *Kongzi shi jiapu* 孔子氏家谱 [Family Genealogy of Kongzi(Confucius)]. 24 juan.

Kracke, E. A., Jr. 1975. "Sung K'ai-feng: Pragmatic Metropolis and Formalistic Capital." In John Winthrop Haeger, ed. *Crisis and Prosperity in Sung China* (Tucson: University of Ari-zona Press): 49-78.

Kuhn, Philip. 1990. *Soulstealers: The Chinese Sorcery Scare of 1768*. Cambridge: Harvard University Press.

Kuhn, Thomas. 1970. *The Structure of Scientific Revolutions*. Second edition. Chicago: University of Chicago Press.

Kutcher, Norman. 1999. *Mourning in Late Imperial China: Filial Piety and the State*. Cambridge: Cambridge University Press.

Lai Jiadu 赖家度 . 1958. "Ming zhongye Jing-Xiang shanqu Liu Tong, Li Yuan suo lingdao de liumin da qiyi" 明中叶荆襄山区刘通、李原所领导的流民大起义 [The great uprisings of migrants led by Liu Tong and Li Yuan in the mountainous region of Jing and Xiang in the mid-Ming]. In Li Guangbi 李光璧 , Qian Junhua 钱君晔 , Lai Xinxia 来新夏 , eds. Zhongguo nongmin qiyi lunji 中国农民起义论集 [Collected articles on Chinese farmer's uprisings](Beijing: Sanlian): 252-66.

Lattimore, Owen. 1962. *Studies in Frontier History*. London: Oxford University Press.

Lau, D. C., trans. and introd. 1979. *Confucius: The Analects (Lun-yü)*. London: Penguin.

Lavely, William, and R. Bin Wong. 1998. "Revising the Malthusian Narrative: The Comparative Study of Population Dynamics in Late Imperial China." *The Journal of Asian Studies* 57.3(August):714-48.

Leakey, Richard E., and Roger Lewin. 1977. *Origins: What New Discoveries Reveal About the Emergence of Our Species and its Possible Future*. New York: E. P. Dutton.

Lee, James. 1997. "Historical Demography of Late Imperial China: Recent Research Results and Implications." In Frederic Wakeman and Wang Xi, eds. *China's Quest for Modernization* (Berkeley: University of California Press): 65-86.

——, and Wang Feng. 1999. *One Quarter of Humanity: Malthusian Mythology and Chinese Realities*,

1700-2000. Cambridge: Harvard University Press.

Lee, Leo Ou-fan. 1977. "Genesis of a Writer: Notes on Lu Xun's Educational Experience, 1881-1909." In Merle Goldman, ed. *Modern Chinese Literature in the May Fourth Era* (Cambridge: Harvard University Press): 161-88.

Lee, Lily. 1994. *The Virtue of Yin: Essays in Chinese Women.* Honolulu: University of Hawaii Press.

Leslie, Donald. 1965. "The Chinese-Hebrew Memorial Book of the Jewish Community of K'aifeng." Part I. *Abr-Nahrain* IV (1963-64): 19-49.

———. 1966. "The Chinese-Hebrew Memorial Book of the Jewish Community of K'aifeng." Part II. *Abr-Nahrain* V (1964-65): 1-28.

———. 1967a. "The Chinese-Hebrew Memorial Book of the Jewish Community of K'aifeng." Part III. *Abr-Nahrain* VI (1965-66): 1-52.

———. 1967b. "The K'aifeng Jew Chao Ying-ch'eng and His Family." *Toung pao* 53: 147-79.

———. 1971. "Chao" In Cecil Roth, ed. *Encyclopaedia Judaica* 5. New York: MacMillan.

1972. *The Survival of the Chinese Jews: The Jewish Community of Kaifeng.* Leiden: E. J. Brill.

Leung, Angela Ki Che. 1993. "To Chasten Society: The Development of Widow Homes in the Qing." *Late Imperial China* 14.2: 1-32.

Levi-Strauss, Claude. 1963. *Structural Anthropology.* New York: Basic Book.

———. 1979. *Myth and Meaning.* New York: Schocken Books.

Lewis, M., and K. Wigen. 1997. *The Myth of Continents: A Critique of Metageography.* Berkeley: University of California.

Li, Dazhao. 1995. "Spring (poem)." Claudia Pozzana, trans. and annot. *positions: east asia cultures critique* 3.2 (fall): 306-28; this translation is preceded by Claudia Possana's essay "Spring, Temporality, and History in Li Dazhao," in Ibid.: 283-305.

Li Dengdi 李登弟. 1986. *Li Zicheng nianpu* 李自成年谱 [A chronological biography of Li Zicheng]. Xi'an: San Qin chuban she.

Li Guangtao 李光涛. 1965. *Mingji liukou shimo* 明季流寇始末 [The roving bandits at the end of the Ming from their beginning to their end]. Taibei: Zhongyang yanjiu yuan lishi yuyan yanjiu suo.

Li Guangtian 李光殿. 1644. *Shou Bian rizhi* 守汴日志 [Diary of the Defense of Bian]. Wang Xingya 王兴亚, ed. Zhengzhou: Zhongzhou guji chubanshe, 1987.

Li Jilie 李继烈 and He Yiguang 何彝光. 1693. *Qixian zhi* 杞县志 [Gazetteer of Qi county]. 3-20 juan.

Li Jixian 李济贤. 1982. "Xu Hongru qixi xintan" 徐鸿儒起义新探 [A new investigation of the Xu Hongru uprising]. In Zhongguo shehui kexueyuan lishi yanjiusuo Mingshi yanjiu shi Bian 中国社会科学院历史研究所明史研究室编 [Ming History Section of the Institute of History of the Chinese Academy of Social Sciences], ed. *Mingshi yanjiu luncong* 明史研究论丛 [Collected articles on Ming history]. (Nanjing: Jiangsu renmin chubanshe): 265-89.

Li Minxiu 李敏修. 1915. *Zhongzhou xianzhe zhuan* 中州先哲传 [Biographies of Former Scholars of the Central Province]. 35 juan. Kaifeng: Jingchuan Library.

Li Mowry, Hua-yuan. 1983. *Chinese Love Stories from "Ch'ing-shih."* Hamden: The Shoe String Press.

Li Qi 李淇 and Xi Qingyun 席庆云. 1895. *Yucheng xianzhi* 虞城县志 [Gazetteer of Yucheng County]. 10 juan.

Li Shiyu 李世瑜 [Thomas Shiyu Li] and Susan Naquin. 1988. "The Baoming Temple: Religion and the Throne in Ming and Qing China." *Harvard Journal of Asiatic Studies* 48.1: 131-88.

Li Shoukong 李守孔. 1968. "Mingdai Bailian jiao kaolue" 明代白莲教考略 [A study of the White Lotus religion in the Ming Period]. Originally published in *Taida wenshi zhexue bao* 台大文史哲学报 [Journal of literature, history and philosophy of Taiwan University] 4 (1952). In Bao Zunpeng, ed. *Mingdai zongjiao* 明代宗教 [Religion in the Ming Period] (Taibei: Taiwan xuesheng shuju, 1968): 17-47.

Li Weisan 李畏三 and Li Lesan 李乐三. 1749. *Lizhi zongpu* 李氏宗谱 [Genealogy of the Li lineage]. Not divided by juan.

Li Wenzhi 李文治. 1948. *Wan Ming minbian* 晚明民变 [Popular Uprisings of the Late Ming]. Shanghai: Zhonghua shuju.

Li Xiaosheng 李肖胜. 1984. "Qixian 'Lishi zupu' shang faxian Li Yan qi ren" 杞县 "李氏族谱" 上发现李岩其人 [The discovery of Li Yan in the "Li clan genealogy" of Qi county]. *Wenshi hanshou* 文史函授 [Literary and Historical Newsletter] 2: 39-42.

——. 1986. "Cong Qixian 'Li shi zupu' kan Li Yan qi ren" 从杞县 "李氏族谱" 看李岩其人 [The question of Li Yan as seen from the *Genealogical Records of the Li Clan* of Qi county]. *Henan Daxue Xuebao* 河南大学学报 [Journal of Henan University] 1: 53-5.

——. 1987a. "Cong xiangtu ziliao kan Li Yan qiren" 从乡土资料看李岩其人 [Looking at the person Li Yan from the standpoint of local materials]. Paper delivered at Dierci quanguo Mingmo nongmin zhanzhengshi xueshu taolunhui 第二次全国明末农民战争史学术讨论会 [Second national conference on the study of farmers' wars at the end of the Ming], 1-16, fubiao 1-8.

——. 1987b. "The Question of Li Yan as Seen from *The Genealogical Records of the Li Clan* of Qi County," *Ming Studies* 24 (fall): 39-57.

——, Wei Qianzhi, and Roger Des Forges. 1994. "Li Tingsheng's *A Record of Hardship*: A Recently Discovered Manuscript Reflecting Literati Life in North Henan at the End of the Ming, 1642-44." *Late Imperial China* 15.2: 85-122.

Li, Yu-ning. 1992. *Chinese Women through Chinese Eyes*. Armonk, N. Y.: M. E. Sharpe, Inc.

Li Yunlai 李允莱. n.d. *Lishi zupu* 李氏族谱 [Genealogy of the Li Clan]. Collected by Li Xiaosheng 李肖胜 and Wang Yisha 王一沙 in Qi county, 1988.

Lian Chengxian 栾成显. 1998. *Mingdai huangce yanjiu* 明代黄册研究 [Research on the yellow registers of the Ming dynasty]. Beijing: Zhongguo shehui kexue chubanshe.

Liang Fangzhong 梁方仲. 1980. *Zhongguo lidai hukou, tiandi, tianfu tongji* 中国历代户口、田地、田赋统计 [Statistics on registered population, cultivated land, and land taxes in China through the ages]. Shanghai: Renmin chuban she.

Lin Furui 林富瑞 and Chen Daiguang 陈代光. 1983. *Henan renkou dili* 河南人口地理 [The Demography and Geograohy of Henan]. N.p.: Henan renmin chubanshe.

Ling Jialiang 凌甲烺, Lü Yingnan 吕应南, and Zhang Jiamou 张嘉谋. 1938. *Xihua xian xuzhi* 西华县续志 [Gazetteer of Xihua county, continued]. 14 juan, head juan.

Link, Perry. 1993. "China's 'Core' Problem." *Daedalus* 122.2 (spring): 189-206.

Little, Daniel. 1989. *Understanding Peasant China: Case studies in the Philosophy of Social Science.*

New Haven: Yale University Press.

Littrup, Leif. 1981. *Subbureaucratic Government in China in Ming Times: A Study if Shandong Province in the Sixteenth Century.* Oslo: The Institute for Comparative Research in Human Culture.

———. 1987. "China and World History." In Yu-ming Shaw, ed. *Reform and Revolution in Twentieth-Century China* (Taipei: Institute of International Relations, no. 29): 16-29.

———. 1989. "World History with Chinese Characteristics." *Culture and History* 5: 39-64.

Liu Chongri 刘重日. 1962. "'Juntian' kouhao zhiyi de zhiyi" "均田"口号质疑的质疑 [Doubts about the Doubts about the Equal Field Slogan]. *Lishi yanjiu* 历史研究 [Historical Research] 2: 97-112.

Liu Dechang 刘德昌 and Ye Yun 叶沄, eds. 1705. *Shangqiu xianzhi* 商丘县志 [Gazetteer of Shangqiu county]. 20 juan. Zhengzhou: Zhongzhou guji chubanshe; 1989 reprint.

Liu Huaizhong 刘怀忠 and Liu Huaizhang 刘怀章. 1986. *Liushi zupu* 刘氏族谱 [Genealogy of the Liu lineage]. 2 juan. Qi county.

Liu I-ch'ing and Richard B. Mather, author and translator. 1976. *Shih-shuo Hsin-yü: A New Account of Tales of the World.* Minneapolis: University of Minnesota Press.

Liu, James T. C. 1957. "An Early Sung Reformer: Fan Chung-yen." In John K. Fairbank, ed. *Chinese Thought and Institutions* (Chicago: Chicago University Press): 105-31.

———. 1959. *Reform in Sung China: Wang An-shih (1021-1086) and his New Policies.* Cambridge: Harvard University Press.

Liu Lishun 刘理顺. 1658. *Liu Wenlie gong quanji* 刘文烈公文集 [Complete works of Master Liu Wenlie]. 12 juan.

Liu, Tinggui 刘廷桂. 1929. *Shangqiu Liushi jiacheng* 商丘刘氏家乘 [Genealogy of the Liu clan of Shangqiu]. 9 juan.

Liu Yian 刘益安. 1982a. *Bianwei shijun lu jiaozhu* 汴围湿襟录校注 [An annotated Emotional Record of the Seige and Flooding of Bian]. Henan: Zhongzhou shuhua she.

———. 1982b. *Da Liang shoucheng ji jianzheng* 大梁守城记笺证 [A critically annotated Record of the Defense of Da Liang]. Zhengzhou: Zhongzhou shuhua she.

Liu Yinan 柳义南. 1983. *Li Zicheng jinian fukao* 李自成纪年附考 [An Annotated Chronicle of Li Zicheng]. Beijing: Zhonghua shuju chuban.

Liu Yongzi 刘永之 and Geng Ruiling 耿瑞玲, eds. 1990. *Henan difangzhi tiyao* 河南地方志提要 [A Guide to Henan Gazetteers]. 2 vols. Kaifeng: Henan daxue chuban she.

Liu Zhan 刘展. 1992. *Zhongguo gudai junzhi shi* 中国古代军制史 [A history of China's ancient military system]. N.p.: Junshi kexue chubanshe.

Lo, Winston W. 1975. "A Seventeenth Century Chinese Metroplis K'ai-feng." *Chinese Culture* 16.1: 23-46.

Loewe, Michael, and Edward L. Shaughnessy. 1991. *The Cambridge History of Ancient China: From the Origins of Civilization to 221 B.C.* Cambridge: Cambridge University Press.

Lopez, Donald S., Jr., ed. 1996. *Religion of China in Practice.* Princeton: Princeton University Press.

Lu, Tina. 2001. *Persons, Roles, and Minds: Identity in Peony Pavilion and Peach Blossom Fan.* Stanford: Stanford University Press.

Lü Sizhou 吕思周. 1986. *Ningling Lüshi jiapu* 宁陵吕氏家谱 [Genealogy of the Lü Lineage of Ningling].

6 juan.

Luan Xing 栾星 . 1982. "Niu Jinxing shiji kaobian," shang, xia. 牛金星事迹考辩，上，下 [An inquiry into the activities of Niu Jinxing]. *Wenxian* 文献 [Documentaries] 14: 144-65; 15: 153-65.

——. 1983. "Li Yan chuanshuo de yubo" 李岩的传说的余波 [More waves from the story of Li Yan]. *Zhongzhou jingu* 中州今古 [Past and present in the central province] 4: 10-14.

——. 1986. *Li Yan zhi mi: Jiashen shi shang* 李岩之谜：甲申史商 [The puzzle of Li Yan: a discussion of 1644]. Xuchang, Henan: Zhongzhou guji chubanshe.

Luo, Guanzhong, and Moss Roberts. 1991. *Three Kingdoms: A Historical Novel.* Berkeley: University of California Press.

Ma Chaoqun 马超群 . 1780. *Qixian Mashi zupu* 杞县马氏族谱 [Genealogy of the Ma Lineage of Qi county]. Not divided by juan.

Ma Junyong 马俊勇 and Gao Yusheng 高玉生 . 1987. *Suizhou zhi* 睢州志 [Gazetteer of Suizhou]. 12 juan.

Ma, Laurence J. C. 1971. *Commercial Development and Urban Change in Sung China.* Ann Arbor: University of Michigan Department of Geography.

Ma, Tai-loi, 1975. "The Local Education Officials of Ming China, 1368-1644." *Oriens Extremus* 22.1: 11-27.

Mammitzsch, Ulrich Hans-Richard. 1968. "Wei Chung-hsien (1568-1628): A Reappraisal of the Eunuch and the Factional Strife at the Late Ming Court." University of Hawaii doctoral dissertation.

Mancall, Mark. 1984. *China at the Center: 300 Years of Foreign Policy.* London: The Free Press.

Mann, Susan. 1997. *Precious Records: Women in China's Long Eighteenth Century.* Stanford: Stanford University Press.

——. 2000. "Presidential Address: Myths of Asian Womanhood." *Journal of Asian Studies* 59.4: 835-62.

——, and Yu-yin Cheng, eds. 2001. *Under Confucian Eyes: Writings on Gender in Chinese History.* Berkeley: University of California Press.

Mao Tse-tung. 1965. *Selected Works of Mao Tse-tung.* 4 vols. Beijing: Foreign Languages Press.

Marks, Robert. 1985. "The State of the China Field, or the China Field and the State." *Modern China* 11: 461-509.

——. 1998. *Tigers, Rice, Silk & Silt: Environment and Economy in Late Imperial South China.* Cambridge: Cambridge University Press.

McNeill, William. 1963. *The Rise of the West: A History of the Human Community.* Chicago: The University of Chicago Press.

——. 1982a. "The Care and Repair of Public Myth." *Foreign Affairs* 61.1: 1-13.

——. 1982b. *The Pursuit of Power: Technology, Armed Force, and Society since A.D. 1000.* Chicago: University of Chicago Press.

——. 1986. *Mythistory and Other Essays.* Chicago: University of Chicago Press.

Mei, June Yuet Mei. 1975. "Kaifeng, A Chinese City in the Ming Dynasty." Harvard University doctoral dissertation, Department of History and East Asian Languages.

Meng Xiangju 孟祥居 . 1990. *Mengzi shijia liuyu Qixian zhipu* 孟子世家流寓杞县支谱 [Genealogy of the branch of the descendants of Mencius resident in Qi county]. 5 ce.

Meskill, John. 1965. *The Pattern of Chinese History: Cycles, Development, or Stagnation?* Lexington, Mass.: D. C. Heath and Co.

———. 1982. *Academics in Ming China: A Historical Essay.* Tucson: The University of Arizona Press.

———. 1994. *Gentlemanly Interests and Wealth on Yangtze Delta.* Ann Arbor: Association for Asian Studies, Inc., Monograph and Occasional Paper Series, Number 49.

Miao Zaixian 苗在贤 and Miao Youzhi 苗尤志. 1987. *Miaoshi jiapu* 苗氏家谱 [Genealogu of the Miao family]. 3 juan in 4 ce.

Millward, James A. 1998. *Beyond the Pass: Economy, Ethnicity, and Empire in Qing Central Asia, 1759-1864.* Stanford: Stanford University Press.

Miyaka, Hisayuki. 1954-55. "An Outline of the Naito Hypothesis and Its Effects on Japanese Studies of China." *Far Eastern Quarterly* 2: 533-52.

Miyoshi, Masao. 1991. *Off Center: Power and Culture Relations Between Japan and the United States.* Cambridge: Harvard University Press.

Mon, Sherry T. 1991. *Presence and Presentation: Woman in the Chinese Literati Tradition.* New York: St. Martin's Press.

Moore, Barrington, Jr. 1967. *Social Origins of Dictatorship and Democracy: Lord and Peasant in the Making of the Modern World.* Boston: Beacon Press.

Mote, Frederick W. 1971. *Intellectual Foundations of China.* New York: Knopf.

———. 1999. *Imperial China, 900-1800.* Cambridge: Harvard University Press.

———, and Denis Twitchett, eds. 1988. *The Cambridge History of China, Vol. 7: The Ming Dynasty, 1368-1644, Part I.* Cambridge: Cambridge University Press.

———. 1998. *The Cambridhe History of China, Vol. 8: The Ming Dynasty, 1368-1644, Part II.* Cambridge: Cambridge University Press.

Mumford, Lewis. 1966. *The Myth of the Machine: Technics and Human Development.* New York: Harcourt Brace Jovanovich.

———. 1970. *The Myth of the Machine: The Pentagon of Power.* New York: Harcourt Brace Jovanovich.

Munro, Donald. 1981. *Images of Human Nature: A Sung Portrait.* Princeton: Princeton University Press.

Naquin, Susan. 1981. *Shantung Rebellion: The Wang Lun Uprising of 1774.* New Haven: Yale University Press.

———. 1986. "Two Descent Groups in North China: The Wangs of Yung-p'ing Prefecture, 1500-1800." In Patricia Buckley Ebrey and James L. Watson, eds. *Kinship Organization in Late Imperial China, 1000-1940* (Berkeley: University of California Press): 210-44.

———. 2000. *Peking: Temples and City Life, 1400-1900.* Berkeley: University of California.

Nathan, Andrew J., and Robert S. Ross. 1997. *The Great Wall and the Empty Fortress: China's Search for Security.* New York: Norton and Company.

Needham, Joseph, Wang Ling, Lu Gwei-djen, and Ho Ping-yü. 1970. *Clerks and Craftsmen in China and the West.* Cambridge: Cambridge University Press.

Needham, Joseph, Wang Ling, and Lu Gwei-djen. 1971. *Science and Civilization in China, Vol. 4: Physics and Physical Technology, Part III: Civil Engineering and Nautics.* Cambridge: Cambridge

University Press.

Needham, Joseph. 1981. *Science in Traditional China: A Comparative Perspective*. Cambridge: Harvard University Press.

Nimick, Thomas. 1999. "The Placement of Local Magistrates in Ming China." *Late Imperial China* 20.2: 35-60.

Nishijima, Sadao. 1984. "The Formation of the Early Chinese Cotton Industry." In Linda Grove and Christian Daniels, ed. and trans. *State and Society in China: Japanese Perspectives on Ming-Qing Social and Economic History* (Tokyo: University of Tokyo Press): 17-77.

Nivision, David S. 1960. "Protest against Conventions and Conventions of Protest." In Arthur F. Wright, ed. *The Confucian Persuasion*. Stanford: Stanford University.

Noguchi, Tetsuro 野口鐵郎. 1963. "Tenkei Jokō-ju no ran" 天啓徐鴻儒の亂 [The rebellion of Xu Hongru in the Tianqi period]. *Tōhō shūkyo* 東方宗教 [Eastern Religions], Part 1, 20: 35-50; Part 2, 21: 41-50.

Ono, Kazuko 小野和子. 1996. *Minki tōshako— Tōlintō to Fukusha* 明季黨社考—東林黨と複社 [A study of parties and societies at the end of the Ming—the Donglin Party and the Fushe]. Kyoto: Dohosha.

Overmyer, Daniel. 1976. *Folk Buddhist Religion: Dissenting Sects in Late Traditional China*. Cambridge: Harvard University Press.

Pan Yushen 潘遇莘 and Wang Qianfu 王金福, eds. 1752. *Yingzhou fuzhi* 潁州府志 [Gazatteer Of Yingzhou Prefecture]. 10 juan.

Parsons, James. 1969. "The Ming Dynasty Bureaucracy: Aspects of Background Forces." In Hucker 1969: 175-231.

——. 1970. *Peasant Rebellions of the Late Ming Dynasty*. Tucson: University of Arizona Press.

Paz, Octavio. 1985. *One Earth, Four or Five Worlds: Reflections on Contemporary History*. New York: Harcout, Brace and Jovanovich.

Peng Qian 彭谦, Yang Mingjie 杨明杰, and Xu Deren 徐德任. 1996. *Zhongguo weishenma shuo bu-lengzhan hou Meiguo dui Hua zhengce de wuqu* 中国为什么说不? 冷战后美国对华政策的误区 [Why does China say No? – Mistakes in American Policy Toward China after the Cold War]. Beijing: Xinshijie chubanshe.

Peng Sunyi 彭孙贻. Early Qing. *Liukou zhi* 流寇志 [Record of the roving robbers]. 14 juan. Hangzhou: Zhejiang renmin chuban she; 1983 reprint.

——. 1670s. *Pingkou zhi* 平寇志 [Record of the pacification of the robbers]. 12 juan. National Library of Peking; reprint, 1931.

Perdue, Peter. 1987. *Exhausting the Earth: State and Peasant in Hunan, 1500-1850*. Cambridge: Council on East Asian Studies and Harvard University.

Perkins, Dwight H. 1969. *Agricultural Development in China, 1368-1968*. Chicago: Aldine Publishing Company.

Perry, Elizabeth J. 1980. *Rebels and Revolutionaries in North China, 1845-1945*. Stanford: Stanford University Press.

Peterson, Willard J. 1979. *Bitter Gourd: Fang I-chih and the Impetus for Intellectual Change*. New

Haven: Yale University Press.

Plaks, Andrew. 1987. *The Four Masterworks of the Ming Novel: Ssu ta ch'i-shu*. Princeton: Princeton University Press.

——. 1991. "The Confucianization of the Chinese Jews: Interpretations of the Kaifeng Stelae Inscriptions." *Sino-Judaica: Occasional Papers of the Sino-Judaic Institute* 1: 47-62. A revised version of this article is included in Jonathan Goldstein (1998), *The Jews of China, Volume I: Historical and Comparative Perspectives* (Armonk, N.Y.: M.E. Sharpe, Inc.): 36-49.

Pollak, Michael. 1980. *Madarins, Jews, and Missionaries: The Jewish Experience in the Chinese Empire*. Philadelphia: The Jewish Publication Society of America.

Pomeranz, Kenneth. 1997. "Power, Gender, and Pluralism in the Cult of the Goddess of Taishan." In Huters, Wong, and Yu 1997: 182-204.

——. 2000. *The Great Divergence: China, Europe, and the Making of the Modern World Economy*. Princeton: Princeton University Press.

Qian Mu 钱穆. 1964. *Lunyu xinjie* 论语新解 [A renewed interpretation of the Analects]. 2 vols. Hong Kong: Xinhua yinshua gufen gongsi.

Qian Xin 钱馼. Early Qing. *Jiashen chuanxin lu* 甲申传信录 [A credible record of 1644]. In *Zhongguo neiluan waihuo lishi congshu* 中国内乱外祸历史丛书 [Collectaneum of histories of Internal chaos and external disasters in China], ce 12. Shanghai: Shenzhou guoguangshe, 1940.

Qiao Fangyi 乔方沂. 1920. *Ningling Qiaoshi zupu* 宁陵乔氏族谱 [Clan genealogy of the Qiaos of Ningling]. 4 juan. Reprint of the 1980s.

Qin Fuling 秦富岭 and Qin Xingren 秦兴仁. 1952. *Qixian Qinshi jiapu* 杞县秦氏家谱 [Genealogy of the Qin family of Qi county]. Not divided by juan. Manuscript copy made in Kaifeng, 1990.

Qin Xinlin 秦新林. 1995. "*Shilun Jiao Chuang Xiaoshuo* yu Li Yan xing xiang de guangxi" 试论 "剿闯小说" 与李岩形象的关系 [A discussion of *The Novel about the suppression of Dashing* and the Li Yan phenomenon] *Beijing shifan daxue xuebao, Shehui kexue ban* 北京师范大学学报，社会科学版 [Journal of Beijing Normal University, Social Science Edition] Cengkan: 70-75.

——. 1996a. "*Qixian Lishizupu* zhi Li Yan yi bian" 杞县 "李氏族谱" 之李岩疑辨 [Doubts about the Li Yan in the Li family genealogy of Qi county], *Henan daxue xuebao, Shehui kexueban* 河南大学学报，社会科学版 [Journal of Henan University, Social Science Edition] 36.2: 77-82.

——. 1996b. "*Li Yan zaijing shishi zhiyi*" 李岩在京史实质疑 [Doubts about the historical truth of Li Yan in Beijing], *Shi xue yuekan* 史学月刊 [Historical Monthly] 3: 29-33.

Queen, Sarah A. 1996. *From Chronicles to Canon: The Hermeneutics of the Spring and Autumn, According to Tung Ching-shu*. Cambridge: Cambridge University Press.

Raphals, Lisa. 1998. *Sharing the Light: Representations of Women and Virtue in Early China*. Albany: State University of New York Press.

Rawski, Evelyn S. 1991. "Research Themes in Ming-Qing Socioeconomic History — The State of the Field." *Journal of Asian Studies* 50.1: 84-111.

——. 1998. *The Last Emperors: A Social History of Qing Imperial Institutions*. Berkeley: University of California Press.

Reed, Bardly W. 2000. *Talons and Teeth: County Clerks and Runners in the Qing Dynasty*. Stanford:

Stanford University Press.

Rickett, W. Allyn. 1985. *Guanzi, Political, Economic, and Philosophical Essays from Early China*. Princeton: Princeton University Press.

Robertson, Maureen. 1983. "Periodization in the Arts and Patters of Change in Traditional Chinese Literary Theory." In Susan Bush and Christian Murch, eds. *Theories of the Arts in China* (Princeton: Princeton University Press): 3-26.

Robinet, Isabelle. 1993. *Taoist Meditation: The Mao-shan Tradition of Great Purity*. Albany: State University of New York Press.

Robinson, David. 1995a. "Notes on eunuchs in Hebei during the mid-Ming period." *Ming Studies* 34: 1-16.

——. 1995b. "Banditry and Rebellion in the Capital Region During the Mid-Ming (1450-1525)." Princeton University doctoral dissertation; Department of East Asian Studies.

Rowe, William T. 2001. *Saving the World: Chen Hongmou and Elite Consciousness in Eighteenth-Century China*. Stanford: Stanford University Press.

Roy, David Tod, trans. 1993. *The Plum in the Golden Vase: or Chin P'ing Mei, Volume I: The Gathering*. Princeton: Princeton University Press.

Runzhou Huludaoren 润州葫芦道人 [The Calabash Daoist of Runzhou]. 1645? Guo Chuang Xiaoshi 馘闯小史 [Little history of cutting off the left ear of Dashing]. This is part of Xiwu 1645? Manuscript edition photo-offprinted in *Xuanlan chuji* 玄览初集 [First collection of Xuanlan (Hall)], ce 119-20.

Sage, Steven F. 1992. *Ancient Sichuan and the Unification of China*. Albany: State University of New York Press.

Sahlins, Marshall. 1987. *Islands of History*. Chicago: University of Chicago Press.

Saich, Tony, and Hans van de Ven, eds. 1995. *New Perspectives on the Chinese Communist Revolution*. Armonk, N. Y.: M. E. Sharpe.

Said, Edward. 1978. *Orientalism*. New York: Random House.

——. 1993. *Culture and Imperialism*. New York: Knopf.

Sakai, Naoki. 1997. *Translation and Subjectivity: On "Japan" and Cultural Nationalism*. Minneapolis: University of Minnesota Press.

Satō, Fumitoshi 佐藤文俊. 1978. "Minmatsu Yenjichū no ran ni tsuite" 明末袁時中の亂につい て [Concerning the revolt of Yuan Shizhong in the late Ming]. In Hoshi Ayao sensei taiken kinen jigyokai, eds. *Hōshi hakushi taikan kinen Chūgokushi ronshu* 星博士退官記念中國史論集 [Studies in Chinese history dedicated to Dr. Hoshi on his retirement] (Yamagata: Yamagata University): 209-26.

——. 1985. *Minmatsu nōmin hanran no henkyu* 明末農民反亂の研究 [Research on the farmer's Uprising of the late Ming]. Tokyo: Kenbun Shuppan.

Schafer, Edward. 1997. *Pacing the Void: T'ang Approaches to the Stars*. Berkeley: University of California Press.

Schipper, Kristofer, and Wang Hsin-huei. 1986. "Progressive and Regressive Time Cycles in Taoist Ritual." In J. T. Fraser, N. Lawrence, and F. C. Haber, eds. *Time, Science, and Society in China and the West* (Amherst: University of Massachusetts Press): 185-205.

Schlesinger, Arthur M., Jr. 1986. *The Cycles of American History*. Boston: Houghton Mifflin Co.

Scott, James C. 1990. *Domination and the Arts of Resistance: Hidden Transcripts*. New Haven: Yale University Press.

Scott, Joan Wallach. 1996. "Gender: A Useful Category of Historical Analysis." In Joan Wallach Scott, ed. *Feminism and History* (Oxford: Oxford University Press): 152-80.

Seidel, Anna. 1969-70. "The Image of the Perfect Ruler in Early Taoist Messianism." *History of Religion*. 9.2-3: 216-47.

Seybolt, Peter J. 1996. *Throwing the Emperor from his Horse: Portrait of a Village Leader in China, 1923-1995*. Boulder, Colorado: Westview Press.

Shanquan 山泉 . 1997. *Henan* 河南 [Henan]. Hong Kong: Zhonghua shuju.

Shapiro, Sidney, ed. 1984. *Jews in Old China: Studies by Chinese Scholars*. New York: Hippocrene Books.

Shek, Richard Hon-chun. 1980. "Religion and Society in Late Ming: Sectarianism and Popular Thought in Sixteenth and Seventeenth Century China." University of California, Berkeley, doctoral dissertation.

———. 1990. "Sectarian Eschatology and Violence." In Jonathan N. Lipman and Stevan Harrell, eds. *Violence in China: Essays in Culture and Counterculture* (Albany: State University of New York Press): 87-114.

Shen Dingping 沈定平 . 1982. "Mingmo 'shibazi zhushenqi' yuanliu kao" 明末 "十八子主神器" 源流考 [An investigation of the origins and spread of the saying that a shibazi (Li) would take the throne]. In Zhongguo shehui kexue yuan lishi yanjiu so Mingshi yanjiu shi bian 中国社会科学院历史研究所明史研究室编 [Ming history section of the Institute of History of the Chinese Academy of Social Science, ed.], *Mingshi yanjiu luncong* 明史研究论丛 [Collected articles in Ming history]. (Nanjing: Jiangsu renmin chubanshe): 209-306.

Shen Xiande 沈显德 and Shen Qizeng 沈其曾 . 1987. *Shenshi jiapu* 沈氏家谱 [Genealogy of the Shen lineage]. 4 juan. Suizhou.

Shen Zhuanyi 沈传义 and Huang Shubing 黄舒昺 . 1898. *Xinxiu Xiangfu xianzhi* 新修祥符县志 [New Edition of the Xiangfu County Gazatteer]. 24 juan. 1 head juan.

Shiba, Yoshinobu. 1970. *Commerce and Society in Sung China*. Mark Elvin, trans. Ann Arbor: University of Michigan Center for Chinese Studies.

Shih, Vincent. 1967. *The Taiping Ideology*. Seattle: University of Washington Press.

Shils, Edward. 1975. *Center and Periphery: Essays in Macrosociology*. Chicago: University of Chicago Press.

Shuili dianli bu Huanghe shuili weiyuanhui zhi Huang yanjiu zu 水利电力部黄河水利委员会治黄研究组 . 1984. *Huanghe de zhili yu kaifa* 黄河的治理和开发 [The Management and Development of the Yellow River]. Shanghai: Shanghai jiaoyu chuban she.

Skinner, G. William. 1977. "Regional Urbanization in Nineteenth-Century China." In G. William Skinner, ed. *The City in Late Imperial China* (Stanford: Stanford University Press): 211-49.

———. 1985. "Presidential Address: The Structure of Chinese History." *Journal of Asian Studies* 44.2

(February): 271-92.

Soja, Edward. 1989. *Postmodern Geographies: The Reassertion of Space in Critical Social Theory*. London: Verso.

Song Luo 宋荦 ed. Kangxi. *Shangqiu Songshi sanshi yiji* 商丘宋氏三世遗集 [Inherited collected writings of three generations of the Song family of Shangqiu]. 1 juan.

——. 1705. *Shangqiu Songshi jiacheng* 商丘宋氏家乘 [Genealogy of the Song lineage of Shangqiu]. 14 juan.

Song Qiang 宋强, Zhang Zangzang 张藏藏, and Qiao Bian 乔边. 1996. *Zhongguo keyi shuobu: lengzhan hou shidai di zhengzhi yu qinggan jueze* 中国可以说不：冷战后时代的政治与情感抉择 [China can say no: political and emotional choices in the post-Cold War era]. Beijing: Zhonghua gongshang lianhe chubanshe.

——, Zhang Zangzang 张藏藏, Qiao Bian 乔边, Tang Zhengyu 汤正宇 and Gu Qingsheng 古清生. 1996. *Zhongguo haishi neng shuo bu* 中国还是能说不 [China can still say no]. Beijing: Zhongguo wenlian chubanshe.

Spence, Jonathan D. 1966. *Ts'ao Tin and the K'ang-his Emperor: Bondservant and Master*. New Haven: Yale University Press.

——. 1999. *The Search for Modern China*. New York: Norton.

Struve, Lynn A. 1984. *The Southern Ming, 1644-1662*. New Haven: Yale University Press.

——. 1993. *Voices from the Ming-Qing Cataclysm: China in Tigers' Jaws*. New Haven: Yale University Press.

Struve, Peter S. *Patterns in Nature*. Boston: Little, Brown and Co.

Su Derong 苏德荣, ed. 1984. *Lu Wang ziliao huibian* 潞王资料汇编 [Collected materials on the Lu prince]. Xinxiang: Henan sheng Xinxiang shi bowuguan Lu Wang fen wenwu guanli suo.

Su Jinzi 苏晋子. 1991. "Henan fanfu jia tianxia: Mingdai Henan fanwang shulun zhi yi" 河南藩府甲天下：明代河南藩王论述之一 [The feudatories of Henan were first under heaven: an essay on the Ming period princes enfeoffed in Henan]. *Shixue yue kan* [Historical Monthly] 5: 40-45.

Su Xiaokang and Wang Luxiang. 1994. *Deathsong of the River: A Reader's Guide to the Chinese TV Series Heshang*. Richard W. Bodman and Pin P. Wan, trans. Ithaca: East Asia Program, Cornell University.

Sun Jurong 孙居容. 1986. *Sunshi zupu* 孙氏族谱 [Genealogy of the Sun Family].

Sun Wenliang 孙文良 and Li Zhiting 李治亭. 1983. *Qing Taizong quanzhuan* 清太宗全传 [A complete biography of Qing Taizong]. Changchun: Jilin renmin chubanshe.

Suzuki Chūsei 铃木中正. 1974. *Chūgokushi ni okeru kakumei to shūkyo* 中國史における革命と宗教 [Revolution and religion in Chinese History]. Kyoto: Kyōto daigaku shupan kai.

Tambiah, S. J. 1976. *World Conqueror and World Renouncer: A Study of Buddhism and Polity in Thailand Against a Historical Background*. Cambridge: Cambridge University Press.

Tan Qian 谈迁. 1653. *Guoque* 国榷 [An Assessment of the Dynasty]. 104 juan. Original manuscript of 1653, edited and published in Beijing: Guji chubanshe, 1958, in 10 vols.

Tan Qixiang 谭其骧, ed. 1975/1982. *Zhongguo lishi ditu ji* 中国历史地图集 [Historical Maps of China]. 7 vols. Shanghai: Ditu chuban she. [I have used the original, hardbound edition of volume 7 and the reprinted, softbound edition of the volumes 1-6.]

Tang, Xiaobing. 1996. *Global Space and the Nationalist Discourse of Modernity: The Historical Thinking of Liang Qichao*. Stanford: Stanford University Press.

Taniguchi Kikuo 谷口規矩雄. 1969. "Minmatsu kyō hei gigun nit suite — Minmatsu seikyoku ichisaku" 明末郷兵義軍について 明末政局一齣 [Concerning the Local Troops and Just Armies of the Late Ming—An Aspect of Late Ming Politics]. *Kenkyu* 研究 [Research] (Kobei daigaku bungakubu) 43: 99-122.

Ter Haar, B. J. 1992. *The White Lotus Teachings in Chinese Religious History*. Leiden: E. J. Brill.

Thapar, Romila, 1996. *Time as a Metaphor of History: Early India*. Delhi: Oxford University Press.

Tian Jinqi 田金祺 and Zhao Dongjie 赵东阶. 1928. *Sishui xianzhi* 泗水县志 [Gazatteer of Sishui County]. 12 juan.

Tian Wenjing 田文镜, Sun Hao 孙灏, and Asiha 阿思哈. 1735. *Henan tongzhi, xu tongzhi* 河南通志, 续通志 [Comprehensive Gazatteer of Henan and a Continuation]. 80 juan. (Taipei: Huawen shuju; 1969 reprint, 5 vols.)

T'ien, Ju-k'ang. 1988. *Male Anxiety and Female Chastity: A Comparative Study of Chinese Ethical Values in Ming-Ch'ing Times*. Leiden: E. J. Brill.

Tong, James W. 1991. *Disorder under Heaven: Collective Violence in the Ming Dynasty*. Stanford: Stanford University Press.

Trompf, G. W. 1979. *The Idea of Historical Recurrence in Western Thought from Antiquity to the Reformation*. Berkeley: University of California Press.

Tu Wei-ming. 1985. *Confucian Thought: Selfhood as Creative Transformation*. Albany: State University of New York Press.

——. 杜维明. 1987. "Ruxue disanqi fazhan de qianjing wenti" 儒学第三期发展的前景问题 [The question of the foreground to the development of Confucianism in the third period]. *Wenhua: Zhongguo yu shijie* 文化：中国与世界 [Culture: China and the World] (Beijing: Sanlian shudian): 100-40.

——. 1991. "Cultural China: The Periphery as the Center." *Daedalus* 120.2 (spring): 1-32.

——, Milan Hejtmanek, and Alan Wachman. 1992. *The Confucian World Observed: A Contemporary Discussion of Confucian Humanism in East Asia*. Honolulu: The University of Hawaii Press.

Tucker, Mary Evelyn, and John Berthrong, eds. 1998. *Confucianism and Ecology: The Interrelationship of Heaven, Earth, and Humans*. Cambridge: Harvard University Press.

Tung, Jowen R. 2000. *Fables for the Patriarchs: Gender Politics in Tang Discourse*. New York: Rowman and Littlefield.

Twitchett, Denis C. 1959. "The Fan Clan's Charitable Estate, 1050-1760." In David S. Nivison and Arthur F. Wright, eds. *Confucianism in Action* (Stanford: Stanford University Press): 97-133.

——. 1979. *The Cambridge History of China, Volume 3: Sui and T'ang China, 589-906, Part 1*. Cambridge: Cambridge University Press.

——. and Frederick W. Mote, eds. 1998. *The Cambridge History of China, Volume 8: The Ming Dynasty, 1368-1644, Part 2*. Cambridge: Cambridge University Press.

——, and Michael Loewe, eds. 1986. *The Cambridge History of China, Volume 1: The Ch'in and Han*

Empires, 221 B.C.-A.D. 220. Cambridge: Cambridge University Press.

Van der Sprenkel, Otto Berkelbach. 1953. "Population Statistics of Ming China." *Bulletin of the School of Oriental and African Studies* 15.2: 289-326.

——. 1961. "The Geographical Background of the Ming Civil Service" *Journal of the Economic and Social History of the Orient* 4.3: 302-36.

Vaughn, Stephen, ed. 1985. *The Vital Past: Writings on the Uses of History*. Athens: University of Georgia Press.

Vermeer, E. B. 1987. "P'an Chi-hsün's Solutions for the Yellow River Problems of the Late Sixteenth Century." *T'oung Pao* LXXIII 7.3: 33-67.

Vogel, Ezra F. 1997. *Living with China: U.S.–China Relations in the Twenty-first Century*. New York: W. W. Norton and Company.

Von Glahn, Richard. 1987. *The Country of Streams and Grottoes: Expansion, Settlement, and the Civilization of the Sichuan Frontier in Song Times*. Cambridge: Council on East Asian Studies, Harvard University Press.

——. 1996. *Fountain of Fortune: Money and Monetary Policy in China, 1000-1700*. Berkeley: University of California Press.

Wakeman, Frederick, Jr. 1973. *History and Will: Philosophical Perspectives of Mao Tse-tung's Thought*. Berkeley: University of California Press.

——. 1979. "The Shun Interregnum of 1644." In Jonathan D. Spence and John E. Wills, Jr., eds. *From Ming to Ch'ing: Conquest, Region, and Continuity in Seventeenth-Century China* (New Haven: Yale University Press): 34-76.

——. 1985. The Great Enterprise: *The Manchu Reconstruction of Imperial Order in Seventeenth-Century China*. 2 vols. Berkeley: University of California Press.

Waley, Arthur, trans. and annot. 1938. *The Analects of Confucius*. New York: Random House.

Waley-Cohen, Joanna. 1999. *Sextants of Beijing: Global Currents in Chinese History*. New York: Norton and Co.

Waltner, Ann. 1981. "Windows and Remarriage in Ming and Early Qing China." In Richard W. Guisso and Stanley Johannesen, eds. *Women in China: Current Directions in Historical Scholarship* (Youngtown, N.Y.: Philo Press): 129-46.

——. 1991. *Getting an Heir: Adoption and the Construction of Kinship in Late Imperial China*. Honolulu: University of Hawaii Press.

——. 1996. "Breaking the Law: Family Violence, Gender and Hierarchy in the Legal Code of the Ming Dynasty." *Ming Studies* 36: 29-43.

——, and Pi-ching Hsu. 1997. "Lingering Fragrance: The Poetry of Tu Yaose and Shen Tiansun." *Journal of Women's History* 8.4 (winter): 28-53.

Wan Yan 万言. Early Qing. *Chongzhen changbian* 崇祯长编 [Documents from the Chongzhen reign]. 2 juan. *Taiwan wenxian congkan* 台湾文献丛刊 [Collectaeneum of materials in Taiwan, 1969].

Wang, Chen-main. 1999. *The Life and Career of Hung Ch'eng-ch'ou (1593-1665): Public Service in a Time of Dynastic Change*. Ann Arbor: Association of Asian Studies.

Wang Chunyu 王春瑜 and Du Wanyan 杜婉言. 1989. *Mingchao huanguan* 明朝宦官 [Eunuchs of the

Ming Dynasty]. Beijing: Zijin cheng chubanshe.

Wang Fusan 王复三 . 1980. "Lun renshi shi jinsi luoxuan de quxian" 论认识是近似螺旋的曲线 [The history of human consciousness approximates the curve of a spiral]. *Wenshizhe* 文史哲 [Literature, History and Philosophy] 4: 73- 8.

Wang Pixu 王丕煦 , comp., and Liang Bingkun 梁秉锟 , ed. 1935. *Laiyang xianzhi* 莱阳县志 [Gazetteer of Laiyang County]. 10 juan.

Wang Puyuan 王蒲园 and Ma Zikuan 马子宽 . 1932. *Huaxian zhi* 滑县志 [Gazetteer of Hua county]. 20 juan, one head juan.

Wang Shixing 王士性 . 1831. *Yu zhi* 豫志 [Record of Yu]. 1 juan.

Wang Shouyi 王守义 . 1962. "Mingmo nongmin jun 'juntian' kouhao zhiyi" 明末农民军 "均田" 口号质疑 [Doubts about the Slogan "Equal Fields" in the Farmers' Army at the End of the Ming]. *Lishi yanjiu* 历史研究 [Historical Research] 2: 97- 112.

Wang Xingya 王兴亚 . 1973. *Li Chuang Wang zai Henan* 李闯王在河南 [The Dashing Prince Li in Henan]. Zhengzhou: Henan renmin chubanshe.

———. 1982a. "Zheng Lian he ta de *Yubian jilue*" 郑廉和他的 "豫变纪略" [Zheng Lain and his *Outline Record of the Changes in Yu*]. *Zhengzhou daxue xuebao* 郑州大学学报 [Journal of Zhengzhou University]. 3: 34- 43.

———. 1982b. *Li Zicheng jingji zhengce yanjiu* 李自成经济政策研究 [A study of Li Zicheng's economic policies]. Zhengzhou: Henan renmin chuban she.

———. 1984a. "Ming chu qian Shanxi min dao Henan kaoshu" 明初迁山西民到河南考述 [An investigation of the migration of Shanxi people to Henan at the beginning of the Ming]. *Shixue yuekan* 史学月刊 [Historical Monthly] 4: 36- 43.

———. 1984b. *Li Zicheng qiyi shishi yanjiu* 李自成起义史事研究 [Studies of the Historical Events of Li Zicheng's Uprising]. Zhengzhou: Zhongzhou guji chubanshe.

———. 1989. "Mingdai zhonghouqi Henan shehui fengshang de bianhua" 明代中后期河南社会风尚的变化 [Changes in the prevailing customs in Henan society during the middle and late Ming]. In *Zhongzhou xuekan* 中州学刊 [Journal of the Central Province] 2: 107- 10.

———. 1993. "Mingdai guanli kaohe zhidu lunlue" 明代管理考核制度论略 [A discussion of the Ming system for evaluating officials]. Paper presented at the International Conference on Ming History in Xi'an.

———. 1996. "Luelun Henan gudai jingji you xianjin dao luohou de zhuanbian" 略论河南古代经济由先进到落后的转变 [The transformation of Henan's economy from an advanced to a backward one in ancient times]. *Zhongzhou xuekan* 中州学刊 [Journal of the central province] 3: 103- 7.

Wang Xiuwen 王修文 and Zhang Tingfu 张庭馥 . 1923. *Xuchang xianzhi* 许昌县志 [Gazatteer of Xuchang county]. 20 juan.

Wang, Yü-ch'üan. 1936. "The Rise of the Land Tax and the Fall of Dynasties in Chinese History." *Pacific Affairs* 9. 2 (June): 201- 20.

———. 王毓铨 . 1964. "Mingdai de wangfu zhuangtian" 明代的王府庄田 [Princely estates during the Ming]. Reprinted in Wang's collected works, *Laiwu ji* 莱芜集 [Collection from Laiwu] (Beijing: Zhonghua shuju, 1983): 110- 241.

——. 1965. *Mingdai de juntun* 明代的军屯 [Military farms during the Ming]. Beijing: Zhonghua shuju.

Wang Zhonghan 王钟翰. 1987. *Qingshi liezhuan* 清史列传 [Aligned biographies of Qing history]. (Beijing: Zhonghua shuju chubanshe; reprint of early Republican period original, 80 juan in 20 vols).

Wasserstrom, Jeffrey N., and Elizabeth Perry, eds. 1994. *Popular Protest and Political Culture in Modern China*. Boulder, Colorado: Westview Press.

Watson, Burton, trans. 1968. *Records of the Grand Historian of China: Translated from the Shih chi of Ssu-ma Ch'ien*. 2 vols. New York: Columbia University Press.

——. 1993. *Records of the Grand Historian: Qin Dynasty*. Hong Kong: The Chinese University of Hong Kong and Columbia University Press.

Watson, James D. 1968. *The Double Helix: A Personal Account of the Discovery of the Structure of DNA*. New York: Atheneum.

Watt, John R. 1972. *The Distinct Magistrate in Late Imperial China*. New York: Columbia University Press.

Wei Qianzhi 魏千志. 1991. "*Jinantu de shiliao jiazhi*" 纪南图的史料价值 [The value of the *Record of Hardship* as a historical source]. *Zhongzhou xuekan* 中州学刊 [Journal of the Central Province] 6: 113-16.

——. 1993a. "Cong *Jinantu* kan Mingmo jige wenti" 从纪南图看明末几个问题 [Several Questions regarding the end of the Ming as seen from the *Record of Hardship*]. In *Dierjie Ming-Qingshi guoji xueshu taolunhui lunwenji* 第二届明清史国际学术讨论会论文集 [Collected essays from the Second International Conference on Ming-Qing Hostory] (Tianjin: Tianjin renmin chuban she): 176-88.

——. 1993b. "Zhongguo Youtairen dingju Kaifeng shijian kao" 中国犹太人定居开封时间考 [An examination of the date when the Chinese Jews settled in Kaifeng. *Shixue yuekan* [Historial Monthly] (Kaifeng) 5: 36-41.

——. 1993c. "Ming-Qing shiqi Zhongguo Yoitairen de lishi gongxian" 明清时期中国犹太人的历史贡献 [Historical contributions of the Chinese Jews in the Ming-Qing period]. Paper presented at China's Fifth International Conference on Ming History.

——. 1997. "Zhongguo gudai Youtairen xingshi bianhua kao" 中国古代犹太人姓氏变化考 [An examination of changes in the names of the Jews in Chinese history]. *Shixue yuekan* 史学月刊 [Historical Monthly] (Kaifeng) 2: 29-35.

——. 2000. "An Investigation of the Date of Jewish Settlement in Kaifeng." In Jonathan Goldstein, ed. *The Jews of China, Volume Two: A Sourcebook and Research Guide* (Armonk: M. E. Sharpe): 14-25.

Wei Qingyuan 卫庆远. 1961. *Mingdai huangce zhidu*. 明代黄册制度 [The Ming yellow register system]. Beijing: Zhonghua shuju.

Weller, Robert P., and Scott E. Guggenheim, eds. 1989. *Power and Protest in the Countryside: Studies of Rural Unrest in Asia, Europe, and Latin America*. Durham: Duke University Press.

Wen Bing 文秉. Early Qing a. *Liehuang xiaoshi* 烈皇小事 [Small matters concerning the reign of Liehuang]. 8 juan. Reprinted in Taibei: *Taiwan wenxian congkan* 台湾文献丛刊, 263: 1-230.

——, Early Qing b. Xianbo zhishi 先拨志始 [A record of those disposed of]. 2 juan. Reprinted in Taibei: *Ming-Qing shiliao huiban chuji mulu, di sice* 明清史料汇编初级目录, 第四册, 1767-2144. (Also reprinted in Zhongguo lishi yanjiu ziliao congshu 中国历史研究资料丛书 [Collection of Chinese historical materials] (Shanghai: Shanghai shudian, 1982).

Wheatley, Paul. 1971. *The Pivot of the Four Quarters: A Preliminary Inquiry into the Origins and Character of the Ancient Chinese City.* Edinburgh: Edinburgh University Press.

Whelan, T. S. 1979. *The Pawnshop in China.* Ann Arbor: Center for Chinese Studies, The University of Michigan.

White, Hayden. 1973. *Metahistory: The Historical Imagination in Nineteenth-Century Europe.* Baltimore: John Hopkins University Press.

——. 1978. *Tropics of Discourse, Essays in Cultural Criticism.* Baltimore: The John Hopkins University Press.

White, William Charles. 1966. *Chinese Jews: A Compilation of Matters Relating to the Jews of K'ai-feng Fu.* 3 vols. Toronto: University of Toronto Press.

Widmer, Ellen, and Kang-I Sun Chang. 1997. *Writing Women in Late Imperial China.* Stanford: Stanford University Press.

Will, Pierre-Étienne. 1990. *Bureaucracy and Famine in Eighteenth-Century China.* Stanford: Stanford University Press. A translation of Bureaucratie et famine en China au 18e siècle (Paris: Mouton, 1980).

——, and R. Bin Wong (with James Lee). 1991. *Nourish the People: The State Granary System in China, 1650-1850.* Ann Arbor: Center for Chinese Studies, University of Michigan.

Williams, Raymond. 1976. *Keywords: Vocabulary of Culture and Society.* New York: Oxford University Press.

Wilson, Thomas A. 1995. *Genealogy of the Way: The Construction and Uses of the Confucian Tradition in Late Imperial China.* Stanford: Stanford University Press.

Winichakul, Thongchai. 1994. *Siam Mapped: A History of the Geo-Body of a Nation.* Honolulu: University of Hawaii Press.

Wolpert, Stanley. 1997. *A New History of India.* New York: Oxford University Press.

Wolf, Margery. 1992. *A Thrice-Told Tale: Feminism, Postmodernism, and Ethnographic Responsibility.* Stanford: Stanford University Press.

Wong, R. Bin. 1997. *China Transformed: Historical Change and the Limits of European Experience.* Ithaca: Cornell University Press.

Wou, Odoric. 1994. *Mobilizing the Masses: Building Revolution in Henan.* Stanford: Stanford University Press.

Wu Dange 伍丹戈. 1979. "Mingdai de guantian yu mintian" 明代的官田与民田 [State land and civilian land during the Ming]. In *Zhonghua wenshi luncong* 中华文史论丛 [Essays on Chinese literature and history]. 1: 1-80.

Wu Hong. 1989. *The Wu Liang Shrine: The Ideology of Early Chinese Pictorial Art.* Stanford: Stanford University Press.

Wu Jihua 吴缉华. 1961. *Mingdai haiyun ji yunhe de yanjiu* 明代海运及运河的研究 [Sea and canal transport in the Ming period]. Taibei: Zhongyang yanjiu yuen lishi yanjiu suo.

Wu Pei-yi. 1990. *The Confucian's Progress: Autobiographical Writings in Traditional China*. Princeton: Princeton University Press.

Wu Qingyun. 1995. *Female Rule in Chinese and English Literary Utopias*. Syracuse: Syracuse University Press.

Wu Sheng 吴甡 . Late Ming. *Huainan Wu Chaian shuji* 淮南吴柴庵先生疏集 [The collected reports of Wu Chaian of Huainan]. 20 juan. (Taibei: Weiwengang shu chubanshe, 1976, 3 vols.).

Wu Weiye 吴伟业 . 1674. *Suikou jilue* 绥寇纪略 [Outline Record of the Pacification of Robbers]. 12 juan. In *MingQing shiliao huibian sanji* 明清史料汇编三集 [Three collections of Ming-Qing historical materials]. (Taibei reprint, Wenhai chuban she, 1969).

Wu, Yenna. 1995a. *The Chinese Virago: A Literary Theme*. Cambridge: Harvard University Press.

——. 1995b. *The Lioness Roars: Shrew Stories from Late Imperial China*. Ithaca: Cornell University Press.

Wyatt, Don J. 1996. *The Recluse of Loyang: Shao Yung and the Moral Evolution of Early Sung Thought*. Honolulu: University of Hawaii Press.

Xiao Jian 萧济南 and Lü Jingzhi 吕敬直 . 1911. *Ningling xianzhi* 宁陵县志 [Gazetteer of Ningling County]. 12 juan, 1 head and 1 tail juan. Zhengzhou, 1989.

Xie Chengren 谢承仁 . 1986. *Li Zicheng xinzhuan* 李自成新传 [A new biography of Li Zicheng]. Shanghai: Shanghai renmin chuban she.

Xi Wu landaoren 西吴懒道人 [Lazy Daoist of Western Wu]. 1660s. *Xinbian jiao chuang tongsu xiao shuo* 新编剿闯通俗小说 [New edition of the popular novel on the suppression of Dashing]. Preface by Wu Jing 无竞 (Wang Weilie 王维烈). 10 hui. Naikaku Bunko Microfilm, Harvard-Yenching Library.

Xu Daling 许大龄 and Wang Tianyou 王天有 . 1991. *Mingchao shiliu di* 明朝十六帝 [Sixteen rulers of the Ming dynasty]. Beijing: Zijing cheng chubanshe.

Xu Zi 徐鼒 . 1861. *Xiaotian jinian fukao* 小腆纪年附考 [Annals of an age of lesser prosperity with supplementary annotations]. 20 juan. Annotated by Wang Chongwu 王崇武 . Reprinted in *Taiwan wenxian congkan* 台湾文献丛刊 [Collection of Materials from Taiwan] (Taibei: Bank of China, 1963) 134: 1-5.

Xuan, Mo 玄 . Kangxi. See Yuan Mo. Kangxi.

Yang Dongming 杨东明 . 1624. *Shanju gongke* 山居功课 [Lessons of Shanju]. 10 juan.

——. 1688. *Jimin tushuo* 饥民图说 [Album of the Famished]. Unique copy, Henan sheng bowuguan, Zhengzhou.

Yang, Hsüan-chih. 1984. *A Record of Buddhist Monasteries in Lo-yang*. Yi-t'ung Wang, trans. Princeton: Princeton University Press.

Yang, Lien-sheng. 1969. "Ming Local Administration." In Hucker 1969, 1-22.

Yang, Mayfair Mei-hui. 1994. *Gifts, Favors, and Banquets: The Art of Social Relationships in China*. Ithaca: Cornell University Press.

Yang Shicong 杨士聪 . 1644. *Jiashen hezhenlue* 甲申核真略 [An investigation of the truth of 1644]. In Zheng Zhenduo 郑振铎 , ed. *Mingji shiliao congshu* 明季史料丛书 [Collectanea of historical materials of the end of the Ming]. Shanghai: Shengzeyuan, 1944.

Yao Jiaji 姚家积. 1935. "Ming ji yiwen kaobu" 明季遗闻考补 [Annotated edition of hearsay of the late Ming]. *Shixue nianbao* 史学年报 [Annual of historical studies] 2.2: 69-200.

Yao, Shao-yu. 1942-43. "The Geographical Distribution of Floods and Drounghts in Chinese History, 206 B.C.-A.D. 1911." *Far Eastern Quarterly* 2: 357-78.

Ya xindi xueshe 亚新地学社 [Study Society for a New Geography of Asia]. 1923. *Henan fenxian xiangtu* 河南分县详图 [Detailed maps of the countries of Henan]. Wuchang: n.p.

Ye Gongchuo 叶恭绰. 1930. *Qingdai xuezhe xiang zhuan diyi ji* 清代学者象传第一集 [First collection of portraits and biographies of scholars of the Qing period]. 4 ce. Shanghai: Shangwu yinshuguan.

Yeats, W. B. 1937. *A Vision.* New York: Collier Books.

Yim, Shui-yuen. 1978. "Famine Relief Statistics as a Guide to the Population of Sixteenth-Century China: A Case-Study of Honan Province." *Qing-shih wen-t'i* 3.9: 1-30.

Yü, Chün-fang. 2001. *Kuan-yin: The Chinese Transformation of Avalokitesvara.* New York: Columbia University Press.

Yu, Pauline. 1997. "Canon Formation in Late Imperial China." In Huters et al., eds. 1997: 83-104.

Yü Ying-shih 余英时. 1976. *Lishi yu sixiang* 历史与思想 [History and thought]. Taibei: Lianjing chuban shiye gongsi.

——. 1991a. "The Radicalization of China in the Twentieth Century." *Daedolus* 122.2: 125-50.

——. 1991b. "Clio's New Cultural Turn and the Rediscovery of Tradition in Asia." Keynote Address of the Twelfth Conference of the International Association of Historians of Asia, University of Hong Kong, 10-30.

——. 1994. "Changing Conceptions of National History in Twentieth-Century China." In Eric Lönnroth, Karl Molin, and Ragnar Björk, eds. *Conceptions of National History. Proceedings of Nobel Symposium 78* (Berlin: Walter de Gruyter): 155-74.

Yuan Mo 元默. Kangxi. *Jiaozei tuji* 剿贼图记 [Illustrated record of the suppression of the bandits]. Beijing Library rare book.

Yue Tingkai 岳廷楷. Hu Zanlai 胡赞采, and Lü Yonghui 吕永辉. 1903. *Yongcheng xianzhi* 永城县志 [Gazetteer of Yongcheng county]. 38 juan.

Yuan, Tsing. 1979. "Urban Riots and Disturbances." In Jonathan D. Spence and John E. Wills, Jr., eds. *From Ming to Ch'ing: Conquest, Region, and Community in Seventeenth Century China* (New Haven: Yale University Press): 279-311.

Zha Jizuo 查继佐. 1670s. *Zuiwei lu xuanji* 罪惟录选辑 [Selections from the record of criminal reflections]. In *Taiwan wenxian congkan* 台湾文献丛刊 [Collectanea of materails from Taiwan], vol. 136. Taibei: Bank of Taiwan, 1962.

Zhang Jinyan 张缙彦. C. 1643. *Luju wenji* 菉居文集 [Collected works of the Lentil residence]. Includes *Luju fengshi*, 2 juan (see Zhang and Wang 1987) and *Luju shiji* 菉居诗集 [Collected poems of the Lentil residence], 1 juan. The table of contents in this juan of poetry includes a supplement (*fu*) of two songs (*ge*) and a history (*shi*) that are missing from this copy. Consulted at the Tōyō Bunko in Tokyo.

——, comp., and Wang Xingya 王兴亚, ed. 1987. *Luju fengshi* 菉居封事 [Sealed reports of the Lentil residence]. 2 juan. Zhengzhou: Zhengzhou guji chubanshe.

Zhang Shizhong 张时中. 1870. *Zhangshi zupu* 张氏族谱 [Genealogy of the Zhang lineage]. 3 juan. (Shang and zhong juan extant; xia juan missing.)

Zhang Tingyu 张廷玉. 1739. *Mingshi* 明史 [History of the Ming]. 332 juan. Beijing: Zhonghua Shuju, 1974.

Zhang Xianqing 张显清. 1992a. "Lun Mingdai guanshen youmian maolan zhi bi" 论明代官绅优免冒滥之弊 [A discussion of the abuses of officials and elite who expanded their privileges illicitly during the Ming]. *Zhongguo jingji shi yanjiu* 中国经济史研究 [Research in the economic history of China] 4: 17-28.

——. 1992b. *Yan Song zhuan* 严嵩传 [Biography of Yan Song]. Hefei: Huangshan shushe.

Zhang Xin. 2000. *Social Transformation in Modern China: The State and Local Elites in Henan, 1900-1937*. Cambridge: Cambridge University Press.

Zhang Zhenfang 张镇芳 and Shi Jingshun 施景舜. 1914. *Xiàngcheng xianzhi* 项城县志 [Gazetteer of Xiàngcheng county]. 32 juan.

Zhao Kaiyuan 赵开元 and Chang Jun 畅俊. 1747. *Xinxiang xianzhi* 新乡县志 [Gazetteer of Xinxiang county]. 34 juan.

Zhao Lisheng 赵俪生. 1945. "Mingdai Zhengde jian jici nongmin qiyi de jingguo he tedian" 明代正德间几次农民起义的经过和特点 [The experience and special characteristics of several farmers' uprisings in the Zhengde period]. *Wenshi zhe* 文史哲 [Literature, history and philosophy] 12; reprinted in Zhao Lisheng and Gao Zhaoyi 高昭一 1954. *Zhongguo nongmin zhanzheng shi lunwen ji* 中国农民战争史论文集 [Collected articles on Chinese farmers' wars]. Shanghai: Xinzhishi chubanshe, 1955: 134-53.

Zhao Shijin 赵士锦. 1645? *Jiashen jishi* 甲申纪事 [Record of 1644]. Reprinted in *Wan-Ming Shiliao congshu* 晚明史料丛书 [Collectanea of Late Ming Historical Materials]. Beijing: Zhonghua shuju, 1962.

Zheng Han 郑涵. 1985. *Lü Kun nianpu* 吕坤年谱 [Chronological Biography of Lü Kun]. Zhengzhou: Zhongzhou guji chubanshe.

Zheng Lian 郑廉. 1749. *Yubian jilue* 豫变纪略 [Outline record of the changes in Yu]. 8 juan. Wang Xingya 王兴亚, ed. Hangzhou: Zhejiang guji chubanshe, 1984.

Zheng, Yongnian. 1999. *Discovering Chinese Nationalism in China: Modernization, Identity, and International Relations*. Cambridge: Cambridge University Press.

Zhi Fucheng 智夫成. 1990. "Mingdai zongshi renkou de xunmeng zengzhang yu jiezhi cuoshi" 明代宗室人口的迅猛增长与节制措施 [The rapid growth in the population of the Ming royal lineage and efforts to limit it]. *Zhongzhou xuekan* 中州学刊 [Journal of the central province] 4: 121-26.

Zhong Huamin 钟化民. 1595. *Zhen Yu jilue* 赈豫纪略 [A record of relief in Yu]. Shoushange edition.

Zhongguo shixuehui 中国史学会. 1985. *Zhongguo lishixue nianjian* 中国历史学年鉴 [Yearbook of Chinese Historical Studies]. Vol. 5. Beijing: Renmin chubanshe.

Zhongguo tongshi jilun bianji xiaozu 中国通史集论编辑小组 [Editorial group of collected essays in the comprehensive history of China]. 1972. *Zhongguo tongshi jilun* 中国通史集论 [Collected essays on the comprehensive history of China]. Taibei: Changchunshu shufang.

Zhongyang yanjiuyuan lishi yuyan yanjiusuo "中央研究院" 历史语言研究所. 1930-36. *MingQing shiliao* 明清史料 [Ming-Qing Historical Materials]. Jia 甲, yi 乙, bing 丙 series, 30 vols. Shanghai: Commercial Press.

Zhou Bingyi 周秉彝 and Liu Ruilin 刘瑞璘. 1931. *Zhengxian zhi* 郑县志 [Gazetteer of Zheng county]. 18 juan.

Zhou Kuiyi 周魁一 et al. annot. 1990. *Ershiwu shi hequ zhi zhushi* 二十五史河渠志注释 [Annotations and explanations of the records of rivers and canals in the twenty-five histories]. Beijing: Zhongguo shudian.

Zhou Shuren 周树人 (Lu Xun 鲁迅), ed. 1927. *Tang-Song chuanqi ji* 唐宋传奇集 [Collected tales of the Tang and Song]. 8 juan. Shanghai. Beijing: Wenxue guji kanxingshe, 1958.

Zhou Zaijun 周在浚. Early Qing. *Da Liang shoucheng ji* 大梁守城记 [Record of the defense of Da Liang]. 1 juan. In Liu 1982b.

Zhu Kezhen 竺可桢. 1972. "Zhongguo jin wuqian nian lai qihou biangqian de chubu yanjiu" 中国近五千年来气候变迁的初步研究 [A preliminary study of changes in the climate of China during the last five thousand years]. *Kaogu xuebao* 考古学报 [Journal of Archeology] 1: 15-38.

Zhu Xuan 朱璿, comp., and Zhou Ji 周玑, ed. 1788. *Qixian zhi* 杞县志 [Gazetteer of Qi County]. 24 juan.

Zito, Angela. 1996. "City Gods and Their Magistrates." In Lopez 1996: 72-81.

Zurndorfer, Harriet T. 1989. *Change and Continuity in Chinese Local History: Development of Hui-chou Prefecture*, 800-1800. Leiden: E. J. Brill.

译后记

　　戴福士先生的这部书是我在香港中文大学读书期间，导师朱鸿林先生指导研读的第一部英文著作。朱先生的用意是让我全面了解明代河南地方政治的特点，对宁陵人吕坤的经世思想有准确的定位之后，再开展研究。对重要历史人物进行细致的个案分析，是思想史研究的经典方法，从 20 世纪 70 年代以来，中外学界纷纷致力于此，成绩斐然。但这一方法的弊端是容易放大研究对象的历史形象，初学者尤其会不由自主地将笔下的个案视为圣贤的化身，以其为完人，误以为其言其行都超越同侪或是引发了时代转折的里程碑。对此，朱先生颇有不同看法，认为缺失了历史背景与思想脉络的个案研究，容易过度诠释，并不具有说服力，希望我能在掌握河南甚至中国北部基层政治运行实态的基础上，还吕坤思想以本来面目，客观公允地看待他政治事业的得失，讨论地方掣肘的矛盾根源。这部书，便是为我选定掌握学术动态的切入点。

　　细读下来，戴先生这部书最明显的特点是，在长时段的历史视野下，以前朝故实做隐喻，将明代对汉唐的假托、承袭，甚至借鉴，呈现于历史叙事之中。全书既有传统史学史的痕迹，也有布罗代尔年鉴学派的影子；既有王朝兴衰的宏大叙事，又有细致入微的地方史书写。在不断地提问与作答中，作者呈现于书中的研究思路，已经超出了中国传统史学训练的惯常思维方式，这与作者曾在普林斯顿大学就读于国际事务专业的背景有关，也印证于本书结论中对中美政治走向的观感。

作者从事史学研究是极符合中国史学传统的。戴先生早在20世纪80年代就到访过河南，在宁陵探访吕氏后人，查找各家族谱，进行田野调查，使用的方法即使在史学研究倡导"自下而上"视角的今天，仍然不过时。当时，中美之间学者的交往尚处在探索阶段，但是戴福士先生已然与明清史学界的前辈顾诚、何龄修、沈定平等先生有了学术往来，学术友谊保持了三十余年，影响惠及两代学人。

我受托翻译此书，即是应沈定平先生之命。还记得沈先生亲自领我去北京师范大学，拜访到京参会的戴先生时的情景。之后，沈先生以忘我的学术热情，指导我解决翻译过程中遇到的难题，还不时指点我海外汉学界的人事与学术，令我获益匪浅。如今，沈先生因病离世，未能亲见这部译稿出版，已是难以弥补的遗憾，唯从原书的标记中，仍能感受到沈先生当日指点时的热心与尽心。

本书自受命翻译，至译稿完成，延宕多年，译事之难尚在其次，主因是我的疏懒。最终完稿，要得益于常绍民先生的信任、丁波先生的支持和李静老师的关心，以及高俐、陈冠华、刘梦雨、涂俊峰等友人在校订初译及制作配图上的协力与指点。在此，敬申谢忱！

译稿定有不少尚未发现的舛误，敬乞方家不吝教正！

解扬

2022 年 4 月 26 日

图书在版编目（CIP）数据

文化中心与政治变革：豫东北与明朝的衰亡 / （美）戴福士著；解扬译. — 北京：商务印书馆，2022
ISBN 978-7-100-19581-2

Ⅰ.①文… Ⅱ.①戴… ②解… Ⅲ.①河南—地方史 ②中国历史—研究—明代 Ⅳ.①K296.1 ②K248.07

中国版本图书馆CIP数据核字（2021）第037147号

权利保留，侵权必究。

文化中心与政治变革：豫东北与明朝的衰亡
〔美〕戴福士 著
解 扬 译

商 务 印 书 馆 出 版
（北京王府井大街36号 邮政编码 100710）
商 务 印 书 馆 发 行
三 河 市 尚 艺 印 装 有 限 公 司 印 刷
ISBN 978－7－100－19581－2

2022年5月第1版 开本 880×1230 1/32
2022年5月第1次印刷 印张 14 5/8
定价：78.00 元